当代齐鲁文库·20世纪"乡村建设运动"文库

The Library of Contemporary Shandong

Selected Works of Rural Construction Campaign of the 20th Century

山东社会科学院 编纂

/24

杨效春 著

杨效春乡村教育文集（上）

中国社会科学出版社

图书在版编目（CIP）数据

杨效春乡村教育文集：全二册 / 杨效春著 . —北京：中国社会科学出版社，2022.10

（当代齐鲁文库 . 20世纪"乡村建设运动"文库）

ISBN 978 – 7 – 5227 – 0899 – 7

Ⅰ.①杨…　Ⅱ.①杨…　Ⅲ.①乡村教育—中国—近代—文集
Ⅳ.①G729.29 – 53

中国版本图书馆 CIP 数据核字（2022）第 178949 号

出 版 人	赵剑英
责任编辑	冯春凤
责任校对	张爱华
责任印制	张雪娇

出　　版	中国社会科学出版社
社　　址	北京鼓楼西大街甲 158 号
邮　　编	100720
网　　址	http://www.csspw.cn
发 行 部	010 – 84083685
门 市 部	010 – 84029450
经　　销	新华书店及其他书店

印刷装订	北京君升印刷有限公司
版　　次	2022 年 10 月第 1 版
印　　次	2022 年 10 月第 1 次印刷

开　　本	710×1000　1/16
印　　张	36
插　　页	4
字　　数	605 千字
定　　价	198.00 元（全二册）

凡购买中国社会科学出版社图书，如有质量问题请与本社营销中心联系调换
电话：010 – 84083683
版权所有　侵权必究

《当代齐鲁文库》编纂说明

不忘初心、打造学术精品，是推进中国特色社会科学研究和新型智库建设的基础性工程。近年来，山东社会科学院以实施哲学社会科学创新工程为抓手，努力探索智库创新发展之路，不断凝练特色、铸就学术品牌、推出重大精品成果，大型丛书《当代齐鲁文库》就是其中之一。

《当代齐鲁文库》是山东社会科学院立足山东、面向全国、放眼世界倾力打造的齐鲁特色学术品牌。《当代齐鲁文库》由《山东社会科学院文库》《20世纪"乡村建设运动"文库》《中美学者邹平联合调查文库》《山东海外文库》《海外山东文库》等特色文库组成。其中，作为《当代齐鲁文库》之一的《山东社会科学院文库》，历时2年的编纂，已于2016年12月由中国社会科学出版社正式出版发行。《山东社会科学院文库》由34部44本著作组成，约2000万字，收录的内容为山东省社会科学优秀成果奖评选工作开展以来，山东社会科学院获得一等奖及以上奖项的精品成果，涉猎经济学、政治学、法学、哲学、社会学、文学、历史学等领域。该文库的成功出版，是山东社会科学院历代方家的才思凝结，是山东社会科学院智库建设水平、整体科研实力和学术成就的集中展示，一经推出，引起强烈的社会反响，并成为山东社会科学院推进学术创新的重要阵地、引导学风建设的重要航标和参与学术交流的重要桥梁。

以此为契机，作为《当代齐鲁文库》之二的山东社会科学院"创新工程"重大项目《20世纪"乡村建设运动"文库》首批10卷12本著作约400万字，由中国社会科学出版社出版发行，并计划陆续完成约100本著作的编纂出版。

党的十九大报告提出："实施乡村振兴战略，农业农村农民问题是关系国计民生的根本性问题，必须始终把解决好'三农'问题作为全党工作重中

编纂说明

之重。"以史为鉴,置身于中国现代化的百年发展史,通过深入挖掘和研究历史上的乡村建设理论及社会实验,从中汲取仍具时代价值的经验教训,才能更好地理解和把握乡村振兴战略的战略意义、总体布局和实现路径。

20世纪前期,由知识分子主导的乡村建设实验曾影响到山东省的70余县和全国的不少地区。《20世纪"乡村建设运动"文库》旨在通过对从山东到全国的乡村建设珍贵历史文献资料大规模、系统化地挖掘、收集、整理和出版,为乡村振兴战略的实施提供历史借鉴,为"乡村建设运动"的学术研究提供资料支撑。当年一大批知识分子深入民间,投身于乡村建设实践,并通过长期的社会调查,对"百年大变局"中的乡村社会进行全面和系统地研究,留下的宝贵学术遗产,是我们认识传统中国社会的重要基础。虽然那个时代有许多的历史局限性,但是这种注重理论与实践相结合、俯下身子埋头苦干的精神,仍然值得今天的每一位哲学社会科学工作者传承和弘扬。

《20世纪"乡村建设运动"文库》在出版过程中,得到了社会各界尤其是乡村建设运动实践者后人的大力支持。中国社会科学院和中国社会科学出版社的领导对《20世纪"乡村建设运动"文库》给予了高度重视、热情帮助和大力支持,责任编辑冯春凤主任付出了辛勤努力,在此一并表示感谢。

在出版《20世纪"乡村建设运动"文库》的同时,山东社会科学院已经启动《当代齐鲁文库》之三《中美学者邹平联合调查文库》、之四《山东海外文库》、之五《海外山东文库》等特色文库的编纂工作。《当代齐鲁文库》的日臻完善,是山东社会科学院坚持问题导向、成果导向、精品导向,实施创新工程、激发科研活力结出的丰硕成果,是山东社会科学院国内一流新型智库建设不断实现突破的重要标志,也是党的领导下经济社会全面发展、哲学社会科学欣欣向荣繁荣昌盛的体现。由于规模宏大,《当代齐鲁文库》的完成需要一个过程,山东社会科学院会笃定恒心,继续大力推动文库的编纂出版,为进一步繁荣发展哲学社会科学贡献力量。

山东社会科学院
2018年11月17日

编纂委员会

顾　　　问：徐经泽　梁培宽

主　　　任：李培林

编辑委员会：袁红英　韩建文　杨金卫　张少红
　　　　　　张凤莲

学术委员会：（按姓氏笔画排序）
　　　　　　王学典　叶　涛　田毅鹏　刘显世
　　　　　　孙聚友　杜　福　李培林　李善峰
　　　　　　吴重庆　张　翼　张士闪　张清津
　　　　　　林聚任　杨善民　周德禄　宣朝庆
　　　　　　徐秀丽　韩　锋　葛忠明　温铁军
　　　　　　潘家恩

总　主　编：袁红英

主　　　编：李善峰

总　序

　　从传统乡村社会向现代社会的转型，是世界各国现代化必然经历的历史发展过程。现代化的完成，通常是以实现工业化、城镇化为标志。英国是世界上第一个实现工业化的国家，这个过程从17世纪资产阶级革命算起经历了200多年时间，若从18世纪60年代工业革命算起则经历了100多年的时间。中国自近代以来肇始的工业化、城镇化转型和社会变革，屡遭挫折，步履维艰。乡村建设问题在过去一百多年中，也成为中国最为重要的、反复出现的发展议题。各种思想潮流、各种社会力量、各种政党社团群体，都围绕这个议题展开争论、碰撞、交锋，并在实践中形成不同取向的路径。

　　把农业、农村和农民问题置于近代以来的"大历史"中审视不难发现，今天的乡村振兴战略，是对一个多世纪以来中国最本质、最重要的发展议题的当代回应，是对解决"三农"问题历史经验的总结和升华，也是对农村发展历史困境的全面超越。它既是一个现实问题，也是一个历史问题。

　　2017年12月，习近平总书记在中央农村工作会议上的讲话指出，"新中国成立前，一些有识之士开展了乡村建设运动，比较有代表性的是梁漱溟先生搞的山东邹平试验，晏阳初先生搞的河北定县试验"。

　　"乡村建设运动"是20世纪上半期（1901到1949年间）在中国农村许多地方开展的一场声势浩大的、由知识精英倡导的乡村改良实践探索活动。它希望在维护现存社会制度和秩序的前提下，通过兴办教育、改良农业、流通金融、提倡合作、办理地方自治与自卫、建立公共卫生保健制度和移风易俗等措施，复兴日趋衰弱的农村经济，刷新中国政治，复兴中国文化，实现所谓的"民族再造"或"民族自救"。在政治倾向上，参与"乡村建设运动"的学者，多数是处于共产党与国民党之间的"中间派"，代表着一部分爱国知识分子对中国现代化建设道路的选择与探索。关于"乡村建设运动"

的意义,梁漱溟、晏阳初等乡建派学者曾提的很高,认为这是近代以来,继太平天国运动、戊戌变法运动、辛亥革命运动、五四运动、北伐运动之后的第六次民族自救运动,甚至是"中国民族自救运动之最后觉悟"。① 实践证明,这个运动最终以失败告终,但也留下很多弥足珍贵的经验和教训。其留存的大量史料文献,也成为学术研究的宝库。

"乡村建设运动"最早可追溯到米迪刚等人在河北省定县翟城村进行"村治"实验示范,通过开展识字运动、公民教育和地方自治,实施一系列改造地方的举措,直接孕育了随后受到海内外广泛关注、由晏阳初及中华平民教育促进会所主持的"定县试验"。如果说这个起于传统良绅的地方自治与乡村"自救"实践是在村一级展开的,那么清末状元实业家张謇在其家乡南通则进行了引人注目的县一级的探索。

20世纪20年代,余庆棠、陶行知、黄炎培等提倡办学,南北各地闻风而动,纷纷从事"乡村教育""乡村改造""乡村建设",以图实现改造中国的目的。20年代末30年代初,"乡村建设运动"蔚为社会思潮并聚合为社会运动,建构了多种理论与实践的乡村建设实验模式。据南京国民政府实业部的调查,当时全国从事乡村建设工作的团体和机构有600多个,先后设立的各种实验区达1000多处。其中比较著名的有梁漱溟的邹平实验区、陶行知的晓庄实验区、晏阳初的定县实验区、鼓禹廷的宛平实验区、黄炎培的昆山实验区、卢作孚的北碚实验区、江苏省立教育学院的无锡实验区、齐鲁大学的龙山实验区、燕京大学的清河实验区等。梁漱溟、晏阳初、卢作孚、陶行知、黄炎培等一批名家及各自领导的社会团体,使"乡村建设运动"产生了广泛的国内外影响。费正清主编的《剑桥中华民国史》,曾专辟"乡村建设运动"一节,讨论民国时期这一波澜壮阔的社会运动,把当时的乡村建设实践分为西方影响型、本土型、平民型和军事型等六个类型。

1937年7月抗日战争全面爆发后,全国的"乡村建设运动"被迫中止,只有中华平民教育促进会的晏阳初坚持不懈,撤退到抗战的大后方,以重庆璧山为中心,建立了华西实验区,开展了长达10年的平民教育和乡村建设实验,直接影响了后来台湾地区的土地改革,以及菲律宾、加纳、哥伦比亚等国家的乡村改造运动。

---

① 《梁漱溟全集》第五卷,山东人民出版社2005年版,第44页。

"乡村建设运动"不仅在当事者看来"无疑地已经形成了今日社会运动的主潮",[①] 在今天的研究者眼中,它也是中国农村社会发展史上一次十分重要的社会改造活动。尽管"乡村建设运动"的团体和机构,性质不一,情况复杂,诚如梁漱溟所言,"南北各地乡村运动者,各有各的来历,各有各的背景。有的是社会团体,有的是政府机关,有的是教育机关;其思想有的左倾,有的右倾,其主张有的如此,有的如彼"[②]。他们或注重农业技术传播,或致力于地方自治和政权建设,或着力于农民文化教育,或强调经济、政治、道德三者并举。但殊途同归,这些团体和机构都关心乡村,立志救济乡村,以转化传统乡村为现代乡村为目标进行社会"改造",旨在为破败的中国农村寻一条出路。在实践层面,"乡村建设运动"的思想和理论通常与国家建设的战略、政策、措施密切相关。

在知识分子领导的"乡村建设运动"中,影响最大的当属梁漱溟主持的邹平乡村建设实验区和晏阳初主持的定县乡村建设实验区。梁漱溟和晏阳初在从事实际的乡村建设实验前,以及实验过程中,对当时中国社会所存在的问题及其出路都进行了理论探索,形成了比较系统的看法,成为乡村建设实验的理论根据。

梁漱溟曾是民国时期宪政运动的积极参加者和实践者。由于中国宪政运动的失败等原因,致使他对从前的政治主张逐渐产生怀疑,抱着"能替中华民族在政治上经济上开出一条路来"的志向,他开始研究和从事乡村建设的救国运动。在梁漱溟看来,中国原为乡村国家,以乡村为根基与主体,而发育成高度的乡村文明。中国这种乡村文明近代以来受到来自西洋都市文明的挑战。西洋文明逼迫中国往资本主义工商业路上走,然而除了乡村破坏外并未见都市的兴起,只见固有农业衰残而未见新工商业的发达。他的乡村建设运动思想和主张,源于他的哲学思想和对中国的特殊认识。在他看来,与西方"科学技术、团体组织"的社会结构不同,中国的社会结构是"伦理本位、职业分立",不同于"从对方下手,改造客观境地以解决问题而得满足于外者"的西洋文化,也不同于"取消问题为问题之解决,以根本不生要求

[①] 许莹涟、李竟西、段继李编述:《全国乡村建设运动概况》第一辑上册,山东乡村建设研究院1935年出版,编者"自叙"。

[②] 《梁漱溟全集》第二卷,山东人民出版社2005年版,第582页。

为最上之满足"的印度文化，中国文化是"反求诸己，调和融洽于我与对方之间，自适于这种境地为问题之解决而满足于内者"的"中庸"文化。中国问题的根源不在他处，而在"文化失调"，解决之道不是向西方学习，而是"认取自家精神，寻求自家的路走"。乡村建设的最高理想是社会和政治的伦理化，基本工作是建立和维持社会秩序，主要途径是乡村合作化和工业化，推进的手段是"软功夫"的教育工作。在梁漱溟看来，中国建设既不能走发展工商业之路，也不能走苏联的路，只能走乡村建设之路，即在中国传统文化基础上，吸收西方文化的长处，使中西文化得以融通，开创民族复兴的道路。他特别强调，"乡村建设，实非建设乡村，而意在整个中国社会之建设。"[1] 他将乡村建设提到建国的高度来认识，旨在为中国"重建一新社会组织构造"。他认为，救济乡村只是乡村建设的"第一层意义"，乡村建设的"真意义"在于创造一个新的社会结构，"今日中国问题在其千年相沿袭之社会组织构造既已崩溃，而新者未立；乡村建设运动，实为吾民族社会重建一新组织构造之运动。"[2] 只有理解和把握了这一点，才能理解和把握"乡村建设运动"的精神和意义。

晏阳初是中国著名的平民教育和乡村建设专家，1926年在河北定县开始乡村平民教育实验，1940—1949年在重庆歇马镇创办中国乡村建设育才院，后改名中国乡村建设学院并任院长，组织开展华西乡村建设实验，传播乡村建设理念。他认为，中国的乡村建设之所以重要，是因为乡村既是中国的经济基础，也是中国的政治基础，同时还是中国人的基础。"我们不愿安居太师椅上，空做误民的计划，才到农民生活里去找问题，去解决问题，抛下东洋眼镜、西洋眼镜、都市眼镜，换上一副农夫眼镜。"[3] 乡村建设就是要通过长期的努力，去培养新的生命，振拔新的人格，促成新的团结，从根本上再造一个新的民族。为了实现民族再造和固本宁邦的长远目的，他在做了认真系统的调查研究后，认定中国农村最普遍的问题是农民中存在的"愚贫弱私"四大疾病；根治这四大疾病的良方，就是在乡村普遍进行"四大教育"，即文艺教育以治愚、生计教育以治贫、卫生教育以治弱、公民教育以

---

[1] 《梁漱溟全集》第二卷，山东人民出版社2005年版，第161页。
[2] 《梁漱溟全集》第二卷，山东人民出版社2005年版，第161页。
[3] 《晏阳初全集》第一卷，天津教育出版社2013年版，第221页。

治私，最终实现政治、教育、经济、自卫、卫生、礼俗"六大建设"。为了实现既定的目标，他坚持四大教育连锁并进，学校教育、社会教育、家庭教育统筹协调。他把定县当作一个"社会实验室"，通过开办平民学校、创建实验农场、建立各种合作组织、推行医疗卫生保健、传授农业基本知识、改良动植物品种、倡办手工业和其他副业、建立和开展农民戏剧、演唱诗歌民谣等积极的活动，从整体上改变乡村面貌，从根本上重建民族精神。

可以说，"乡村建设运动"的出现，不仅是农村落后破败的现实促成的，也是知识界对农村重要性自觉体认的产物，两者的结合，导致了领域广阔、面貌多样、时间持久、影响深远的"乡村建设运动"。而在"乡村建设运动"的高峰时期，各地所开展的乡村建设事业历史有长有短，范围有大有小，工作有繁有易，动机不尽相同，都或多或少地受到了邹平实验区、定县实验区的影响。

20世纪前期中国的乡村建设，除了知识分子领导的"乡村建设运动"，还有1927—1945年南京国民政府推行的农村复兴运动，以及1927—1949年中国共产党领导的革命根据地的乡村建设。

"农村复兴"思潮源起于20世纪二三十年代，大体上与国民政府推动的国民经济建设运动和由社会力量推动的"乡村建设运动"同时并起。南京国民政府为巩固政权，复兴农村，采取了一系列措施：一是先后颁行保甲制度、新县制等一系列地方行政制度，力图将国家政权延伸至乡村社会；二是在经济方面，先后颁布了多部涉农法律，新设多处涉农机构，以拯救处于崩溃边缘的农村经济；三是修建多项大型水利工程等，以改善农业生产环境。1933年5月，国民政府建立隶属于行政院的农村复兴委员会，发动"农村复兴运动"。随着"乡村建设运动"的开展，赞扬、支持、鼓励铺天而来，到几个中心实验区参观学习的人群应接不暇，平教会甚至需要刊登广告限定接待参观的时间，南京国民政府对乡建实验也给予了相当程度的肯定。1932年第二次全国内政工作会议后，建立县政实验县取得了合法性，官方还直接出面建立了江宁、兰溪两个实验县，并把邹平实验区、定县实验区纳入县政实验县。

1925年，成立已经四年的中国共产党，认识到农村对于中国革命的重要性，努力把农民动员成一股新的革命力量，遂发布《告农民书》，开始组织农会，发起农民运动。中国共产党认为中国农村问题的核心是土地问题，乡村的衰败是旧的反动统治剥削和压迫的结果,只有打碎旧的反动统治,农民才能获得真正的解放;必须发动农民进行土地革命,实现"耕者有其田",才能解放农村生产力。在地方乡绅和知识分子开展"乡村建设运动"的同时,中国共产党在中央苏区的江西、福建等农村革命根据地,开展了一系列政治、经济、文化等方面的乡村改造和建设运动。它以土地革命为核心,依靠占农村人口绝大多数的贫雇农,以组织合作社、恢复农业生产和发展经济为重要任务,以开办农民学校扫盲识字、开展群众性卫生运动、强健民众身体、改善公共卫生状况、提高妇女地位、改革陋俗文化和社会建设为保障。期间的尝试和举措满足了农民的根本需求,无论是在政治、经济上,还是社会地位上,贫苦农民都获得了翻身解放,因而得到了他们最坚决的支持、拥护和参与,为推进新中国农村建设积累了宝贵经验。与乡建派的乡村建设实践不同的是,中国共产党通过领导广大农民围绕土地所有制的革命性探索,走出了一条彻底改变乡村社会结构的乡村建设之路。中国共产党在农村进行的土地革命,也促使知识分子从不同方面反思中国乡村改良的不同道路。

"乡村建设运动"的理论和实践,说明在当时的现实条件下,改良主义在中国是根本行不通的。在当时国内外学界围绕乡村建设运动的理论和实践,既有高歌赞赏,也有尖锐批评。著名社会学家孙本文的评价,一般认为还算中肯:尽管有诸多不足,至少有两点"值得称述","第一,他们认定农村为我国社会的基本,欲从改进农村下手,以改进整个社会。此种立场,虽未必完全正确;但就我国目前状况言,农村人民占全国人口百分之七十五以上,农业为国民的主要职业;而农产不振,农村生活困苦,潜在表现足为整个社会进步的障碍。故改进农村,至少可为整个社会进步的张本。第二,他们确实在农村中不畏艰苦为农民谋福利。各地农村工作计划虽有优有劣,有完有缺,其效果虽有大有小;而工作人员确脚踏实地在改进农村的总目标下努力工作,其艰苦耐劳的精神,殊足令人起敬。"[①] 乡村建设学派的工作曾引起国际社会的重视,不少国家于二次世界大战后的乡村建设与社区重建中,注重借鉴中国乡村建设学派的一些具体做法。晏阳初1950年代以后应邀赴菲律宾、非洲及拉美国家介绍中国的乡村建设工作经验,并从事具体的指导工作。

---

① 孙本文:《现代中国社会问题》第三册,商务印书馆1944年版,第93—94页。

总起来看,"乡村建设运动"在中国百年的乡村建设历史上具有承上启下、融汇中西的作用,它不仅继承自清末地方自治的政治逻辑,同时通过村治、乡治、乡村建设等诸多实践,为乡村振兴发展做了可贵的探索。同时,"乡村建设运动"是与当时的社会调查运动紧密联系在一起的,大批学贯中西的知识分子走出书斋、走出象牙塔,投身于对中国社会的认识和改造,对乡村建设进行认真而艰苦地研究,并从丰富的调查资料中提出了属于中国的"中国问题",而不仅是解释由西方学者提出的"中国问题"或把西方的"问题"中国化,一些研究成果达到了那个时期所能达到的巅峰,甚至迄今难以超越。"乡村建设运动"有其独特的学术内涵与时代特征,是我们认识传统中国社会的一个窗口,也是我们今天在新的现实基础上发展中国社会科学不能忽视的学术遗产。

历史文献资料的收集、整理和利用是学术研究的基础,资料的突破往往能带来研究的创新和突破。20世纪前期的图书、期刊和报纸都有大量关于"乡村建设运动"的著作、介绍和研究,但目前还没有"乡村建设运动"的系统史料整理,目前已经出版的文献多为乡建人物、乡村教育、乡村合作等方面的"专题",大量文献仍然散见于各种民国"老期刊",尘封在各大图书馆的"特藏部"。本项目通过对"乡村建设运动"历史资料和研究资料的系统收集、整理和出版,力图再现那段久远的、但仍没有中断学术生命的历史。一方面为我国民国史、乡村建设史的研究提供第一手资料,推进对"乡村建设运动"的理论和实践的整体认识,催生出高水平的学术成果;另一方面,为当前我国各级政府在城乡一体化、新型城镇化、乡村教育的发展等提供参考和借鉴,为乡村振兴战略的实施做出应有的贡献。

由于大规模收集、挖掘、整理大型文献的经验不足,同时又受某些实际条件的限制,《20世纪"乡村建设运动"文库》会存在着各种问题和不足,我们期待着各界朋友们的批评指正。

是为序。

2018年11月30日于北京

编辑体例

一、《20世纪"乡村建设运动"文库》收录20世纪前期"乡村建设运动"的著作、论文、实验方案、研究报告等,以及迄今为止的相关研究成果。

二、收录文献以原刊或作者修订、校阅本为底本,参照其他刊本,以正其讹误。

三、收录文献有其不同的文字风格、语言习惯和时代特色,不按现行用法、写法和表现手法改动原文;原文专名如人名、地名、译名、术语等,尽量保持原貌,个别地方按通行的现代汉语和习惯稍作改动;作者笔误、排版错误等,则尽量予以订正。

四、收录文献,原文多为竖排繁体,均改为横排简体,以便阅读;原文无标点或断句处,视情况改为新式标点符号;原文因年代久远而字迹模糊或纸页残缺者,所缺文字用"□"表示,字数难以确定者,用(下缺)表示。

五、收录文献作为历史资料,基本保留了作品的原貌,个别文字做了技术处理。

编者说明

杨效春是"乡村建设运动"的著名教育家。1928年7月,上海儿童书局出版《晓庄一岁》,作为"晓庄丛书"之一。1934年7月,上海中华书局出版《乡村教育纲要》,作为"中华百科丛书"之一。1934年10月,山东乡村建设研究院印行由杨效春编订的《识字明理(甲集)》和《乡农的书》,作为乡农用书。杨效春在山东乡村建设研究院邹平实验县工作前后,曾发表多篇散见于报刊杂志的论文。1935年,安徽黄麓乡村师范学校结集出版《写给乡村工作的朋友》和《乡农教育论文集》。本次编辑,以《乡农教育论文集》及收集的论文为工作本,以陈江明、朱旭华整理,上海人民出版社2020年6月出版的《杨效春合集》等为对校本,以《杨效春乡村教育文集》为名,收入《20世纪"乡村建设运动"文库》。已经收入《教育研究 乡农教育》卷的论文,不再收入本卷。

总 目 录

上 卷

晓庄一岁 …………………………………………………………（3）
乡村教育纲要 ……………………………………………………（55）
识字明理（甲集）…………………………………………………（137）
乡农的书 …………………………………………………………（153）
写给乡村工作的朋友 ……………………………………………（169）

下 卷

乡农教育论文集 …………………………………………………（281）

上　巻

晓庄一岁

上海儿童书局

引 言
——谨献给全国从事乡村教育的同志

  晓庄学校以万物为导师，宇宙为教室，生活为课程。她的主张、设施及日常的活动，均与普通的学校有很显著的差别。她破除了生活与课程的界限！她消灭了教师与学生的隔阂！她铲平了学校与社会的围墙！她认定课程就是生活，生活就是课程。教育应当以生活为中心。她认定教师不是全知全能，就不必全是教人而不向人学；学生有一技之长，一得之知的，亦可以教同学并教当日教他的教师。她认定学校是社会的，学校的经费与设备就是社会的财产；学校的教师与学生就是社会的男女。学校是社会所有，为社会而办，应该贡献给全社会。她看见目前的学校有：（一）着重书本的知识之传授；（二）要使被教育者不劳而获；（三）要使被教育者做人上人。诸多恶劣的现象，深致不满！她看见目前的乡村学校教人离开乡村向城里跑；教人吃饭不种稻，穿衣不种棉，住房不造林；教人羡慕奢华，看不起务农；教人分利不生利，教农人的子弟变成书呆子；教富的变穷，穷的格外穷；教强的变弱，弱的格外弱；尤其痛心！她认清楚这样的教育，不能普及；便普及了，亦非国家之幸，民众之福。目前的教育实在是中毒很深很重的。他们中了古代皇帝的毒！他们中了孔孟遗说的毒！他们中了宋明腐儒的毒！他们中了升官发财、光祖荣宗的卑陋思想的毒！他们是非根本推翻，根本改变不可的。晓庄学校就在这种时机，应着这样的需要产生的。她的口号是"打破死的教育，创造活的教育"；"打破假的教育，创造真的教育。"她的方法是"教学做合一"。她的志趣是要为中国三万万四千万的农人服务，提倡一百万所学校，改造一百万个乡村，为我们中华民族创造一个伟大的新生命。她的妊育至少已经是四年五年以前的事了。但她诞生之期是民国十六年三月十五日。她产生到现在，还不过是一岁零两个多月。她是在成长，是在革新，也可以说是在进步的。她在过去一年多的时光之中，遇见不少的波折，经过不少的失败，并受着许多的苦痛与艰难。但她并不灰心，消极。她是"即行即知"！她是"屡败屡战"！她的性质是试验的，过去她是试验，将来她还是继续永远要试验的。不过她对于目前的教育已经树起革命的旗帜，并下了挑战的决心。如果她的试验能成了功，中国的乡村教育应该换了一条新的途径吧！中国的普通教育也应该转了一个新的方向吧！

来晓庄参观的人，看不见教室，看不见上课，就以为这不是学校。"谁说非学校，就算非学校"，原是她自己素有的态度。也有人以为这是理想的学校，或是模范的学校，其实她自己也不愿受这样的称誉。她只是个探求理想的学校。她觉得过去的教育已经是山穷水尽，我们务须及早回头，另找生路，但生路在哪里，她是不知道的。她觉得过去的教育充满了乌烟瘴气，我们务须转个方向，去觅光明；但她觅着光明没有，也是很难讲的，她现今还是在"摸黑路"。说她是模范学校她更不敢当，也不愿当。她觉得世界上没有"模范"这东西；所谓模范人物、模范学校、模范工厂、模范家庭，都是人类社会进步的障碍。世界是进化的，后人胜于前人，昔日之所谓模范的，已成今日进步的障碍。今日之所谓模范的，亦必成他日进步的障碍。她不愿以古人为模范，亦不愿后人以她为模范。她愿进步，并愿后来的人更是进步。她要创造，并要后来的人，更能创造。总之，她的现在是这样的，她是在试验，是在生长，是在革新，是在天天变化。她的将来会怎样呢？我们不能预先知道，也许是会继续试验，继续生长，继续革新，继续有变化。因为她有所信，她有所望，她并有所爱！

她很幼稚。她已经引起许多人士的注意。尤其是关心中国乡村教育的同志，都非常关心她。新近来到晓庄参观的极多。有团体的，有个人的，有匆匆走看一匝就去的，亦有来校住宿三五星期作长期参观的，大家来到晓庄，总有些问题问我们。那团体来的，往往要我们作系统的报告。曾经有好几次，一天之中来了三个或四个团体来参观，他们来又不同在一时；我就接连向他们做差不多同样的报告竟至三次之多。因为我谈话的对象都是行将毕业的师范生，即行将置身教育事业的青年教师，我并不觉得疲倦；但以应对来宾时间过久的缘故，不免把其余事情耽误了。而且临时的谈话与报告，总不免缺而不全，散漫而无甚系统。这便是对不起教育界同志远道来校参观的雅意！《晓庄一岁》就是应着这种急切的需要而编的。如果有了这本小册子以后，大家对于晓庄学校得到更深一层的了解而惠以严整的批判与指导，那更是我们所盼望的。

　　作者编著这本小册，在思想上受陶知行、赵叔愚两位先生指导不少，深为庆幸。可惜这本小册编成以后，匆促付印，未能得两位先生的详细指正，很是歉然。书中取材或来自陶知行先生的教育论文（散见《乡教丛讯》或《中国教育改造》），或录自在校同学操震球、李楚材、葛尚德诸君的日记，谨在此致谢。书成以后得何伯宏先生、邵定安先生、遗尘先生、曹佶君等细心校阅，指正错误不少，更是感激。书中谬误，遗漏之处，当然该由作者自己负责，而盼望读者与以教正的。

杨效春

十七年五月廿日

1. **晓庄学校是什么？**

晓庄学校是新近创设的一个学校，因为她办在南京和平门外晓庄地方，所以名为晓庄学校。

2. **晓庄学校和试验乡村师范有什么关系？**

晓庄学校原来名为试验乡村师范学校，后来因为这里面除了试验乡村师范的两院——小学师范院与幼稚师范院外，尚有晓庄中心小学、晓庄中心幼稚园、晓庄民众夜校、晓庄医院、晓庄联村救火会等，将来也许添办晓庄中学、晓庄大学，所以觉着试验乡村师范的名称，并不足以概括全体，就将她改为晓庄学校了。

3. **现在试验乡村师范的教育目标是什么？**

她的教育目标是培养乡村儿童和人民所敬爱的导师，这里请注意几点：（一）本校现在所欲培养者是乡村学校、乡村社会的导师，并不是专门农业人才。（二）本校盼望此间同志出校以后，不仅能够教导儿童，创立良好的乡村学校，而且能够领导民众，建设幸福的公道的并进步的乡村社会。他们是乡村儿童和人民所敬的，亦是乡村儿童和人民所爱的。敬故生信仰，爱故易于互相接近。

4. **小学师范院与幼稚师范院有什么不同？**

小学师范院目的在培养乡村小学教育的人才；幼稚师范院目的在培养乡村幼稚教育的人才。这两院的总目标，虽同为"增养乡村儿童和人民所敬爱的导师"，但他俩的分目标是有些不同的，分目标在小学师范为培养：（1）农人的身手；（2）科学的头脑；（3）艺术的兴趣；（4）改造社会的精神。在幼稚师范院为培养：（1）看护的身手；（2）科学的头脑；（3）艺术的兴趣；（4）儿童的伴侣；（5）乡村妇女运动的领袖。

5. **中心小学是什么？**

我们盼望我们的小学，一面能做改造附近乡村社会的中心，一面又做试验乡村师范实施各项教学做的中心，所以名为中心小学，而不名为附属小学。

6. 中心小学和师范的关系怎样？

中心小学是师范的主脑，并不是师范的附属品。寻常办理师范教育的人往往以师范为主脑，而视小学为附庸，他们所以设立小学只不过为师范生的实习便利而已。我们觉得这种观念是不对的，应当根本改变。我们是为着培养小学的师资才办师范，并不是为着师范生实习便利的缘故，才办小学。所以我们在办学的程序上是先有中心小学而后有师范，并不是先有师范而后中心小学。而且寻常师范可以离开小学而独立，没有小学而师范可以依然存在的。晓庄师范不能离开中心小学而独立；没有中心小学便没有晓庄师范。兹录本校校长陶知行先生所作中国乡村教育建设图如下，以明这里面的关系。

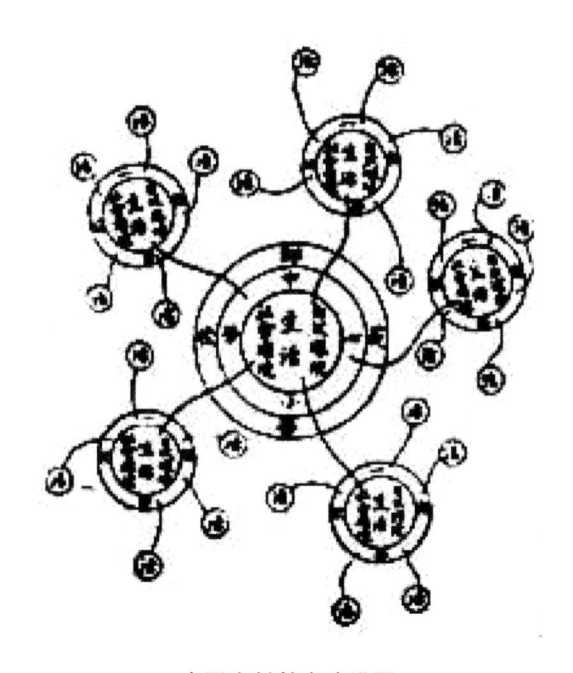

中国乡村教育建设图

7. 晓庄学校现有中心小学几所？

共有八所。两所是特约的，就是尧化门小学和燕子矶小学。其他六所都是我们自己创办的。一是晓庄中心小学，去年二月间成立（她的成立就在晓庄师范开学之先，晓庄师范是去年三月十五日开学）。二是吉祥庵中心小学，三是万寿庵中心小学，四是三元庵中心小学，五是和平门中心小学，六是黑墨营中心小学。他们都是今年三月间创办的。这八所小学，所处的环境是不同的，有在市集的乡镇，如燕子矶小学；有在集合的农村如尧化门小学；有在散漫的村落，如晓庄小学、吉祥庵小学等是，他们内部的编制也不同的。有复式的如尧化门小学，万寿庵小学是；有单级的如晓庄，三元庵，和平门，黑墨营，吉祥庵诸小学是。亦有渐趋单式的如燕子矶小学是。

8. 现有幼稚园几所？

四所。内有三所是自行创办的，就是燕子矶幼稚园，晓庄幼稚园及万寿庵幼稚班，其他一所是特约的，即鼓楼幼稚园是。

9. 特约中心小学和中心幼稚园是怎样的？

这请参看本校特约中心学校办法，就可知道。兹录本校特约中心学校办法如下：

试验乡村师范学校特约中心学校办法：

（一）本校为实行教学做合一起见，除自设中心学校外，得选择旨趣相同之优良学校，为本校特约中心学校。

（二）特约中心学校以地名名校，例如试验乡村师范学校，特约某某中心小学，或中心幼稚园。

（三）凡学校具有下列资格，经本校考察核准后，皆得为本校特约中心学校。

（甲）实行教学做合一。

（乙）教师有农人的身手，科学的头脑，改造社会的精神。

（丙）校址设在乡村或小镇。

（丁）经费节省，效力充实。

（四）本校对于中心学校履行下列之义务：

（甲）中心学校校长研究费每月补助四元至拾元。

（乙）中心学校教师研究费每月每人四元，以有指导能力者为限。

（丙）中心学校所需图书仪器及其他工具，得视各校需要由本校依据财力酌量购置借与各该校使用。

（丁）中心学校需要学术或其他方面之补助时，本校视能力酌量补助。

（五）特约中心学校对于本校履行下列之义务：

（甲）指导本校师范生或艺友在各该校实行教学做，每次人数视各该校容量而定。

（乙）联合研究乡村学校问题每月开会一次。

（丙）每学期之终向本校书面报告一次。

（六）本校与每一中心学校应立合同，双方各执一纸，共同遵守。

（七）订约每期一学年，续约与否于满期一月前商决。

10. 中心学校为试验乡村师范实施各项教学的中心，此中办法是怎样的？

简单地说，就是中心学校的教学做怎样进行，试验乡村师范的教学做就怎样进行。比方，樱花开时，中心学校的教学做要以樱花做个中心。樱花的故事，樱花的歌曲，樱花的自然研究，樱桃的栽培方法，樱花仙子的表演游戏等等材料，小学教师可以向商务，中华，世界或其他书局所出版的种种儿童读物里去找；但有找不出来的，也有找得而不甚适用的，我们就得自己去编制。这编制的责任就得由留在师范部的指导员和学生负担了。我们比在小学实习的同志，为前线的战士；在师范部研究的同志为后方的防军，战士是冲锋陷阵，直接与敌人应战。后防的人则供给子弹运输粮食，接济前线的种种需要。前后联络，内外呼应，则前方应敌的战士，实力充足，后方做研究接济工作的人，也不致茫然无标的。小学的课程有语言文字，公民训练，算术，自然研究，农艺，及音乐，图画，游戏等目，师范部师友也就各就自己的兴趣与能力，接着小学所有的各种项目选取一种或两种，分任研究工作了。此外，我们要师范部的每个指导员指导一个同学，单身匹马，去办理一所单级小学。吉祥庵、万寿庵、三元巷、和平门、黑墨营这五所小学都是这样创办出来的。我们还要每星期开一次小学活动设计会。会期在星期日的下午，这时候，各小学放学了（我们的各中心小学都只星期日的下午放假半天）。开会的时候，师范部的全体师友与各中心小学的全体教师（特约中心学校除外）都是参加的。除讨论各中心小学所提出的具体的实际的问题外，还请有专家讲演，所讲演的材料常常与所讨论的问题互相连贯。这个会的意义很重大，前方实习的人，有困难问题得所解决，而后方研究的人，也从此可以明了各中心小学的实际情形。我们还想把这个会的范围扩大，请附近所有的乡村小学教师都来参加哩！

11. 你们的教育方法怎样？

我们的教育方法，不是教授法，亦不是教学法，只是生活法。教育是生活，怎样生活，就怎样教育。

12. 什么是生活法？

生活法就是"教学做合一"。

13. "教学做合一"的理论与实施怎样？

教学做是一件事，不是三件事。寻常学校总以为教师是教的，学生是学的，而校工及事务员是做的。学生入校就是入学，就是来学的。学生总是不教亦总是不做，他们是要待将来才去教去做的，教师教的是书本，学生学的也是书本，他们以为书本之中自有真知识在。姑无论书中所记述所推论的，是否为真知识；即便是真知识，而学者无实际的经验仍不足以了解文字所代表的事实的意义。以书本为知识，以读书为教育，因此学校成为传递伪知识，制造书呆子的场所，而教育成为摧残儿童，贻害社会的事业。我们以为这样的教育，不能普及；便普及了，亦非国家之幸，民众之福。这就是教学做分离的教育所必致的恶劣的结果。我们深信教法、学法、做法应当合一。事情怎样做就怎样学，怎样学就怎样教。教的法子要根据学的法子，学的法子要根据做的法子。比方，种田是在田里做的便须在田里学，在田里教；游泳是在水里游的，便须在水里教；烹饪是在厨房做的，便须在厨房教。总之，我们要在做上教，在做上学。在做上教的是先生，在做上学的是学生。从先生对学生的关系说，做便是教；从学生对先生的关系说，做便是学。先生拿做来教，才是真教；学生拿做来学，方是真学。不在做上用功夫，教固不成为教，学亦不成为学，所以做是学的中心，也就是教的中心。

教学做在文字上是有三个名称，实际上只是一个活动。同为一个活动，对事说是做，对己说是学，对人说是教。比方，我在扫地是做；我因扫地而得知如何扫法，才可使灰尘不致飞扬，才可使地板更为清洁；并得知扫地是一件劳苦的事，我每天扫一刻钟的地已觉劳苦，平常的校工要每天扫三点钟，四点钟的地必是更为劳苦。从此，我对于校工，不肯骄慢。因扫地而增进我整理清洁的能力，改变我处世待人的态度，这便是学。因为我扫地，我的同事同学也格外乐于扫地，我扫得干净，我的同事同学要和我比赛更求干净，这就是教了。扫地是做，因扫地而增长自己的能力，改变自己的态度是学；因扫地而使人发生影响，改变其行为，就是教。其实为做，为学，为教，只是一个活动而已。

而且我们认为教师与学生并没有严格的区别。教师可以教学生，学生亦可以教教师。教师不必全知全能，即不必全是教人而不向人学。学生有一得之知、一技之长的，在那所知所长的事物上，他就可以教人。我们知道，六十岁的老翁，可以向三岁的儿童学好些事情；大学的教授也可以向乡间的农人学许多关于农事的知识与技能。会的教人，不会的向人学，是我们不知不觉中天天有的现象。为什么学校之中，教师只教学生，学生不可教教师呢？我们的学校，没有教员，亦没有职员，只有指导员。指导员可以指导学生，亦可以指导其他指导员。同时，学生也可指导指导员，并指导其他同学。农艺指导员就指导我们全校师友的农事，拳术指导员就指导全校师友的拳术。其他若国语、医药、音乐、图画、生物等事，也无不如此。同学之中，有长于织袜的，就指导我们织袜；有长于养蜂的，就指导我们养蜂；有长于烹饪的，就指导我们烹饪。而且我们的同学，国文好的，就可以批阅其他同学的日记。

至于教学做实施的具体规划，请参看敝校所订教学做大纲草案。恕不在此细述。

14. 你们的师生实行共生活，共甘苦，办法是怎样的？

这办法很简单易行。（一）指导员与学生同在饭厅吃饭，每席中有指导员，亦有学生。（二）指导员与学生同在一处住宿。我们的师友有宿在芦棚内的，有宿在帐幕内的，亦有宿在阅书室，工作室，会议室，或办公室的（本校自今年四月后试行昼间取消宿舍办法。本校昼间无宿舍，而夜间凡校中各室处处可为宿舍。这样则校舍之利用较为经济，大家散处各室亦较为清静卫生）。总之，无论何处都有指导员，亦都有学生。有时候，我们要睡地铺，也是大家睡地铺。（三）粗事指导员与学生共同担负。比方洒扫，我们每天早餐后，全校各室各处举行大扫除。历十五分钟毕事。天天要洒扫，亦人人要洒扫。全校师友每人有扫帚一把，掩口袋一只，全校各室有喷壶、鸡毛帚各一，抹布若干块，即为每天洒扫时之用。洒扫时谁亦不能无故缺席，任意偷懒。偷懒的，同事者即可加以警告，或请纪律部处罚。又如烹饪一事，除新来学生尚待学习，每人须轮值六天外，其他各日烹饪事项，统是由全校师友轮流担任的。每人两天，一天煮菜，一天煮饭，虽校长也是和大家一样要干的。其他粗事类此。（四）指导员与学生共同立法共同遵守。我们校内无所谓学生自治，只有学校自治。指导员与学生共同组织乡村教育先锋团，在先锋团的规律之下，指导员与学生是平等的，校长与校工也是平等的。我们的生活，在自由的地方，就绝对自由；在服从的地方，就绝对服从。但我们的服从是服从法律，服从规约，并不是服从个人。先锋团的团员要服从团长。但团长也要服从团务会议。团长不能任意撤销或违反团务会议的议决案。比方，我们现在议决五点半钟起来，五点三刻寅会，寅会时必须大家迅速出席，不能迟过两分钟。迟过两分钟者，就要被警告。满了三次迟到就要处罚了——在黑夜里进自省室去。这个自省室不是专为学生设的。校长或指导员犯了法，也要进自省室。

15. 你们为什么要这样办？

因为我们深信师生共生活，共甘苦是最好的教育。

16. 怎么说师生共生活，共甘苦，是最好的教育？

这理由很容易明白：（一）教师与学生共甘苦才能了解学生的问题，才会帮助他们求解决。（二）学生与教师共甘苦，共生活，才能了解教师的问题，才会体谅教师的困难。（三）教师与学生打破师生界限。大家一块儿吃，一块儿睡，一块儿玩，一块儿做事，一块儿看书，其中有说不尽的乐趣。寻常教师往往觉得无聊，原因虽多，师生间的隔膜，生活上的寂寞，乃是重要原因。（四）中国的学校里最大的通病是教员与学生接触的地方太少。除了讲堂书本外，简直没有接触的机会。教员与学生成了两个阶级：一是教的阶级，一是学的阶级。因为接触太少，所以问题愈积愈多，到了一发不可收拾的时候才能发现。是时风潮已经酝酿成功，要想挽回，已经来不及了。不但坏教员能够引起风潮，就是好教员也可因隔阂而发生风潮，倘能师生共生活，共甘苦，问题随来随解决，当能减少许多可以避免的风潮。（五）教师能与学生共甘苦而后可望学生能与民众共甘苦。（六）教师能与学生共甘苦而后教育才能贯彻"社会化"与"民众化"的主张。

17. 这种办法很好，不过一般学校，恐难实行，是吗？

一般学校能够这样办吗？我不好代为解答。不过我们想，人的教育，人的教师却应该这样办。

18. 校内粗事如烹饪，洒扫等事，既由你们自己动手去做，校中可不用校工吗？

我校内现有校工二名。一名是送信，采买和挑水的；一名是管理农场，耕种学生所未尽耕种的地方。但他俩是为整个的学校服务，并不为任何私人使役的。我们想学校之内无论是大学，是中学，抑是小学，可以有整个的学校服务的校工，决不可有为任何私人使役的斋夫，听差或老妈。

19. 你们主张学校内取消斋夫听差吗？

是！我们这样主张。我们想（一）斋夫听差把学生自己动手做事的机会夺去。他们天天教学生受人服侍而不高兴服侍自己。毁灭学生的实力，助长学生的虚骄。他们把男学生化成"双料少爷"，把女学生化成"双料小姐"。（二）斋夫听差多是年富力强可以生活的人。在学校里服侍少爷小姐，渐渐的也变成了少爷化小姐化的听差斋夫，成为游手好闲的懒人。（三）我们见着不满学生百名的乡村师范用了八名的斋夫（厨子尚不在内），每年工食，至少须在八百元以上。倘若没有听差斋夫或减少些，则省下一笔经费就可作更好的用途。

20. 学生在校，天天要扫地，常常要烹饪，岂不是太麻烦，太不讲卫生吗？

我们全校师友每天为扫地耗十五分钟，每学期为烹饪耗两三天，如果大家都以扫地与烹饪为太麻烦，太不合卫生，势必将这样的事雇用工人来干。少数工人扫地，势必每天每人要耗两三个钟头吧。少数厨子烹饪，势必每天每人要耗四五个钟头吧，学生怕麻烦，工人就不怕麻烦吗？学生爱卫生，工人就不爱卫生吗？我们想与其叫少数人专吃灰尘吸烟煤，何如叫大家分尝一点灰尘烟煤呢。

21. 学生的时间与精力都是有限，他们要扫地，又要烹饪，干这许多粗事不是要妨害他们的正课么？这许多粗事，在学校教育上究竟有多少价值，也是问题。

正课，什么叫做正课？我们看大家共同洒扫，轮值烹饪，就是正课，也就是教育，教育决不能离开人生的工作以外去讲的。至于说在扫地烹饪等粗事之上究竟有多少价值，本来很难回答。依我们想，学校中人如果能干这些粗事：（一）可以养成勤劳耐苦的习惯。（二）可以操练柔弱易病的体魄，工作就是运动就是体操。（三）可以明了粗事之不易，做粗工之不可轻侮了。（四）手脑双全，心身并用，一面做事，一面学习，就可得见真理，有所发明。科学的发明往往在实际的工作中得来的。目前一般的学校实在太过看重书本的知识之传授了。他们不大敢叫学生从事粗作，他们的学生也渐渐不屑从事粗作，不能从事粗作。大家试想，一个人自小学而中学而大学，这样的学校生活过惯了，将来出校服务哪能盼望他们有充分工作的能力和兴趣？他们是被学校娇养成为不能工作并不屑工作的怪人了，这样的人要生活，要吃饭，只得吃人的。这样的教育可以叫做吃人的教育。贪官污吏，土豪劣绅种种都是吃人的人。这些吃人的人都是由吃人的教育妊育出来的。

22. "乡村教育先锋团"是怎样一种组织？

这请你先看乡村教育先锋团组织大纲：

（一）定名　乡村教育先锋团。

（二）宗旨　采取军队组织精神以整肃共同生活之纪律，增进团体行动之效率。

（三）团员　凡试验乡村师范学校人员皆为本团当然团员。

（四）组织

（A）团长一人——校长为当然团长。

（B）副团长二人——两院院长为当然副团长。

（C）指导部——由本校指导员组织之。

（D）纪律部四人——由团务会议公选之。

（E）总队长一人——由团务会议公选之。

（F）队长每队一人——由各队队员公选之。

（G）队员每队六人——凡于特别情形时每队队员得临时增减。

组织系统如下：

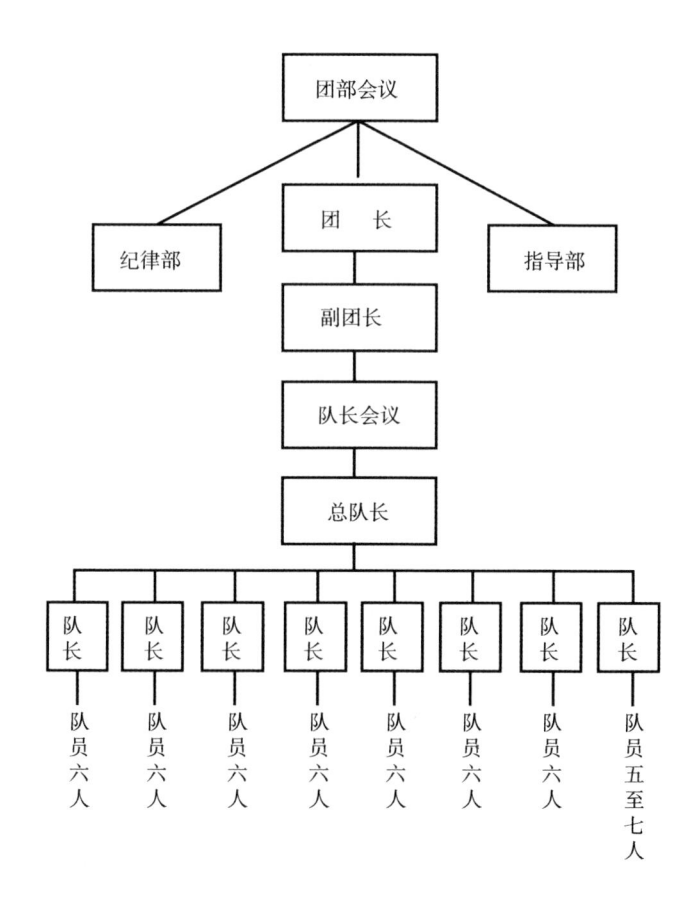

```
                    团部会议
                       │
        ┌──────────────┼──────────────┐
      纪律部          团  长         指导部
                       │
                     副团长
                       │
                    队长会议
                       │
                     总队长
    ┌─────┬─────┬─────┼─────┬─────┬─────┬─────┐
   队长  队长  队长  队长  队长  队长  队长  队长
    │     │     │     │     │     │     │     │
   队员  队员  队员  队员  队员  队员  队员  队员
   六人  六人  六人  六人  六人  六人  六人  五至
                                              七人
```

（五）职权

（A）团长之职权。

甲、统辖全团事务。

乙、对外代表本团。

（B）副团长之职权。

甲、辅助团长。

乙、团长缺席时代行其职权。

（C）指导部之职权。

甲、训练队长队员。

乙、指导各项共同生活。

丙、团长副团长缺席时由指导部代行其职权。

（D）纪律部之职权。

甲、维持本团纪律。

乙、纠正团员轨外行动。

（E）总队长之职权。

甲、执行上级命令。

乙、指导各队行动。

丙、总队长缺席由队长依次代理其职权（队长缺席时由队员依次代理其职权）。

（六）会议

（A）团务会议，由全团人员组织而成，每周常会一次，解决团内重大事务。

（B）指导部会议，由本校指导员组织而成，每周常会一次，解决本团一切教学做事务。

（C）队长会议，由总队长及各队队长组织而成，讨论各队共同事务。

（七）附则

（A）各项细则另订之。

（B）本大纲经全团人员三分之二以上同意通过实行。

（C）本大纲有未尽善处须由团员五人以上之提议，全体三分之二以上之同意方得修订之。

其次，进而谈谈乡村教育先锋团的沿革小史，这样大家才可更明白我们的"学校自治"怎样发生，怎样进展的。先锋团的组织是在去年六月十九日产生的。本校是在去年三月十五日开学，本校学校生活就可谓是在那天即开始。当在开校以后的最初三四天，我们只觉大家住在一起，洒扫整齐，倒洗痰盂等事非有办法不可。我们既不雇用工人，就得由大家轮流分任。因此就组织了一个整洁卫生委员会，由这个会支配全校同志轮流分任宿舍，校舍的清洁卫生的事情。不过几天，我们就觉着学校以内共同生活中所有事情很多，绝不止清洁卫生一项而已。像烹饪啦，文书啦，图书管理啦，校刊编辑啦，会计啦，等等事情都得有人负责料理才行。于是大家会商将清洁卫生委员会根本改组。试验乡村师范学校共同生活分任委员会就因此产生。这个会的组织大纲是和上面所述先锋团的组织大纲，很多不同的。兹录在下面，以资关心学校自治者的比较：

试验乡村师范学校共同生活分任委员会组织大纲：

（一）本会定名为试验乡村师范学校共同生活分任委员会。

（二）本会以发挥互治精神，练习治事能力为宗旨。

（三）本会由试验乡村师范学校全体人员组织之。

（四）本会设正副主席委员各一人，书记一人，由各部长互选之。

（五）本会暂分下列十三部，各部设正副部长各一人，由全体会员公选之。（但正部长不得兼为他部正部长）（a）卫生，（b）烹饪，（c）文书，（d）图书，（e）贩卖，（f）编辑，（g）会计，（h）娱乐，（i）交际，（j）秩序，（k）体育，（l）看护，（m）校具保管。

（六）本会职员任期以三月为限，不得连任，以资轮流练习。

（七）本会职员于期满前一星期改选，本任部长须以经过情形及心得报告大会。

（八）本会各部细则由各部拟订，经委员会通过施行。

（九）本大纲有未妥善处由委员会三人以上之提议经大会三分之二通过修改之。

（十）本大纲由校长核定公布施行。

时过境迁，我们又觉着这共同生活分任委员会的组织太散漫了，做事每缺乏效率。酝酿许久，大家又共同议决采取军队组织的精神，乡村教育先锋团就应着这种需要产生的。人类社会的组织，其进程是由简单而繁复，由疏散而严密。我们的学校自治的组织有整洁卫生委员会，而共同生活分任委员会而乡村教育先锋团其递进的程序也是这样——由简而繁，由散漫而严密。

23. 你们的学校生活，每天上课几多时，自修几多时，课外作业几多时？

上课，自修，课外作业，都是旧的教育辞典里才有的名词。我们校里无这些区别，我们深信教育以生活为中心。课程就是生活，生活就是课程，无生活以外的课程，亦无生活以外的课外作业。我们不能把生活与课程分得清清楚楚，亦不应把他们两者的界限分得清清楚楚。我们的同学，无论是第一届的学生，第二届的学生，第三届的学生与新近入校的艺友，他们人数多的不过二十人，少的十余人，但他们的程度是不齐的，有初中程度，有高中程度，亦有大学程度。他们的志愿也是不同。有欲办乡村小学，有欲办乡村师范，有欲办乡村幼稚园，亦有欲办乡村民众教育的。总之，他们各有各的能力，各有各的使命。因此，我们对于各个同学的日常生活，只有最少限度的一致的规划，并无如一般学校的全班一律的繁重的功课表，我们生活中的最少限度的一致是什么呢？现在是每天上午五时半，起身；五时三刻，寅会；六至七时拳术；七时早餐；七时半洒扫整理；八至九时分组研究，十二时中膳。下午一时十分灭蝇；六时晚膳；九时半日记；十时就寝。每周有农事六次，每次约一小时；仪器制造两次，每次约两小时；会朋友去一次，约三小时；娱乐会一次约两小时；小学活动设计会一次约四小时；新生国语练习三次每次一小时。此外的时间与工作皆由各人自由支配了。每天之中什么时间做什么事情，皆可由各人自由规定。我们无全校或全级一致的上课的时间表，有各人的生活计划表。兹录一例以明一斑：

月份活动计划

一天的计划

上午		下午	
		一—二	拳术
五—六	起身盥洗寅会	三—四	农事或手工
七—八	早膳洒扫阅书	五—六	杂务游息
六—十	办公	七—八	阅报及书或开会

续表

上午		下午	
十一—十二	阅书	九—十	日记
六—七	读文	二—三	国语
八—九	办公	四—五	农事或手工
十—十一	阅书	六—七	晚饭
十二—一	中饭习字	八—九	阅书

全月的计划

要做的事

1	编草鞋	2	翻土，种瓜，种豆
3	做仪器两件	4	
5		6	

要看的书

1	《明月之学校》	2	《乡村教育经验谈》
3	《科学大纲》	4	《教育心理学概论》
5		6	
7		8	

实得的效果

已做的事

1	2
3	4

已看的书

1	2
3	4

这种计划是由各个学生自由规定的。他们每人填写两纸。一纸自己保存，一纸交教务处存查，除此以外，我们的学校每月都预先规划有整个月的建设工作要项，试看：

民国十七年四月份本校建设工作要项

事项

（1）创办露天幼稚园

（2）创办和平门民众夜校

（3）创办万寿庵民众夜校

（4）改组万寿庵为复式小学

（5）举行乡村运动会

（6）觅定科学馆及图书馆两地址

（7）试行日间取消宿舍办法

（8）建造浙江馆

（9）设置本校所设备机关之指路牌

（10）制定各中心小学校旗校印

（11）筹办乡村体育场

（12）筹办儿童游戏场

（13）校路铺沙

（14）提倡修筑和平门至观音门大路

（15）修理自三元巷至迈皋桥通路

（16）试办中心村庄

（17）开办石印工厂

（18）开办织袜厂

（19）设立澡堂

（20）继续国语运动

（21）修筑犁宫墙壁

（22）完成农艺陈列所

（23）充实各中心小学内容

（24）试办巡回指导员制

（25）扩大小学活动设计会

（26）乡村卫生运动

（27）编辑农人千字课

（28）编辑本校年鉴

（29）编儿童故事
（30）编珠算捷径
（31）编晓庄农人故事

负责人

（1）张宗麟。
（2）杨效春，周文山，闵克勤。
（3）杨效春，曹子云，闵克勤。
（4）杨效春，马侣贤，曹子云。
（5）本校全体。
（6）杨效春，邵仲香。
（7）吕镜楼，杨效春，邵仲香，陆静山。
（8）杨效春，朱葆初，贾祖珊。
（9）吕镜楼，邵仲香，摩仲照。
（10）赵颜如，陆静山，各小学校长。
（11）邵仲香，韩凌森，陈轮升，方正。
（12）张宗麟及小学全体。
（13）邵仲香，韩凌森，糜充义。
（14）马绍季，邵仲香，白启祥。
（15）邵仲香，马绍季，王琳。
（16）陶知行，杨效春，王绍季，邵仲香。
（17）姚文采，叶刚。
（18）白启祥。
（19）邵仲香，朱葆初。
（20）马绍季，潘一尘，李仪寿。
（21）吕镜楼。
（22）陶知行，邵仲香，朱葆初。
（23）本校全体。
（24）潘一尘，陆静山。
（25）潘一尘与各中心小学校长。
（26）马绍季。

（27）杨效春。

（28）杨效春，董纯才，戴杰邦，傅孤侣。

（29）潘一尘，陆静山。

（30）沈沛之。

（31）邵仲香。

这种工作要项是在前个月底由指导会议厘订，揭示出来。工作既定，责任有归，大家的努力就容易有所趋向了。月底试行结果，由大家总审查，总考核，总反省。看究竟成就了多少。其未能成就的，移交下月继续办理。其办而不可通，不能行的始行撤销，或变更。

24. "寅会"是什么？干什么？

"寅会"在本校共同生活上意义是很重大的。它鼓舞我们共同生活的精神，商订我们共同生活进行的细程，一年三百六十五日，除年假三星期以外，全年之中，不论风霜雨雪，暑热寒威，我们的寅会总是不间断的。当东方初白，太阳尚未起山的时候，我们全校师友都已经起来了。天是常常变的，我们犁宫之前的气象也是常常变的。有灿烂的星光，有明媚的月色；有晶莹的露珠，有凛冽的霜锋；有美丽鲜红的云幕，有静默乳白的雾海，还有那牧童樵女，来往阡陌；歌鸟鸣虫，吱啁山林。总之，早晨的风光比晚间好；乡间的早晨更是比那乌烟瘴气的都市的晚间好过千数万倍的。这时候，我们的寅会就开始举行了。开会凡十五分钟，五分钟讲演，十分钟讨论。讲演的，或关修学方法，或关治事精神，或关青年问题，或关政治主张，或关学校生活如何整饬，或谈农民教育如何施行。讨论的则是我们自己时常生活中应举应革的事情。开会的时候，校长主席；校长不在校则院长主席；院长不在校则指导员主席；如全体指导员皆不在校，则总队长或队长主席。开会的时间规定为十五分钟，时间既到就应散会，时间到而议案讨论未终了时，须得大众同意延长，讨论时间才能延长。大众不愿意延长时间时，无论如何，都得散会。

25. "会朋友去"是什么？干什么？

我们以农民为朋友，"会朋友去"就是去会农民。我们每周有定期地要去会农民。乡村教育先锋团现在共分八队，每队队员都有他自己认为亲切的农友，如果他是没有农友的，他就应当设法去与农人接近，渐渐成为朋友。星期二的下午，四点钟以后也许在晚饭以后，在农人较为闲暇的时候，我们大家一齐出发了，第一队往迈皋桥；第二队往五版，六版；第三队往拾儿冈，董家庄；第四队往香火田，下官山；第五队往松树营；第六队往瓜园，陆家洼；第七队往香堂；第八队往拾芳庵；我们去做什么呢？或劝学，劝他的子女进小学，进幼稚园；或劝他自己进夜校；或宣传乡村卫生，如灭蝇灭蚊及防疫，或提倡修筑道路；或劝导农友加入联村救火会；或调查农村之教育、经济及其他种种社会生活状况。或解释农友对于学校的疑难。或排解农友相互间的争端。夕阳西下时，我们始出发，清风明月中我们归来了。当初也碰过不少冷面孔，但是农人多半是亲切可爱的，我们曾受了许多恳挚深厚的欢迎。我们必须与农人做朋友，而后可以解农人的困难与问题，获得农人的同情与赞助，使我们的学校真真对农村社会改造的事业上有所贡献。总之，我们常常会朋友去，才使我们能够农民化，亦才使我们能够化农民。

26. 全校学生人人有日记，天天有日记，评阅日记不是一件很繁重的事吗？

是繁重的事。但我们评阅日记是由许多指导员和好几位国文程度较高的同学分任负责的。每人看五本，七本或至十五本。据我看学生的日记亦不必细评细阅（如果时间与精力不够的话）只要他们天天肯记，对于他们自己有许多好处：（一）练习作文的机会多而且恰当，使用文字发表的能力必然长进。这是每星期作文一次，或隔一星期作文一次的普通学生所万万不如的。（二）日记使青年学生常自反省，对于品格的修养亦有极大好处。（三）记每日所见所闻，日积月累，皆是经验，皆是学问。学识自然长进。

27. 你们的学生除参加烹饪，洒扫等粗事外，尚参加其他校务吗？

是的，他们不仅参加而已，而且我们校中事务如文牍，缮写，油印，教务，庶务，会计，校具保管，图书管理，校刊编辑，以及招待来宾，维持纪律等事都由学生负责办理。指导员只不过从旁襄导而已。这样则一面学生有练习处理校务的机会，一面学校亦省得聘用事务员的薪俸，作为其他更有益的用途。比方，我们的图书费，现定全年九百元，若聘用一个管理员算他四十元一月，则全年需四百八十元。那么九百元的图书费只得以四百二十元去购图书报章了。我们现在不另聘图书管理员，就由学生负责为管理员，则全年九百元都可以为添购书报的用处了。学生管理图书以后受专家的指导，得实地的经验，对于图书管理，自能明了，这就是教育了。

28. 你们的学生一面要烹饪洒扫，干平常校工厨子所干的事，一面又要担负教务，庶务，保管，会计，干平常学校的教务主任，训育主任，事务主任及其事务员的事情，岂不是要妨害他们的读书时间吗？

我们根本怀疑读书的教育。现在国内中年以上的学者中了老八股的毒，中年以下的学者中了洋八股的毒。实在是一样的中了读书的教育的毒！他们初重视读书，轻视做事，后来就只能读书，不能做事。大家试想，只能读书，不能做事的人，将如何生活从何吃饭？我们不要忘记，在讲堂上高谈阔论的科学家与蒙童馆里的冬烘先生其欺骗儿童是一般无二。单靠伪知识骗饭吃，不靠真本领赚饭吃的读书人与贪官，污吏，土豪，劣绅，贻害社会，也是一般无二。读书的教育，结果如此，我们还不觉悟，还不应当设法改造吗！书本的知识有真的有伪的。读它一辈子决不能辨别它的真伪。可是用它一下，真伪立见。真的可以应用，伪的不能应用。犹如真的钞票能够兑现，伪的钞票不能兑现一般。所以我们注重做事，不注重读书。对于书我们也只主张用书，不主张读书。我们要管理图书，乃看《图书管理法》；要做文牍，乃看《书记之职能与任务》；要做会计乃看《会计规程》与《簿记学》，要进行乡村自治乃看《社会学》，《政治学》及《经济学》等。总之，我们为做事才看书，不为读书而读书。而且寻常总是用的班级教授，教师讲解，学生听讲，大好光阴尽在此中消磨！究竟一天教师能够讲得多少书，学生听得多少书？言者津津，听者藐藐，这是指热忱的教师之讲堂中气象而讲的。言者敷衍，听者亦敷衍，学校之中实不少这样的恶现象。我们看教室之中，那一排一排坐着听讲的学生，有打睡眠的，有看闲书的，有写书件的，有与人闲谈的，亦有抛纸团，打灯谜做各种恶作剧的，这岂能全怪学生吗？实在他们一天坐得太久，听得太倦了。再看那讲台上的教师，口讲指画，舌敝唇焦，唾沫满桌，粉屑塞鼻，他们受的苦真不少。正讲得高兴的时间，铃声既响，就不得不中断。课文讲完了，铃声未响，就得故意挨过时间，这是何等没趣的事情。这又能怪教师吗？他们也是人，不是留声机器，一天开上四五次，每次开上四五十分钟，自然会开得厌烦的。我知道一本《中国史》有讲了三学期而不曾完了的事情。如能听学生自由阅览，三五天就可完了的。一篇《桃花源记》竟费了四次的讲解，结果还是大部分的学生不能明了。总之，就为读书着想，目前的班级制度，讲解办法，也是极不经济。

叫学生自由阅览吧。并叫他们要做什么事，就看什么书。要种菜，就看《种菜法》；要养鸡，就看《养鸡法》；要开会，就看《会议通则》；要教儿童国语，就自己去学国语。这样则人人对于学术，就是各尽所能，各取所需，人人对于学习，也就会格外努力，格外有兴趣，不是吗？

29. 教师应为农人的朋友，学校应为改造社会的中心，理论是不错的，如何付诸实行？

理论而不能施诸实行，就等于空论。我们这样的事所注意的，第一是改变我们自己的生活习惯。我们要能吃农人所吃之食，着农人所着之衣，做农人所做之事。穿的粗布衣，吃的家常饭，手拿锄头，脚着草鞋，上山能割柴，下田能栽秧，这样我们亦是农人了。我们既是农人，自然就易于和农人为友。第二改正我们的思想与态度，我们不要以为自己是有知识的先生，农人是愚昧无智的野人。识字，看书，农人可以向我们学；耕田，种地，我们应当向农人学。农人叫我们为先生，我们亦可叫他们为先生。原来，他们也实实在在有许多的事情，可以做我们的先生。第三，农人不来找我们，我们就发动去找农人。"会朋友去"就是我们去找农人做朋友。只要我们自己的习惯是良好的，态度是和易的，常与农人接近，农人亦自然会欢喜和我们亲近的。第四，不要空喊口号，要切实做事；并使所做的事确实与农民有利益。如（一）设乡村医院以解除农人疾苦，种牛痘以防天花，灭蚊以防疟疾，灭蝇以防痢疾与霍乱。（二）设中心茶园以为农人正当娱乐之场所。（三）设中心木匠店以改良农家用具。（四）开娱乐会，放映电影，开留声机以为正当消遣。（五）设乡村运动场，举行乡村运动会以提倡农人体育。（六）办联村救火会以培养共生活，共患难的精神。（七）设联村武术会，以习练国技，谋农民自卫。（八）提倡修路以利交通。（九）提倡合作社事业以发展乡村经济。（十）立联村法律政治讨论会以灌输民治思想。（十一）办小学幼稚园以教育农人的子女。（十二）办民众学校以教育成年农人。这些事实我们尽量与农民合办，不是单替他们办。这样则农民就会逐渐信任我们，亲近我们了。总之，真实的乡村教师必是农人的朋友；真实的乡村学校必是改造社会的中心。如果我们不能成为农人的朋友，竟永远被农人视为特殊阶级的先生，我们便是失败；如果我们的学校不能与社会发生良好的关系，而依然立于乡村改造事业之外，则学校的全部事业亦是失败。

30. 农人对于学校态度如何？

最初，他们对于学校是不了解，不信任，亦不关心。聪明开通些的农人对于我们亦存着"敬鬼神而远之"的态度。很少肯与我们亲近的，合作办事更说不上。我们曾经想在松树营的地方成立一所小学，但现在还是未曾成立。即便是新近开办的三元庵，万寿庵，和平门诸中心小学，也都是经过许多困难。三元庵小学，去年九月间，我们去会过当地的人士谈话，劝说，接连四五次，但总未能成功，他们说"你们是教洋书的""你们是要教小孩信洋教的""你们不会念孔子的四书五经吧？""你们现在虽说不要钱，将来是要钱的吧？""怎样好好为人教书，会不要学金的？必是所教的是要骗人害人。""你们学堂里要穿好衣服，我的孩儿不能进""你们要来拆毁神像呀""我们这里有私塾，不要进学堂。"总之他们是不肯信任我们。万寿庵小学是由农友介绍我们去才得成立的。和平门小学，办在清真寺，清真寺不肯将寺内房间直接租给我们，要由当地绅士出名转租给我们。这实在有时使人发气的，但亦难怪。农人与我们是未曾了解，未曾亲切呀。

农人对于学校不了解，不信任，并不关心，实在是学校进行社会事业的路途中之极大障碍。这样的情境在晓庄是快快过去了。晓庄学校开办至今不过一年有余，而这一年有余的短少时间之中，我们与农友间的友好关系真有意外的进步，今年三月十五日，本校举行第一周年纪念。那一天，附近农村大有"农辍耕，工辍业"的景象，各村机坊，家家停工一天，因为各个工人要来参与我们的纪念会，他们有的是赶热闹，也有是专为庆祝送礼而来的。你们看我们犁宫里所挂的"爱我农村""新我农村""庆祝晓庄师范周年纪念"这几块匾额，以及其他许多对联，就是附近各个村庄联合送来的。他们那送来的时候，都打锣，敲鼓，吹笛，吹笙，一面还放着连串的爆竹。那时候，我们真欢喜得除了欢呼"乡村教育万岁，北固乡农友万岁"以外，竟找不出一句别的话说。新近附校三个村庄的人民又联合送我们许多匾额和对联，匾额曰"改造社会""造福乡村""农人导师""农人良友"，这是我们意外的荣幸，我们所不敢当的。我们很惭愧，但我们亦觉欢喜，因为我们的学校已经与附近的农人渐渐接近了。今年四月二十二日，我们举行联村运动会。农友参与表演及比赛的，竟有八十人之多。或参加跳舞，或参加挑柴，挑水，提石锁，提石担子等比赛。或联合邻里骑牛吹笛做大队的牛大哥表演。从今以后，学校与农人合作事业，当可以比较顺利。联村救火会中近校三里内村庄的青年农友参加者极其踊跃。修路委员会中，北固乡二百余村的村长也都出席讨论，并担任募捐。这都是我们已经感受的事情。

31. 乡村医院之组织及内容如何？

这请看该院简则，就可明了它的大概。

晓庄医院简则：

（一）定名　晓庄医院。

（二）宗旨　解除农人疾苦，提倡乡村卫生，并为晓庄学校医药卫生教学做的中心。

（三）科目　本院医治：普通，内，外，眼，耳，鼻，喉，口齿等科。

（四）组织　本院设下列职员。（a）院长一人，由本校校医充任。（b）主任医士一人。（c）助手一人，师范部学员对于此科有特殊兴趣者，或另招初中程度之学生一名充任。（d）宣传员，全体师范生。

（五）诊疗　只设门诊，除时疫重症发现时随时出诊以重人命外，平时则注重多数病人之医疗，概不出诊。

（六）时间　每日午前八时至十二时。

（七）收费　挂号费每次铜元十枚，药料费临时合计。

（八）施诊　凡家贫者挂号费免收，药料费酌减，赤贫者有两诚实农人之证明免费。

（九）附则　本简则有未妥善处得随时修改。

此外，我应得告诉大家的，这小小的医院设备及药料费至今共不过三百元。而它所诊治的病人，已经是十五里左右四十余乡村的农夫农妇及其子女了。还有一事顺便在此一说。去年夏秋之间，南京虎疫盛行，我们曾经举行了防疫运动，就是由晓庄医院发动的。一天寅会，医院院长向我们报告："南京城内虎疫流行，每日死者不下三百余人。其势蔓延，竟及于吾校附近的乡村如笆斗山，迈皋桥，尧化门一带。病名霍乱，或称绞肠痧。病状是先头痛，眼昏，后腹痛，上吐下泻，以至于死。病原是由于杆状菌在人体中作祟。预防的方法是要（a）勿喝生水，（b）勿与病户往来，（c）扑灭苍蝇，（d）注意公共卫生，（e）无要事勿进城，进城时勿吃瓜果杂食，（f）行经污浊之处掩鼻而过，（g）吃预防药。"我们听了这番话以后，就分队出发往各村宣传去。宣传的结果，可以破除些迷信观念，可以灌输些卫生常识，可以减去病痛疾苦，亦可以使学校更得农人的信仰与赞助。

32. 中心茶园之组织及内容如何？

中心茶园于今年二月间创办，由本校与中华职业教育社合设。开办费一百七十五元。现有设备：房屋两间半，租的；方桌四张，条凳七张，长方桌三张，皆是借的；此外有《史地》及《博物理化》等图表二十余纸，棋子三副，乒乓球一套，其他零星杂物一百余件。职员有指导员二人，理事二人，一为农友，一为师范部学生，事务员一人，农友；说书若干人，农友与本校学生。现在每月收支均二十余元，约可相抵。因为这茶园里是不准赌博，不准吸食鸦片，毫无普通茶馆的恶习。所以乡间的太太特别拥护它，常常劝导她自己的儿子或丈夫到中心茶园来。我们还想在这里面添办商店，施药局，面馆，民众阅书室，及教育用具，娱乐用具，中心茶园是可以为民众教育的枢纽，乡村社会的中心的。

33. 中心木匠店之组织及内容如何？

中心木匠店是由本校与中华职业教育社合设。开办费百十元，经常费三百五十元。他的宗旨是依据生利主义，及教学做合一办法造就木工人才，并改良木料器具。现有艺师二名，艺徒一名，并有本校学生一名，担任研究职业分析的事。艺徒的课程除木工外，兼教以人生所必需的常识。

这个木匠店，以现在情形看，不仅可以训练艺徒，改良用具，并可以为农家制造家伙，为本校制造校具。本校以及新近创设的几个中心小学及民众学校的椅，桌，板凳，皆是由这木匠店制造的。

34. 乡村运动场的设备及联村运动会的内容如何？

乡村运动场正在开辟。现在所有的设备也很简单，不过我们所有的运动用具颇与普通运动场的设备不同。我们有的是石锁、石担、刀枪、戟、棍、戈及跳高架、篮球架等。这运动场就是由附近农友与本校师生合力开成的。

联村运动会，我们在今年四月二十二日曾举行了一次。那时候，农事尚未甚忙，所以农友参加者，极其踊跃。运动节目有锄头舞，蓑衣舞，插秧舞。锄头舞和蓑衣舞，舞的是本校的男女师友。插秧舞，舞的是邻近的农夫农妇。有提水竞走，挑粪竞走，挑柴竞走，跑山竞走，都是本校师友与农人共同参加的。还有举石担、举石锁、踢毽、跳绳、跳远、跳高、拔河、开荒等事。尤别致的则为骑牛表演。二十余牧童人人骑一耕牛，口唱田歌，或吹长笛，悠游穿过场中，旁观者不禁拍掌喝彩。昔周敦颐作牧童歌，说："东风放牧出长坡，谁识阿童乐趣多，归路转鞭牛背上，笛声吹老太平歌。"正可为此地写照。我想那个运动会有几点很可注意：（一）是学校与农人联合来开的；（二）全体师生参加，每人至少表演两种；（三）种种表演多含本地乡间风味。运动会比赛的结果，我们也有些奖品的，除名誉奖状外，第一名赠毛巾一方，第二名赠肥皂一块，第三名赠自来火十封。因为这些东西，都与农人日常生活适用。

35. 联村救火会如何组织？

乡村学校要与农人联络先办救火会实在是最好的。办救火会，所费不多，轻而易举，而且决可吸引农人，使大家踊跃参加。尽可说我们的救火会是备而不用。今年三月二十四日晓庄联村运动会成立，那天邻村农友到的很多，我们的同学同事出席的也不少。总共有一百多人吧。是在中心茶园开会的，大家清茶一杯，瓜子一包，就在这时候我们的会就进行了，通过简章，选举职员。完了以后，还大家到广场中演习一番。兹录《联村救火会简章》如次，以供参考。

（一）定名　联村救火会。

（二）宗旨　本互助精神，预防火灾。

（三）会员　凡晓庄附近三里以内各村庄年富力强，热心公益赞成本会宗旨者，皆得加入本会为会员。

（四）组织　正会长一人，副会长二人，书记一人，会计一人，各村干事每村一人或二人，总指挥一人，副指挥一人，司龙十二人，司枪八人，司梯二人，司水十人，司警五人，医士一人，看护一人，教练员一人，纠察员三人。

（五）经费　由本会筹募。

（六）规约　凡会员闻警必须迅速赴援。如有无故不到者，经调查确实后，公议处罚。

（七）会期　本会每年开常会一次，由会长定期召集，如有特别事故得开临时会。

（八）附则　本简章由大会通过施行，如有未妥善处，得由大会共议改订。

注意，在这样的会聚里面，我们可以训练如何组织团体，如何开会，如何选举，如何行使创制权，复决权及罢免权。

36. 联村武术会如何办理？

这是由本校武术指导员主其事。凡附近各村农人志愿练习武术者皆得加入为会员。但以他们迫于生计，忙于工作，对于武术总不免时作时辍，是以成效很少。联村自卫，目前还说不上。

37. 提倡修路，如何可收实效？

我们早想把从和平门到观音门的大路加以修理，也想把从三元庵通迈皋桥及从万寿庵通迈皋桥两条道路加以整顿，但是费力很多，收效很少，最大原因还是由于人民缺少组织，乡村经济太过竭蹶。今年四月间北固乡二百余村的村长为了修理和平门通观音门的大路，在晓庄会议。大家都踊跃认捐，而南京市政府亦极力帮助。想来这条路是一两月后就可修理完工的。在乡村提倡修路，如不得官厅补助经费，我们主张分段修筑，比较易于着手进行。

38. 乡村合作社事业如何进行？

这件事，在去年下半年曾努力进行，但成效极少。信用合作社至今尚未成立，消费合作社亦不过略具雏形——即晓庄商店与拾儿冈商店而已。原因是（一）没专任指导员，（二）乡村人民对于学校尚未十分信任，对于合作社事业之价值与意义亦未十分明了的缘故。我们盼望在今年年内有较为满意的报告。

39. 联村法律政治讨论会内容怎样？

这个会尚未组织就绪，却已在酝酿的时候了。也许在最近一两月内就可以成立。乡村农民太缺乏政治训练，法律常识，常受贪官污吏，土豪劣绅的欺骗压迫而莫可奈何。他们怕吃官司，怕上法庭，怕见官吏，怕见警察。实在都是由于他们不懂政治，不明法律，现在是民国了，而农民从未敢以主人翁自居，亦未敢以公仆视官吏。灌输政治法律的知识于农民，确是从事乡村教育者所需注意的事。联村法律政治讨论会，就是为这种需要产生的。其事进行如何，容后报告。

40. 创办小学，创办幼稚园，不是都有困难吗？

乡村办学，困难何在？如何战胜困难？

无论办什么事，总多少有些困难。只要大家热忱肯办，所有困难，总是可以设法解除的。乡村办学最大的困难，第一是自己缺乏适当的修养。我们虽明白良好乡村教师必须有农人的身手，科学的头脑，艺术的兴趣，与改造社会的精神。但是我们常自反省，知道自己确实太少这样的修养。有人才干得事，有好人才干得好事，有真实的乡村导师，才可以办得真实的乡村学校。这大概是真理。第二种困难就是乡村人民对学校不了解，不信任，不赞助，甚或不关心。办乡村小学要有房子，农人不租借房子给你办，或竟不买地给你造房子办学，则你就没有办法；办乡村小学要有学生，若家家农人不送子女上学，则学校就更无由成立。使农人了解学校，信任学校，亦是乡村办学者必须注意的事。经济竭蹶生活枯寂，这种种都可算是乡村办学者的困难。但都不是不可想法解除的。我们的吉祥庵小学，万寿庵小学，三元庵小学，都是借了佛庵办成的。农人信佛而不信我们时，我们如何能把这些小学，一齐办成？在万寿庵地方，我们本想试办露天幼稚园的，但现在还是未成。原因就在家属反对。家属至今还未明白"为什么学校可以露天办的？"他们明白露天幼稚园的价值，事情就可成功了。这时期的到来，大抵也不在远。

41. 乡村民众学校如何办理？

我们现有三所民众学校，一在晓庄，一在和平门，一在万寿庵，晓庄民众学校成立最先，大概就是去年七月间的事情吧。和平门万寿庵两校都是在今年四月间才成立。现在这三所学校的经费，大部分是由江苏大学扩充教育部供给的。这三所学校成立的历史是不同的。晓庄民众学校，成立最难。附近村落极为散漫，而农人于农事余暇多往机坊做工。再三宣传，才集得学者数人开学，现在也有学生三十余人了。和平门民众学校招生则由当地绅士周子卿陪同周文山、白启祥两同志家家劝导，才成立的。现有学生四十七人。男女各约占半数，学生年龄概在十三岁以上，五十岁以下。内有四十七岁的妇人，有三里路远就学的尼姑，乡村妇女运动，从此可知也不是极难进行的事。万寿庵民众学校，成立最易。只因万寿庵小学开校以后，极得当地人士信仰。当地年长农人说："我们的儿女有地方读书了，而我们偏无处学识字！"这句话里明明要我们办民众学校，我们就把万寿庵民众学校办起来了。当初学生很多，有五六十人。这几天为蚕桑忙，就学者转少。但是我们无须因此灰心，只要大家肯热心教，农人总会欢喜学的。上面我所说的，只是这几个民众学校的经过大概。至于目前如何进行，详情如何，恕不在此细说。

42. 民众教育研究会的宗旨如何？有何工作？

它的宗旨是研究民众教育的问题，并促成民众教育的实现。它的工作除办理民众学校外，尚编有《三民主义千字课》，《军人千字课》，此外《农人千字课》，《工人千字课》，《商人千字课》，《妇女千字课》，及《农人故事》等均在编辑中。

43. 有什么定期刊物没有？

有，就是《乡教丛讯》半月刊。是本校与中国乡村教育同志会合办的。它的目的是在沟通乡村教育的消息，研究乡村教育的问题，并促进乡村教育的普及与改造。内容有讨论乡村教育问题的言论，有陈述乡村教育实施的报告，亦有摘录全国乡村教育界消息的记载等。

44. 你们的科学教育如何实施？

我们对于这件事，现在注意的是：（一）筹建科学馆；（二）添聘科学指导员；（三）添置科学仪器及工具。新蒙大学院拨助两万元给敝校，以推广并研究乡村科学教育，甚为幸事。此款已经到手，我们决意悉数用以添置生物及理化仪器与工具。中国科学社又与敝校切实联络，每周派专家下乡来担任讲演及指导。以谋高深的科学，得推用于广大的农村，尤为快举。现在博物方面，已经积极进行。其步骤为（一）首先采用南京附近的动物、矿物；（二）制为标本；（三）考订其名称；（四）研究其性质与功用；（五）编为教材，供小学、幼稚园及民众学校试用。这样下去，两年以内，均可有斯许成绩了。

45. 各科教学做皆以小学活动为中心，小学所需各科学识，都是很浅近的。如此则师范生对于高深的科学知识如何获得？

小学的教材是浅近的，而要教导小学生以任何教材，就得有高深的学识根底。比方，要教国语，不仅能说国语就行，还得熟练注音符号，及国语教学做的方法；要教图画，不仅能自己作画就可，还得要在图画上懂得画理画法。要编儿童读物，就得考究儿童心理，研究儿童文学，并熟悉儿童话法语法才好。其他若公民训练，若卫生常识，都是这样。说教导小学生无须高深的学识乃是一种错误。

46. 对于政治，经济，社会等科是如何实施呢？

这也是在指导者能够运用机会。比方，从纪念劳动节就可以引导学生去研究劳动问题。从乡村自治，就可以引导学生去研究政治学，经济学及乡村社会学等。

47. 对于国际关系，怕在日常生活中不易找得可为学生学的动机？

这也不难。试以五四运动的纪念为例。我们要明白五四运动的起因，当然会注意：（一）巴黎和会；（二）和会中，中国之地位，列强之霸持；（三）中国代表之三种要求；（四）日本之反对；（五）英法之暗助日本；（六）美国及意大利之自私自利。这便可引动学者研究国际关系的动机了。

48. 学校重实习，尚自修，学生程度低浅，不能自动研究的人，如何应付？

这要有个别指导。指导的人或为同学，或为指导员。

49. 你们学校组织系统，大要如何？

现列本校组织系统图表示之如下：

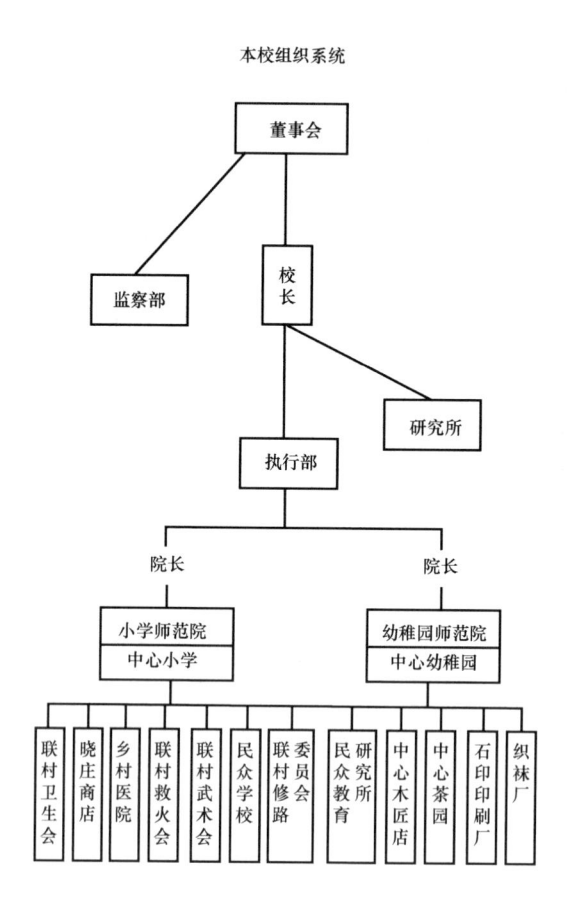

本校组织系统

```
                    ┌──────┐
                    │ 董事会 │
                    └───┬──┘
         ┌──────────────┴──────┐
     ┌───┴───┐              ┌──┴──┐
     │ 监察部 │              │ 校长 │
     └───────┘              └──┬──┘
                   ┌───────────┴──────┐
               ┌───┴──┐          ┌────┴───┐
               │ 执行部│          │ 研究所 │
               └───┬──┘          └────────┘
         ┌─────────┴────────┐
      ┌──┴──┐            ┌──┴──┐
      │ 院长 │            │ 院长 │
      └──┬──┘            └──┬──┘
    ┌────┴─────┐       ┌────┴─────┐
    │小学师范院 │       │幼稚园师范院│
    │ 中心小学 │       │ 中心幼稚园 │
    └────┬─────┘       └────┬─────┘
```

下属：联村卫生会、晓庄商店、乡村医院、联村救火会、联村武术会、民众学校、委员会修路、民众教育、研究所、中心木匠店、中心茶园、石印印刷厂、织袜厂

50. 晓庄学校的经济来源如何？

这请参阅《乡教丛讯》第二卷第五期中所载陶校长《对于乡村教育及本校赞助人之总致谢》一文就可明了。兹录本校开办后所收款项如下：

（一）程霖生先生特别捐 13000.0 元

（二）中华教育改进社拨款 9642.4 元

（三）江苏大学区行政院补助费 4000.0 元

（四）江苏义务教育期成会特别捐 1000.0 元

（五）南京市教育局补助费 280.0 元

（六）浙江大学特别捐 400.0 元

（七）刘鸿生先生特别捐 200.0 元

（八）许秋帆先生学额捐二名 210.0 元

（九）中华职业教育社拨合作事业费 1300.0 元

（十）中华民国大学院拨助科学教育费公债（值 12000 余元）20000.0 元

（十一）安徽教育厅特别捐（已收 500 元）2000.0 元

（十二）霍守华先生捐图书馆费（已收 800 元）3000.0 元

51. 晓庄学校现有建筑几座？各费若干？

本校校舍已落成的，有：

（一）犁宫即办公厅一所（六大间），建筑费 3300 元

（二）晓庄中心小学三所（三间），建筑费 300 元

（三）樱花村（现为医院及幼稚园址六间），建筑费 700 元

（四）桃花村（六间），建筑费 1000 元

（五）食力厅一所（三间），建筑费 500 元

（六）临时工作室一所，建筑费 60 元

（七）临时农具室一所，建筑费 60 元

（八）临时牛舍一所，建筑费 15 元

（九）火油房一所，建筑费 15 元

（十）燕子矶幼稚园一所（五间），建筑费 700 元

（十一）浙江馆一所（三间），建筑费 500 元

（十二）农艺陈列馆（五间），建筑费 1000 元

此外于最短期内行将动工建筑的，有：

（一）图书馆一所，建筑费 3000 元

（二）科学馆二所，建筑费 10000 元

（三）安徽馆一所，建筑费 1000 元

（四）向江亭一所，建筑费 400 元

52. 上列各项建筑都是新建的吗？

是的，全是新的建筑。最早的是晓庄小学校舍，在去年七月间落成的，其次是犁宫，去年九月间落成的。

53. 晓庄学校何日开校？

中华民国十六年，三月十五日。

54. 那时候校舍没有落成，怎么开学的？

就在荒山麓旷野中，青天之下，草地之上开学的。而且那时候正是革命军进攻南京，奉鲁军纷纷溃退的时候。南京附近，犹是战云迷漫，人心惶恐；但晓庄学校，还是按照原定计划开校了。兹录同志李楚材的第一次开学礼记如次：

"农夫在炮火中要种田与农夫共甘苦的学校，也不能为战事而停止招考和开学。"

两三天春雨，连连绵绵，打得人心烦意乱。三月十五日，晓日从薄雾中射出，散成万道金光，普照大地。我们从寄宿的燕子矶小学出发，大家穿上草鞋。踏在草上，沙沙作响。有的扛着帐篷，有的拿着绳索。到了晓庄，就搭成四座来宾憩息的篷帐。向农家借了一张桌子，几条板凳排列着，就算是会场。因为战争的关系，城里的来宾很少，邻下的老翁，小孩，妇女到的也不多。十时开会，连国旗校旗也未能张挂。……首由陶校长演说，大意是："本校特异于平常的学校有两点：一无校舍，二无教员。大凡一个学校创立，总要有房屋，才能开课。我们在这空旷的山麓行开学礼，实在是罕见的。要知道我们的校舍上面盖的是青天，下面踏的是大地，我们的精神一样的要充溢于天地间。所造的草屋，不过避风躲雨之所。本校只有指导员而无教师，只有比较经验稍深，或学识稍好的指导。

所以农夫、村妇、渔人、樵夫都可做我们的指导员，因为我们很有不及他们之处。我们认清了这两点，才能在广漠的乡村教育的路上前进。"继由赵院长演说，大意是："以前读书的人，才不屑做事。穷年累月，孜孜兀兀，向死书本上去求死知识。耕作的人，又不肯去读书，以旧方法和旧经验相传递。读的死读，做的蛮做，两不相接，我们今后要在做事上得知识，得经验，要用知识和经验去改进做事的方法，不可泥于书本，应该拿自然为教学做的对象。"复由来宾徐作人先生演说：他觉得办了数十年学，成效微薄，教育界充满沉沉的死气。现在看见一班雄姿英发的青年，走到乡村教育的路上来干，带了革命的精神，运用科学的方法，可为中国教育界一转机。后有指导员邵仲香，吕镜楼，马绍季三先生相继演说，意思是我们为什么到这里来？一定有个重大的意义在里面。那么我们应当做些什么？将来怎样去做？末由同学答辞。感谢来宾和指导员的勋勉，并述来学的旨趣及以后的希望。在悠扬的《尽力中华》歌声中开学礼就宣告散会。

荆棘塞满了旅途，

黑暗占领了长空；

许多人在流泪，啜泣，惨呼，悲号，

转徙在狂风暴雨之中。

……

努力吧！振起精神，呕心沥血，

去救那人群。

从这年这月这日起，

进前，奋勇。

55. 校舍没有落成，你们开学以后，住在哪儿？

先在燕子矶小学借住，次在黑墨营邵先生农场，又次借住晓庄农家，去年7月后才移入晓庄小学新校舍。8月乃住入犁宫，那时候犁宫尚未竣工。地面未平，屋亦在渗漏，而四面粉墙也还是透湿的。在这游移不定的生活中，我们身体方面不免受些苦痛；但我们的心里还是常常很快乐的。请看各个同学的日记就可知道。

(一) 李楚材《燕子矶头记事》

布满着恐怖和凄惨的燕子矶，在十六年三月里到了十几位远客；有的从燕鲁，有的从湘鄂，都来会着。那时战云笼罩着江南，危机四伏，但是勇敢的青年，依旧冒险而向目的地进发。

立在投入江心的燕子矶头，眼界放宽了几倍。远山，衬出淡清的天；烟树，遮断了游移的云；沙鸥在渚边掠水，小船在江面浮荡。波涛在巉岩上，发出庞大的搏击声，泡沫横飞；又溜旋而冲去，冲向那浩瀚的大海里。危崖嶙峒，急湍奔流，不过十丈的隔离，就可使人生顷刻而毁灭。颓败的古亭，兀立在矶巅；野花闲草，杂生在路旁，涨沙成了绿野，江水翻出绿波。呀！飞入江心的燕子呀！我爱你的纯洁，崇高而伟大！

负了改造中国乡村教育使命的试验乡村师范在时局紧张的时候依旧招生；充满了热情的青年，也在时局紧张的时候会合。赴考的共有十三位。由这十三位冲锋陷阵做开路，才发出一个可爱的嫩芽来。

……

我们不因战事而停止工作，也不因危难而抛弃事务。看书的时候依旧看书，作工的时候依旧作工；做社会活动的时候依旧做社会活动。这是乡村师范的精神。不是残酷的炮火和奸人的诡计所能分散和赶走的。

(二) 操震球《迁住黑墨营纪事》

四月十五日，天微明，我就起来了。燕子矶头的晨色仍然是那般美丽可爱。四野的鸡声犬声，也同平常一样的镇静。我心中很觉快乐，捧着《美国乡村教育及其设施法》在花园内默读。但丁先生的态度很与平日不同，他噘着嘴，锁着眉，似乎有忧有怒。……忽然东角上拍拍底枪声自空中飞来，我觉得很奇怪，探头望江边去看，有一位小学生告诉我，那是船上的拔锚声。丁先生来了，他说"是机关枪声。"并且大声的向我们说"你们现在可以走了！"我听到他的话，立刻提着藤篮，随着同学和吕镜楼先生出发。这时候，镇上的店铺都开了门，他们见着我们的搬移，也觉得惊奇，出观音门，红日已出。雨后的道路，当然是泥泞的。幸路上铺的卵石，我们穿的草鞋，都不曾滑倒。到了晓庄，马先生出来迎接我们。我们歇下，做些面饼充饥。老裴坐着脚踏车去看工人搬行李入城。又请着两个人，到燕子矶抬米去。他们走路非常迟缓，一直到下午两点钟才到。三时，我们起身进城，行李太重了，他们又说挑不起。走到黑墨营，我们预备再找两个工人帮助着。老陈同我去找人，农场的工头告诉我们：早晨的枪声是笆斗山的住兵向江中偷漏的盐船开放的，并不是两军交战的动作，浦口的奉军也被南军包围了。住在那边的人毫没有危险。老陈听了这番话，他个人就想住在场内。同学到齐了，我们在路上开个临时会议，公决一个留在场内，不如大家都留在场内。工人也很欢迎，我们就此止步了。这个农场是邵先生经营的。他建了一所三间西式的平房。左边一间是他的办公室。我们就请马先生夫妇住在那儿。右边一间原来是邵先生的助理住的，现在我们全体同学八人和吕镜楼先生住着。中间一间，作我们的饭厅和教室，另外有厨房，我们同农场内工人共用。我们八个人住在一间房里，自然是挤得很。夜间放开被条我们就睡在地板上，白天将行李卷起又变成我们的阅书室。幸亏我们同学都能够吃苦。大家把苦不算苦。仍然是唱着谈着笑着，过我们的快乐生活。一切的事务都是我们轮流去做。每日有杂务一人，专管洒扫摇铃安便桶，取日报。采办二人，专管购买食品用品。烹饪二人，专管伙食。另外有长期干事一人，总理一切，会计一人，专计经济出纳。

(三) 李楚材《记晓庄农家小住》

低矮的草屋之间，一间是屋主的寝室，厨房又占了小半间。其余就是我们住的，玩的，吃的，坐的，读的地方。大门是两扇木门，上面贴着物华天宝，人杰地灵的红纸，也有一扇贴着"前程远大，后步宽容"的后门。屋的东隅，有几条木栅嵌在泥墙里，这三处是流通空气，采取阳光的地方。在白天里往往觉得黑魆魆阴森森地可怕。但是校舍还在建筑中，总是没法可想。

从乱草堆里爬起，就得烧水；洗过脸，又要吃粥；洗锅抹桌后，我持了油瓶酱罐，提了竹筐向市上去买东西。回来又忙着洗菜煮饭。我们这样轮流地工作着，生活着，平安地，悠然地也忧闷地过着。

下关和浦口靠着长江天险，双方据守着，日夜用大炮轰击。往往从梦中惊醒，时时被枪声催眠，烈士之血，百姓之钱，客子之心，混合在一起而凝住了。

无情的天，淅淅沥沥下起雨来。上街买菜，实在是不容易！头上戴着草笠，衣服撩在腰里，裤管折过大腿，手里提着筐，挂着瓶，光赤的脚，踏入泥污里无情的雨打到身上。现在想来真有隽永的诗意。晚上冷冰冰的水滴从茅草的破坏处洒到脸上，往往惊醒。喔！有趣！

除掉一张破烂的方桌，二三条板凳外，什么都没有。在豆大的火点之下。我们围着谈话，上下数千载，纵横几万里，随便的讲着，虽然炮声时时袭到耳膜上来。

（四）葛尚德《记漏屋下的我们》

迁入犁宫以后，第一次轮到大雨了。

大概屋顶的茅草没有盖好，在漏了。

透到茅草黄色的雨水，延着墙壁往下流，在墙的白垩上还留下一条条蜿蜒曲折的斑痕。有的雨点直接淋到尚未整平的地上，或者洒到我们的排列在一起的床铺。

我们着急了，但是没有身世飘零之感。我们急急把床铺向没有漏的地方移。在搬动的杂响里还夹着我们格格的笑声。

水点滴在室内的地上，聚成了好几个水洼。在水洼里，震荡出清晰的声音，映现出袅娜的波纹。

这大雨是我们的犁宫入世的洗礼。

我愿今晚此情此景深深的镂在我们的生活史上。

窗外雨声繁而且密。狂风在黑夜的山间，夹着万松怒吼着。我们却安然入睡了。

……

在校舍未曾落成以前，我们的生活是这样过的。旁观的人，或以为这样生活则未免太苦。但我们的同学却有人说"我们现在已不能恢复以前这种舍有无限诗意的事。除非在梦里或甜蜜的回忆里"。也许有人以为这样的生活是缺乏教育的价值，但是我们读着同学的日记："青菜根，糙米饭，矮草房，过了真正的中国农家生活有二十多天。直到炮声停止，新屋落成了才出了一个天地投入别个天地。但是那个天地里的人所感受的痛苦所造成的悲哀，还是待有人去解除哩。"因此，我们也得了慰安。我们实在是很怕有作为的青年，过惯了舒服的学校生活，腐化下去！同情生于经验。住惯高楼大厦的双料少爷，双料小姐，要想象民众的痛苦而与表同情，实在比登天还难。这是要请鼓吹教育民众化的先生们注意的。

56. 晓庄学校的教室在哪里？

我们没有教室，但大自然内处处皆可以做我们的教室。烹饪在厨房，厨房就是我们的教室。耕种在田间，田间就是我们的教室。割柴在山上，山上就是我们的教室。到民间去，去调查，去访问，去宣传，则民间即为我们的教室，开会在会议厅中，会议厅即成我们的教室。生活就是教育，宇宙就是教室。我们想寻常的学校，尤其是大学和中学，必须废除现在的教室，则学校教育才有转机，才可进展，亦才可深与人类生活吻合而更有意义，有价值。

57. 晓庄学校的宿舍在哪里？

我们现在正在试办昼间撤销宿舍。我们有阅书室，有办公室，有会议室，有应接室，有音乐室，有书画室，有陈列室，有研究室，而在晚间，这些室中，处处可以铺床，可做宿舍。这样则我们日间治事，晚间睡眠，都可不必挤在一处。既比较清静，适于自修；亦比较宽敞，适于寝息。校中房屋因此亦得尽量利用。晚上打开铺盖，处处可以睡觉，早晨收起床铺，就处处可做别项用途。在这打开铺盖，和收起床铺的两事中，我们试验，每天每人需时约四分钟。

58. 晓庄学校现有多少学生？

师范部自开校至今，曾招生三次，共有学生六十名，艺友十名。学生中男的五十二名，女的八名，艺友都是男的。他们的程度是不齐的。幼稚师范生自初中一年级至高中三年级程度。小学师范生自初中三年级至大学三年级程度。细细说，实可以说是六十人就有六十种的程度。而且他们之中，各有所长，亦各有所短。长于国文的，未必长于唱歌，长于唱歌的，又未必长于农艺。因此我们的学校生活之中，就自然地要求"各尽所能，各取所需"，这便是说，凡各人有特长的，就尽量贡献出来，教给别人。而自己所短的，即所需要学习的，就努力向别人去学。学生程度不齐的事，大家都很明白这种现象。不过许多人总为习俗所囿，成见所困，或惰性所缠绵，还是采用班级教授，不加变通。这实在是一种奇事。

59. 现有指导员几人？

专任者十人。指即陶知行（校长），杨效春（社会学科指导员），邵德馨（农事指导员），吕德清（手工及自然科指导员），马绍季（医药卫生及国语指导员），潘一尘（小学主任指导员），韩凌森（拳术指导员），陆静山（乐歌指导员），赵颜如（图画及烹饪指导员），徐世璧（幼稚园教师）。

兼任者八人。即赵叔愚（第一院院长），陈鹤琴（第二院院长），张宗麟（幼稚教育指导员），姚文采、张宗汉（生物指导员），徐澄（乡村组织指导员），乔启明（乡村调查指导员），朱葆初（学校建筑指导员）。

60. 各指导员的月薪若干？

最高者月薪一百二十元，全校仅有一人。其次为一百元。校长亦月薪一百元。低者月薪三十五元。亦有纯尽义务，或仅仅得到来往车费而不支薪的。总计每月全校指导员薪水为七百八十元。

61. 学生入学资格如何？

（一）是初中毕业以上程度的学生，他们是准备去做乡村中心小学或幼稚园的导师；（二）是大学修业三年以上的学生，准备为乡村师范的导师；（三）是地方教育行政人员及现任小学教师。唯乡村教师的夫人或未婚妻其入学资格可以通融。

62. 入学考试的科目是哪几种？

（一）是作国文一篇。（二）是常识测验。（三）是智力测验。（四）是演说五分钟。演说题由学校先行揭示凡数十个。演说前五分钟，由被试者抽定一题，准备讲演。上台五分钟，完毕。听讲的人就是本校指导员，学生，和附近农友。（五）是操作四小时，或修路，或锄土，或挑粪。此次招生，正当天大雪，就由被试者扫校路的雪以代农事。（六）为体格检查。此外应幼稚师范院之入学考试者，尚须（七）做儿童点心一份。

63. 取录新生有什么标准？

这，我们是注意两点：第一是看他的能力，就是看他能不能做乡村学校的良好教师。上列各项考试就是为此。第二是看他的志愿，就是看他是不是真诚愿意为乡村教育尽力。我们以为能力与志愿必须并重。有志愿而没有能力，不行的；有能力而没有志愿，亦是不行的。因此，我们在招生广告上就声明"书呆子，文凭迷，小名士最好不来！"

64. 修业年限几何？

暂定第一届同学为一年半。第二第三两届同学为两年。但均可自由伸缩。我们以为各人修学年限之长短，不必固定。一可看学者需要之多寡，需要多的，可使修学时期长些；需要少的，可使修学时期缩短些。二要看学校供给能量的大小。学者需要多而学校供给能量小的，则修学时间即不必长了。实在说，修学可不必规定一定的年限，三年五年也可，一月两月亦可。总之，我们一天要有一天的工作，两天要有两天的工作，长至一年两年，每天之中，都应当有相当的工作。无论学校或学生都宜如此。学生入校，不论天生智慧如何，不论努力程度如何，限定要三年，或六年毕业，这种办法的不合理性，想必大家都知道的。

此外，我还应补述一声。此校无所谓毕业，亦不发毕业文凭。学生入学，修业期满以后，他自己要出校了，学校方面也认为他可以出校独当一面去创办乡村教育事业了，他就可以出校。等他出校办理乡村教育事业一学期以后，有相当成绩的，经学校审查合格的，才给他一种证明书。证明他能够办那一种的乡村教育事业。第一期同学十三人。暑假以后，他们之中有十人是拟出校办事的，其余三人拟继续在校学习，他们之所以继续在校学习，就因为他们自己尚有留校继续学习之必要，学校方面亦认为他们尚有继续留校学习之必要。

65. 一年有多少假期？

有寒假三星期，暑假因农事关系是没有的。其他节日如国庆纪念，五九国耻，劳动纪念，云南起义等节，都要做有意义的活动，并不放假。

66. 学生纳费每年需多少？

膳费每月五元，杂费一元。如此而已。学费宿费一概免缴。书籍亦没有。学校中有图书室，关于公共必修参考用书，每种常备了四部五部甚或多至十部，以便大家随时借阅。如贫寒学生来此无须自己耗钱购备书籍。

67. 贫寒学生有连膳费杂费亦不能照缴者怎样办？

这在平常学校或用贷金学额办法。我们这里呢，则奖励学生勤工俭学，自给自立。本校有勤工俭学会的组织，内分洗衣，抄写，油印，木工，织袜等事。其为校中工作一小时者，给酬大洋一角。学生亦有自行养鹅，养鸭或养猪，种菜，谋自给者，校中师友，常尽力鼓励之。

68. 艺友制是什么？

艺是艺术，友是朋友，凡用朋友之道教学艺术的，就是艺友制。我们以为教师的生活就是艺术生活。跟着好的教师做朋友，就从他那里去学做教师，实在是最自然，是有效率的办法。这种教育，我们就可称它为艺友制师范教育。

69. 晓庄学校试行艺友制效果如何？

正在试办。现有艺友十人。师范部艺友三人，小学部艺友七人。效果如何，现在尚不可知。

70. 艺友入学资格如何，手续如何？

他们的入学资格师范部艺友是要大学毕业生，或大学四年级以上学生。或则现任中学教师。小学部艺友是要中学毕业程度或现任小学教师。他们的入学手续，也与本校学生一样，要经过严格考试。

71. "我们的信条"共有几条？请详细开示。

我们的信条凡十八则，兹照录如次：

（一）我们深信教育是国家万年根本大计。

（二）我们深信生活是教育的中心。

（三）我们深信健康是生活的出发点，也就是教育的出发点。

（四）我们深信教育应当培植生活力，使学生向上长。

（五）我们深信教育应当把环境的阻力化为助力。

（六）我们深信教法学法做法合一。

（七）我们深信师生共生活，共甘苦，为最好的教育。

（八）我们深信教师应当以身作则。

（九）我们深信教师必须学而不厌，才能海人不倦。

（十）我们深信教师应当运用困难以发展思想及奋斗精神。

（十一）我们深信教师应当做人民的朋友。

（十二）我们深信乡村学校应当做改造乡村社会的中心。

（十三）我们深信乡村教师应当做改造乡村生活的灵魂。

（十四）我们深信乡村教师必须有农人的身手，科学的大脑，艺术的兴趣，改造社会的精神。

（十五）我们深信乡村教师必须用科学的方法去征服自然；美术的观念去改造社会。

（十六）我们深信乡村教师，要用最少的经费，办理最好的教育。

（十七）我们深信高尚的精神是人生无价之宝，非金钱所能买得来，也就有必靠金钱而后振作，尤不可因钱少而推诿。

（十八）我们深信如果全国教师，对于儿童教育，都有鞠躬尽瘁死而后已的决心，必能为我们中华民族创造一个伟大的新生命。

72. 简单些说，晓庄师范的精神究竟何在？

本校的精神可以拿本校的校旗的意义来代表。旗的中心，有一等边三角形，代表教学做合一。三角上面有一个心放在当中，表示关心儿童生活、农民甘苦之意。左边有一支笔，右边有一把锄头，表示手脑双全的教育之意。三角之外有一大圆圈放射光芒。好比是太阳光，表示我们寻觅光明之意。四面有一百个金色星，布满全旗，代表一百万个学校，改造一百万个乡村，使个个都得到光，合起来造成中华民国的伟大的光。

73. 晓庄师范成立至今已经一年多了，在这一年多的试验以后，你们觉得她的前途，是可以乐观，抑是悲观？

我们觉得她是可以乐观。她现在是很幼稚的；她自产生以至于今，亦经过不少的波折，不少的失败，不少的艰危困阻，但是她究竟是进步了。我敢说：五年前我们想象中的乡村师范亦不是如此；一年前我们初创时的乡村师范亦不是如此。我们的理想，因着事实有些改变了，修正了。我们从此得了许多经验；亦从此增长了一些在乡村办教育事业的能力。

74. 你们在晓庄办学，已经没有什么困难，什么问题吗？

人生处处有困难，亦处处有问题。何况晓庄学校是一种新的试验事业。老实说，我们的同事，对于寻常学校，都有些办学经验。但到晓庄那些经验都不能适用了。因为晓庄的活动，设施与办法，都与寻常学校不很相同，晓庄之于我们同事及同学，都无疑是一种极新奇的环境，因此我们日常生活，困难特多，问题亦特多。就是许多问题等着解决的，比方：

（一）我们的中心小学与师范部的活动，是未曾衔接恰好的。

（二）我们新办了五个中心小学，内容急待充实。

（三）我们设立了三所民众学校，办法亦未见刷新。

（四）乡村儿童读物，不能悉取材于商务、中华原有的课本，自编吧，这里面亦未有成绩。

（五）《农人千字课》改订了三次，仍未见适用。农民故事，亦未编著就绪。

（六）乡村合作组织，与乡村社会调查，都未能切实进行。

（七）我们竭想"我们足迹所到的乡村，一年能使学校气象生动，二年能使社会深信教育，三年能使科学农业著效，四年能使村自治告成，五年能使活的教育普及，十年能使荒山成林，废人生利"。但是谈何容易，这里面的问题正多哩。

（八）露天幼稚园尚以家庭反对，来曾办成，而我们自己亦尚乏切实具体规划。

（九）艺友制师范教育，我们已在试行。但效果如何呢，还不可知。

（十）远道参观来宾，或数十人同来，或一人来校住数十天，如何可以使大家不虚此行，而于我们自己亦不甚旷误其他职务？

（十一）新生来校不明办学本旨，或不惯本校生活，如何使他与学校能互相适应？

（十二）……

（十三）……

（十四）……

种种都是问题，都是困难。我们现今犹在困难与问题中生活。老实说，我们现在对于这一件事——小言之是办理乡村学校，大言之是改造乡村教育以改造乡村社会——还是在此地摸黑路。我们并没有得着光明，但我们很盼望向此去可以得着光明。因此，我们诚恳地盼望国内关心乡村教育的同志，切实给我们以指导。

附录　本校大事记

十六年三月
（1）第一次新生入学试验。
（2）行开校礼。
（3）与燕子矶尧化门笆斗山村民联合办理避难妇孺收容所。
（4）为学校附近儿童布种牛痘。
（5）共同生活分任委员会成立。

四月
（1）在晓庄荒山上植树。
（2）全体师生由燕子矶迁至黑墨营。
（3）进行附校各村之农民协会。
（4）举行农民娱乐会。
（5）全校师生开始轮流自行烹饪。
（6）进行乡村信用合作社组织。
（7）着手乡村调查。
（8）设政治讨论会。

五月
（1）全体师生由黑墨营迁住晓庄小学。
（2）举行五卅纪念。
（3）全体师生住入犁宫。
（4）创设寅会。

（5）旅行浦口视察战后状况。
（6）宣布"我们的公约"。

六月

（1）晓庄小学由长生庵移入新校舍。
（2）晓庄小学补行开学典礼。
（3）晓庄医院开幕。
（4）参与观音门农民娱乐大会。
（5）同学自动建造厨房。
（6）共同生活分任委员会改组。
（7）组织小学课程设计会。
（8）复兴迈皋桥小学。

七月

（1）乡村教育先锋团成立，并举行宣誓。
（2）添造临时厨房及工作室。
（3）定期"会朋友去"。
（4）创设农村改造设计会。
（5）创设民众学校。

八月

（1）南京特别市教育局及全市校长来校参观。
（2）举行防疫运动。全校师生分队往各村庄宣讲防虎疫方法。
（3）购定校后松山。
（4）创设晓庄武术会，劝导青年农友入会练拳。

九月

（1）陶校长游历沪杭谋学校发展。
（2）民众教育研究会成立。
（3）设立定期指导会议。
（4）编订《儿童生活历》。

（5）小学活动设计会成立。

（6）试编农村小学课本。

十月

（1）举行国庆纪念大运动。

（2）第二次新生入学考试。

（3）幼稚师范院成立。

（4）举行新团员宣誓。

（5）始编农人读物。

（6）改订全校洒扫整理办法。

十一月

（1）通过《教学做大纲草案》。

（2）第二中心幼稚园成立。

十二月

（1）晓庄商店开幕。

（2）师生合力建筑牛舍及储藏室。

十七年一月

（1）国语大运动。

（2）庆祝元旦游艺大会。

（3）桃花村，樱花村先后落成。

（4）放寒假三星期。

（5）勤工俭学会成立。

（6）修筑校路。

二月

（1）开办中心木匠店。

（2）开办中心茶园。

（3）第三次新生入学考试。

（4）共同生活纪律部成立。
（5）第三中心幼稚园成立。
（6）附近三十余村长会议。
（7）创办江苏大学第一实验民众学校。

三月

（1）本校周年纪念。
（2）吉祥庵，万寿庵，三元庵，和平门，黑墨营五小学相继开校。
（3）创办联村救火会。
（4）新厨房及食力厅落成。
（5）凿井。
（6）植树。
（7）第二中心幼稚园新舍落成。
（8）试行艺友制。

四月

（1）创设和平门，万寿庵两民众学校。
（2）觅定科学，图书两馆地址。
（3）试行日间撤销宿舍办法。
（4）试办巡环指导制。
（5）与中国科学社联络研究南京附近生物。
（6）筹办石印厂。
（7）筹筑浙江馆。
（8）筹办乡村运动场。
（9）筹办联村运动会。
（10）提倡修筑自和平门至观音门大路。
（11）继续国语运动。
（12）创设乡村艺术室。
（13）附近一百六十余人往金大蚕种试验场学习养蚕。

五月

（1）劳动纪念节全体做粗工八小时。

（2）筹办儿童游戏场。

（3）开始建筑安徽馆。

（4）建筑农艺陈列室。

（5）五四纪念。

（6）五九纪念全体分八队往各乡村宣传。

（7）宣传济南惨案真相。

（8）组织对英日经济绝交委员会。

（9）加紧民众宣传工作。

（10）开始军事训练。

（11）开始养蜂养猪。

（12）试办联村自治。

（13）提倡乡村卫生运动——灭蚊灭蝇。

（14）厘订后方分工研究办法并与前方发生密切关系。

（15）全国教育会议代表来校参观。

（16）五卅纪念与农人联合举行。

乡村教育纲要

上海中华书局

目　　录

总　序 …………………………………………… 舒新城（59）
序　言 ………………………………………………………（62）
第一章　乡村教育与中国前途 ……………………………（63）
第二章　中国乡村教育界的大病 …………………………（70）
第三章　乡村教育目的的讨论 ……………………………（81）
第四章　教学做合一 ………………………………………（90）
第五章　怎样创办乡村学校 ………………………………（98）
第六章　由"村人失学"谈到"家庭设计" …………………（112）
第七章　乡村学校与乡村社会生活 ………………………（125）

总　　序

　　这部丛书发端于十年前，计划于三年前，中历征稿、整理、排校种种程序，至今日方能与读者相见。在我们总算是"慎重将事"，趁此发行之始，谨将我们"慎重将事"的微意略告读者。

　　这部丛书之发行，虽然是由中华书局负全责，但发端却由于我个人。所以叙此书，不得不先述我个人计划此书的动机。

　　我自民国六年毕业高等师范而后，服务于中等学校者七八年。在此七八年间无日不与男女青年相处，亦无日不为男女青年的求学问题所扰。我对于此问题感到较重要者有两方面：第一是在校的青年无适当的课外读物；第二是无力进校的青年无法自修。

　　现代的中等学校在形式上有种种设备供给学生应用，有种种教师指导学生作业，学生身处其中似乎可以"不遑他求"了。可是在现在的中国，所谓中等学校的设备，除去最少数的特殊情形外，大多数都是不完不备的。而个性不同各如其面的中等学生，正是身体精神急剧发展的时候，其求知欲特别增长，课内的种种绝难使之满足，于是课外阅读物便成为他们一种重要的需要品。不幸这种需要品又不能求之于一般出版物中。这事实，至少在我个人的经验是足以证明的。

　　当我在中等学校任职时，有学生来问我课外应读什么书，每感到不能为他开一张适当的书目，而民国十年主持吴淞中国公学中学部的经验，更使我深切地感到此问题之急待解决。

　　在那里我们曾实验一种新的教学方法——道尔顿制，此制的主要目的在促进学生自动解决学习上的种种问题，以期个性有充分之发展。可是在设备上我们最感困难者是得不着适合于他们程度的书籍，尤其是得不着适合于他们程度的有系统的书籍。

我们以经费的限制，不能遍购国内的出版品，为节省学生的时间计，亦不愿遍购国内的出版品，可是我们将全国出版家的目录搜集齐全，并且亲去各书店选择，结果费去我们十余人数日的精力，竟得不到几种真正适合他们阅读的书籍。我们于失望之余，曾发愤一时拟为中等学生编辑一部《青年丛书》。只惜未及一年，学校发生变动，同志四散，此项丛书至今犹只无系统地出版数种。

此是十年前的往事，然而十余年来，在我的回忆中却与当前的新鲜事情无异。其次，现在中等学生的用费，已不是内地的所谓中产阶级的家长所能负担，而青年的智能与求知欲，却并不因家境的贫富而有差异，且在青年之求知欲，更多远在一般学生之上。即就我个人的经验而论，十余年来各地青年之来函请求指示自修方法，案开自修书目者多至不可胜计，我对于他们愧不能尽指导之责，但对此问题之重要，却不曾一日忽视。

根据上述的种种原因，所以十余年来，我常常想到编辑一部可以供青年阅读的丛书，以为在校中等学生与失学青年之助。

大概是在民国十四五年之间，我曾拟定两种计划：一是少年丛书，一是百科丛书，与中华书局陆费伯鸿先生商量，当时他很赞成立即进行，后以我们忙于他事，无暇及此，遂致搁置。十九年一月我进中华书局，首即再提此事，于是由计划而征稿，而排校。至二十年冬，已有数种排出。当付印时，因估量青年需要与平衡科目比率，忽然发现有不甚适合的地方，便又重新支配，已排就者一概拆版改排，遂致迁延至今，始得与读者相见。

我们发刊此丛书之目的，原为供中等学生课外阅读，或失学青年自修研究之用。所以计划之始，我们即约定专家，分别开示书目，以为全部丛书各科分量之标准。在编辑通则中，规定了三项要点：即（一）日常习见现象之学理的说明，（二）取材不与教科书雷同而又能与之相发明，（三）行文生动，易于了解，务期能启发读者自动研究之兴趣。为要达到上述目的，第一我们不翻译外籍，以免直接采用不适国情的材料，致虚耗青年精力，第二约中等学校教师及从事社会事业的人担任编辑，期得各本其经验。

针对中等学生及一般青年的需要，以为取材的标准，指导他们进修的方法。在整理排校方面，我们更知非一人之力所能胜任，乃由本所同人就各人之所长，分别担任。为谋读者便利计，全部百册，组成一大单元，同时可分为八类，每类有书八册至廿四册，而自成一小单元，以便读者依个人之需要及经济能力，合购或分购。

此丛书费数年之力，始得出版，是否果能有助于中等学生及一般青年之修业进德，殊不敢必，所谓"身不能至，心向往之"而已。望读者不吝指示，俾得更谋改进，幸甚幸甚。

舒新城
二十二年三月

序　言

　　这本书的编述，开始于十九年九月，到如今几及一年。中间因慈父慈母相继逝世，停笔了好几个月，现在勉强写完了，以纪念我力事农耕，以养身家，以教子女，终老田间的父母。

　　这本书的内容如何，我不想在这细述。大体主张还是和编者从陶知行、赵叔愚诸先生创办晓庄学校时相仿佛。所举实例大部都是编者历年在晓庄，在安徽二中实校，在成都大学实校，在义乌家乡办学时亲历或观察所得的。大部材料曾在成大教哲系讲授。此稿不过重将那种讲义的纲目新加整理说明而已。

　　这本书如果能够到达乡村教育同志们的眼前，给大家工作上有点帮助，我便认为万幸。同时我要盼望大家明白：乡村教育之在中国，还是一片荒原。在这荒原里，你我皆是试探旅途的人。我在错路的时候，务恳大家惠告一声，以便改正。

　　我要感谢舒新城先生，他要我编述这本书，并不时督促，没有他的指点和督促，也许我现在还不能编成这书的。成都大学教授罗季林、曹漱逸，朋友周文山、李英、邓健、张用晦、薛泽生或给我参考资料，或为我指正错谬，或与我共作实验，以求印证，我都应当感谢。内子何伯宏在我写完一章的时候，都先为校阅一遍，减少了许多错误。也使我非常欢喜。书中引用许多先生和朋友的著作中的句语，都在此一并志谢。

　　　　　　　　　　　　　　中华民国二十年八月效春于山东乡村建设研究院

第一章　乡村教育与中国前途

朋友今天你要破费时间,来读这本书,这是使我非常愉快而且引为庆幸的。你是不是乡村学校的教师?是不是乡村师范的学生?是不是正在从事乡村教育,或将为乡村教育努力?甚至你是不是生于乡村,或准备往乡村去生活,去工作?我都不得而知。但是今天,你竟来注意这世人所不大注意的事情;寂寞的乡村教育界里又添了个你这样的同情者、赞助者或参与者,在我(更好说是"我们")总是欢喜,总是庆幸。

朋友!乡村教育的被人漠视,已经不是一天了。产业革命以后,农业在社会上大大失势,工商业代起占了优越的地位。机器的发明,交通及生产技术的改变,遂使政治、经济、教育及其他文化事业,日益集中于都市。都市的繁华热闹,吸引着世人的耳目。那个时候起,乡村的整个社会就渐被世人轻忽了。它里面的一件事——乡村教育之不为世人所重视,也就在那个时候起。世界各国的乡村教育大概都显露着这样不幸的状态。中国岂能独外?你知道?新式的学校和新式的工业,差不多是同时走进中国境内的。中国趋时骛新的教育家之只知有都市而不知有乡村,也是毫不足怪。

朋友!照你看,乡村教育究竟是不是这样一回无足轻重的事情呢?你试想:

一、我国人口的分布,据邮政局最近统计,我国人口总数为四万万二千六百万,其分布状况如下:

(一)居于城市者,二千五百万人,占全人口百分之六强。

(二)居于小村落者,三万万人,占全人口百分之七十弱。

(三)居于未成市集之乡村及已有市集之乡村者,一万万零一百万人,占全人口百分之二十五强。

这样看来，我国人口居在都市的尚不及总数百分之七；而在乡村的竟占总数百分之九十以上。教育的对象是人，是儿童与民众。试问倡导义务教育或民众教育的教育家，若不注意这四万万零一百万的乡村民众与儿童的教育责任，则大家所倡导的教育，更复有何意义？

二、我国财政的来源，大部分都是取诸散居农村，从事农业的农民。国家岁入，田赋占其大宗。（民国四年岁入经常费全额为四万万二千六百二十三万七千一百四十五元。内田赋为九千五百九十七万二千八百十八元，即占全额百分之二二点五。临时费全额为四千五百七十万零九千五百六十五元，内田赋为一百五十八万零六百九十五元，即占全额百分之三点四。）国际贸易尤赖农产品之输出，以塞漏卮。（民国十八年海关报告：进口总值为十八万万四千一百七十九万元。出口总值为十五万万二千六百六十八万元。两抵入超三万万一千五百十一万元。贸易品之内容，由我国输出者，概为农产品。外洋输入者多为工艺品。）所得税于民国十年曾试办而失败，于民国十六年虽曾提议而未能举行。全国内外债，强迫借款，滥铸辅币，滥发纸票，等等事情的最后责任都是要农民来负担的。农民终岁辛苦勤劳，以裕国家。而国家不能为农民设立学校，教育儿童，致他们的子女要求最低限度的国民教育机会，亦不可得。国家的教育经费，直接间接，多是取诸农民。而农民自身及其子女偏多不能享有教育。事情如是，岂得谓平？

三、农业不振，则原料不给。原料不给，则工无可制，商无可运。故一国之农业衰颓，即可使其国之工商基础不安。此在弱国就可因入超之故，受他国之经济压逼，而不能自立。其在强国，则因觅取原料之故，不得不扩张军备，侵掠殖民地，而形成横暴无理，扰乱和平的帝国主义。前者例如埃及、印度；后者例如英国、日本。我国今日一面要求独立自由，不受任何帝国主义的压逼；一面并要求自国独立自由以后仍能以公道待人，和平处世，不复流为帝国主义。立国万年大计，是应当在"工商业上谋出头，农林业上来安根"的。且农产品中如衣料及食粮，均为国民生活上绝对的必需品。此种物品，一国若不能自给，即不能不从海外输入。此在平时，国际借贷上已立于不利之地位。一旦外交事件发生，苟此等必需品，仍须仰给于外，则其国际关系上实露甚大的弱点，往往有不得已而屈服于相对国的无理主张之事。至于交战之际，此种必需品之能否自给，即关于其国之兴败存亡。欧战之时，德奥二国军事上屡得胜利，终以食粮不足之故，完全屈服，可为殷鉴。我国自古以农立国自命。今按之实际，民国十八年海关报告：农产品之输入者：棉花值一万万零四百六十九万元。米值一万万零十六万元。面粉值五千零五十二万元。他种粮食值四千五百九十四万元。鱼介荤味值六千六百九十四万元。木材值一万万五千二百万元。糖值一万万五千二百万元。共值五万万四千八百万元。农业现状的衰落到了这样的地步，这是全国国民所不能不十分惊痛而加以严重注意的。如何教导农人使他们能够了解科学，运用机器，以改良农事，增进农产。谁也知道这是当前急待解决的问题，但是你想，不从整顿乡村教育下手，这样的大问题会有完全解决的一天吗？

四、现今世界各国人口皆有集中都市之趋势。英国都市人口占总数百分之七十九，德国占百分之七十一，美国占百分之五十一，法国占百分之四十四，日本占百分之三十三。近年以来，我国农民亦相率离乡背井，麇集都市。一面形成都市的生活难，而失业，自杀，离婚，窃盗，抢夺，虐待，陷害，奸淫，诈骗，煽惑及其他犯罪事件，层见迭出。一面又形成农村逃亡，农业疲惫，而又人工不足，地力不尽，粮食不给的不祥状态。顾炎武说得好："人聚于乡而治，聚于城而乱。聚于乡则土地辟，田野治，欲民之无恒心，不可得也。聚于城则徭役繁，狱讼多，欲民之有恒心，不可得也。"可见都市与乡村人口失衡的结果，必致增加社会的纷乱。这是古今一辙，绝无例外。而且离乡的农民，大都是年富力强的青年男子，请看下表：

地　名	十六岁以上之男子（%）	女子及一般小孩（%）
江苏仪征	一〇〇·〇〇	——
江苏江阴	七二·五〇	二七·〇〇
同　吴江	七六·一二	二三·八八
安徽宿县	七〇·〇〇	三〇·〇〇
山东沾化	四九·三〇	五〇·七〇
河北遵化	九七·〇九	二·九一
同　唐县	八八·六一	一一·三九
同　邯郸	九八·七〇	一·三〇

这些离乡的青年农夫，知识较富，才能较充，活动能力亦较大。他们在乡村里，实具有领导一般民众，改造乡村生活的领袖资格。一旦他们离乡背井而去。农村之中就失了些活动分子、领袖人才。因此，乡村社会就更难得革新进步的希望。总之，我们为求社会，特别是乡村社会的进步与安宁，实不能不注意调剂乡村与都市的人口；亦不能不设法保留并培养乡村社会里的优秀分子。但大家该明白：这工作的彻底完成，总是有待于乡村教育的推展与刷新。

五、中国农民因受帝国主义的压迫，军阀的蹂躏，绅豪的榨取，战祸的蔓延，天灾的频发，他们所处的境地真是悲惨痛苦到万分。为什么中国农民以最多的人口，还要受最深的痛苦？那是由于自己没有团结。没有团结便没有力量。没有力量，所以他们自己的权利不能保障；自己的祸害不能解除。怎样训练农民，使他们自己一致团结起来，共同奋斗，以求社会的改造，生活的繁荣，那岂不是乡村教育者一种应负的使命吗？而且大家知道，要求中国之自由平等，不可不唤起民众。这里大家还得明白，要唤起民众，实万万不能不注视散居全国各乡间的四万万零一百万的农民。农民不参加革命，革命便没有基础。农民而参加革命，则帝国主义不足惧，不等条约不足忧，中国之自由平等亦马上可以完全实现了。怎样唤起农民，以救中国？这里，在我看，是有一条似乎迂缓而实在极准确的道路，就是厉行乡村教育。朋友！你想，不是吗？

六、20世纪确是民本主义文明发展的时期。现在此种潮流已经来到中国。中国南北已经处处可以听着"民权""民治""民主""民本"等等的呼声。怎样运用民权，实行民治，确是全国国民急须解答的难题。神权时代要人民迷信。人民信上帝，信天命，信鬼，信神，国事就可勉强维持，社会就可一时太平。君权时代要人民恐怖。人民怕罚锾，怕受刑，怕监牢，怕死，君主就发号施令，而莫敢侵犯。民权时代不然。它是要人民有知识和道德；一句话讲，就是要人民有教育。民权是一种工具，是一种有力的工具，它可以成就大的功业，也可以制造蛮多的罪恶，要看它是如何被人使用的。人民没有知识，一遇事变，便会迷乱，看不出各个事件的意义和关联。它的结果，便要使得多数人毫无主意，莫知所从；于是那盲目受外面势力指挥的人工作所成的结果便要供少数人的利用。人民没有道德，则他们操纵选举，操纵舆论，阴谋诡计，纵横捭阖，结果竟有牺牲公众的幸福，以图个人的利益。杜威说得好："民本的政府既是以群众选举为基础，除非选举人与服从治理的人都受过教育，这种政府便没有成效。民本主义的社会推倒外铄威权的原理，须寻得一种自由的习惯与兴趣来代替他；而要养成自由的习惯与兴趣，非教育不可。"海斯亦说："二十世纪民治的社会里，根本的问题是教育。如果人民不知道如何好好地使用他们的选举，金钱，机器，出版物以及活动影片等，民治是随在可以发生大危险的。……今日的世界需要知识，也需要道德。男与女，凡具备这两种德性的，就是最好的公民。没有这样的公民，我们国家的前途便十分黑暗。如有许多这样的好公民，明日的世界就可指望着产生空前的文明。"朋友！你想，没有乡村教育来教导中国绝大多数的乡村民众，使他们能够认识民权，运用民权，我们的民权政治，会有安稳实现的一天吗？

七、乡村与都市只是整个社会的两面。双方吉凶休咎，统是息息相关的。乡村的农业疲惫，经济困穷，固影响都市的生活。乡村的学校腐败，教育停滞，亦影响都市的文化。都市与乡村并不是各可孤立，互相分离的。从今以后，大家再不应该把一班人教成聪明、强健、才智具有主人的资格；又让其他的人终于愚昧、瘦弱、恶劣，陷在奴隶的地位。为求整个社会文化的进步，生活的安乐，设施乡村教育以提高乡村文化，充裕乡村生活，已是一件不容稍缓的事情。平常的乡村人与都市人往往互相歧视，互相轻蔑，甚至发生仇恶与冲突。都市的人总以为乡村人是粗鄙、吝啬、愚蠢、和没有礼貌，而自视为文明，为开化。乡村民众则以都市人为奢华、虚伪、懒惰、卑鄙、和没有气骨，而自视为豪侠，为勤劳朴实。一方的思想、行为、态度、习惯和困难问题总不为对方所了解和关心。"互信不生，团结不坚"，双方既这样不相谅解，没有同情，怎样能叫他们互助和合作？又怎样能叫整个的社会健全起来？从今天起，我们要想些办法教每个乡村人都会知道别人所做的事，并会使得别人常常知道他自己的目的与进步；结果，使他们全体能够和都市人互相了解互相合作；而我们自己所住的社会亦得从此健全起来；朋友！在这里，你想，若不设施乡村教育，岂有会成功的希望吗？

总而言之，统而言之，我们曾把这样件件的事想遍了。我们想着中国最大多数的人口；我们想着支持中国财政的来源；我们想着工商业所使用的原料与国民生活所必需的食粮，我们想着都市人口的过剩，与乡村领袖人才的缺乏；我们想着中国农民之需要团结；我们想着中国民权之迟滞不张；我们想着乡村与都市之隔阂与畸形发展；我们已经深信乡村教育在中国，是十分紧要的了。朋友！你呢？

细心论，乡村教育岂止十分紧要而已；实在，还是为中国乡村民众生活所必需。其理由很简单。"教育为生活所必需。"因人类知识的进步，这个原理，已经为大家所公认。同样的理由，我们就可以推断："乡村教育为乡村生活所必需"，大概是不会错的。乡村的婴儿与他处婴儿一样，初生出来都是未成熟的，无能的，没有语言、文字、信仰、理想、或社会的标准。乡村里的成人到了时候，也与他处成人一样，是会死去的；假使乡村里将要离去团体生活的社会分子，不把理想、希望、预期、标准与意见，传递进这群的分子，乡村生活就不能维持；它里面的特色生活也就要中止。杜威说："社会的分子有生有死，这是原无可避的事实。这件事实就可决定教育的必需。"我们也就可大胆的说：乡村社会的分子有生有死，这也是原无可避的事实。这件事实，就可决定乡村教育的必需。朋友！你说，不对么？而且，人类日益进步，文化日益复杂，现代所有的工艺的、美术的、科学的与道德的成就，要乡村的民众与儿童——能够了解、欣赏、享用或参与。朋友，你想吧，在这里，更该当怎样依靠乡村教育呢？

◎ 问题

一、中国人口散居乡村者实居最大多数，为何倡导普及教育，民众教育的教育家，偏偏爱在都市奔忙，不肯下乡？

二、国家教育经费直接间接多是取诸农民，为何政府支配教育经费，偏只注意补助农民所不能享受的都市的高等教育机关？

三、有人说："惟有加紧新式工商业的发展，中国民族才有出路。"有人说："惟有振兴农业，才能为中国开造生路。"你想，怎样才是？

四、近年中国人口也有集中都市的趋势，他的原因是什么？结果将如何？其原因与结果是否与他国所见者完全相同？

五、唤起农民自救救国，才是中国革命最准确的道路。这种论调，是对的吗？根据何在？照此办去，其阻碍与困难又将何在？你能自信有战胜那种阻碍与困难的力量吗？

六、民权时代，教人民迷信和恐怖，或教人民知识和道德。究竟哪种教法是合理的？

　　七、乡村教育就能救济农村逃亡的病症吗？

　　八、我们有什么理由和办法，劝导青年导师下乡来？

◎ **参考书**

一、《浙江教育行政周刊》第四十四期

二、冯节：《中国田赋研究》第三章，民智

三、《中华教育界》第十八卷七期，中华

四、杨效春：《乡村社会学》第一章，国立成都大学讲义

五、凌道扬：《中国农业之经济观》第八章，商务

六、张其昀：《中国经济地理》导言，商务

七、顾炎武：《日知录》卷十二

八、O. B. Malone and J. B. Tayler：The Study of Chinese Rural Economy p. 12

九、杜威：《民本主义与教育》第七章。商务，邹恩润译本

十、Hayes and Mood：Modern History pp. 852—854

第二章　中国乡村教育界的大病

"乡村教育为中国今日教养四万万零一百万人民基本教育的惟一方法。"它的重要，我们不必在这里再说了。现在作者要请大家用一点时光来察看国内乡村教育界的流行病。这些病有的是早有的，它的来历已经很久了；有的新近才发生。但他们都还在流行着，并且蔓延得很可怕！大家既想为中国乡村人民有所贡献而不致徒劳无功，又想对他们有所指引而不致自陷迷阱，作者认为这种察看在大家尽力工作的开端或中途的时候统是必要的。

中国乡村教育界的流行病是什么呢？

一、是书呆子的乡村教育：书呆子当教师只会教书；书呆子当学生只会读书。他们上课，上的是书本；他们自修，修的也是书本。他们以为书本之中，自有真的知识，真的学问。他们以为书本就是学识的府库，真理的源泉；古代的，现今的以及未来的真理都可在书本中求出，并只能在书本中求出。终年兀兀，皓首穷经，他们的毕生精力大半在字堆中消磨。他们忍苦茹辛，孤往独来的精神，或可使人称道，但他们毕竟走错路了。书籍所载，怪诞离奇，不合事理之处，不知几多。星相筮卜，阴阳五行之说，姑置勿论，就是那孔子之语，孟轲之论，亦何尝句句是至理，字字是名言？老实说，书上的记载，有真的，有伪的，有适合事理的，亦有荒谬绝伦的。比之，金沙江上的沙，其中有金沙，亦有泥沙。人之相信书本的知识非尽是真者，实无异于相信金沙江上的沙尽是金者一般可笑。而且书中所载，无非是古人的见解与理想。古人所见，人各不同。孔子道性相近，孟子道性善，荀子道性恶，告子道性犹杞柳。究竟性是怎样，是善，是恶，抑是相近，或犹杞柳？请问书呆子，仅依书本的记诵，能不能解答这样的问题。

不特如此。书本的知识纵为完全合理，而记诵书本仍不能使吾人有真实的知识；亦不能使吾人应用此种知识以适应实际的生活。未吃糖者不知甜味；未饮药者不知苦物。热带之人不知雪霰；边鄙之民不识轮船。虽然他们在字典或《辞海》之中可以找得甜字、苦字，找得雪霰、轮船等等名词的解说，但识字是识字，读得字音或记得其定义，未必真能知道那个字或词所代表的真实意义呀。盲者以太阳为盆，为镜，为蜡烛，总不明白太阳的真相。何以故？因他从来未见太阳故。印度的四瞽，或谓象似土墙，或谓象似树干，或谓象似肥扇，似润滑之管。何以故？亦因为他们从未见象兽故。我们深信惟有实际的经验才得真实的知识。知识须在经验里栽根，学问应从事业上出发。没有经验，不做实事的人，虽读破万卷，亦无是处。塾童能够背诵《大学》《中庸》，小僧能够默念《般若心经》，小基督徒能够恭读《耶稣遗训》，有什么是处呢？呆读书本不仅毫无是处，而且有害。请举一个例来说明吧：一位小学教师向他的小学生讲解"马的生活"，他说："马是一种动物。马的大小和牛相仿，惟牛有角，马没有角。马有四只脚，跑得很快，可以乘骑。"他并将自己所讲的话编为讲义，使小学生熟读记着，但，那些小学生如果平日从来未与真马接触，纵能记着这段文字，也未必真能知道马的。也许那小学生之中，有的碰着老虎，误以为马，竟去乘骑，被老虎吃掉咧！因为老虎亦是动物，大小与牛相仿，没有角，有四只脚，跑得很快的。赵高指鹿为马，以吏为师，不知实物为何的胡亥竟被欺了！讲到这里，我们可以明白：些少的知识是危险的，虚伪的知识更是危险。小学生误虎为马，被虎吞掉的事不过一喻。寻常的学生不知世务，不顾国情，不审社会的实际状况，为古今中外的书本知识所迷所误，葬送了自己的性命，并危害他自己所在的国家社会者不知凡几。制造书呆子的教育，贻害是不浅的。上面所说，所以指明书本的知识未必合理。纵属合理，亦以读书的人之经验有限，或其所处的社会情形不同，亦未必能以其记诵所得的书本知识，应付实际的人类生活。

还有一层，我们不能忽略的。全人教育的内容不是仅限于知识之获得。知识之获得不过为全人教育之一端而已。全人教育须注意培养青年有真挚的情感，准确的知识，充实的能力，精密的思想，高尚的志趣，及光明的态度。这就我们可以明白：书本的知识纵为完全合理；读书纵能获得真实的知识，而记诵书本的教育仍未足以谓为已尽全人教育的能事。然而我们举目一看，中国的乡村教育机关：旧式的私塾，师徒之间尽在书本上做功夫。塾师责望弟子，与弟子之所期望自己者无非是书本的记诵。再看那新式的学校，教师与学生，对于国语、算术、公民、史地诸科都是向书本做功夫，不必说了。就是研究自然、农艺、商业，也是注重在书本的讲解与记诵。开出校门，抬头张望，大家就可以看见山陵，看见河流，看见云露风草及自然界种种现象。而学校教师与学生研究山脉、河流，或自然界其他事物偏向书本上记字句看画图，不肯与真实的自然现象接触。聪明的教育者竟干出这天下奇呆极笨的举动，这岂是你平素所会意料得到的！现在，我们要注意的：此种教育的结果将使书呆子充塞乡村，布满田间，使田间不能生产！使乡村没有生机！这是我们所不容忽视者一。

二、是游民的乡村教育：现在乡村教育上的第二大病就是养成一般不会劳动，游手好闲的游民，大家试看目前的乡村学校，谁个是在培养能工作，肯劳动，愿自食其力的人民？大部分的教师，是斯文惯了，不能劳动，不肯劳动，甚至鄙视劳动的人。当然他们是不能以身作则，领导学生做实际的劳力工作。学校的学生，一面有这样的教师做榜样，一面又有那筋骨较强，气力较大，工作能力较高，而知识浅薄，被人轻视的校工，代他们做烧水、煮饭、扫地、打尘等粗事。学生们这样的生活过惯了，劳动的兴趣自然没有；劳动的能力自然丧失。他们在校，每日的活动，总是上课、自修、读书、写字、唱歌、图画、游戏、体操等事。除此以外，绝不做生产的事业，劳力的工作。大家试想，一个人从幼至长，总是在这样安安逸逸舒舒服服的境遇中过生活，复何从养成其劳动的习惯，工作的兴趣？我们知道，人的品格往往为他自己从小养成的习惯所左右。久受如此这般地学校教育的儿童长成以后不能劳动，不肯劳动，甚至鄙视劳动，恰自形成游闲寄食的游民，是毫不足怪的。看吧，农人的儿子，进了学校，就不肯务农，洗衣妇的女儿做了学生，就不肯洗衣。挖煤的人，挑粪的人，凡有儿女使受学校教育以后，就不愿继续他父母所做的事业。当然，农之子不必恒为农；工之子不必恒为工，商之子不必恒为商，洗衣妇的女儿亦不必恒为洗衣妇。但天下的人受了学校教育以后，就不肯务农，不肯洗衣，不肯挖煤，不肯挑粪，不肯做人生必需的劳动工作，那就生出问题了。

第一，是这样的教育是否能够普及？

第二，是这样的教育是否应该使它普及？

第三，是这样的教育普及以后，人类社会是否能够继续发展？

天真烂漫，好活动，好做事的儿童进了学校以后，就变成斯文温柔，游手好闲的学生。农家的子女，本来是能够帮助父亲割稻，收麦，看牛，车水的；本来是能够帮助母亲烧火，洗衣，缝纫，扫地，打杂的；进了学校以后，诸事都不肯做了；久而久之，诸事竟都不能做了。勤恳的农人决不愿自己的子女变成游手好闲的游民。而今学校竟是制造这等游民的场所！谁个愿意自己的子女来受这种学校教育呢？我们深信惟有那增进农人生产，充裕农人生活的教育，能够在乡村里发展，普及。至于使他们的子女，得了空虚的知识，失去工作能力的教育，只可在十八世纪的皇宫之中，或十九世纪的都市之内，苟延残喘；决不能在二十世纪新兴的乡里面发荣滋长的。这是说游民的教育，不能普及乡村。

教育是人生的必需品，不是奢侈品。奢侈品的教育，我们应当使它淘汰！教育必须能够利益人生，不可妨害人生。妨害人生的教育，我们应当使它灭绝。教育必须使人明了：劳动是尊贵，是神圣，是自立之路，救世之道。劳动是快乐的，不是苦恼的。纵使是苦，也应当使人明了，这是各人在人类同生共荣上所必须分担的一点义务，而自己愿意来分尝这一点，才是正办。使人苟且偷安，巧避劳动的教育，我们应当使它消灭！教育必须使人知道并且实行——不要靠他人的努力而生活，不得利用他人的心血而生存，人人要自立，要自己靠自己，决不要对社会维持其寄生的关系。使人终生过寄生生活的教育，我们应当使它翻倒！教育必须培养个人有充实的能力，强健的体格，和乐于工作的志愿，使他愿意提供他自己的特长以造福于社会。使人自私自利或独善其身的教育，我们应当使它没落！大家试看：目前的学校是在干些什么呢？他们的教育，影响所及，可发生些什么效果呢？劳动是一切，是自立之路，救世之道；而他们的学生从来就没有劳动的训练。工作是生长，是智慧之源，仁慈之母；而他们的学生在校，竟缺乏工作的机会。多有定的工作，就是多做有定的运动。而他们又从来未曾注意及此。因此，他们的学生，身体衰弱了，脑筋闭塞了，能力减退了，甚至自尊之心，仁慈之念，亦斫丧乌有。这样的教育，就是腐化人类的毒物。这样的学校，就是腐化儿童及青年的机关。你想，该当让这样的学校教育普及吗？

现在受了学校教育的人是不肯务农，不肯洗衣，不肯挖煤，不肯挑粪，不肯做一切人生必需的劳动工作的。此种现象受学校教育时期愈久的人，就愈加显著。并不是因为他们生活在世，无须劳动；实在是因为他们不肯劳动或不能劳动。他们有如古代希腊的市民，必须依赖奴隶而生活。他们有如英国的绅士，宁肯饿死，不愿到田园里做劳动的工作。这是显然的了，这样的教育不能使它普及；如果普及，对于人类社会，就有绝大的危害。没有农夫，人人都要饿死。没有洗衣妇，人人都要脏死。没有挖煤的人，轮船火车立即停驶；电车电灯也没有了。没有挑粪的人则我们的学校将成为臭学校，我们的乡村就成为臭乡村，我们人类的社会都成为不可立足的臭地方。当然，仅是农人、矿工、洗衣妇、挑粪夫是不能促进人类的文明的。但没有他们的牺牲和劳苦工作，现有的文明，是不能维持的。这是说那养成游民的教育，与人类文明的进步，根本不相容。

我们想，合理的社会，人人都要劳动，亦人人都可过劳动以外的生活。人人对于他人的劳动都肯尊敬；而他自己对于人生所不可少的劳动，也欢喜尽责。那里的成年男女都是劳力者，亦都是劳心者。他们都是心身并用，也都是手脑双健。他们并不是不知道人群生活应事分工，但他们却反对把人类分成这样的两概：一面是劳心者，治人者，食人者；另一面是劳力者，治于人者，食于人者。他们亦不主张社会中人应当有同性质同分量之工作，但他们却要求人人能够分任免除饥寒的生产事业，亦人人能够参与求智，爱美等文化的创造。人人在那儿畅畅快快地工作，亦畅畅快快地生活。这样的社会是我们大家所应当努力使它实现起来的。然而目前乡村流行着的游民教育正向此种潮流开倒车！这是我们所不容忽视者二。

三、是官僚的乡村教育：中国的教育一向就是官僚的教育。夏之校，殷之序，周之庠，都是皇帝造就官僚的机关。秦汉的选举，唐宋的考试，明清的科举，都是皇帝征取官僚的方法。清朝末年，废科举，兴学校，仍然规定大学毕业为进士，高等学校毕业为举人，中学毕业为拔优、优贡、岁贡，高等小学毕业为廪生、增生、附生，官僚教育的观念是丝毫不会改变。民国成立，这种规定是废除了。但实际，换上学士、硕士、博士等头衔及小学、中学毕业的资格；并且还有普通文官录用，高等文官录用的说法。这可见民国以来的学校教育依然是一种官僚教育而已。

目前的学校，男有男工，女有女仆，听学生呼唤，尽学生指使；什么劳动粗作，都无须学生亲自动手去做。学校里的学生成天到晚，上课，自修，吃饭，睡觉，不做半点人生实际的工作，亦不学习一件平凡而合理的职业生活。学校自身亦复装腔作势，挂"学校重地闲人莫入"的牌告或设门房警察以自外于民众。这种办法不是在制造官僚是干什么？每逢成绩考查，学生就要请范围，做夹带，请枪替，争分数。实际的学识怎样，大家可以不问。一到修业期满，毕业文凭，定归是要的。这是因官场中最重文凭与资格，并无须真实办事的才能与学识。一旦出校，他们的志愿：第一是做官，第二是做官，第三还是做官。实在呢，他们也只配做官！只要朝廷有人，适逢其会，便可得一官半职，坐享俸禄，官是多么容易做呀！他们不得志的时候也要做个乡绅或隐士，或做一般退职官吏和赋闲政客所做的事情。因为这样，才是"不落平凡"，亦才是不失官僚身份！

官僚教育之在中国，是异常根深蒂固的。孔子说："学而优，则仕。""学也禄在其中矣。"孟子说："君子劳心，小人劳力；劳心者治人，劳力者治于人。"就是鼓吹官僚教育极妙的理论。苏秦的刺股苦学，朱买臣的负薪读书，以求富贵势厚，炫耀世人，便是官僚教育典型的力行者了。加之，历代帝王每当开国或中兴之际，必要想方设法，选贤举士，以求贯彻"天下英雄，尽入彀中"的毒计。

官僚教育的影响非常恶劣。一来它的学生不肯从事工作。工作本是吾人自立立人，自达达人的大道；也是吾人征服自然，利惠人群的不二法门。而它的学生不能工作，并亦不屑工作。因此，他们对于自然，只有屈服；对于人群，只有巧诈；对于自己的人生前程，只有走往倚赖、寄生、堕落路上去了。二来它的学生只会咬文嚼字，用力于文字之间，不通古今，不切经济，不识人间生活的社会关系，恰恰成朱子所指："经学之贼，文字之妖！"三来它的学生甘居一人之下，要居万人之上；能为"人上人"，亦能为"人下人"，而不能为"人中人"。其实，合理的人生只是"人中人"，不是"人下人"，亦不是"人上人"。"人下人"便是奴才！"人上人"便是怪物。堂堂正正的人只是"人中人"。我们知道：对着儿子才可以做慈父；对着父母，才可以做孝子；有了丈夫，才可以做贤妻；有了妻室，才可以做良夫；有了社交，才可以做信实的朋友。一句话说完，有了他人，才可以自己做人。人是在人的中间做，不是在人的上面做。然而受了官僚教育的学生，甘为一人的奴才，而不肯为万众的伴侣；好民众的领袖，而不愿为民众的朋友。他们已成人间的怪了！四来它的学生没有真本领，亦没有知识；甚至也没有求真本领真知识的志愿。却是他们野心很大，妄想极多。他们做了小政客，又想做大政客；做了小军阀，又想做大军阀。他们不想比人多做一工，多成一事；却想比人多升一级，再高一等。因此，他们对于自己，只是丧失，对于人群，只会捣乱。现在的中国，官僚已经充斥政界，乡绅已经塞满田间。他们都是助长政治的污浊，增加社会的扰乱，然而我们的学校，尚在加工制造这样的人物。这是我们所不容忽视者三。

四、是黑头老人的乡村教育：黑头老人在年岁上都是儿童或青年，但他们的思想、行为、态度、习惯种种都和年老的人相彷（仿）佛。他们的头发是黑的，他们的人生态度已是衰老了。他们是学生，但他们从不欢喜着学生适用的短装或制服。他们爱着宜于老年人或病人穿着的长衫和马褂。他们以为脱下长袍就会容易感冒，容易生病，容易被人轻视。如果叫他们赤着脚，穿上草鞋，那么他们就会行不得路，不敢见人。他们的脸和手都是雪白的，因为他们不很敢见太阳。他们的指甲是尖长的，因为他们不大肯做粗作。他们的腿是容易酸的，走不得远路，爬不上高山。他们的胃是弱的，不很能消化。他们的肺也有病，脑筋也容易昏乱。总之，他们的身体因为久受罪恶的学校教育。平日斯文惯了，已成衰老的人！他们的心理态度何如呢？他们常有复古的倾向，顽固的气魄。他们相信古人，不相信今人；追慕过去，不希望未来；愿意记诵古代，不愿意了解现在。他们以为人类的黄金时代是已经过去了，不是在未来。他们谈政治必称尧舜，谈思想必称孔孟，行文必宗韩柳，作诗必宗李杜；从来不敢梦想在尧舜、孔孟、韩柳、李杜或任何古代圣贤之上更进一步，再胜一筹。我们知道，人类的进化和其他生物一样：总是后后胜于前前。构木为室，胜于穴居野处；取火熟食，胜于茹毛饮血；古人是胜过原人的。轮船、火车、电灯、电报，皆为尧舜所不知道，孔孟所未发明，这是今人胜过古人之处。如果大家必以复古为是，那么人类还应当毁灭轮船、火车、电灯、电报，回复到古代原人的茹毛饮血，穴居野处的生活状态了。那岂不是笑话！我们要求我们自己能够做古人所未曾做过的事情，能够知道古人所未曾明白的道理。我们亦要求我们的学生能够胜过我们，能够做我们所未能做的事情，能够知道我们所未知道的道理。孔门弟子之学孔子亦步亦趋，这在我们看来，是极端可笑的。弟子三千人，贤者七十二人，其中竟无一人胜过孔子，这也许就是那种"亦步亦趋"的教育方法误了他们吧。我们要使二十世纪比十九世纪进步，要使现代比古代进步，要使今年比去年进步，要使今天比昨天亦进步。这是我们生而为人应负的责任。我们应向前进，不应站住，更不应往后退。黑头老人为古人迷住了，为古代的思想学说迷住了，为书本文字迷住了。因此，也忘掉了自己！忘掉了活的人！并忘掉了行动不息的世界！他是人类文化进步的障碍；也是乡村社会改造的荆棘！养成黑头老人的复古教育是应当消灭的。但，你看今日乡村里的私塾和学校的教育设施怎样呢？私塾的学生是在记诵《大学》，记诵《中庸》，记诵《幼学》《杂字》等书；小学的学生则在记诵国文，记诵社会，记诵常识、自然、农业等科本。他们所记诵的书本虽然不同，但他们的教育：重在记诵书本，则是一样的；重在文字纸面上用功夫，则是一样的；重在回忆古人的言论而不开发活人的智慧，则是一样的；重在博闻、强记、迷信、盲从，与吸收已有的学识而不注意观察，判断，实验与有所发明，有所创造，也是一样的。我们想离开事实，则一切记诵，全无意义！离开生活，则一切书本，全无价值！离开学生的自己观察，自己思考，自己构成暗示，自己加以实际测验，则一切教学全不过为因袭的机械的玩弄文字，玩弄符号的把戏而已！总之，记诵书本的教育只能复古，不能维新；只能保守，不能创造；只能造成博大辞林与古人的留声机片，决不能培养适应时代，革新社会的健全分子。而今乡村教育界仍多为这样的顽固主张所盘踞。这是我们所不可不注意者四。

五、是买办的乡村教育：洋行买办，就是贩卖洋货的人。教育界里贩卖外国知识实施买办教育的大部分是留学生或教会学校的学生。他们对于中国的文化素来未曾了解；因此，他们对她也就不知尊重，不肯爱护。他们以为中国的东西都是旧的、坏的，外国的东西统是新且好的。他们愿意识洋文，说洋话，住洋房，着洋装，戴洋帽，喝洋酒，吃洋面包。他们的一切都愿意摹仿洋人。他们在教育上所主张的也无非是洋人的主张。他们主张小学校必修英语；小学生要做礼拜。他们不管学校经费的支绌，足球、网球、风琴是不肯少的。他们不顾学生家境的贫寒，要受童子军教育，必须人人购置军服、皮鞋、警笛、热水壶等以求整齐。他们教书爱用原本。物理、化学、算术都用英文本子。其至研究中国史及中国地理也用英文本子。他们没有国家的观念，也没有民族的意识。近三十年来中国教育制度的变迁都是受着这些买办教育者的影响。在日本留学生得势的时候处处摹仿日本。美国留学生得势的时候，处处摹拟美国。英法诸国留学生得势的时候，其情形也是这样。什么大学区制，教育厅制的轻易变更，都还是吃着这种买办教育的亏。苏俄留学生就会宣传共产主义，美国留学生就会歌颂资本主义，更是常见的事情。他们很像愚蠢的农夫不问气候，不问土宜，硬要把热带平原的植物移栽到寒带高山上去，实在是一样可笑！使我们自己的民族在二十世纪建设成一个新式的国家，来取人之长，补己之短，本是应该的。但大家决不能忘记的是我们自己的境地。教育不能反时代的潮流，亦不能不顾虑地方的实情。我们是中国人，生在中国，长在中国。我们所教育的对象也就是这些生在中国，长在中国的民众与儿童。我们教中国儿童拿筷子吃饭比教他们用刀叉吃面包要紧些；教他们穿学生装比教他们打领结、上袖扣要紧些；教他们识国文，说国语，比教他们识英文，说英语要紧些。一句话说完，教中国的儿童了解中国的文化实在比教他们了解西洋或日本的文化要紧些。买办教育者不肯这样。他们崇拜洋人，信奉洋人。他们对于中国的政治、经济、教育，以及一切的社会问题都欢喜用洋人的主张做主张，用洋人的论调做论调。他们不了解中国，更不了解中国的乡村社会。因此他们对于中国乡村社会问题所提供的主张和办法，有的是贩自美国，有的是贩自苏俄，有的是贩自日本，而于中国实际问题总是牛头不对马嘴，毫不相干。结果，他们的主张实现了，而实际问题依然如旧，或竟使事情更是败坏。总之，买办教育只能为中国制造洋奴，不能为中国培养健全的公民。所以，大家从事乡村教育，一面必须肃清迷恋古董的复古教育，一面也须制裁贩卖洋货的买办教育。

六、是田奴的乡村教育：现代国家健全的公民要能够生产，也要能够求知识，管政治。乡村人民如果只会种田，不会求智，不会管政，那便是田奴！乡村教育如果只教乡村人民会种田，不教他们会求智，会管政，那便是田奴的教育。乡村教育要把乡村儿童留在乡间，不往都市里跑，是可以的，乡村教育要把乡村儿童练习农事，不致流为无用的文人，也可以的。但是乡村教育如果只把乡村儿童留在乡间，从事农耕，竟使他们只知有本乡而不知有国家，只知有农耕而不知有其他人生应有的权利和义务，那便大不应该！我国乡间大多数的农人到如今还是"日出而作，日入而息，凿井而饮，耕田而食，不识不知，顺帝之则"，实在是纯良极了的，也许是太纯良的了。他们有天灾不知预防，有人祸不知避免，有土匪不知抵御，有贪官不知驱逐，受军阀的蹂躏不知扫除，受列强的压迫不知反抗，甚至受乡棍的欺凌，劣绅的横暴，亦不知加以裁制，这可说是由于他们未曾受教育，也可以说是由于历来从事乡村教育者未曾给他们以民主的公民教育。平等的潮让它在乡间澎湃，自由的花让它在乡间开放，民本主义的钟声让它在乡间振荡起来吧！我们的社会再不应该让它成这样的两个对垒：一边是劳心者，治人者，食于人者，另一边是劳力者，治于人者，食于人者。我们的教育亦不应该再把一班人教成利用他人，支配他人的主人，另把其他的人教成被人利用，听人指挥，而自己毫没主意的奴隶。乡村教育必须是人的教育，公民的教育，不是官僚的教育，亦不是田奴的教育。从事乡村的教师如其忽略了这个要点，它便是乡村人民的罪人，也便是乡村教育的罪人！

朋友！中国乡村教育的病是这样沉重而且复杂。假如你是她的医生想要怎样下手救治呢？

◎ 问题

一、何以书本教育或文字教育为历代英明的皇帝所重视？

二、真知识与假知识区别在哪里？

三、实施全人教育是否要用书本？书本在教育上的效能在哪里？

四、游民教育何以可行于古代，而不能行于今日？

五、乡人遭送子女入学，仍或盼其子女今日读书识字，明日升官发财，我们该怎样教育他们的子女？

六、要破除游民教育，今后的学校应当如何设施？

七、官僚教育的特质是什么？

八、官僚教育与人才教育有何区别？

九、有人说："要破除官僚教育，必须废除文凭，废除学制。"是何见解？

十、今日的学校教育，何种设施就是复古教育的表现？破除复古教育与圣经贤传、遗嘱、遗训诸事有无干系？

十一、从中国学制上，教材上，设备上，教育方法上指出买办教育的现象。

十二、说明田奴教育、官僚教育、游民教育的异同，并规划健全的公民教育的实施方法。

十三、改造中国乡村教育最该当注意的是什么？

◎ **参考书**

一、杜威：《民本主义与教育》，商务

二、陶知行：《中国教育改造》，亚东

三、杨效春：《晓庄学校与中国乡村教育》，爱文

四、李楚材：《破晓》，晓庄

五、晓庄：《乡教丛讯》

六、杨效春：《成都大学乡村教育讲稿》

第三章 乡村教育目的的讨论

"中国向来所办的教育完全走错了路！"假如这种观察是对的，那么我们今后从事乡村教育该当走向哪条路？换句话问：乡村教育的目的在哪里？

无论做什么事情，都不可没有目的。有了目的来指挥我们的活动，然后我们可以观察现在的情境，预料将有的障碍，安排先后缓急的程序，选择最适当的方针；然后我们的活动才不致成盲目的，胡闹的；也才不致徘徊歧途，或竟陷入大泽之中！

乡村教育的目的究竟在哪里呢？学者对此意见颇不一致。有的说："乡村教育的目的是：增进农民生计，改良农村社会，提高农民程度。"有的说："乡村教育的最后的目的在使乡村上的人民个个享受健康、快乐、亲爱、安逸、太平。"有的说："乡村教育的特殊目的应为：培植农民具有改进农事的技能，与养成农民具有世界进化的眼光。"还有人说："乡村教育的最大目的是：1. 身体康健；2. 尽力生产；3. 知道如何改良生产方法，解决农业问题；4. 有共同之精神，对于公益事业努力合作；5. 知道自己与自己的职业在国家中或社会上之地位，而肯尽义务，但只享相当之权利；6. 恪守公共秩序；7. 知道如何爱国，更知道如何爱人类，但如有敌视我者亦当知所以防止之；8. 选供特别人才于城市；使更加以深造，进为社会领袖，各科专家；9. 人人能有美满的生活（物质的）；10. 人人能度乐意的人生（精神的）。"这就尽够我们踌躇了。请问读者，里面的主张究竟谁是对的，谁是不对的？或则说哪几项是对的，哪几项应该加以改正？

不仅如此，还有几种主张竟是针锋相对，互相冲突的。你看：

一、乡村教育是不是要以"保留成年及儿童长在乡村"为目的？

二、乡村教育是不是要以"培养儿童及成年从事农业"为目的？

三、乡村学校是不是要以"改革乡村社会"为目的？

四、乡村教育是不是要以"创造纯粹的乡村文化"为目的？

我们不能骑在墙上，亦不能跨两条船。对于这样的问题，我们总不能说"这面是对的，那面也是对的"吧？可是每个问题的双方，都有相当的理由，兹一一加以说明如次：

第一问：乡村教育是不是要以"保留儿童及成年长在乡村"为目的呢？主张者说：乡村的人受了教育以后如果就往都市里跑，那么，此种教育就是助长农村逃亡，农村衰落的动力；乡村里的优秀分子、领袖人才统向都市去了，农村改良，农业振兴，就格外无望。同时，都市里则有人满之患，扩大了劳动预备军或官吏候补队，皆可助长社会的纷乱与罪恶。是以我们为欲改良农村，振兴农业，并求一般社会之安宁与进步计，乡村教育必须以保留乡人安居乡村，而不为都市的繁华所诱惑为一种目的。吾友古楳以培养爱慕乡土之观念为乡村教育共同目的之一。顾复认为乡村学校的教材应以本村为中心。福特（Foght，H. W.）以为联合学校办在乡村才是理想的办法，就是根据这种主张的。反对者则以为此种主张对于被教育者殊为专断。被教育者之将来将在何处生活，宜由他们自决，不宜由教师预为规定。都市与乡村的门户统须完全开放，让人自由来往。教师不宜强制乡村儿童终老田间，亦不宜限制学生的刺激，使他们只知有乡村而不知有都市；只知乡村可爱宜于吾人的生活，而不知都市亦可爱，饶有吾人用武的余地。生在都市的人有适宜或欢喜住在乡村的；生在乡村的人亦有适宜或欢喜住在都市的。人的个性如此不同；社会的情状又如此歧异。每个人究竟适宜在何处生活对于社会才最有贡献，对于自己最有成绩，由每个人自己去决定吧！他的父母和教师都不宜越俎代谋。若有人为之代谋，不是不仁，便是不智，因为这是与民本主义根本违反的。荷尔姆斯（R. H. Holmes）认为任何活动，凡是企图保留儿童永在田间的，统是不对。勃脱费尔（K. L. Butterfield）直认此种主张为最愚蠢的政策，他们就是反对以保留乡人长在乡村为乡村教育的一种目的的。

第二问：乡村教育是不是要以"培养乡人从事农业"为目的？赞成这种主张的人以为大多数的乡人将来仍要生活于他们自己所生所长的乡土。乡村社会，以农为主业。乡村教育能以训练乡人从事农业为目的，实在是最好的。一来农人收入从此可以加多，农人生活即从此可以提高，此在农人是有利的；二来全国食粮从此充裕，一般国民也就从此不致有谷贵或饥荒的恐慌，此于国家或国民全体也是有利的；三来教育能够使当地人民生产日增，财富日多，则当地人民必感教育势力的伟大，对于教育事业必愿尽力赞助，亦且有力赞助，那么教育事业亦可从此稳固与发展。陶知行先生谓："教育愿与农业结婚。教育没有农业便没有基础。农业没有教育便无从收进。"顾复谓："农村学校各科的教材均宜与农业有关系。"美国狄拉华教育调查团建议："乡村教育应使被教育者成为更有效率的农人和主妇，不宜把他们变成书记、速写员和店伙。"日本加藤完治氏所主持的国民高等学校对于经营农场，改良作物，分配劳力及处理作物等，特别注意，要使出校以后，会用独立的经营，去改造家庭农业及乡村农业，他们都是极力主张乡村教育要以教养乡人，乐事农耕为目的的。反对这种主张的人则谓：乡村教育只是一种国民教育。现代的国民人人都要有普通的或自由的教育。此种普通教育不是专为闲暇阶级而设，也要给一切劳动男女享受的。乡村人士同为国民，即同有享受此种普通教育的权利。如果大家训练乡人必须从事农业，实在就会损害乡人享受普通教育的权利。在民本主义的社会里，每个成人或儿童都有择职业的自由。此种自由，无论为个人发展计，为社会进步计，都不宜横加剥夺。如果我们的教育要商人之子仍为商人，铁工之子仍为铁工，乡人之子皆为农夫，那便是阻碍民本主义的发展，便是助长阶级制度的稳立。世界的潮流已经不许任何社会有农奴阶级的存在，怎么，乡村教育还可以呆板地定要全体乡人皆受农业的训练？卡奈说："我们要有志愿的农人，不要有那由外力强迫而成的农人。"勃脱费尔说："要把乡间男女完全留在农场，并使他们难于或不能在其他职业上和都市儿童竞争。这种计划是绝对错误的。"在他们，总以为教导乡人，从事农耕，便是侵害个人的选择自由，便是使乡人难得在大社会里完全发展，便是使得农人之子恒为农人，也便是使得乡间人士越发与大社会隔阂，分离，陷于孤陋的地位，这是于乡人的人格发展有妨害的，同时于社会巩固，文化进步，也有绝大的阻碍。因此，他们对于教养乡人从事农业的主张，表示热烈的反对！

第三问：学校是不是要以"改革乡村社会"为目的？主张者的理由：（1）乡村学校是乡村社会的一种组织。她的经费由乡村供给，她的学生又尽是乡村的子女，这是从学校成立的根源上讲，乡村学校实不可不注意乡村社会的改革。（2）教育的终极目的就是社会改造。从社会的观点上看，学校教师实与社会改造家同负责任。她在学校是儿童的导师，在社会便是民众的伴侣或领袖。因此她断不能仅以教导儿童为职责，而于社会的吉凶休咎漠不关心的。今日乡村社会的缺陷綦多，乡村教师安能置之不闻不问呢？（3）乡村的儿童，在校是学生，在社会还是学生。换句话说，学校教师固有教育儿童的力量，社会环境亦有教育儿童的力量。社会环境不良，则学校教育对于儿童的势力，适与正负相消，必致减杀，或竟等于零。反之，乡村社会里物质的及伦理的一切情境，统都改善以后则其助长学校教育的力量亦不小。是为儿童教育计，学校教师亦不可不谋乡村社会的改革。乔纳（J. Y. Joyner）说："乡村教育，根本是为乡村人民的；因此该当适应乡村人民的需要。"福特说："教育制度是为人而设不是人为教育制度而生。教育制度的内容必须依地方社会的当前需要而决定。"勃莱（Bailey，L. H.）说："地方社会的生活决定学校工作的性质。学校教师必须愿以解决当地社会经济的、社会的及教育的问题为自己的责任。"卡纳女士（Miss Carney）以为学校就是最好的改造地方社会的中心，而且可以作为解决农事问题最直接有效的地方机关。哈维夫人（Mrs. Harvey）在保德村办理试验学校的时候也认为她和她的同志重大的问题就是要把学校改造成为地方社会的动力；这并不只是要改造学校，乃是要改造社会的本身。但是这种主张还是有人反对的。他们的理由就是：（1）乡村学校乃是为儿童与大社会服务的机关，不是专为地方社会而设的。我们要乡村成年及儿童都能完全发展；还要大社会的组织成分能够和谐不致互相排斥；当然就不能使乡村学校专为改革乡村社会努力了。（2）乡村社会的缺陷，就是大社会的缺陷，"如何改造乡村？"解决这种问题的责任不在儿童，不在乡校，并亦不在于乡村的人民；这种问题和其他的社会问题一样，同是全社会的分子共有的问题。如果大家要把这种问题完全交给乡村人民自行解决，这就是表明大家还未曾明了人类生活的共同兴趣与共同责任。（3）乡村学校的根本目的就是要给受学者以一种公共训练或国民训练。乡村教师的基本工作就是要充分给受学者以这种国民的公共训练。如果要把解决乡村社会一切问题的重担烦劳教师，教师的时间精力均是有限的，结果她就不免顾此失彼，为着社会事务奔忙，就把儿童教育的工作延误了。这便是说乡村学校如以"改革乡村社会"为目的，就会侵害儿童教育的权利。总之，他们以为乡村人民，无论是成年或儿童，统是大社会的分子，乡村学校基本的工作就是要给乡人充分的教育机会，使乡人对自己能够完全生长，对社会能够做健全的分子。他们不愿以乡村社会问题害及乡村人民的教育权利。而且他们认为乡村社会问题的彻底解决乃是全社会分子的共同责任，断不是一二乡村教师所能为力的。勃林说："乡村小学决不能忘却她自己的基本工作；否则她就要把她自己对于儿童的义务妨害了。只有有利于儿童教育的社会改革才是乡村学校和教师所应当参加的。"荷尔姆斯说："农业问题不是农人单独所能够解决的，这是全社会的问题。农产品的价格提高，荒地自然日渐减少。经营农业果能大发其财，则投资的人，做工的人沛然趋赴乡间，何待强迫！"统是这个意思。

第四问：乡村教育是不是要以"创造纯粹的乡村文化"为目的？乔纳说："乡村教育就是乡村人民所有，在乡村，并为乡村的教育。"这原理含有三个要件：一、乡村教育根本是属于乡村人民的，因此，它应当适应乡村人民的需要。二、乡村教育的根本是在教乡人以为乡村，不是为城市。三、教育乡人最好的地方就是乡村，不是城市。他是主张乡村学校成为纯粹的乡村学校：办在乡村，教育乡人，为着乡村。他以为乡村学校如果靠近都市，乡村儿童如果走往靠近都市的学校求学，那么儿童们的嗜好、思想、志趣以及行为习惯皆会与都市社会相适应。他们就会不宜在乡村生活，求快乐与成功的。对于乡村儿童如欲培养乡村的理想，陶冶乡村的习惯，乡村学校非办在乡村深处不可的。福特在他自己所著的《美国乡村学校》上也发表同样的意见。他说："纯粹乡村的联合学校乃是理想的。它办在乡村的心里，使儿童能够常常与自然界接触，又能与都市的繁闹诱惑隔离。"卡佛更进一步，他要乡村社会独立，自给，自成风气，绝不摹仿都市的社会标准，创造所谓纯粹的乡村社会。他说："一切组织和机关，如果不能使乡村生活，社会地能够自给，能够脱离都市的标准和格式；简短说，如果不能表现乡村生活的特性和光荣，舍去都市生活的坏样，那么这种组织和机关对于乡村社会的生活决不能有最高限度的贡献。……都市的统治乡村，依最后的分析，只是一种心理的或精神的统治。到了乡村人民能够自立标准的时候，能够停止学做都市人或像都市人的时候，这种统治就会停止了。那时候他们将会觉得他们自己是乡村的人民，着乡村衣服，有乡村的习惯和风俗，实在是相当的可以自豪。"他们都是极端的乡村主义者。他们主张乡间农人一致联合起来和都市竞争,自办乡村学校以教子弟,自设乡村娱乐场以享友伴,乡村人民要有音乐,要有舞蹈,要有各式各样的游戏和消遣,但是这些东西都要由乡村土产的,不是由都市抄袭而来。他们想来:乡村人民的勤劳、俭朴、质直、豪爽和强健统是人类生活中至可宝贵的德性。都市的奢华、虚伪、懈惰,种种风习切勿让它染入乡村。乡村的子弟如果常常和都市接触,最容易染上都市的恶习。结果就会把乡村的风气变坏了。他们又想乡村本是孕育文明,产生伟大人物的摇篮。大哲学家如庄周、卢骚,大政治家如伊尹、诸葛亮,大文学家如陶潜、陆游,统是生长田间的。史毕曼(Spillman)调查美国大人物的生产地,其生于乡村的:计总统二十五人内即有二十三人;省长四十五人内即有四十一人;内阁六十二人内即有四十七人。乡村社会本是最能促进学术思想,出产特殊人物的。因此,乡村主义者主张设立纯粹的乡村学校,创造纯粹的乡村社会以发展乡村的文明和文化。对于这种主张,表示反对的人也很多。

勃脱费尔说:"由乡入城的门户必须开放。城乡之间的来往应当自由。我们不能再有一群粗蠢的人做农奴。"

可夫曼说:"社会的团结坚固如果必须依赖同心,而不是依赖异志的,那么,我们必须设法奖励人民的和衷共济而不可助长地方的异风殊俗。"

加尔宾(C. J. Galpin)说:"乡村人民就是国家的人民,乡村地方就是国家的土地。乡村的文明与文化必与都市的相互错综而不能分离。"

桑戴克(E. L. Thorndike)说:"文明的种族绝没有永久孤立的;他们常从外族学得许多的文明。"

吉丁斯(F. H. Giddings)教授在他自己所著的《社会学原理》也说:"心理的和道德的发展之主要原因就是社交,就是和外界多多接触多多来往。"从此我们可以看出反对"乡村教育以创造纯粹的乡村文化为目的"的人,确有许多理由:一是乡村社会只是大社会的一部,不能孤立。孤立了,固然破坏了大社会的统一与稳固,同时也使乡村自身陷于孤陋闭塞的地位。二是乡村社会如果不能和大世界沟通,从外间学得许多新的观念,新的思想,新的发明、创作,那么,它自身的进步就会迟滞,它所造就的文明也就不会十分光大了。三是民本主义的社会是要全社会的分子,彼此都有共同的思想,共同的信仰和共同的行动。如果乡村人民只为着乡村,都市人民只为着都市，那就根本危害民本主义的。四是产业革命以后交通日见便利，人类生活的网日见复杂。乡村自给的时代已经过去。世界上已经没有所谓纯粹的乡村，还从哪里去造纯粹的乡村文化呢？

道路这般多，朋友！你要向何处前进？

这里有两个要点，就请提出来和大家讨论：

第一，乡村教育是国民教育的一种，它是要供给今后乡村人民以现代国民的普通训练。

第二，乡村教育是设施乡间，教导乡人的教育，它不能不根据乡村社会的情境，适应乡村人民的需要。

这两个要点，初看似乎是一矛一盾，互相冲突；实在呢，它们确是相成而非相反的。大家从事乡村教育必须兼顾这两点，如其忽略了任何一点，那就是陷入迷途了。丹麦乡村教育的先导葛冷佛（N. F. S. Grundtvig）在他创办平民高等学校的时候宣言说："我们的学校是给农人和市民入学的，使他们可以得到有用和要得的艺术。我们不但给他们以能直接应用于他们职务上的技能，并且格外注重使他们做一个乡党的佳子弟，国家的好公民。"我们知道：一个人做了乡党的佳子弟，同时还可以做国家的好公民。这便是说我们的教育能够培养一个人在乡村有所作为，同时在国也可有所作为；使他对乡村社会能聪明有效的服务，对国家社会也聪明有效的服务。因此我们对于乡村教育，主张它的总目标就在培养乡党的佳子弟，国家的好公民。

这样的人应当具有什么性格呢？我们在此就提出乡村教育的分目标：

一、培养健强的身手：吃得苦，耐得劳，做得来劳动工作，忍得住艰难困厄。这不是要他们能够做别人的奴隶，乃是要大家都能够在无限的自然界，在变乱的社会里做个强干的主人翁。

二、培养科学的头脑：既恰当，又准确。每逢变故，他常能平心静气去观察，去探索，求出真是非来；不受利诱，不为威逼，亦不致意气或感情用事。他对于别人的建议，不盲从，亦不盲拒，他常肯运用已有的经验，考察当前的事实，以定取舍，不致为少数野心家所利用。他做事情总想着用最省的时间、精力及金钱以求最大的效率。

三、培养生产的能力：他尊敬劳动，愿意做工，他了解劳动是智慧之源，仁慈之母。他明白工作是自立之法，救世之道。他不愿为斯文学者，亦不愿为无业游民。他愿意参加人间的生产工作，也能够参加人间的生产工作。他能够自食其力，所以他的生活是人类社会中正大的自立生活，不是可耻的寄生生活。

四、培养团结的精神：他能刚直守法，忠诚待人；他能选择领袖；服从领袖；他能创造纪律，遵守纪律。因此，他在经济上能够和友伴们联合起来做消费协作、生产协作、信用协作、购买协作等事业，以谋大众经济地位的向上。在政治上也能够和友伴们联合起来，如保加利亚的农民党，丹麦的自由党，掌握政权，推进国运；并使大家欣然明白畎亩之中确有群众真实的领袖！

五、培养艺术的兴趣：他能自慰，并能慰人，他能自爱，并能爱人。他能从罪犯身上看出美德，能从丑的事物看出美点，能从无望的境地看出光明所在。他是乐观的，因此他对于人世间的事情总是创造，总是进取，从来不肯灰心和消极。

随他怎样去吧！这样的人无论在哪里都是有用的，也都是有力的。他在乡党是个佳子弟，在国家也是个好公民。他能改革乡村的社会，也能参与国家的事情；他能创造乡村的文化，也能推进国家的文明。对于这样的人我们也不必预为规定他的将来应当住在哪里——在乡村或是在城市？去干何事——经营农耕或其他？因他享有的教育，已经是：活的教育不是死的教育，真的教育不是假的教育，全民教育不是阶级教育，人生教育不是书本教育。

◎ 问题

一、有人说："现在的乡村教育是教乡下人往城里跑。"我们今后办理教育，要一反其道而行之，是对的么？

二、乡村学校必须注重农艺，是何道理？

三、我们应不应教乡村儿童必须从事农业，教都市儿童必须从事工商或政治、医药等专门职业？

四、有人主张把乡间优秀分子，加以特殊训练，使得为国家人才，此种办法，是否合理？

五、乡村教师参加社会业务，势必旷废学校功课，有何两全之法？

六、何谓纯粹的乡村文化？此种文化如何创造？

七、国民教育与农人教育如何才能协调？

八、农村子弟在乡为乡人，在国为国民，学校教育应如何设施，才能完满他们的需要，使他们参加乡村生活、国家生活都能顺利？

九、乡村学校的课程应如何编制，方能完成它的目的？

◎ **参考书**

一、陶知行：《中国乡村教育之根本改造》，《中华教育界》十六卷十期

二、杜威：《民本主义与教育》，第八章

三、古楳：《乡村教育新论》，第七章

四、Brim：Rural Education

五、喻谟烈：《乡村教育》，第三章

六、顾兆文：《农村教育实施法》，第二章

七、金嵘轩：《最近日本之农村教育运动》，《教育杂志》二十二卷十二号

八、陈友生：《丹麦的农村教育与合作》

第四章　教学做合一

"打破死的教育，创造活的教育。"
"打破假的教育，创造真的教育。"
"打破阶级教育，创造全民教育。"
"打破书本教育，创造人生教育。"

这是我们大家对于目前中国乡村教育改造所有的期许。为欲实现这样的期许，作者看，大家必须采用一种紧要的手段。这手段就是"教学做合一"。

教育的手段各各不同。有的采用教授法或讲演法。这种办法，教师只管自己的教，不问学生的学。教师有了一些书本的知识或自信所谓"道"，就用宣讲的方法，对学生宣传，要学生静听。究竟学生肯不肯听，能不能听，教师是不留意的。这样的教室之中只有教师的活动，没有学生的活动；也只有教师的自由，没有学生的自由。教师只管教，并只管讲。因此，教师可以叫做讲师，教室可以叫做讲堂。热心的教师，在这样的教室之中，有时竟会觉得舌干唇枯，头昏目眩，而他的学生们就在讲台底下打瞌睡，玩把戏。我们以为这样的办法，离开人生，离开教育，实在太远了。应当及早改革。然而一般顽固的学校，守旧的教师，还在继续采用这种办法的。

也有采用教学法，或问答法的，采用这种办法的教师可算比较进步了。他们不仅注意自己的教，并且注意学生的学。他们知道：教与学是对等的，只有教师的教，没有学生的学，则教也是徒劳。他们并知道：教师的教只是为着学生的学，教师教的成功只是学生学的成功。学生没有学到什么便是证明教师没有教得什么。因此他们从事教育，必是注意考试，注意测验，注意问答，注意唤起学生学习的动机。这显然是比只管自己教，不问学生学不学的办法进步得多了。但它还有两种未能解除的缺陷。一是教师专教，学生专学；好像教师是教的阶级，学生是学的阶级；教师与学生之间，有鸿沟为界，不相融洽。二是教师教的是书本，学生学的也是书本；教师所教与学生所学统是以书本知识做中心，而不以实际生活做中心。教育与生活还是互相隔绝，未能把它融会贯通起来。

新近，才有人倡导生活法。生活法就是"教学做合一"。他们主张教的法子要根据学的法子，学的法子要根据做的法子。怎样做就怎样学，怎样学就怎样教。一句话说完，怎样生活，就怎样教育。他们主张教师要在做上教，学生要在做上学，教育要在生活里进行。在做上教的才是真教，在做上学的才是真学，在生活里进行的教育才是真教育。他们主张教师不仅教，学生不仅学。教师可以在做上学，学生也就可以在做上教的。谁要向上谁就应当继续学习。教育不是全知全能。他要求生命之继续发展与生长，不甘固步自封，就应当随时随地学人之长，补己之短。谁有本领谁就可以教人。学生之中，凡有特才异能的，在他特长之处他就可以教人，以期与人为善。他们主张不必在固定的教室进行，亦不宜在固定的教室进行。事情在哪里做，就在哪里学，也就在哪里教。比方，游泳是在水里游的，就在水里学，也就在水里教。耕田是在田里耕的，就在田里学，也就在田里教。烹饪是在厨房里做的，就在厨房里学，也就在厨房里教。骑马是在马上骑的，就在马上学，也就在马上教。他们不仅没有固定的教室，并且没有固定的教师，没有固定的教本，也没有固定的上课时间与修业年限。所以他们的干法，在教育手段上是革命的。在教育制度上，也是在革命。

倡导"教学做合一"的人为什么要这样主张呢？第一，他们相信生活即教育。大家不能在生活以外找教育，亦不能在生活以后找教育。人人生活于现在，教育即引导人人解决现在疑难的问题，努力现在紧急的事业，满足现在迫切的需要。教育就是这样在实际生活里进行的，不是去预备不知何物与不知何故的将来的。这样干则大家在教育上就可以活用现在已有的动机，绝灭游移因循的态度，发展个人特别的能力，也就无须依赖关于快乐或苦痛的外铄的赏或罚了。

第二，他们相信观念不能传递。你给我一支笔，我就可有这支笔。他给我一锭墨，我就可有这锭墨。可是无论你或他给我一本书的时候，我只能有这本书，决不能从此就有本书上所记的知识。盲者不知色彩，聋者不辨声音。热带的人不知雪霰，山岳的人不识河海。凡吾人所未甘经验的事物，吾人纵从教师的口述或书本的记载，记取其定义或说明，而吾人对此种事物总无明确的观念。观念不是像银钱衣物一样可以自由传递的。父亲不能把它传给儿子；教师不能把它传给学生。明确的观念必须由各人自己观察，自己实验，自己经历才可获得的。

第三，他们相信"致知在格物"，不格物即无由致知。换句话说：要知必须行，不行便不得知。颜习斋先生说："知无体，以物为体；犹之目无体，以形色为体也。故人目虽明，非视黑视白，明无由用也。人心虽灵，非玩东玩西，灵无由施也。今之言致知者，不过读书、讲问、思辨已耳；不知致吾知者皆不在此也。譬如欲知礼，任读书几百遍，讲问几十次，思辨几十层，总不能知道；直须拜跪周旋，亲下手一番，方知视是如此。譬如欲知乐，任读几百种乐谱，讲问几十次，思辨几十层，总不能知；直须抟拊击吹，口歌手舞，亲下手一番，方知乐是如此。是谓物格而后知致……且如这冠，虽三代圣人不知何朝之冠也；虽从闻见而知某种之冠，亦不知皮之如何煖也；必手取而加诸首，乃知如此取媛。如这蓛蔬，虽上智老圃不知其为可食之物也；虽从形色料为可食之物，亦不知味之如何辛也；必箸取而纳之口，乃可如此味辛。故曰手格其物而后致知。"他们以为这种说法是对的。知识的基础是经验，思想的出发点是正在进行的事业。没有经验便无知识；没有行动便无思想。知识与思想的材料不是文字，不是语音，乃是动作事实与事物间的关系。如果所有的知识与思想，与实际生活的行为不相干，则这种知识便是死的知识，这种思想便是败坏脑子的梦想。

第四，他们相信：知与行、理论与实践视为一动作的目的与主宰的心与视为心的器官与手段的身，统是不能牵强划分的。同理，教学做也不能彼此分家，视为不相连贯的事情。寻常的学校，教师是教的，学生是学的，校工才是做的，界限非常分得厉害。这种办法的根源是由于社会分为两个阶级：一个是用肌肉劳动借以维持生活；一个是不受经济的压逼得专心于表现的艺术与虚幻的玄学。其实这样的办法与民本主义的社会精神根本不相容，同时与现代教育的科学研究亦不相符合。教学做只是一件事，不是三件事；只是一种活动，不是三种活动，是一种活动而有三种看法故有三个名称而已。比方扫地是做；因扫地而知如何用帚，如何拂尘，如何扫法，就可省时省力，并使灰尘不致飞扬，便是学。因自己扫地遂使同伴消极的不肯随地吐痰，随地抛弃垃圾，或积极地参加合作，以习勤劳，以求清洁，便是教。又如耕田是做，因耕田而学会如何用牛，如何使犁；并从此知道稼穑的艰难，农人的辛苦，就是学。因自己耕田使同事同学对于农事也生兴趣，也来参加，也从此学会许多技能，知道许多事情便是教，总之，一切活动从事情看便是做，从自己看便是学，从旁人看便是教。所以为做为学为教，虽有三个名称，总不外一个活动而已。

"教学做合一"的主张究竟怎样实施呢？这里，作者要请大家先来研究几个新学校的教育设施：

一、是汉堡的各公立实验学校：这种学校没有日课表，没有课程，没有班级，没有考试，没有规则，没有责罚，没有一般学校所认为必要的因袭的条文。他们的工作是以发展每个儿童的内在的灵魂为中心。他们不把学校当作训练和教授的工具，而把它当作儿童们生活力的解放的地方，当作儿童们的灵魂自由地生长到极顶的地方。他们说："我们不知道儿童们在他们的生活中将来要用些什么。我们不知道'将来'对于他们或对于德国是怎么样。我们不知道他们预备入哪一种的社会——社会主义的或资本主义的。我们所知道的只是一件，即儿童们都有须待发展的活的灵魂，我们应当供给他们各种的机会以便内心所含的得以充分发展。"你看，他们的教师常与学生在汉堡河畔看看船舶的上货下货，借以了解关于美国或巴黎的事情。你看他们的教师又曾引了一队儿童至巴维尼亚去旅行，使大家在行程中见了不少的新奇的事物。你看，他们的学生有的为了恳亲会的表演专心去研究刚果卖奴的故事；有的为了研究一个汽艇的机器，继续着要去察看火车的机头，要去观玩船坞的行船，接连在校外宿了三夜。你看，他们的教师和学生的共同生活，自由谈论，自由问答；那样自然、活泼、亲爱、精诚的气象。这样看了他们以后，你以为汉堡的实验学校究竟是现代教育界胡闹的捣乱者呢，抑是醒觉的革命者呢？

二、是捷克斯拉夫的孤儿院王宫：这是一个能用真正动人的方法以联合生活和教育而得成功的学校。这个学校每日仍有一定的功课，一定的练习工作；同时还有不少的惯例，不少的固定计划，和教师所定的目标。可是她的教师借着日常生活的实施，和依据儿童们的欲望以供给工作之非常的成功,已经使她成为一个供给儿童自由生长,自由发展的乐园。他们校里一天的生活是这样的:"一大早,儿童们就都起来了。他们把他们的被帐大大地打开让空气流通。然后穿戴,年长的帮助年幼的。大家都穿戴清楚之后,打开窗户。两个男生洗擦洁白的砖所铺的地,其他的男女生洗涤盆桶,整理床铺,打扫浴室,当各种事体料理清楚之后,客曲博士(校长)便去观察他们的工作。其次便是号角一声,全校的儿童都齐集于大厅之中,实行早操,锻炼身体,务使各部发热才止。操后,早餐。早餐后用功两小时,有一节约半小时的休息和点心,所吃的是可可和面包。此后又继续两小时的功课。他们早上的功课是不拘形式的,正如近代各进步学校所用的最好的教法一样。儿童们在作业的时候,是尽量地依其兴趣和活动来分组的。当然他们也有些练习的工作,不过这些练习的工作是由儿童们生活的需要中所发生出来的。……到了下午,儿童们大部分时间是十分自由的,只有少数人轮流打理校中的琐事,大部分的人可以在室内室外玩耍。可以到工作室、陶器室去工作,可以画图画,可以读书,可以在绿荫之下游戏。在这自由的下午,他们建造他们的儿童村。"他们校里的教师能够禁制自己,使自己不把成人的观念注入儿童的脑中;能够供给每个儿童以生长的机会,以表现他内心的一切;并能够利用实际环境发展儿童的责任心、创造力和其他内在的美德。客曲先生说:"我们这样地实行是很容易的,因我们的学校便是儿童的生活。我们亲切地了解各国儿童。由他们起身到他们的就寝,我们完全知道他们的兴趣和活动之所在。因此我们便自自然然地能利用这些兴趣于真正的具体的教学。"总之,客曲博士等所主持的孤儿学校在生活与教育之统一是成功的。最大的原因就是由于他们能密切地观察儿童,亲切地和儿童共同生活,诚心地爱着儿童的缘故。

三、是布鲁加的巴古里学校:这个学校是在一九一九年三月间开始的。那时候巴古里只有一个同事,三个看护和十二个残族儿童;他的袋里只有五块钱。在布鲁加租了一间房间,交了一个星期的房租便完了。他带了几个儿童在他自己的房间里住,其余的有几个在公安局的流浪儿童收容所住,有的回家去住。但是白天大家统是来到巴古里的住所来,自由地工作以期维持生活。因为没有钱买工具,儿童们便用他们的小刀雕刻。他们做了玩具、花架、盒子,他们自己组织起来成为一个分工合作的小社会。这里面大家共同工作,共同生活。学生和教师是同等的。教师不是高高在上，乃是儿童们的伴侣和顾问，也是这共同生活体的分子。巴古里相信每个儿童或多或少，都有他自己的蓄能。教师的问题就是发现和发展这些特殊的蓄能。不论这种蓄能是音乐，是干才，抑是手艺，教师都应当给他找一条出路。的确，巴古里是已经得着这种秘诀的。他能使残缺的身体表现出优美的精神，他能使残废的儿童成为各式各种的专门家。巴古里用生活自身做大设计，靠着工作和服务训练儿童成为一班自重自信的人，并从此培养他们更大的能力，扩充他们更大的知识和眼界。大家知道巴古里的办法与习俗相传的教法相反得利害。可是凡曾参观过他的教育设施的都不能不承认：巴古里在近代教育上是有奇特的成功的人。

四、是南京的晓庄学校：晓庄学校的办法，从一般传统的教育学者看来，也是很奇特的。她是一个确想把生活和教育打成一片的新学校。她废除教室，废除教本，并废除呆板的课程。她以天地为教室，以万物为教本，以生活为课程。她里面的导师和学生：吃饭在一起，睡觉在一起，看书在一起，游戏在一起，工作也是在一起。他们是在一起煮饭，一起耕田，一起修路，一起学拳，一起游泳，一起办小学，一起会朋友，一起创办乡村医院、乡村民众学校、联村救火会、联村禁烟会及联村自卫团。他们说："这样便是我们的生活，这样也便是我们的教育。"她的导师能够教学生，也能够向学生受学。她的学生能受教于导师，也能受教于农人。在那里面，谁是导师，谁是学生，谁是乡间的木匠、厨子、农人或采桑女郎，凡是外来的参观者是不能分别；他们自己亦不要这样的分别。他们对于讲解书本，记诵书本的教育，也表示反对。他们主张用书，不主张读书。要养蜂乃看养蜂法；要种树乃看种树法，要编理图书乃看图书管理法，要做会计乃看会计规程及簿记学。总之，他们要做什么事，乃看什么书。他们的看书不是为考试。不是为文凭，不是为虚荣，亦不是为遥远的将来或有的需要。在他们，需要是在用书之前的。书本的应用是来助人解决疑难满足需要，不是用来堆在脑子里，妨碍脑子的活动，好像垃圾堆在地面上，妨碍地面不能建筑和栽种一样。他们说："我们不要把自己变成'书呆子'。亦不要让乡间人民老做'田呆子'。我们要大家心身并用，我们要大家手脑双健，我们要大家能思想也能工作，我们要大家会劳心也会劳力。"当然，晓庄学校不是完全的。她有不少的错，也有不少的缺陷。她能铲除学校与社会的围墙，她能减灭教师与学生的界限，她能荡平生活与教育的鸿沟。她在中国乡村教育界里确是开辟了一条新的途径，供（贡）献着一种新的暗示。

这样尽够了，我们不必再在这短小的篇幅里更引别的学校做例子。用这几个学校做借鉴，想来大家已经可以画出"教学做合一"的学校生活的轮廓。这几个学校的活动也有许多不同的。但它们是把生活与教育打成一片，都是要把教法学法做法合而为一。这里他们也都有惊人的成绩。可是我们不能这样说："这些统是理想的学校。"拿出心、脑和手来，也许我们能把自己所主持的学校较比这些办得更好咧！

朋友！请留心。"只问目的，不择手段"的说法在教育事业上是断断不能行的，教育的目的与手段不能牵强划分，也不能妄为割裂，更不能把它们弄成互相冲突抵拒的地步。你要创造活的教育吗？请莫再采用死的教育法。

◎ 问题

一、试从"教授法""教学法""生活法"分别它们的异同，并评断它们各个在教育上的价值。

二、"做学教合一"的简单解释是怎样？

三、"做学教合一"的理论根据是什么？

四、"做学教合一"的学校生活应怎样安排？

五、学校里没有考试，没有规则，没有责罚，可能行吗？

六、打破师生的界限，有什么困难？

七、"读书"与"用书"不同，其不同之处何在？

八、你对于汉堡的实验学校，孤儿院王宫，巴古里学校，晓庄学校诸校的设施有何批评意见？

九、如果你有全权主持一个乡村学校，想施行"教学做合一"，将采取何种计划及步骤？

十、如果你的同事，及学生家属不能了解"教做合一"的意义，不赞同这种办法，你又怎样？

十一、师生同生活，同甘苦，在教育上究竟有什么意义？什么价值？

◎ 参考书

一、陶知行：《中国乡村教育之根本改造》，《中华教育界》第十六卷十期

二、杜威：《民本主义与教育》，第四章，商务

三、杜威：《民本主义与教育》，第十四章，商务

四、颜习斋：《大学格物》

五、杨效春：《晓庄学校与中国乡村教育》，爱文

六、唐现之：《欧洲新学校》，第十至十二章，中华

第五章　怎样创办乡村学校

朋友！无论你到什么地方，东村或西村，你总会想法去推广教育，普及教育吧！你总会想法把你的教育力量尽量推广，尽量扩大，使得普遍地能够影响于你所在地的一切民众和儿童吧！这是你的狂热，是你对于教育的一种狂热。因为你相信：你所办的教育可比老学究、洋教师等办得好；或则你相信，你今后所办的教育可比从前你自己的办得好。你有了这种自信，这种狂热，所以你对于教育事业如此努力，而且继续着努力到如今。不然，我知道，你是会不再去干教育工作的！

教育怎样才会普及呢？这我们大家知道必须注意两个办法：一是将原有学校的学级扩充，使级数加多，或使每级的人数加多。一是在人口众多，未有学校的地方办出学校来。现在就和大家谈谈在乡村里，怎样创办学校？怎样选择校址？怎样决定校舍？怎样设备布置？怎样招生？怎样开学？怎样编级？怎样镇守？怎样筹划经费诸事。这些事情统是很琐碎的。但是因为你是关心乡村教育的同志，听我说来，想不致毫无兴味。

第一，先谈校址。

乡村学校的校址，依理想，应当是具有下列诸条件：

一、是学龄儿童及失学民众最多的地方。学校是为人办的。有学龄儿童和失学民众而没有学校，所以我们才有办个学校以教他们的必要。假设赵、钱、孙、李各个村庄里面都需要一个学校。我们要办学校。而我们的现在力量只能办一个学校的时候，我们这个学校该办到哪个村里去呢？我的主张就办在那人口最多的村庄。

二、是有现成的庙宇或公共建筑可以利用的地方。乡村经济困难，在办学之先就要民众拿出一大笔款项做开办费，建筑校舍，是极不容易的事情。乡村庙宇每多废而不用，或竟藏垢污，破烂不堪，在我们正可废物利用，稍加修葺，以为敬敷教育之地。

三、是地点适中，或为一村之中心，或在两村之中点。要为大多数学生就学的便利而已。

四、是交通便利之处。如大路或交叉路旁近。亦为学生就学的便利设想。但学校距离铁道及汽车路，又不宜过近。一则声息嘈杂，扰乱听闻。二则儿童来往，怕多危险。

五、是地基高爽，空气清新，饮水净洁之区。此学校卫生起见，故宜注意。

六、是风景优美，有山水可玩，有名胜可赏，或有古迹可以怀念的地方。是于美感教育、道德教育的实施最为方便。

七、是附近有空地，可以垦为校园，或辟为运动场。乡村学校有了校园：（1）可以供学生练习农艺，培养农人的身手。（2）可以供学生研究生物生长之程序，气候变迁与生物生长之关系等事，以培养科学的头脑。（3）可以使校景美化，春来草绿，时到花开，生趣盎然，以培养艺术的兴趣。（4）可以使学生勤劳工作，从事生产，自助助校，以培养生活的基本智能。（5）可以使学生在工作上有互助合作的机会，在工作后知农人稼穑的艰难，是即所以培养社会改造的精神。总之，校园或农场在乡村学校里的功用极是伟大。这是从事乡村教育的同志所不可不注意的。乡村学校有了运动场，内中设备一切应与村民村儿共同享用。此种运动场可为村人日常游戏运动之地，亦可为村人遇事集合的场所。

大家知道这种条件原为理想的标准。求之事实，是不容易一一俱备的。斟酌取舍，要在大家能够因地而选其最宜。但大家必须记得：学校是为人而设。没有人，根本就没有学校；不是为教人，根本就无须办学校。因此，大家如果为着风景优美或古迹名胜所在的缘故，就把学校办在那块地方，不顾学生的就学便利与否，那就算舍本逐末，轻重倒置，失掉原来办学教人的根本宗旨了。记起：四川青城山附近有两座小学。一座是灌县教育局倡设的区立小学，一座是常道观道士主办的私立小学。那区立小学的校址，系在山腰，距牌坊岗不远，上有青山，下临深涧，再远瞰就是平原绿野，一望无垠。岗上有牌坊，题有："天然图画"四字。风景确是美观的。但山中人烟稀少，儿童要往该校就学，必须上下山坡，经过树林，来往是极不方便的。那观士主持的私立小学，校址系在山下。前面有广场可供儿童游玩；并有竹林、园地、稻田。校舍新建，风景亦颇可观。学校的后面就是村民住宅，左近尚有许多散村。阡陌纵横，鸡犬相闻。十九年五月，我与友人罗季林先生前往两校参观的时候，看见前校校门关了，不见先生，亦不见有学生。只见长桌数张，长凳数条，前置讲坛一，教桌一，黑板一，一一统是尘封的，知道此校关门已经不止一天了。后校则有教师二人，男女学生四十余人。这也许是因为后校教师得人；或则因为前校教师，在那几天刚因家中有事不克来校。但以两校的校址所在而论，我和罗先生都认为前校的太不适宜，而后校的确能顾及学生就学的便利。平日前校学生少，后校学生多（看校舍大小，及学生应用桌凳多寡可以知道。前校系单级，后校则为复式多级），一遇天时变化，暴风猛雨，大雪、严寒之日，前校就会没学生光顾，以致教师独守空房，终于关门大吉。校址之不得其当，确亦是一个重要原因。

第二，谈校舍。

校舍有两种。一种是新建的。另一种是就旧有的庙宇、祠堂或民房住宅，加以修葺，就用的。新建校舍，在贫困的乡村殊难办到。而在学校未成立，教育效力尚未显著的初期，更难做到。所以我们在乡村里创设学校总是先从寻觅现成房屋下手的。这里有一句话，大家不妨记着，就是："跟和尚跑。"这句话的意思就是说：大家在乡村里办学，要觅校舍，就可以跟从和尚所在的地方即庙宇。中国的风景往往为两种东西占领。一是神，一是鬼。前者是庙宇，后者是坟墓。庙宇概系募化捐修而成，一方人民的公产，以此改设学校，办理一方人民公共的教育事业，确是很恰当的。而且乡间的庙宇往往是在地点适中，交通便利的地方；它的建筑亦比一般人民住宅为雄壮坚实。大家知道南京附近著名的乡村学校如尧化门小学、燕子矶小学、万寿庵小学、三元庵小学等校的校址，初皆是就旧有的庙宇改建而成的。十八年冬作者与成都大学教哲系学生调查成都市学校教育的时候，也见成都城外的小学：如外南区立小学之在南外三圣宫，东南外平民小学之在南台寺，文昌宫自立小学之在九眼桥文昌宫，怡昌木行小学之在水神寺，王爷庙公立小学之在北外王爷庙，崇文小学之在金华街城隍庙，成都区立第七小学之在西外强公祠，虽其教育内容，良莠不齐，而其利用旧有庙宇，以为校舍，则是一样的。

改造庙宇为校舍，其步骤大致如次：（1）疏通沟渠，勿使污水停留，地基潮湿。（2）开设窗户，以便采光通气，合于卫生。（3）移置村民堆放庙中的农具、家具及一切杂件，使勿妨害校务的进行。（4）大扫除，上自屋檐，下至地板，以及屋角、墙隙、地眼，统须一一注意周到，勿使蛛丝、灰尘，停积室内；勿使蛇虫毒物，埋伏其间。（5）修理墙壁等破坏地方，以防倒墙塌屋等危险发生。（6）粉刷墙壁屋柱。污墙旧柱，稍加石灰粉刷，便觉面目焕然一新。（7）整理庭院；移去碎石残砖，（此种砖石或可利用，布置花圸）枯物败草；改植观玩花卉，食用菜蔬。这样，破烂的庙宇就可以变为簇新的学校！做这些工作，最好不要雇用木工、泥水或其他粗工，要由你自己动手做；由你和你的学生做；或由你和你的学生、村民同做。这样做不仅是比较省钱，而且是格外合理。你想，一个教师如果能够唤起众人，对于一件公益的事情，通力合作地干起来，这岂不是他已经给众人一课最好的教课吗？而且寻常的学校，一面雇人刷好墙壁，一面就有学生涂上墨迹；或则一面学校耗钱修理房舍，一面就有村民加以毁坏。如果我们的学校是由学生、村民合力修理起来，建设起来的，你想：他们日后对于学校会不肯注意爱护，忍加毁坏吗？新近，作者亲见义乌中学的学生改造节孝祠设立村民学校的情形就是这样的。他们利用课暇，或用锄，或用锹，先把庭前的沟渠通了；或人独携，或数人共抬，次把祠中的杂件搬了；或用帚，或用箕，又把室内的尘埃去了；他们自己修理窗户，他们自己刷好墙壁，自己挑水，自己洗地，自己糊窗，自己除草，自己挖土，自己移去败石残瓦，自己播下瓜豆菜种，真是"众志成城"，"众擎易举"，只用三个下午课余的时间，他们就把一个荒废无用的祠堂，布置得整整齐齐，设一座义乌民众教育的机关：内办事室一，民众图书室一，民众学校作业室一，游戏场一，花圃、菜圃各二小区。什么事都是人做的。愿大家不要把自己看得太高贵了，以为泥水粗工的事情，我们自己不屑做；亦不要把自己看得太没用了，以为泥水粗工能做的事情，我们教师不能做。我的经验：这等粗事只要我们自己肯做，一定可以做得好的；有时也许比平常的工匠做得更好。

庙宇有佛像，祠堂有神牌，该怎样处理呢？依我想，如果村民不同意，我们切不可造次把他们毁掉。我们对于佛像，先不妨把他们打扫打扫，一来使之清洁，二来使之美观，至少可以使他不致惹人讨厌、害怕，那就好了。或则我们就把神龛前面的窗帘，刷拭一番，糊上白纸给佛像清坐在内，不为外人所见，也是可以。后来学校既立，教育既兴，人民知识提高，地方风气开通，大家要把佛像，移个适当庙堂，作为古物保存起来，那亦尽可听便。总之，我们从事教育，对于地方迷信，只能尽心劝导，不能暴力取缔。何况我们教师所有的只是心和血，不是武力！

如果我们是有机会给某个乡村造一座新的校舍，那么我们必须用智谋，尽心竭力，先参考讨论乡村学校建筑的书报，如古楳著《乡村教育新论》第十章，李兆文著《农村教育实施法》第九章。次参观附近各著名小学之新建校舍：如南京之尧化门小学、晓庄小学，四川之常道观小学，其新修校舍都是几经斟酌。又次，就要打图画样，与众共商最好图案。总期新建校舍：一、求坚固，二、求省钱，三、求安全，四、求美观，五、求合于卫生，六、求宜于教育。诸凡通气、采光、取温、排水、窗户、座位、通路、厕所、厨房等事都要费神研究才好。大家要知道：旧有的校舍之不合宜是不能怪我们的，如其由我们新建校舍，而所建校舍竟不得当，那么我们的愚昧与马虎，是无可辞咎的。这里，顺便要向大家说明一声：校舍与教室在我们的教育上不是顶重要的。生活教育本无需乎教室。教室之备只为天时有雨雹风雪，与后人之要学习文字的缘故。希腊的哲人是在街头宣教的。孔子、孟子都没有固定讲学的地方。我们想：山之麓，水之滨，阡陌之间，森林之内，鸡之埘，牛之舍，羊之棚，马之厩，名胜之处，古迹所在，以及社会生活所有之田园、商店、工场，统可以用为教育人民之地。我们想：以天地为教室，美物为导师，生活为课程。朋友！你偏说不可以这样办吗？

第三，谈设备。

"工欲善其事，必先利其器。"我们既要把乡村学校办到好处，相当的设备定板是要有的。现代的教育既不是教师的唇舌和书本的文字所能竟其全功，则其倚赖工具，倚赖仪器，倚赖标本，倚赖种种设备的场合，自必比从前加多。赶紧就问：钱财枯竭的乡村，学校怎样讲究她的教育设备呢？我们对于这个问题的解答是：

一、要大家尽量利用天然的设备：乡村社会所缺乏的是钱财和人工的作品，不是原料和天然的物源。若从原料和自然物源一点而论，乡村实比都市更为富有的。你看绿草茵茵，红花艳艳；你看蜂蝶飞舞，麋鹿优游；你看山岭重叠，林木茂密；你看河水潆带，波涛荡漾；你看漫天星斗，卷地风云；你会不相信天之赋予乡村者比之都市更优厚吗？你听那水之波，松之涛，海之啸，风之号，泉之鸣，谷之应，好鸟枝头之唱，牧童马上之吹，你也可以明白大地之声，乡村之音，有非生于都市，长于都市，终老于都市的人所能享受的吧！雨露霜雪为乡人所屡受；鸟兽虫鱼为乡人所常见；稻粱粟麦黍稷统是乡人栽培的谷物；马牛羊鸡犬豕即为乡人喂养的家畜。凡此自然界物象，形形色色，皆吾人教育儿童最好的材料。都市学校的教师每为儿童费尽心血，费尽口舌，用文字，用语言，用画图，用模型标本，而终于使儿童莫明真相，致教师无法可施者仍所不免。在乡村学校只要教师善为利用，略一指引，便可一一活现于儿童之前，以供观察，以作研究。而且浅海青溪可为浴池，田间绿野可为操场，起伏丘陵可为滑板，特立岩石可作平台，缘木攀竹即可强身，玩沙计石即可学算，落叶既是书本，游鱼亦为教师。这就是奇妙的"自然"给我们乡村教师预为布置停当，无价的教育设备，请大家千万留意，千万珍视，不要等闲看待，置之不用才好。

二、要大家自行采制需用的设备：乡村所富有的是原料，一切设备如标本、仪器、模型以及诸般教具校具统是由各种原料加以人工制造起来的。利用原料，制用品，本是人类生活至要的事情，也就是学校教育至要的事情。大家要知道现在商店所售的动植物标本就是由乡间采去的鸟兽虫鱼，草木花叶，剥制、浸制或压制起来的。这些东西在乡村，如果已经有了活的实物即可无须设备死的标本。即使要用标本，也可自己动手来做，无须向都市的商店去购取。你看四川合州的博物馆，向上海商务印书馆购有一只麻雀的标本，而麻雀是合州地方日常可以看见的小鸟，想想看！这不是人间的一件笨事吗！"铁环可用硬藤或竹圈制造，毽子系用鸡毛铜钱制造，小皮球可用棉纱为之。"小排球可用玻璃纸为之，地球仪可以自制，挂图可以自绘，滑车可以自做，沙箱可以自做，余如鸟笼、鸡埘、信箱、衣架、花坛、痰盂盖、万花筒等设备亦概可以自行制造。吾人双手万能，学校设备可由师生自行制作者正多，要在大家肯用心思，肯用劳力而已。而且此种制造，在学校可以增加设备，在学生即为练习工艺。工作之时，大家就要学会运用工具，运用材料，运用心思，运用手眼，以求工利的顺利，技能的熟练，作品的精良，这就是一种最有价值的教育啊！

三、要逐渐添置细心选取的各种设备：各种设备的添置第一要细心选取，第二要逐年置备，主要原因就是为着适应乡村社会的经济状况。至于选取乡村学校的设备，依我们想，应根据下列的四个标准：

（甲）是学校生活上必要的用具：如时钟、公尺、寒暑表、放大镜等。

（乙）是学校生活上常用的用具：如扫帚、抹布、畚箕、桌椅等。

（丙）乡间没有的或不便借用的用具：前者如放大镜、显微镜等；后者如常用之帚、抹布、厨房杂具等。

（丁）学校教师和学生不能做或不便做的用具：前者如时钟、显微镜等；后者如农具、木工用具等。

反过来说，学校生活上非必要的用具可以不备。如铜鼓、洋号、风琴、讲坛。非常用的用具，或可向村民借用，或可向邻校借用的，也可不备。如学校无农场，无校园者有时亦需用农具，则可向村民借用；校中无某种书籍、杂志，而教师有时须用此种书报参考，则可向邻校借用。乡间富有的东西可以不备，如燕雀鸡鸭的标本，桃梅杏李的挂图，乡间有其实物，何必购备此种标本与挂图？教师学生能够自行制造的东西如沙箱、校牌、地球仪、计数器等亦不必向商店购备的。

讲到这里，就请大家参阅（一）江苏乡村小学组织课程讨论会议订的乡村单级小学最低限度的设备标准。（二）浙江教育厅发行的小学教育丛书中的一册——小学校最低限度的设备。然后为你们自己的学校拟具一个必要的设备品目来。并请说明什么是乡间自有的？什么是自己能做的？什么是必须购备的？

四、要把所有的设备妥为保管，善加利用：所谓"妥为保管"，即一不可让它遗失，二不可让它腐坏。每见学校公物任人窃取，或随地弃置，以致潮湿、霉烂、虫蚀，甚至不知所往，深可浩叹。所谓"善加利用"，即不可乱用，亦不可不用。曾见成都某男校学生竟用椅桌烧火取暖，其为摧毁校具，真是出人意表！而某女校教师曾向上海书局购备儿童恩物一套，尘封三年，备而不用，亦甚可惜！新阅《义乌中学进行计划》有："（上略）八，扩充本校图书馆与全邑各小学之联络，俾全邑人士及儿童皆有享用本校所备书报的权利。九，充实本校运动场设备，并公开使用，以奖掖附校民众及儿童游戏运动之兴趣。十，充实本校理化仪器、博物标本等设备并许全邑各小学借用，以改进全邑之科学教育"云云，不胜欢喜。原来学校设备的费用统是"取之于民"，如今把它"用之于民"，实为至当之理。朋友！你以为怎样呢？

校址选了，校舍有了，校具设备也已经略事布置了，依次，我们就可以来谈：

第四，怎样招生？

成立已久，成绩已著，名誉已好的乡村学校，对于招生似乎不成问题。但是学校教师，如果想把自己的教育力量扩大起来，普及于村民村儿的全体，那么如何进行继续劝学，继续招生，还是一个大大的问题。若在新立的乡村学校，简直应当以劝学招生为第一件大事。没有学生，学校办来做什么呢！在乡村里，怎样招生？

一、贴招生广告。广告须醒目而简明。内容只要说明：（一）不论成年儿童，男女兼收；（二）完全免费或不免费（最好是免费，或听学生自由纳费，或依贫富等差纳费）；（三）报名地点及日期；（四）开学日期；（五）每日上课时间（成人班内是不能终日上课的），这样就够了。至于入学考试课目及入学保证手续，根本就应该取消！试问村民村儿来校入学，我们正欢迎之不暇，要他考试做什么！要他有人保证又做什么！广告遍处贴了，村民不会看，或不能看广告，又怎样呢？

二、讲演宣传。利用晚后农闲，往各村庄的茶馆或其他农民聚合的地方去讲演。说明：（一）男女就学之必要和不识字的痛苦，（二）我们办学的宗旨和办法，（三）本校经费的来源和不收学费的理由，（四）父母对于儿女教育的责任，（五）本校报名及开学的日期。顺便解释村人对于新式学校易有的误会，例如：本文非教洋文，读洋书的洋学堂；本校非传教的教会学堂；本校学生毋须着形式一律的操衣或制服；本校学生所读的书本，可以由各位父兄自定。父兄如果要我们教经书，我们也会教经书；我们不教经书，并非因经书不好，只因经书道理深奥，小儿不能理会。这时候你如果有兴致，就可以讲一段《三字经》或《大学》《中庸》给听讲的农人听。他们听了，可以明白你是会教经书，经书在小儿是不大容易理会的。末了，你要临走的时候，就要诚恳表示：盼望大家帮忙劝学，本校欢迎一切人民儿童统来就学的意思。

三、开儿童新春大会：这事作者在徽州第二中学主办实验学校的时候，曾经试办过。那时候，我们很想二中实校的教育力量普及于万安街附近的一切儿童。我们就在废历①正月初的某一天，由二中实校原有的小学生出力，拉拢街上和邻村的小朋友，在新棠乐园（即二中幼稚园所在地）里开了这样的一个会：节目有小朋友唱歌、跳舞、故事、表演，都是二中实校的小学生担任的；有二中教师刘文孝先生的魔术，实校导师周文山先生的奏琴，内子何伯宏女士的谈话，统是给到会的小朋友非常有趣的；我们又备了一些茶点、礼物，由实校的小学生一一分送给到会的小朋友。中间插了一节"猜谜"，猜中的人有奖：酥糖一包，麻饼一块，或蜜枣四枚。谜题是今天到会的共有几个人；今天是阳历几月几日？二中实校在阳历哪天开学？哪天招生报名？几岁的人好进小学？几岁的人好进幼稚园？二中实校是不是洋学堂？等等。问到："二中实校是不是洋学堂"这一问的时候，大多数的小朋友就高声喊出："是洋学堂！洋学堂！"只有一个聪明的幼稚生说："不是，她不是洋学堂，是安徽省立的。"于是奖品给他得到了。他并得到众人的注视。就此，他的答案也得了众人的注视！我们的谜所以要问二中实校哪天开学，哪天招生报名，也都是有点意思的，小朋友从此回家可以告诉他的父母邻居了。随后，我们大家挽着手，由教师引导参观第二中学和实验学校的校园、大会堂、作业室、生物馆、幼稚园、游戏场、厨房、饭厅、厕所等地方。我们是要尽力给小朋友了解学校生活的。会既毕了，小朋友将走，我们向大家郑重地亲密地说："盼望小朋友，大家都到我们校里来上学，我们校里某日开学了！"这个会，究竟发生了多大的影响，我是不知道。我所知道的只有两件事：一是二中实校的学生：在十七年度第一学期共四级，不满百人；第二学期，分九级，计小学六级，幼稚园一级，合计学生二百十九人；民众学校二所，各一班，合计学生五十余人。一是某个店主的儿子，从此再不愿受家庭教师的鞭挞，决来实校受学了。

四、仿效和尚沿门募化的办法，我们就挨户劝学招生去。这件事你如是学校所在的本地人，单身独去，亦不成问题。你如是外来的生客，那必须请个当地民众所亲信的人同去最好。不然，是要徒劳无功，或且引起反感、疑惑的。我们在徽州劝学是请二中校医胡慎之先生同去的。胡先生是个本地人，常为街上人民医治疾病的。人民对他信仰亦很好。他也很知道

---

① 指阴历。1912年中华民国临时政府通令废除阴历，改用阳历，故名。

街上人家，谁家有小儿可以来上学。我们就由他领导，沿街劝学，挨户招生。那一天适逢大雨，一番奔波，竟添新生七名。在我看，已经是大大的成功！

第五，谈开学。

学生既招，我们就加紧准备如期开学。开学日期的选定应当按照当地人民的风俗、习惯和心理。不可在农忙时间，不可在旧历节期的前一二天，亦不可在旁近私塾开馆的日期之后。开学日期既定，通告在先，那就要事变不论，风雨无阻，按期开起学来。学生可以不来，教师不能不到。不然，第一回就失信了；以后要求恢复学校信用，亦是綦难。开学之日势必男女齐来，少壮咸集；不问贫富，不问贵贱，亦不问所职何业，所司何事，所信何教，所入何会，统统皆会有人前来参加开学典礼的。乡村学校际此，男女不妨分坐，其他一切不可歧视，以示"学校无私，教育大公，不分彼此"之意。此外，吾人宜注意：一、按时开会，不要等候任何一二人，致使大众废时很久。二、开会仪式要庄严而自然。三、开会时间不可过长，至多不可过六十分钟。会中有事忙的农友，有不能久耐的小孩，时间过久，大家都不高兴。四、报告演说都要简明扼要，有教育意味而不是训话口气。能有农人领袖参加演说，最好。五、教师应利用机会，报告学校的现状与最近进行的计划，解释一般人民对于学校的误会，而热忱盼望大家对于学校肯关心，肯批评，肯指导与赞助。这时候，教师如果愿意把民众通晓的《三字经》上"性相近，习相远"，"勤有功，戏无益"，一番道理；"苏老泉，二十七，始发愤，读书籍"，"如囊萤，如映雪，家虽贫，学不辍"，诸般故事提出来对大家讲一讲：一面勉励大家从今向学；一面使一般人民认识先生对于旧学也能粗知一二，可以教导儿童；那也未曾不可。会毕以后教师就注意引导儿童：认识先生，认识同学，认识学校的工作室、游戏场、小图书馆、小科学馆以及厕所、盥洗处等所在。要在使那过惯家庭生活的儿童，能够并且欢喜参加学校的生活。

第六，谈编级。

年龄、程度、智慧、好尚不同的成人和儿童来在一处就学，编级确然是一个大难题。我在这里，应当向大家声明的只有下列这几点：

（甲）是取消呆板的班级制度。一年升一级，考试不合格的学生则仍留一年的办法，根本在乡村学校不可用。

（乙）乡村学校应当尽量采用个别教学法。私塾先生学生识字读书的个别教法是可以斟酌应用的。

（丙）乡村学校在生活教育上应当采用活动的分团或分组教学。学生五人为一组，八人为一组，十余人或二十余人为一组是可以不定。全体学生有时分两组，有时是五组，有时是十组，有时是一人一组，有时是大家一齐为一组，也可以不定。这是要看学生学习能力不同，或工课性质不同而按着支配的。

（丁）乡村教师应采用连环教学法。教师指导程度高的学生，程度高的学生就可以指导程度较低的学生。你教我，我教他，他又教别人，这样则教师导学不致十分忙迫，而学生学习亦不致得不着指导了。

（戊）乡村教师要认定"人人可教"，"有教无类"。学生众多，你自己照管不到的时候，你可以请人助理。谁能做你的助理？就是你的同事，你的艺友，你的学生。总之，你不可当着天下的慈母，拒绝教育她的子女们！

其余关于乡村学校编级的话，我想改日再与大家详谈。

第七，谈镇守。

乡村学校往往是单级。单级学校只有一个教师。这个教师走了，学校就得要关门。因此乡村教师的镇守功夫就特别要紧。同时也特困难。这件事为什么困难呢？这因人是社会的动物。孤守冷宫，独坐冷板凳的寂寞生活，谁也不愿久受的；而乡村教育简直非能够忍受此种寂寞的生活不可。农忙时节，儿童是不常来校的，成年农人更无暇就学。有时候，学校里面接三天四天看不见一个学生来！这时候，教师就可以自由把校门锁上，自己回家看妻子，或出外望朋友去吗？不行，不行！如果这样干，碰巧，教师出去的时候有若干学生来了，怎样呢？我们可以想到的，这起（些）学生来了以后不见教师，只见校门锁着，校内无人，当然回家去了。你想这些学生这一回家去以后，第二天会不会再来上学呢？说不定的吧！国内的乡村学校就为着这一点点，以致中途停顿，无形解散的，真不知凡几啊！我们想，乡村学校应有教师住宅；我们想，乡村学校应为夫妻学校；我们想，乡村教师应以农人为朋友；我们想乡村教师可以招收艺友，相与办学。我们想这样想那样，统是要来帮同解决这个问题的。

第八，谈经费。

学生既来，学校既开，吾人要求教育事业之继续、扩充与进步，自不能不注意这万事必需的经费问题。中国乡村因受帝国主义之榨取，土匪滥军之蹂躏，政府赋税之取诸田间而用于都市，都市富商之渔利垄断，渔夫农人生产技术之拙劣、守旧，赶不上新兴之工商业的种种缘故，已经日陷于穷困的境地。是以吾人为全国的乡村教育经费着想，自不能不渴望教育界、舆论界督促政府实行：核减军费，增加教育费；征收遗产税、所得税，以作教育费用；由全国教育学术机关经营官荒及庙产，以为教育基金；划拨退还庚子赔款之一部或全部，以为全国一时振兴民众教育的经费。但兹事体大，决非旦夕所能成功。我们现在就办乡村学校，该当如何筹划经费呢？

一、提取学款：我国南方诸省，各村每有学田学款之设置，以奖励子弟求学之费用。现在此种学款概为前清生员或新式中小学毕业生所享有。我想把这种学款学田悉数归公，以为办理全村教育事业的费用，最为合理。因为前清生员及现今毕业生等学业既成，应能自立，不宜再将此项学款，占为私有。便说他们享用此种学款，已非一日，全家生活即赖此款维持；但他们及其家属与全体村民比较究为少数；为少数人的私利，以致妨害全村人民的公益，亦不为平。惟乡村学校提取此学款，最好能征求他们的同意，好像是由于他们自己关心本村教育，自愿将此种学款奉归学校管理才行。否则村中从此争闹起来，于学校事业之进行还是大有阻碍的。好在他们都是一村领袖，明白事理，从事教育者倘肯善与联络，诚恳劝导；事情的成功，一定是不难的。

二、整理公款公产：此种款产，我国南方诸省，各县有之，各村亦有之。倘能善为整理，以充教育费用，为数定不少。

三、经营生产事业：如养蜂，养鸡，养蚕，养鱼，织袜，缝衣，植林，设置苗圃，培植果园等，其事皆小学师生可做，其获利亦甚丰厚。吾愿乡村教师勿竟视教育为消费的事业，始终不肯注意经营生产才好。

四、募集捐款：乡村人民每多贫乏，其用钱又多吝啬，因此，大家每以为在乡村办学，向村民募捐一事为不可行，亦不必行。其实又不尽然。"十室之邑，必有忠信。"一村之中必有若干热心公益之人。对于此等人士，办学者倘能得其信仰，将学校之计划与需要，详为说明，请求其捐助，未始不可如愿以偿。即如普通人民每为酬神而演剧，祭鬼而作醮。一村之中，家家户户，一剧一醮，所费动辄数百或千余金不等。为的是什么？因他们信仰鬼神故。如果我们办学者能够使人民信仰教育之功胜于鬼神，则人民将以平素之酬神祭鬼之费以助学校。这亦不是绝对不可能的。

至于消费捐、谷物捐等在今日皆类似厘金的杂捐，似不宜用。谈到学生的学费，最好是完全免收。万一不能办到，也宜听学生自由缴纳，或依其贫富等差缴纳，切勿全体同等征取。否则，乡村学校也是会逼死或气煞贫苦儿童的父母！

关于乡村学校经费的谈话，马上就要完了。这里再请大家注意几点：一是所有款项应当取之于民，用之于民。如果有人把公款学款或捐款征集以后，不为公家办事竟自卷入私囊。从此学校信用一失，后来办学者更觉为难，他就是乡村教育的罪人！二是大家要明白：筹钱固难，用钱亦不易。深盼大家在用钱的时候应当细心想出："用最少的金钱，办最好的教育"的方法出来。一切购置设备都要十分留意：做到最好，用钱最省。三是集腋可以成裘，叠石可以成山。如果有一个乞丐，愿意把他袋里仅有的一枚铜元捐给学校，我们亦不可因为他"为数甚微"拒而不受。

朋友！乡村学校这样创办，就是最对吗？从此办去，就是完善吗？当然不是的。我们的最大希望是："活的教师办成活的学校。"

◎ 问题

一、选定校址有何标准？你的村里，究以何处为最好的校址？

二、你的村里有无寺庙或其他公共建筑可供利用，以为乡校校舍。如有，你怎样准备去改造它？试做个修筑校舍的计划及预算书。

三、新建校舍该当怎样规划？试画个理想的校舍图样，及其建筑费预算书。

四、乡村学校最低限度的设备是什么？如果开办费只有五十元，这五十元你要怎样支配用途，才是经济？

五、哪几种校具是你和学生所能自行制造的？

六、保管校具有何简便方法？

七、村人或信私塾，不信学校，我们应如何办？

八、你用什么方法使你的学校学生日见增多？

九、儿童初入学校，第一天你准备教他什么？

十、班级制度有何利弊？取消班级制，该用何法代替？

十一、夫妻学校的主张，你赞成吗？有什么理由？

十二、乡校经费困难，有何办法？筹措乡校经费宜从何处着手？

十三、你曾见有用钱不经济或不得当的乡村学校否？如其有之，你可能指导它以适当的用钱方法？

◎ **参考书**

一、《义乌中学之教育设施》（一）

二、《皖二中之教育设施》（八）

三、《创办中的国立成都大学实验学校》第一编

四、浙江教育厅：《小学教育丛书》

五、舒新城：《中国教育建设方针》第四、五、六诸篇，中华

六、古楳：《乡村教育新论》第十至十三诸章，民智

第六章　由"村人失学"谈到"家庭设计"

失学的人有两种。一是全部失学的，就是一生从未入学的平民。一是部分失学的，就是进了学校，屡次旷课的学生。

教育对于人生的重要既为世人所公认。乡村里的成人和儿童或部分失学，或全部失学，我们对于这种不幸事件的流行，当然是不容漠视的。村人失学究竟会产生什么影响呢？第一，失学者自身就益陷于愚昧；乡村文化也终于停滞，不得长进；第二，失学者的公民资格就无法培养完成，而国家社会就蒙其害；第三，筹款办学，其数原有一定，初不因入学人数之多寡而有所增减。原来可以教育一百人或九十人的学校而今只有学生十名，或二十名，是其用款所获的教育效率殊为低微；至于缺席学生，则因教育之功原非旦夕可期。"一日暴之，十日寒之。"在他们自己固得不到什么好处。平日教师的引导，同学的切磋，也完全等于徒劳；何况他们自己每每因为赶不上功课，过不惯学校生活，往往由屡次旷课成为完全辍学。

但在乡村社会，村人失学或学生缺课的事情，非常易见。考其原因：有的是因为身有疾病；有的因为家庭贫困；有的因为农忙，要他工作；有的因为距校甚远，天时变化，就学不便；有的因为家长漠视，不知儿女教育的重要；有的因为学校腐败，得不到村人的信仰；亦有因为学校生活枯寂板滞，未能引起学生的爱慕；你如果是个乡村教师就请把你村里失学的平民，校里缺课的学生查一查；同时又把他们所以失学所以缺课的原因问一问；也许你还能发现许多新奇而真确的事实。

村人失学或学生缺课，我们究竟应当怎样处理呢？

在美国，一面由政府颁布强迫教育法令，一面又设些特别官吏，如都市的逃学官，乡村的学务委员或告发人，以执行此项法令，督促人民在规定的就学期间，依法入学。这样的办法在我国乡间，地方自治尚没有基础以前，我想不必勉强去仿行。勉强行了，其结果也许是"扰民而已"或者是"等睹具文"。

对于这件事，我们的根本主张是"实行地方自治从事乡村建设"。这个问题太大了，此处且不谈。我们要谈如今乡村学校就能试行的方法。

一、整顿学校内容：我们先把校舍整洁；次把校具充实；更把工课造成有计划，有兴趣，并有价值；又把教师自身练成谦虚诚恳，和易近人，加之，学校有晨会、报告、演说、乐歌、故事，每早有新鲜的见闻可得；学校有墙壁：名人书画、儿童成绩，随处有珍奇的作品可观；有操场以供运动；有校园以供游憩；如是则村人将以教师为良朋，儿童将以学校为乐国；未来的且要求入学，既来的就当然不肯容轻易旷课了。这是我们办学第一件事，随时要注意的。

二、努力劝学：村人不来入学，或入学以后随时旷课，我们都应当尽心劝导，鼓舞、要求他们天天来就学。劝学可以自己去劝，亦可以请村中士绅或校内学生去劝。李儿不来就学，我要张生劝他来校，二天李儿就来校了。唐生缺课多天，我叫他的邻居陆生劝他来校；唐生不听，反怨陆生多事；二天，我乃写信一封，叫陆生带去交给唐生。信中说：

唐凤金：

快快来上学，

做个好学生。

杨先生

信是写给唐生的。唐生的父亲知道了，极力要他自己的儿子来上学，勿缺课，唐生从此乃天天来校。有一回，赵生多日不到校，听说是由于家长对着学校发生误会而起的。我就顺着"家庭访问"的便利到他家里去。自然地向着他的父亲说："赵生很聪明，也很懂规矩；同学欢喜他，某某先生也都欢喜他。这几天，他没有到校，校内的先生和同学都在挂念咧。他年龄虽轻，但他的办事才干倒很好。他在班上确是个领袖！这几天他没有到校，他的班上有许多事情未曾完成哩！"刚巧赵生出来了。"赵勤！今天早晨，周先生还在记挂你，你多天没到校了。他很欢喜你，你不欢喜他吗？……"我的话还没有说完，他的父亲和他已经答应：明天来校了！朋友！天下父母谁不爱他自己的子女？如果我们在劝学的时候，能够给做父母的人有深切的同情,启示他们对于儿女的热烈的希望,使他们信托你是一个尚好的人民导师;那么,村民村儿的来进你校有不沛然如归市的吗?

三、举行出席比赛:这是利用儿童竞争心、爱好心来鼓励在学学生天天出席的一种方法。此种比赛,可以一人与各人比,一级与各级比,一校与各校比,亦可以自己与自己比。比方,我第一周出席六天,第二周出席七天,(乡校可以废星期例假)或第一个月(以四个星期为一月)出席二十五天,第二个月出席二十八天,这就是自己与自己比。第一周你出席七天,我出席六天,他们是七天、五天,或一天,这就是各人与各人比。某周或某月,甲级学生出席人数占原有人数百分之七五点六,乙级百分之六九点五,丙级百分之八一,如此以各级的出席生数占各该级原有生数之百分率之大小相比,就是级与级比。一校与他校之出席比赛,亦可照此仿行。比赛之时只须教师费神统计,制图,画表,并提示全体学生注意,就可,不必另想奖品、奖状了。

学校是好了,劝学是勤了,出席比赛诸事也做了。但在乡村社会总不免有完全失学或必须旷课的儿童。

(例一)陆亮生的父亲是个纯粹的自作农。他的母亲除在家煮饭,炒菜,洒扫,洗衣,养育小儿,料理家务外,农忙时期还要到田间帮丈夫做农事。亮生兄弟三人。他是最大的,年九岁,已经进了我们的学校。他的弟弟是六岁,妹妹是三岁。这一天正是大麦已黄,秧针已绿,饿蚕待食,桑叶在野,他的父亲忙着割麦插禾,他的母亲也要到野外剪取桑叶。亮生的父母就叫他在家看管门户,照料弟妹。你想这时候有什么办法定要亮生来校受学呢?

(例二)王如冕的父亲早已去世。家境清寒,幸赖老母针黹养活,并在小学里受了三年的教育。现在如冕已经十一岁了。他的老母给他介绍到东邻柳家看牛谋生去。从此,学校里不见如冕的踪迹,他天天和一般牧童樵子为伍了。

(例三)李希密幼时就没有父亲,没有母亲。他是完全靠着老祖母喂养长大的。他家境少康。家中只有他和老祖母二人。老祖母非常爱他胜于爱她自己。去年希密已经是一个学龄儿童。到如今,他还依旧未曾入学咧。因为他的家是在山野小村,距离邻近的小学足足有三里多远的崎岖小径。我们无论如何劝导,他的老祖母是不肯允许这块"心头肉"来校就学的。她想起：路途这般小，又这般远，一年来往说不定会碰着什么山神野兽，害杀她惟一的爱孙！

（例四） 农村社会需要儿童工作的机会极多。这里请先看下方的一个表。这个表是尧化门小学校长宋鼎先生调制的：

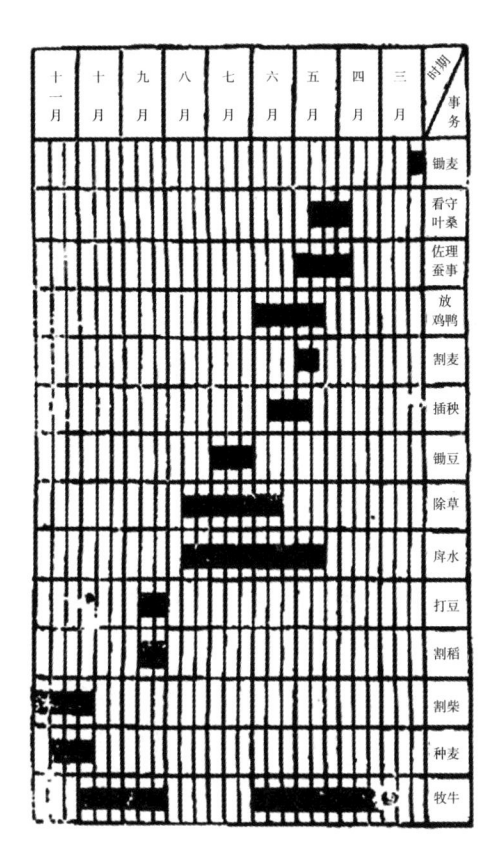

时期事务	三月	四月	五月	六月	七月	八月	九月	十月	十一月
锄麦									
看守叶桑									
佐理蚕事									
放鸡鸭									
割麦									
插秧									
锄豆									
除草									
戽水									
打豆									
割稻									
割柴									
种麦									
牧牛									

学生在家佐助各项农事表（十七年南京）

看了这表，大家就可知道：乡村的儿童在家庭里面是有许多农事会做的。这些农事都是于农人的家庭生计攸关。在这时候，村儿受了学校的教育，就会妨碍家庭的生计。在这时候，我们能够叫他们丢掉工作来受教育吗？

因此，我们向着这个"村人失学"的问题，必须另想妥当的办法。

四、试办黎明学校或明月学校：前者上课时间在晨早，后者上课时间在晚后。他们的办法大概是这样的：校钟响了，课铃摇了，全村学儿必须立即停止工作，赶紧来校受课。上课的时间是极短的，规定六十分钟。在这短促的上课时间，教师的主要工作，是（一）精神讲演——公民训练谈话。（二）指定新的功课，提出难点或问题，略为解释，指引，以便学儿带回家去能够自修。——牧牛、放鸭和看守家园的学儿尽有看书自修的余闲。（三）给学儿质疑问难，温习旧课。这样便完了，学儿就可以散去，各人回到他原有的农事去了。甲去看牛，乙去放鸡，丙去采桑，丁去割麦，戊，己，庚，辛……亦各依旧做他自己的事情。还有人，本日不必回家工作的就可以留在校里另做其他的功课。这里，我们要注意的是：

（甲）校钟既响，大家必须赶速来校。此种警钟的效力须如军队中紧急归队的号声。

（乙）上课时间不可过久。我们试行的是一小时。大家视察当时当地的情形略为伸缩也可以。但切忌过久。因为过久就有妨害学儿的家计，二天，学儿们就会不能来校的。

（丙）校内的功课应与家庭的工作切实联络。比方，指导牧牛的儿童看《养牛法》；放鸡的，看《养鸡法》；锄麦的，看《麦之研究》；插秧的，唱秧歌；割柴的，学山歌；割稻的，就教他一首古风："春种一粒粟，秋收万颗子。四海无闲田，农夫犹饿死。锄禾日当午，汗滴禾下土。谁知盘中餐，粒粒皆辛苦。"……

五、游行导师："礼闻来学，不闻往教"，这样的说法我们是不能采用的。游行导师就是为着人民不能来学而自己往教的。孟子说："得天下之英才而教育之，一乐也。"我们想：得天下之人民而尽教育之，乃乐也。我们既是这样妄想，但是天下人民有的家居山野荒村，不能远道就学；有的家有农忙要事，不能抽身就学；游行导师就是为着适应这等人民教育的必要而设的。南郊牧童成群，北郊樵女如云，东街店徒不少，西村顽儿尚多，如有人焉，为之游行导师，自西徂东，自南至北，无思不教，使这些牧童、樵女、店徒、顽儿皆能完成其健全公民的资格，这岂不是一件有趣并有意义的事情吗？南北大学有交换教授之事，乡村学校有游行导师之举。其法虽异，其意实同。望大家不要以为"这是奇怪"而加以摧残！

对于"村人失学"最能为适当解决的办法，依我想，实莫如采用：

六、家庭设计法：这种方法，吾友周天冲先生在《家庭设计与乡村教育》（见《中华教育界》第十六卷第十期）一文上曾有详细明白的介绍。现在为求大家参考便利起见，敢在这里做个简单扼要的说明。

家庭设计有六个要点：

（1）家庭设计是学生方面一种自发的有目的的活动。比方，学生要养鸡，我们就指导他怎样养鸡；学生要种树，我们就指导他怎样种树。教师的教只为学生的学。而生之所以要学这样，学那样，全是自发的，不是由于外力强逼；又全是有目的的，不是胡乱盲动。

（2）家庭设计是在自然的家庭环境中进行的一种工作。比方，养蜂，养蚕，种菜，种稻，本是家庭的作业。学校教师就利用这些作业，使学生在家庭的自然环境中工作起来，过一种真实的生活，得一种完整的经验。这里请注意：一、这种作业本是家庭固有的，而非由学校或其他社会外铄闯入家庭。二、进行这种作业就在本然的家庭环境之中，不必移入学校。三、这种作业是一个整个的家庭活动，可以自成一个段落。譬如养蚕，自催青，喂养，理沙，上簇，作茧，烘茧以至缫丝，或育卵；自首至尾，把养蚕的诸般工作，一一亲历。还要事前有精密的计划，临事有认真的努力，事后有通盘的结算。并不是偶而理一回沙，喂一回蚕，做点点部分的工作就可以算是一个完整的设计。

（3）家庭设计是父母、导师和儿童三方合作的事业。这事在父母，是要愿意允许儿女在家庭里做这种设计，鼓励儿童努力工作，除允许他做设计工作所需要的时间外，并尽力供给田地、动物、用具、资金等做设计工作所必要的事物，允许他享受所有做设计工作所得的实惠，并负责检查他的设计工作的记录，同时保证其诚实不欺。在学生，要愿意依照设计的详细计划，把这个设计做成功，诚实的记录及报告劳力、用费和进款各项事件，并作一个完全的书面报告，详述所用的方法、材料、工具等，交给导师。在导师，就要愿意帮助学生，获得完成设计工作所需要的知识，愿意尽力视察指导，到设计工作完成为止。这就使我们可以明白：进行一种家庭设计，事前就要父母、导师、儿童三方大家愿意；事中就要他们大家负责，事后就要他们大家反省。自始至终，统是要三方合作的。三方虽不必有"设计合同"的书面形式，却不可不具"协成设计"的内在精神。

（4）家庭设计是与学校教学紧相联络的。家庭设计是把田间视为教室，工作视为功课。它要破除家庭与学校的隔阂，并要铲平教育与生活的藩篱。它就是"做学教合一"的。它是事情怎样做，就怎样学，也就怎样教的；它是事情在哪里做，就在哪里学，也就在哪里教的。它在进行的时候，有个别指导，亦有团体教学；大概个别指导是在家庭实施，团体教学是在学校举行；统只是按照工作的性质，分别应用，以谋工作的便利而已。比方，一班十五人或二十人皆以缝制新衣为一种设计。缝衣，必须知道：选择布料（花纹、色彩、质量、价格，是否国货，以及购买地点等），运用工具（缝衣机、剪、尺、针、线等），以及布料、衣样与卫生的关系等等，这是初学缝衣的人应当明了的事体；就可以施行团体教学，公开讨论，比较批评，以收集思广益的效能。但是各人制衣，甲要为哥哥制外套，乙要为妹妹缝旗袍，丙要为祖父做长衫，丁要为小弟做制服，若戊若己……又各要为自己做衬衣，做短裤，做围裙。各人所做的衣服不同，用这些衣服的人的身材长短大小和嗜好，又各不同，此十五人或二十人之应用各色料与夫剪裁各式衣样等事自不能完全相同的。这里就需要个别指导。总之，有家庭作业而后学校教学始有事可指，有物可举，不是无的而放矢。有学校教学而后家庭作业始更有计划，更有意义，不致变成机械的散工。家庭作业与学校教学，在一种设计里，实在是相依为用，不能分离的。

（5）家庭设计是有详细计划、翔实报告和圆满结果的。任何设计，事前应有计划，事后应有报告，而其结果又必使之圆满，有良好的成绩。有了计划，而后事前能用一番预测功夫，预料进行这个设计：将有何种困难，应有何种准备，宜取何种方法，须事何种工作，并斟酌规订事情的先后次第，即步骤。如此成竹在胸，临事才不致忙乱无绪，错误百端，而效果可有良好的希望。有了报告而后事后须用一番反省功夫，省察完成这个设计：曾遇何种困难？曾有何种问题？曾用几多劳力、时间及金钱？今得何种效果及教训？如斯，每经一事，即长一智。工作者的经验从此扩充，其能力亦从此生长了。设计的结果之所以要求达到圆满的地步是因为它在家庭中，在社会上，可成为一个示范的设计，为家庭社会的表率，引起社会人士的注意，促成社会事业的进步。现在且录学生设计的计划大纲及报告大纲各一通如次，以作式样：

甲、学生家庭设计计划大纲

Ⅰ. 姓名……学校……

　　住址……日期……

Ⅱ. 设计的名目……

Ⅲ. 你为什么选这个设计？

Ⅳ. 与你的导师和父母商定后，即将你所愿做的工作草拟一个计划。叙明：

（A）什么是你所要成就的？

（B）为成就这个设计，你应当知道些什么？

（C）为完成你的设计起见，你应该做些什么？

（D）做这个设计，要用些什么工具？什么原料？

（E）做这个设计，应用何种方法？采取何种步骤？

（F）做这个设计，将有何种困难？拟如何应付？

（G）成这个设计，约需几多时日？

（H）什么书和小册子可以帮助你？

乙、学生家庭设计报告大纲

Ⅰ. 姓名……学校……

　　住址……日期……

Ⅱ. 设计的名目……

开始于……完成于……

Ⅲ. 什么是你的设计的目的？

Ⅳ. 详细叙述你的工作情形，并解答下面几个问题：

（A）你何故选这个设计？

（B）你的全盘工作计划如何？

（C）你用过一些什么工具？原料？

（D）你遇过一些什么困难？

（E）帮助你解决这些困难的是什么？

Ⅴ. 设计的结果：

（A）以金钱时间和劳力的见地估计之，你的设计的价值何在？（注意！有的设计，不能以金钱价值估计的）

（B）你从这个设计得了一些什么教训？例如工作计划，节省时间、劳力和金钱的价值。

（C）你学得了什么新事件？

（D）下次，你再做这种设计时，你如何谋改进？

（6）家庭设计是有学校教师负责视察指导的。家庭设计学生的作业就在本然的家庭进行，这并非给教师多得闲暇，实际是要她更添忙劳的。她在事前，要指导学生计划；事中，要视察学生工作；事后，还要考核学生工作的结果，而评判其成绩。因此，教师对于每个设计，至少须有三次，造访各个学生的家庭。第一次是在计划未订或设计发端的时候，是要根据学生家庭状况，协订适当的设计；第二次是在设计进行至中途的时候，视察学生工作进行的状况；第三次是在设计结束的时候，注意考查学生工作的结果。据有经验者说：假使学生家居的距离不远，一个教师可以担任指导学生十五人至二十人。这就可以想见的了。总之，学校教师在家庭设计上的地位是非常重要的。她要把学校教学和家庭作业打成一片。这里有几个表：Ⅰ.农业教师对于学生家境预先调查表；Ⅱ.教师视察纪录用片；Ⅲ.教师的工作计划一例——土壤与收获的课程；Ⅳ.家庭设计计划大纲一例——改造鸡舍设备大纲。前二者是普通的，一般乡村教师施行各种家庭设计时所通用。后二者是特殊的，乃乡村教师举行某种家庭设计时所采用。兹一并录下：

Ⅳ.家庭设计计划大纲一例——改造鸡舍设备大纲

Ⅰ.你要改造你的鸡舍吗？

1. 把你的鸡舍同几个模范鸡舍的图样比较一下，注意前面的景致，内部的排列和构造等。参看三七四号《农夫公报》。

2. 你有多少鸡？什么种的？……

3. 估计每个鸡占地面平方尺？……

4. 是何种地板？……其情形……

不合适之处安在？……

用你自己的观察力！

5. 估计每只鸡占空气面积立方尺……

6. 怎样供给新鲜空气……

7. 估计每平方尺的通气面积占地板方尺的数目……

8. 估计每平方尺的玻璃占地板的方尺数……

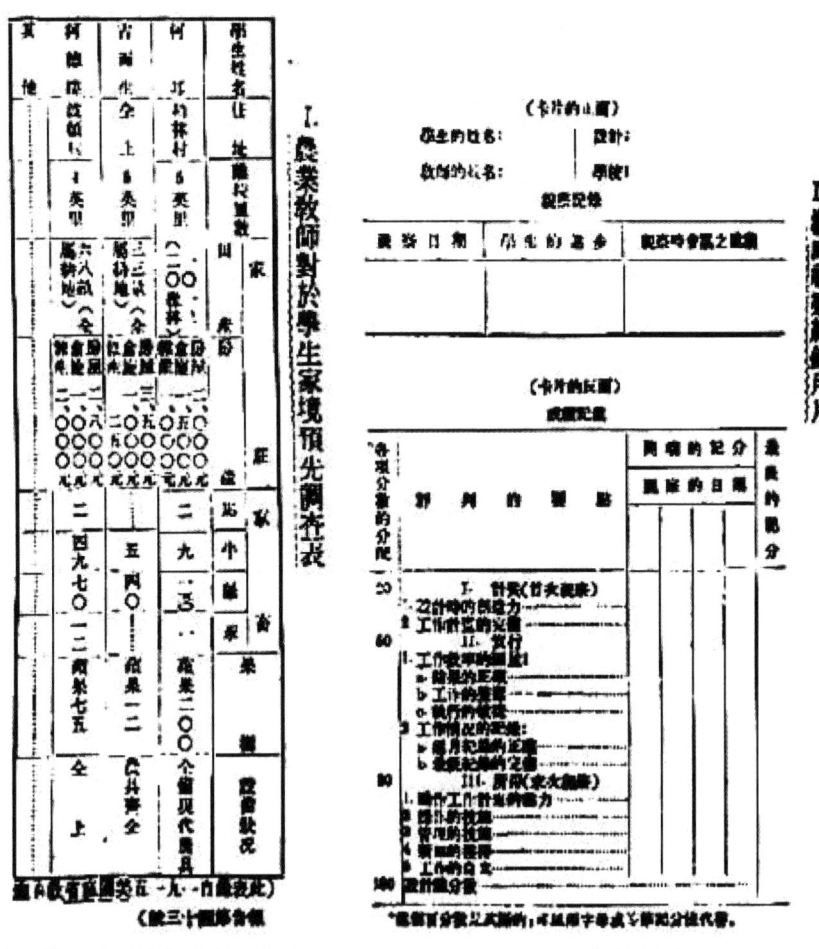

农业教师对于学生家境预先调查表　　　教师视察纪录用片

9. 每只鸡栖息之地面要多长多宽？……
   鸡巢原设于何处？……
   怎样排列的？……
   你看原来的有何缺点？……
10. 每个巢宿几只鸡？……
    巢设于何处？……
    大小怎样？……
    排列如何？……

教师的工作计画一例——土壤与收获的课程

你看出什么缺点？……

11. 饲鸡场的位置、大小及构造怎样？……

饲料怎样？……

12. 墙壁和屋顶的情形及构造怎样？……

13. 绘画下列各种图样并注明其大小尺寸：

a. 栖息所、巢穴和地板面积的横断面。

b. 地面计划，表明鸡舍内部的安排。

c. 外景，表明窗户和通气的地位。

14. 你的鸡舍中所缺的要点？……

Ⅱ. 你要改造你的鸡舍的哪一部或哪一点？……

Ⅲ. 你要使用哪一种地板？……

1. 好地板有什么要件？……

2. 湿地板对于鸡的影响怎样？……

3. 何时适用一种泥土的地板？……

4. 泥土地板寻常不便利的处所是什么？……

5. 水怎样升到地板上来的？……

6. 你怎样可以把土地板变成最干燥的？……

7. 你想用土地板做鸡舍吗？……

8. 木地板的利弊如何？……

9. 水泥地板的利弊如何？……

10. 比较各种地板之费用。（可询问土木商人及参看参考材料）

Ⅳ. 试述建造地板之计划与方法：

……

关于家庭设计法，大家如要知道得详细，请参看下列的几种书报：（一）周天冲：《家庭设计与乡村教育》（中华）；（二）Heald, F. E.：The Home Project as a Phase of Vocational Agricultural Education；（三）The Home Project：its use in Home–making Education。在这个简短的篇幅里，我要说明的是家庭设计确能把教育与生活打成一片，不致因教育而妨害生活，亦不致为生活而放弃教育。村人失学的最大原因，第一是忙，第二是贫，第三是忽视教育，家庭设计，就在村人所忙的农事或家事之上，寓以教育，并增进其收入，使村人对于教育发生信心。我故说：对于"村人失学"最能为适当解决的办法，实莫如"家庭设计法"。朋友！你可愿在你的学校就细心地试用它？

◎ 问题

一、调查你村里的失学儿童及失学成年人数，并考究他们失学的原因。

二、你校里有没旷课的学生？如有，他们为何旷课？一年之中，哪个月里，旷课者最多？学生年龄及男女性别，与旷课有无关系？

三、你用什么方法，使学生天天到校？

四、你在你的校里举行出席比赛吗？试了，对于儿童出席有无效验？

五、你用什么方法使学校成为儿童乐园？

六、黎明学校或明月学校用意在哪里？办法该怎样？

七、游行导师的办法，可能在你的村乡试行？

八、家庭设计，你曾试行了吗？有何困难？有何效果？有何意义及价值？

九、家庭设计与教学做合一，可以相辅而行。其于实际应如何施行？

◎ **参考书**

一、杨效春：《乡村教育改进法》，《杭州市政月刊》第二卷第四号

二、周天冲：《家庭设计与乡村教育》，《中华教育界》第十六卷第十期

三、宋鼎：《尧化门小学报告》

四、古楳：《乡村学校设施法》，第八章

第七章　乡村学校与乡村社会生活

朋友！今日中国乡村社会的缺陷是蛮多的。你看：

一、文化停顿——乡村社会里，学校既不发达；图书馆、博物院、阅报室、讲演厅等文化的设备亦极稀少，是以寻常事物都市人所视为司空见惯者，在乡人往往惊为新奇。他们习于故常，安于旧习，老死不相往来，亦老死不见进步。他们之中还有不知道：现在是民国，而他们自己就是这民国的主人翁的咧！

二、交通阻滞——乡村地方往往无轮船，无铁路，无电报，甚至无邮政代办所，故行旅艰难，运输不易，消息亦不灵通。大家知道今日乡人共同的问题是心灵的束缚，心灵的不发达，不自由。他的解决方法是去增加人类接触的数量和种类，提高人类接触的质量和效能。但是"人类接触，多人类接触，更多人类接触"，要满足这样的需求，中国乡间必须添加一些交通设备啊！

三、生趣枯燥——正当的娱乐，无害的消遣，本是吾人修养身体，恢复精神的妙方；亦是吾人劳动工作后所万不可缺少的活动。而乡村社会对于此等事件毫不注意。影戏院、游艺场、跳舞会固皆没有；竞球队、展览会、音乐园亦概罕见。好奇，好动，好交游的农村青年，到了都市就不愿回故乡，这也是一个重要原因啦。

四、卫生不讲——乡间空气清新，泉水净洁，天然之环境实适宜于吾人之养生。但人事不修，卫生不计，垃圾塞途，污泥满沟，蚊成市，蝇成堆，鼠成军，事前既无卫生局为之预防，事后又无疗病院为之诊治；甚至无产婆，无庸医，无中西药铺。因此沙眼、疟疾、天花、麻症流行于乡村。钩虫病、肠炎症、脑膜炎等，亦不时侵袭劳苦工作的农人。总之，乡村的人，不病犹可，一病即不得了。当其病时，往往除求神拜佛外，只得听天由命。其呻吟困苦的情景实在是最惨的。

五、谋生艰难——中国农人知识固陋，生产技术拙劣，不知改良，亦不能改良，以与新兴的工商企业相较，真是瞠乎其后，而政府赋税，又皆取之乡村，用诸都市。故在生存竞争上，乡村人民本已陷于不利的地位，加之，帝国主义的侵略，军阀的蹂躏，土匪的暴动，奸商的诈取，大家对于农人，予取予求，而农人无法抵拒，中国农人哪有不日陷贫穷苦境之理，年来乡村人民，有学识者群往城市为候补官吏，有腕力者则往都市增大了劳动预备军，这就是乡村的"生活难"的症象呀！

六、组织散漫——乡人的相互关系多是血统的，情感的；而不是理法的，纪律的。故其结合不能扩大，组织不能严密，而团体的力量也即不能强固，中国农民，人数最多，受苦也最深，为什么农民以最多的人数，还要受最深的痛苦，那就由于他们自己不能团结，农民不能团结，故没有力量。没有力量故他们的权利不能保障；自己的痛苦不能解除；自己受尽贪官污吏、土豪劣绅、土匪滥军的种种压迫剥削亦不能抵抗。怎样使乡村民众组织起来，自卫，卫乡，卫国，那岂不是从事乡村建设者一件紧要的工作吗？

中国乡村社会的缺陷，细说起来，当不止此六事。但即此六事已够使得大家生于乡村，长于乡村或志愿在乡村工作的人士不能淡然置之，而不急谋应付的方策，大家盼望中国官厅能为乡村人民解除此种缺陷吗？经验告诉我们，这是不能成功的。一来他们聚居城市，不能明了乡间的实情。二来他们一向有官僚架子，不能得乡人的信仰。三来他们往往是五日京兆，与地方不能发生永恒的关系，就是要想为乡村做事，有好计划为乡村做事，他的结果也是不能为乡村成就什么事业的。山西的官办村治，是个先例。官厅用力愈多，人民的自治精神就愈少了。大家盼望宗教团体能为中国乡村解除此种缺陷吗？经验告诉我们：那无异于引狼入室，更绝对的不可行。你看如今教会的地盘加大了，教民加多了，他们的黑暗与罪恶也层出不穷。他们是要为上帝造教民，为列强造顺民，而不是为中国乡村培养健全的公民。那还要得吗！然则大家又怎么办呢？这里，该提出我们的主张：改造乡村生活，可以乡村学校为中心。理由是：

（1）离开社会便无学校，离开生活便无教育。在我们看，乡村社会生活的事业就是乡村学校教育的事业。我们在乡村办学，决不能置乡村生活于不过问。

（2）学校是社会的，为社会所有，也为社会而办，所以我们要教导儿童，同时也要引导民众，同心协力去做种种活动，使乡村社会的新兴事业层出不穷，毕德蔓说得好："我们不要只顾忙着追赶我们这个小群，却放着那个精壮的大群在那里闲得无聊无趣。我们应该寻得我们这群中的'良骥'和那些能干的'御者'来协同我们曳送那些社会的需要！如果真能做到这个地步，再也不会发生那因为缺乏动力，而不能进步的危险哩。"

（3）教师的学问和才识，本可以引导乡人。乡人为着子女教育的缘故亦最欢喜和教师接近。学校教师实在最容易取得最大多数民众的信仰与亲爱。有人说："三代之初都是人格上能为人师者才能够为人君——可以说是'师统政治'，也可以说是'人格政治'。"以我想，在乡村社会里，以学校导帅兼为社会领袖，于理既合，于势亦顺的。

（4）学校的房屋、校具以及诸般设备可以给校内学生使用者——可以公开给全体村民来使用。比方，公开大会堂为村民会议场所，公开图书室为村民阅书场所，公开运动场及校园为村民游戏场所，于村民固为受利不浅，于学校实是惠而不费。何况此种建筑与设备的费用本是"取之于民"，如今"用之于民"，于理亦为确当。

（5）学校为儿童教育及自身事业的发展，亦有注意改造社会环境的必要。社会环境的势力可以影响儿童教育，亦可以左右学校事业。儿童不能离社会而生活，故其行为举止往往为社会的传说所潜移默化而受其陶镕。学校凡有兴革，社会助之，则事易成；社会阻之，其势易败。是以吾人为儿童教育计，学校事业计，亦不可不注意乡村社会的改造。

（6）社会化是现代教育的一种趋势。近十年来眼光远大，胸怀卓越的教育办理学校，常能以辅导民众，改造社会，为自己的一种任务。他们办学之时，或努力推广教育，办理补习学校、民众学校等事业；或积极联络社会，举行展览会、游艺会、亲师联合会等种种集合。惟其性质常限于增进职业之知识与技能，供给娱乐与社交之机会，以及培养音乐、游艺等优良之嗜好。最近教育者且积极认定学校是社会生活改造的中心，故其参加社会事业之范围，益为广大。如南京晓庄学校曾有联村自卫团、中心茶园、农事推广、民众学校、乡村医院、联村救火会等之设施。浙江湘湖师范则有民众茶园、乡村图书馆、妇女间日学校等设施，可为例证。

大家如果承认上述的理由是不错的，如果承认改造乡村生活是可以由乡村学校做，如果承认乡村教师除了办理学校教导儿童以外还负有引导民众，改造社会的责任，就请大家更进一步来谈：我们究应如何设法，如何着手，把这样的主张实现出来。这里，要请大家注意：

第一，教师应当改变自己的思想、态度和习惯——他应当相信人格平等，人类社会里并无"人上人"，亦无"人下人"，只有"人中人"；乡村教师决不可以"人上人"自居，而以"人下人"视他日夕接触可敬可爱的农友。他应当相信教育儿童须与家庭联络，社会合作；不是关门办学就可以尽学校教育的能事。他应当相信教师的最后责任是在谋社会的幸福和进步。他应当相信人各有所长，亦各有所短，自己并非全知全能，而庸夫庸妇亦非一无所长，一无所能。他的态度呢？对农人千万不可骄傲，不能愤怒。对于学校的一切兴革，应当向全人类全社会或整个中国的教育负责；不宜仅仅对官厅，对校长，对少数的学生负责。他的习惯就要肯过农人所过的生活，做农人所做的工作，衣农人之衣，食农人之食，居农人之居，乐农人之乐，行农人之行。总之，谁能农人化的，谁就可以化农人。因为他最能与农人亲近，亦最能得农人的了解与信仰。

第二，学校公开——乡村学校的门前通常还挂有"学校重地，闲人免进"的牌告。大家想一想，所谓"闲人"是谁呢？是不是指一般的民众！这牌告在我看来实在是教育民众化高潮中的一种未去的污点。大家为着国势之衰弱，民生之憔悴，社会之纷乱，政治之黑暗，深感有急急唤起民众，教育民众之必要。而今办学校者偏偏不要民众，禁止民众入校参观游览。牌告不足，辅以号房；号房不足，益以围墙。总期教育与民众隔绝，学校与社会分离。此种办法，我们对它，真是大惑不解的。最奇怪的，学校中人平日对于民既是漠视。一旦国家有难，外交紧迫的时候，如五卅惨案、万县惨案、济南惨案、中东路事件发生，大家又忙得不得了，贴标语，散传单，组织宣传队，临时抱佛脚，极力去找民众。这是何等矛盾！我们主张学校不要门房，不要警察，不要挂"闲人免进"的牌告，亦不要圈墙与篱笆的隔阂。学校可以绝对公开，让大家自由参观或游览。我们在校门上应当换上"欢迎参观，请求批评"的通告。教育界的人士，来校参观的，我们诚然欢迎他来指教批评。拿锄头的农人来校游览的，我们亦决不拒绝。我们不应雇用校工，看守校门，专为拒绝那没有名片而求见学校内容的民众！我们盼望社会与学校合作，我们盼望农人与教师接近。我们要把学校公开，让一般民众了解学校，了解教师。我们在休息的时候，农友来校，我们就可与他谈天，说笑，或开放留声机片，或展览风景画图，使他欢喜。我们在工作的时候农人来校，就可听其自由听讲、参观或竟加入我们的工作，决不使他等在校外，失望而去。朋友！你想民众化的教育不应当如此办理吗？

第三，会朋友去——学校公开是欢迎民众到学校里来。民众不自动来校，我们又用什么方法去接近他们呢？"会朋友去"是我们曾经试用的一种办法。晓庄学校规定全体学生必须与附近农人做朋友。得不到朋友的，便算是他的学业成绩不及格。无论男女学生，每人至少须交两位农友。她之所以郑重其事如此规定，就因为认定我们从事乡村教育，非与农人合作不可；从事乡村改造更非农人赞助不可。晓庄的指导和学生，每星期中必全体分队出发往附近各村会农友去。每次出发皆有预定计划如：（一）劝导儿童入学；（二）劝戒烟赌；（三）劝种牛痘；（四）宣传夏日卫生及防疫；（五）征询对于本校的批评意见；（六）调查经济状况；（七）调查教育状况；（八）认识农人及其领袖；（九）宣传茶园及乡村医院等。总之，学校与个人一样，不可没有朋友。乡村学校的朋友是谁呢？就是日夕接触可敬可爱的农人。

第四，农家居住——要明了农人日常生活起居饮食的行为习惯，要明了农人思想、信仰、态度及其对于政治、经济、婚姻礼俗的实际见解，专靠时间短促的"会朋友去"不能济事。有智慧有能力的青年学生，散布各村与农人同住的事情在此种场合之下是紧要的。蒲斯（Charles Booth）的《伦敦贫民生活》披露了许多惊人的社会现象。龙屈（Rown-tree）的《贫民失业报告》贡献了许多精确的事实。他们在社会调查、社会研究上都有伟大的成绩。然而大家该当知道：这都是他们自己多年在贫民窟里生活、观察、调查得来的。关心农村社会、农人生活的朋友可愿往乡村与农人同住？那里有吵闹的鸡狗，也有肮脏的猪羊，然而也有灯光。靠着那灯光，你就可以认清乡村社会的问题：找出适当的解决方法。

第五，乡村调查——乡村调查是去记载地方社会里面各种有关系的重要因子，其目光在预备充分的材料，图谋合理的计划，和建设的乡村社会改革的实现。乡村建设须有适当的方针与合理的计划。此种方针与计划之厘订必须要有充分的准确的事实做根据。而寻求此种事实的方法就是乡村调查。未行乡村调查而先事乡村建设，犹之未行诊断先事刀割。其危险甚多。乡村调查之于乡村建设实在是万分需要的。惟大家尤应知道，精详的乡村调查应在吾人已得乡村的好感与信任以后，否则徒招疑虑及反感。往往会徒劳而无功。

第六，联络附近小学及私塾——教育是公事，不是私事；是社会的事，不是个人的事。我们办学不可不望自己办的学校好，亦不可不望他人办的学校也是好。常人往往想自己胜过他人，想自己办的学校比他人办得好，这便是大错了。从此路去，便给各教育者引入一条永远不能合作的鸿沟。邻近的小学校长要生冲突，同村的小学教师不免水火，就由于大家不能明了，在学校教育与乡村建设上彼此都有互助合作的必要。大家试想，全中国的学校，只有你所办学校是顶好，中国一般的教育情形不是很糟吗？全中国的乡村建设只有你一人在努力，或是只有你努力得最得法，中国的乡村生活之普遍改造，不是遥遥无期吗？我们看见自己的学校天天改善，天天进步，心里是欢喜；看见他人所办的学校天天改善，天天进步，心里也欢喜。因为在推展全国教育事业的立场上看来，这些本来是同样可以欢喜的事情。所以我们办学校必欲与附近学校切取联络，以收分工合作之益。就是旧式的私塾，我们也不主张用政治力量加以取缔或封闭。私塾先生如果肯与我们合作，我们实诚恳欢迎。为了儿童，为了教育，为了乡村事业，我们是需要大家合作的。而且我们知道私塾先生之中，也有文理清通，常识丰富，做事勤苦，待人亲切的；只因他们为旧习所囿，传说所拘，故思想学识有不如今日曾受师范教育者的处所。倘有人为之指导鼓舞，他们亦有良好教师的可能。"取人为善，与人为善。"同志们记着！这就是吾人从事乡村教育所必需的秘钥呀！

第七，由学校发起或与村民联合举办各种新兴事业，切实为农人增利益，解除痛苦——这一节放在最后。并不是因它最不要紧。这里，确实是需要真心从事乡村教育的同志十分注意的。口惠而实不至的宣传，对于农人是没大影响的。它可以欺农人于一时，而不能欺人于永世。农人不久就会觉悟的，谁是他们的朋友，谁是他们的仇敌？谁的主张确于大众有利的，谁的主张是毫无是处？经验告诉我们：在乡村里最有效力的宣传就是事实。"诚实是最好的政策！"这一句话在农人面前更是确切的真理，朋友！你准备在你的乡村里做什么事情呢？这处有几个实例：

（A）施种牛痘——为村民子女预防天花。你可以自己学会种痘或则邀约良好的医生来乡种痘亦可以。

（B）举行卫生运动或防疫运动——脑膜炎流行，村民死者不知凡几；虎列剌蔓延，村民死者又不知凡几。这些疾疠本都是危险的。但是学校教师倘在事先劝导大众预防，事后好为求医诊疗。村民受福是不浅的。

（C）救济避难妇孺——战乱之际，妇孺横遭涂毒，最可痛心。学校当局倘能设法收容，予以安全，村民自此必将更信赖学校。

（D）劝阻村人争讼——乡人聚处总不免有争端，或为钱产，或为酒色，或为意气，往往求直公庭，涉讼连年。一有争讼，则奸豪劣绅、贪官污吏乘机利用，必使村人倾家荡产而后已。因此忠厚之乡人畏讼，而黠豪者即以诉讼相恐吓。学校教师如能为之排难解纷，秉公处理，则化有事为无事，化世仇为友好，村人实受惠不少。

（E）开联村运动会——十六年秋晓庄学校曾与附近农友开联村运动会，其特色有：（一）全校师生一体参加，每人至少须参加两项运动。（二）附近农夫农妇与学校教师、学生、校工来宾一律参与各项竞赛。（三）运动项目有锄头舞、镰刀舞、插秧舞、新武术、抬石锁等颇饶乡村趣味，牛大哥表演更令人想见太平世农人之乐。（四）奖品为自来火、肥皂、毛巾等物，农人得之，均于日常有用。此种集会既可提倡乡村体育，亦可联络农友感情。

（F）演放电影及留声机——天雨之日，或在傍晚之后，农人无事来校游览者多，如能为之开留声机，或演放电影，以怡悦其性情，增广其见闻，是亦可谓为教育。

（G）讲演会——讲演的人或为教师，或为学生，或为校外名人，或即为民众自己。我们应当知道，本村，本乡，本县常有各种人才，他们的特殊知识要比我们自己丰富得许多。有些人可以演讲甚么事业可做，还有些人可以演讲如何做法。这种人才，无论何项行业中都是有的。我们的责任就是发现人才。并且给他们有机会发表意见，把一些良好的知识，灌输给一般民众。这里有一桩事，请大家牢记——那就是不可仅仅由我们自己或外乡名人来教育民众，并要使本地民众能够善于教育自己！而且必须使民众自己也能明白这种重要的责任！

（H）欢迎会——或欢迎新聘教师，或欢迎新任校董，或欢迎参观来宾，此种集会均可与农人共同举行，以示学校为全体村民共有之意。会中主席及干事人等，如能由农人负责来干，学校教师仅处于旁观或助理的地位，那就更好。

（I）纪念会——利用国庆、国耻、劳动节，或本校成立纪念日等开会纪念。使农人晓然国家大事、社会趋势以及一般公民应有的知识，要在乡村教师之能"因时施教"的。

（J）展览会或游艺会——所陈列或表演者或为学生所作之书法、图画、手工、歌舞、演说等成绩；或为学生所豢养之蜂、蚕、猪、鸡、鸭等动物；或学生所栽培之菊花、青菜、玉蜀黍及其他作物等。此种集会如能邀农人共同参加，更有意义。

（K）联村救火会——以相互扶助，扑灭火患为宗旨。设备应有水龙、水枪、铅桶、铜帽、铁钩、木梯、绳索、警号、灯笼等件，会员由年富力强之学校教师、学生、村人志愿加入担任。组织可由会员公推会长一人，总指挥一人，保管员一人。其他若司龙头，司水枪，司水桶，司钩梯，司灯，司警等事各须若干人，可由会员自由选任一事。平常应有练习，以求动作之迅速，联络之机密。安徽第二中学所组织之新棠村救火会曾为附近村镇救火两次，为村民赴急难，村民对于学校从此固然表示好感。青年学生从此培养"见义勇为"的好风尚，于青年教育亦是极有意义的。我想"隔岸观火"，既隔了岸，中间隔了一条大水，我们不能从大水中游泳过去救人，其势在当时实不能不观火。这在情理是无可非议的。但是，假设学校比邻的村人住宅失火了，学校教师和学生，事先不能先为组织消防，临事各作壁上诸侯，袖手旁观。对于村人急难一若毫无怵惕恻隐之心。则大家平日在校讲道德，说仁义，喊与民同甘苦，有什么意义。

（L）乡村医院——以提倡乡村卫生，减除农人疾苦为宗旨。由学校的医药卫生导师即西医为院长，学校的男女学生做看护和助理。工作除为农人医疗疾病外并随时举行卫生宣讲，防疫运动等。经费由学校负担或捐募得来，不直接取诸贫苦的村人。如此则村人之信仰教师胜于菩萨，（因为教师能医病而菩萨不能医病）学校的教育力量自更巨大了。

（M）中心茶园——以改革旧式茶馆，矫正民众消遣习惯为宗旨。中心茶园之意义即欲以此一为民众教育之中心，二为农业推广之中心，三为民众娱乐之中心,其活动可有时事或农事报告、说书或通俗讲演阅报及小说,娱乐如象棋、围棋、乒乓、三棋等。此种茶园常可得乡间妇女之热诚拥护,因为她们的儿女或丈夫,到中心茶园来喝茶,听讲,下棋,看报,就可不致因无事闲居,而赌博游荡倾家败业了。

(N)农业推广——农业上高深的研究有赖于农科大学或其他农事机关。而其科学上高深研究之所得要普遍地适用于广大的农村,必须乡村学校为之助力宣传,推广的。晓庄学校曾与中央大学农学院联合进行此种计划。其初步工作为:(一)鼓吹合作社;(二)劝用消毒蚕种;(三)提倡门前种花;(四)说选种之方法;(五)劝种纯良麦种;(六)说剪桑之方法;(七)说桑树施肥之方法;(八)说蔬果;(九)提倡条播;(十)说玉蜀黍(杂种之利);(十一)说牛耕之重要(利用牛力);(十二)说绿肥;(十三)治黑穗病;(十四)勤斫草留树;(十五)说修剪树木;(十六)说初耕晒地;(十七)说螟虫;(十八)说捕蝗虫之方法;(十九)说洋犁;(二十)劝垦荒;(廿一)劝种树;(廿二)提倡修路;(廿三)说修理沟渠。此外,又设了农场以资试验。增进农人生产,充裕农人生计,固非空谈标语所能济事。农业推广是要有热心的乡村教师提倡指导才可成功。

(O)民众学校——宗旨是提高村人学识,推广民众教育。男女兼收,或宜分班教学。科目有国语、算法、常识、工艺。上课时间是每天下午三至五或七至九。受学者自以成年男女为主体,但失学的儿童要求入学,亦不能拒绝。学费自当免收。书本纸张最好亦由学校供给。我们曾见有六十一岁的老妇,五十二岁的老农,教馆的私塾先生,行修的佛庵尼姑,来校听课。乡村的民众教育,只怕倡导无人,勿谓民众不好学也。

(P)民众书报室——学校之图书室均可向村民公开。只要借取办法,共同遵守就行。图书室的管理员即可作为民看书识字质疑问难的指导员。

(Q)运动场与游戏室——校中运动场及游艺室之设备都可听村人自由使用。虽说此种用具因此将易于毁坏或遗失。但乡村人民由此得到锻炼体魄,休养精神的场所,于乡村社会之贡献是很大的。

(R)国术会——团结青年农人,练习武艺,小之可以健全,大之可以强种。指导员即由校中武术教师任之,或物色村民之长于武艺者担任亦可。

（S）修路委员会——交通不便为乡村一大缺陷。物产运输既觉困难，儿童就学亦不便利。故修路一事无论为发展乡村产业计，为推广乡村教育计，统觉紧要。惟兹事体大，端赖全体村民群策群力始可奏功。富者输财，勇者尽力，智者尽心，则其事就容易办了。

（T）政法经济讨论会——普及政法经济常识，为实行地方自治，发展乡村经济之基础。人民有了政法经济常识，不仅奸豪劣绅不敢放肆，贪官污吏不敢作恶，即打倒军阀，打倒帝国主义亦容易有办法。这种会只要指导有人，从乡村人民切身利害的事情讨论起，不愁大家对于政法经济问题不能发生兴味的。

（U）妇女励志会——增进妇女学识，提高妇女志趣，使妇女在政治上、经济上、社会上都能与男子并驾齐驱，共同担负乡村生活改进的责任。

（V）农村青年自强会——以团结青年农人，敦品励学，共谋改革农村社会为职志。每月开会一次或两次。一面为学业上之切磋砥砺。一面则群策群力，谋乡村社会公共事业之建设。

（W）信用合作社——此种集社可以增高农人的信用，减除农人的经济压迫，增加农人的生产力，提高农人的道德习惯，并且可以做发展乡村公共事业的中心，惟开办之初必须审慎将事；负责之人必宜精明廉洁，否则利未见而害先发，一经失败就难得再举的。

（X）生产合作社——如养鱼合作社、山柴运销合作社、谷麦丝茧销售合作社等属之。尧化门小学曾与农人联合办理谷麦运销之事，利及农人不少。

（Y）消费合作社——信用合作所以制止重利盘剥的财主，消费合作及生产合作、购买合作等即所以抵制居奇渔利的奸商。都是用为解除农人经济压迫的痛苦而设的。中国农村的经济惟有合作主义才有出路。深盼大家注意。

（Z）联村自卫团——农人要能生产，也要能保产。农人苟无自卫之力，则终生辛勤所得，可为土匪所劫去。如今乡村之中土匪横行，军队无暇清乡，或不敷分配，故联村自卫团之组织实为必要。此种团体组成以后即宜定期会操，讲求战术，平时应当注意严禁鸦片，制止赌风，实行自动清乡。一旦有匪警，便宜分任查夜，放哨诸事，实行戒备。总期全体村民，皆得安居乐业，匪徒不致为患而已。

总之，我们要勉励自己，勉励农友，办这样，办那样，办许许多多的新的事业。我们要把全国的乡村都活跃起来，有生气起来。我们想，全国的乡村：

在人事社会方面，积极的是：（一）人人有用书之能力；（二）人人有征服自然的能力；（三）人人有生利之能力；（四）人人有健强之体格；（五）人人有高尚娱乐的机会；（六）人人有团结自治自卫的本领；（七）人人有爱国爱乡的精神；消极的是：（一）没有匪徒；（二）没有赌棍；（三）没有醉汉；（四）没有烟鬼；（五）没有病夫；（六）没有土豪；（七）没有劣绅；（八）没有闲人。

在天然环境方面，积极的是：（一）有四通八达的道路；（二）有青翠茂密的山林；（三）有足饮用及灌溉的水源；（四）有足衣的棉桑；（五）有足食的谷物及水果；（六）有蕃硕的牲畜；（七）有美丽悦人的花卉；消极的是：（一）没有荒地；（二）没有荒山；（三）没有水灾旱灾；（四）没有病虫害患。

朋友！历史上有摩西和他的门徒往远方寻觅极乐世界的故事。我们就从此时此地下手吧，与农友们联络起来，创造个极乐的世界！

◎ 问题

一、你的乡村有哪几种大的缺陷？你想怎样去改革它？

二、乡村学校为什么应做乡村社会改造的中心？

三、以学校教师兼为乡村领袖，有何利弊？吾人处此地位，应当注意何事？

四、学校教师要为民众领袖，须备何种德性及才能？

五、你且反省你自己的思想、态度和习惯，能与农人接近吗？

六、学校公开，消极的和积极的应当各有何种设施？

七、青年教师往农家居住，有何意义？如此办法，亦有何种困难？

八、乡村调查应乡村建设以前抑在其后，各述理由以为说明。

九、怎样对付附近的私塾，才是合理？

十、怎样与附近小学联络，才能有效？

十一、农人与学校联合办理乡村事业，应先从何种事情办起？共事之时，学校当局，宜注意何种事情？

十二、你的乡村改造计划怎样？理想的标准为何？

○ **参考书**

一、杨开道：《农村问题》，世界

二、赵叔愚：《乡村教学经验谈》，商务

三、梁漱溟：《北游所见纪略》，（见《漱冥卅后文录》，商务）

四、杨效春：《晓庄学校与中国乡村教育》，爱文

五、浙江省立乡村师范：《湘湖生活》第十期

六、杨开道：《农村调查》，世界

七、晓庄学校：《乡教丛讯》

八、杨效春：《成都大学乡村教育讲义》

九、古楳：《乡村教育新论》第十八章，民智

识字明理（甲集）

山东乡村建设研究院

编者说明

这种书是为初学识字的农友编的。编的时候我很注意下列各点：

一、字数要少，意义要丰富。它不同于小学课本。小学课本是给儿童用的。儿童识字不多，识事亦不多，所以他们所用的课本字数要少，意义也要浅近。青年农友所用的课本、课文的意义该当丰富。

二、农友要识字，也要明理。在我看，一个人在社会里过生活，明理比识字尤为重要。因此我们的朋友所用的书，不叫什么千字课，而名为《识字明理》。

三、每课生字不多，而所有的生字都应当是农友常用的字，要用的字，而且是能用的字。

四、文句要简短明白。简短则易念诵，明白则易理解。

五、尽量采用本土民间成语。引起农友求学兴趣。

六、尽量使用韵语，给大家欢喜念，容易记忆。如果能够使每课文都变成一首歌，给学习的人随兴歌咏起来，不知手之舞之足之蹈之，岂不更好。

七、引发农友的自信心。大家该当明白要恢复民族自信心，先须恢复民众自信心。

八、培养农人爱乡土，爱国家，爱中华民族的观念和情感。

九、启示乡村建设的理想和实施办法。引起大家从事乡村建设的兴趣。

十、每课后面附录生字。生字下面都加注解。一面给一般的农友识一字即得一字之用。一面也给智力较高的农友，在同一时间可以多认识几个生字。

这是我的意见，请大家批评。大家认为不对的地方请告诉我。准备下次出版的时候来改正。

杨效春

二十二年在邹平

一　家家有饭吃，人人明道理。
家　家庭、家族、家父、家祠、家产、国家、大家、本家。
有　有无、没有、富有、有礼、有穿、有吃。
饭　饭食、吃饭、米饭、便饭、饭店、饭堂、要饭的。
吃　吃饭、吃草、吃肉、口吃。
人　老人、男人、伟人、穷人、好人、人道、人生、人事。
明　明白、清明、明月、明日、明朝、明家集。
道　大道、铁道、道路、道理、天道、知道。
理　理由、理智、理性、天理、治理、理事、物理学。

二　在家做个好子弟，在国做个好国民。
在　在上、在世、存在、不在、在理、在在皆是。
做　做工、做事、做人、做作、能做、教学做。
子　父子、子孙、孔子、孟子、鸡子、筷子、帽子、椅子。
弟　兄弟、弟兄、孝弟。
好　好坏、好恶、好人、好事、爱好、不好、太好。
国　中国、日本国、国家、祖国、爱国志士、卖国贼、国民。
民　人民、民众、民族、民权、民生、民意、民智。
个　个人、一个、个个都是好学生。

三　活到老，学到老。一样不学拙到老。
活　死活、生活、活动、活泼、活的教师。
到　走到、达到、到会、到家、口到、眼到、手到、心到。
老　老幼、老年人、老乡、老鹰、敬老、老而好学。
学　学习、学识、学校、乡学、学而不厌、学本领。
一　一二、一人、一个、一心一德、一夫一妻、一家人。
样　样式、样件、好榜样、照样做。
不　不肯、不能不、不会、不去、不知道、不必。
拙　拙笨、愚拙、藏拙。

四　玉不琢，不成器。人不学，不知理。

玉　金玉、玉石、珠玉、宝玉、玉趾、玉体。
琢　雕琢、琢磨、琢（啄）木鸟。
成　成败、成功、成姓、成功、不成。
器　器具、器皿、木器、铜器、器小、器度。
知　知道、知晓、知理、知了、知行合一、知难行易。

五　有理走遍天下，无理寸步难行。

走　走步、走道、行走、走兽。
遍　普遍、遍处、遍徧。
天　天下、今天、青天、天理、天天。
下　上下、天下、下流、下等、水流下、礼贤下士。
无　无有、无穷、谁无父母、南无阿弥陀佛。
寸　尺寸、十寸为一尺、寸金难买寸光阴。
步　步行、步武、步步登高、开步走、跑步、散步。
难　难易、艰难、困难、患难、灾难。
行　行走、行不通、行事、银行、洋行、行列。

六　天下爷娘爱小儿，天下爷娘爱好儿。

爷　爷爹、爷爷、老天爷、老爷、岳爷爷（金人呼岳飞）。
娘　娘亲、爹娘、娘姨、奶娘、干娘。
爱　爱好、亲爱、爱儿女、爱国、爱乡。
小　大小、小人、小心火烛、小儿。
儿　儿女、孩儿、儿童、幼儿、这儿、那儿。

七　不当家，不知柴米贵。不养儿，不知父母恩。

当　当中、当心、上当、当归、应当、当道。
柴　柴火、木柴、柴姓。
米　米饭、大米、盒米、米仁、米姓。
贵　贵贱、贵重、富贵。

养　养育、亲养、政教养合一。
父　父母、父亲、父子、父老、口父、梁山父。
母　母女、父母、母亲、诸母、母爱。
恩　恩爱、恩义、感恩、报恩。

八　父母呼，应勿缓。父母命，行勿懒。
呼　呼吸、呼唤、呜呼。
勿　勿弗、勿不、勿忘国耻。
缓　缓慢、延缓、缓和。
命　命令、命运、生命、天命。
懒　懒惰、懒人。
应　应承、应允、呼应、应该、应当、感应。

九　抬手不打无娘子，开口不骂老年人。
抬　抬举、抬起来。
手　手脚、左右手、手段、手法、助手、得手。
打　打架、打仗、打倒军阀。
年　年龄、年岁、丰年、好年成、年年今日、过新年。
骂　骂街、相骂、你骂他、他还骂你。
开　开闭、开门、开窗户、开张、开明政治。
口　口舌、口嘴、口齿、关口、人口、喜峰口、张家口、户口。

十　弟敬兄，兄爱弟。兄弟和气，父母欢喜。
敬　恭敬、敬长、行笃敬、尊敬、敬嫂。
和　和好、和平、人和、和合、和数。
气　空气、养气、气象、邪气、朝气、暮气。
欢　欢乐、欢心、欢聚、合欢木、欢欢喜喜、欢天喜地。
喜　喜欢、喜庆、贺喜、喜事、恭贺新禧、喜囍。
兄　兄弟、弟兄、仁兄、学兄、长兄、师兄、表兄。

十一　合手打虎，还是亲兄弟。同心杀敌，还是父子兵。
合　联合、和合、合手、合并、集合。
虎　老虎、虎狼、龙虎门、猛虎。
亲　亲近、父母亲、亲爱、亲身、亲姊妹、亲戚。
同　同异、共同、相同、同样、同居、同学、同胞、合同。
心　心身、心血、一心一德、万众一心、良心、齐心协力。
杀　杀头、杀伐、杀鸡、杀气腾腾。
敌　敌仇、对敌、敌手、敌国、所向无敌。
兵　兵士、兵卒、兵灾、刀兵、中国兵、用兵、练兵。
还　归还、回还、还我河山、还是他好、还仍。
是　是非、是否、是如此的吗、是不是、如是。

十二　易得者财产，难得者兄弟。应知同根生，如何争闲气！
易　难易、容易、简易、和易近人、轻进易退、易经、易姓、变易。
得　得失、获得、得来全不费功夫、一得之愚。
者　者也、义者宜也、仁者、智者。
财　财物、财富、钱财、有土斯有财、财主、万贯家财、迷信财神。
产　产业、家产、田产、生产教育、产生一男孩、农产品。
闲　闲空、闲暇、管闲事、闲人。
根　根本、根深叶茂、根源、根性、树根。
生　生产、生育、先生、学生、生物、生人、生熟、生命、生理学。
如　如之何、假如、如若、如山如阜、如来佛。
何　何为、何如、何姓、何故。
争　争执、斗争、争吵、力争自由。

十三　门当户对，你敬我爱。男婚女嫁，天和地配。
门　门户、门口、家门、门下、佛门弟子、关门。
户　户口、窗户、户部尚书。
对　对当、对称、敌对、对答、对不对。
你　你我他、你尔、您汝。

地　天地、地土、道地药材、活泼泼地、生地。
我　我与你、我、吾、俺、咱、余、我们。
男　男女、男子汉、善男信女、男下、男女平等、重男轻女。
婚　婚姻、婚嫁、合婚、婚配。
女　女性、妇女、儿女、女学生、女工。
嫁　嫁娶、女大当嫁。
配　配合、配对、天河配、配称。

十四　夫妻不和，邻家们欺。邻家不和，外乡们欺。
夫　丈夫、夫妇、夫妻、大夫、夫子、拉夫、夫如是。
妻　妻妾、一夫一妻、一妻一妾、多妻制。
邻　邻居、邻里、间邻、德不孤必有邻。
乡　乡亲、老乡、本乡、乡镇、乡学、乡村、乡治、乡村建设。
们　我们、你们、他们、学生们。
欺　欺负、欺骗、欺哄、童叟不欺。
外　内外、外人、国外、外国、意外、除外、外加。

十五　父慈子孝，兄友弟恭，夫妻和睦，快乐无穷。
慈　慈爱、仁慈。
孝　孝养、孝敬、孝顺、孝亲。
友　朋友、友爱、友谊、友好。
恭　恭敬、恭贺、恭请、恭喜、出恭。
睦　和睦、睦邻。
快　快乐、快活、赶快、快慢、愉快。
乐　快乐、乐哉、其乐无穷、音乐、乐乐、乐歌。
穷　穷尽、穷极、贫穷、穷苦、穷追。

十六　全家一条心，泥土变黄金。全家心不同，万贯家财要变穷。
全　全体、全部、全场一致、十全、全民政治、全家福、完全、成全。
条　条件、廿一条约、条畅、井井有条。

泥　泥土、污泥、泥泞、泥浆、泥塑木雕。
土　土地、土产、土货、土布、领土、烟土毒物。
变　变变、变革、改变、变迁、变花样。
黄　黄土、黄金、黄色、黄种人、黄姓、黄帝。
金　金银、金属、千金之子、金姓、金兀术。
万　千万、万金、万众一心、四万万同胞、万万。
贯　一贯、串贯、仍归贯、贯通。
要　要将、要求、需要、要诚实、要勤俭。

十七　在家父母爱，出家朋友助。牡丹花虽好，尚须绿叶扶。
朋　朋友、朋辈、朋比。
助　帮助、互助、相助、内助、助理、助手。
牡　牝牡、牡丹花。
丹　牡丹、丹凤、仙丹、人丹、丹阳县。
花　花叶、开花结子、花花世界、花木兰。
虽　虽然、虽是如此。
尚　尚且、和尚、尚公、尚义、高尚君子、尚武精神。
须　必须、尚须、务须、些须、须臾。
绿　绿红、绿色、绿野、红红绿绿、绿纸。
叶　叶枝、树叶、中叶、叶姓、阔叶树、针叶树。
扶　扶持、扶助、扶倒。

十八　单丝不成线，孤树不成林。人生天地间，哪可不合群。
单　单单、单双、单人、单行、孤单、简单、单子、单姓。
丝　线丝、蚕丝、蜘蛛丝网、丝毫。
线　线综、线纱、双线、一线希望。
孤　孤寡、孤独、孤单、孤弱、孤陋寡闻、朕孤。
树　槐树、柏树、白杨树、树木、树立、树人。
林　林木、森林、林立、枪林弹雨、林则徐。
间　中间、一间、离间、间接直接、天上人间。
那　那儿、那里、那能如此、这此那彼。

可　可以、不可、岂可如此、适可而止、可以与。
群　群羊、合群、群居、群起反对。

十九　天时与地利，统不如人和。朋友千个少，冤家一处多。
时　时光、时候、时常、时姓、时间。
与　与与、我与他同来见你、手与足、给予。
利　利害、利益、私利、义利、利贞、顺利、胜利。
千　千万、千金、百千、打千。
统　统一、总统、统治、系统。
个　个别、个个、一个两个。
少　多少、少寡、老少、少年、少妇。
冤　冤枉、冤屈、冤狱、冤仇。
处　处所、地处、处理、处置、处女、处士。
多　多少、众多、多多益善、愈多愈好、多大本领。

二十　要有交游，要慎交游。狐朋狗友，难得到头。
交　交友、交情、交谊、相交、交通、交兵。
游　游戏、交游、游行、漫游六大洲。
慎　谨慎、慎言、慎修。
狐　狐狸、狐埋、狐疑、狐皮。
狗　狗大、走狗。
头　头脑、头部、头尾、走尽头、头头是道、头领。

二十一　良朋益友，如兄似弟。千古传名，桃园结义。
良　良好、贤良、良心、良善、良人。
益　益害、利益、益虫、益鸟、益者三友。
似　如似、像似、相似。
古　古今、古昔、古代、古人、古姓。
传　传递、遗传、传代、传信、邮传、传电。
名　名姓、名利、名义、名位、名称。
桃　桃李、核桃、桃花、蜜桃。

园　园圃、花园、菜园、园丁、刘关张桃园结义。
结　结合、团结、结发、结仇。
义　义利、义气、仁义、忠义、义乌县、义士。

二十二　乡、村、闾、邻，万众一心。精诚团结，百事可成。
村　村庄、村学、乡村、三家村、村治。
闾　闾邻、门闾、闾长。
众　众人、众多、民众、万众。
精　精诚、精粹、精神、精密、精致、精进。
诚　诚忱、忠诚、诚实、诚则明。
团　团结、团防、团练、团体。
百　千百、百舌、百炼成钢、百年大计。
事　事业、事情、事体、事件、事项、事事如意、奉事。

二十三　土匪来了，如何抵御？出入相友，守望相助。
匪　匪人、土匪、匪兵。
来　来去、来往、来姓、你来我去。
了　了结、了不得、完了、了得、不得了、罢了。
抵　抵抗、抵御、不抵抗主义。
御　御侮、御敌。
出　出入、出去、支出收入、出门、出席、出人头地。
入　入出、进入、岁出岁入、平上去入、入门、入境问俗。
相　相互、相救、互相、宰相、相公。
守　攻守、守城、军人守土、保守。
望　望台、希望、了望、名望、失望。

二十四　人人皆兵，村村皆营。强盗土匪，岂敢横行。
皆　皆是如此、尽、都。
营　兵营、军营、营盘、经营、营业。
强　强弱、强国、列强、强健、勉强、强霸。
横　横直、横蛮、横行无忌、纵横。

盗　盗贼、盗匪、偷盗。
岂　岂之乎、岂之哉、岂有此理。
敢　不敢、勇敢、敢作敢为、果敢、敢死队。

二十五　联防剿匪，以救家乡。有功相让，有祸同当。
联　联庄会、联村、毗联、联合便是力量。
防　防卫、冬防、防备、堤防、防水。
剿　剿匪、剿灭、痛剿。
以　以用、可以、所以、以建民国。
救　救济、拯救、救灾、救苦、救人于水火。
功　功绩、功劳、功业、成功失败、将功赎罪。
让　让与、谦让、揖让、让争。
祸　祸患、祸灾、黄河水祸、祸从口出。

二十六　谁毁我乡，谁血我刃！全民武装，世界太平！
谁　谁人、你是谁、谁无家室。
毁　毁坏、毁伤、损毁、毁谤。
血　流血、热血、血红、血统、血性、血斗。
刃　刀刃、锋刃。
武　文武、武夫、武松打虎。
装　装束、军装、学生装、装饰。
世　世界、一生一世、世世相传、乱世。
界　界限、世界、军界、政界、工界、疆界、界石。
太　太平、太太、太好了、太胖、太没力量。
平　平和、和平、平等、平仄、平常、公平、平民、打抱不平。

二十七　夜不闭户，道不拾遗。村村无讼，家家有余。
夜　日夜、黑夜、夜晚、夙兴夜寐。
闭　开闭、关闭、风气闭塞、闭气、便闭。
拾　拾十、收拾、拾起来、拾狗粪。
遗　遗弃、遗漏、遗留、遗民、遗物。

讼　争讼、诉讼、息讼会。
余　净余、余款、余粟、忠厚留有余地步。

二十八　德业相劝，过恶相规。礼俗相交，患难相恤。
德　德行、进德会、以德教人。
业　事业、职业、专业、劝业会。
劝　劝勉、规劝、劝学所。
过　过失、过恶、改过、悔过。
恶　恶好、罪恶、憎恶。
礼　礼乐、礼节、道礼、礼记。
俗　风俗、土俗、化民成俗。
患　患难、水患、患得患失、有备无患、忧患。
恤　怜恤、悯恤、体恤、抚恤。
规　规劝、规戒、规矩、规则、归程、法规、规复。

二十九　中华民族固有精神，忠、孝、仁、爱、信、义、和、平。
中　上中下、东南西北中、中心、中央、得中、中的。
华　华夏、中华、华贵、华丽、荣华。
族　族谱、宗族、回族、汉族、非我族类。
固　固有、固当如是、坚固、顽固、巩固。
神　神气、神仙、精神、神守一身。
忠　忠义、忠诚、忠勇、忠孝、忠厚、尽忠报国。
仁　仁义、仁厚、仁爱、仁人君子。
信　信实、信义、忠信、信封、写信。

三十　我们大家都是中国人。说的中国话，念的中国文；生长中国地，爱护中国魂。
都　都是——皆是，尽是、首都、国都。
说　说话、说来说去、游说、演说。
的　好的、我的、你的、目的、的确。
话　话语、谈话、电话、话不投机半句多。

念　口念、心念、忧念、念经、挂念、念念不忘。
文　文字、文学、文章、文化、文明、文武、文物。
长　长大、生长、长成、长短、专长。
护　保护、爱护、养护、看护士。
魂　魂魄、灵魂、国魂、民族魂。

生字（附简体字）

一、家有饭吃　人明道理。

二、在家做子弟（弟）好国（国）民个（个）

三、活到老学（学）样（样）不拙

四、玉琢成器知

五、走遍天下无（无）寸步难（难）行

六、爷娘有爱（爱）小儿

七、当（当）柴米贵（贵）养（养）父母恩

八、呼勿缓命懒应（应）

九、抬手打开（开）口骂（骂）年

十、敬兄和气（气）欢（欢）喜

十一、合虎亲同心杀敌兵还（还）是

十二、易得者财产根生如何争闲

十三、门户对（对）你我地男婚女嫁配

十四、夫妻邻们欺外乡

十五、慈（慈）孝友恭睦快乐（乐）无穷（穷）

十六、全条（条）泥土变（变）黄金万（万）贯要

十七、朋助牡丹花虽（虽）尚须绿叶（叶）扶

十八、单（单）丝线（综）孤树林（林）间那可群

十九、天时与（与）利统千少冤处（处）多

二十、交游慎狗狐头

二十一、良益似古传（传）名桃园（园）结义（义）

二十二、村间众精（精）诚团（团）百事（事）

二十三、匪来（来）了抵御出入相守望（望）

二十四、皆营强盗岂敢横

二十五、联防剿（剿）以（以）救功让（让）祸

二十六、谁毁血刃武装世（世）界太平

二十七、夜闭失遗讼余

二十八、德（德）业劝（劝）过（过）恶（恶）规礼（礼）俗加患恤

二十九、中华族固神忠仁信

三十、都说的话（话）文念长护（护）魂

乡农的书

山东乡村建设研究院

一、人之初
人之初,最无能;能学习,万事成。

二、活到老
活到老,学到老;一样不学拙到老。

三、一二三
一二三四五,六七八九十。如不肯上学,什么也不识。

四、玉不琢
玉不琢,不成器。人不学,不知理。

五、有理
有理走遍天下,无理寸步难行。

六、前后左右
前后左右,南北东西;辨明方位,四路可通。

七、礼义廉耻
礼义廉耻,忠孝和平;不明此理,如何能行?

八、孝弟(悌)
人生天地中,孝弟最为重;孝是爱父母,弟是敬长兄。

九、天下爹娘
天下爹娘爱小儿;天下爹娘爱好儿。

十、上山打虎
上山打虎亲兄弟;临阵杀敌父子兵。

十一、兄弟与财产
易得者财产，难得者兄弟；本是同根生，如何争闲气！

十二、一条心
全家一条心，泥土变黄金；全家心不同，万贯家财要变穷。

十三、家乡和乐
妻贤夫祸少，子孝父心宽，弟好兄长乐，邻和乡自安。

十四、乡约
德业相劝，过失相规；礼俗相交，患难相恤。

十五、息讼
我乡农，莫兴讼！财物轻，情谊重。乡村问邻间，不是亲戚是弟兄，何必逞豪雄？

十六、好花绿叶
出门莫逞能，人生贵互助。牡丹花虽好，尚须绿叶扶。

十七、合群
单丝不成线，孤树不成林。人生天地间，哪可不合群？

十八、人和
天时与地利，统不如人和。朋友千人少，冤家一个多。

十九、待人
人有短，切莫揭！人有私，切莫说！道人善，即是善；扬人恶，即是恶。

二十、说话

说话多，不如少；明是非，勿逞巧。说谎话，最可恼；言有信，无限好。

二十一、中国人

你是中国人，我是中国人，我们大家都是中国人。说的中国话，念的中国文；耕种中国地，爱护中国魂。

二十二、民与食

国以民为本，民以食为天。如何能得食？耕种最为先。

二十三、勤俭

勤能补我拙，俭可养我廉；勤俭两个字，价值几万千。

二十四、农人忙

春耕夏锄，秋收冬藏；一年四季，农人皆忙。

二十五、马牛羊

马牛羊，鸡狗猪。稻粱菽，麦黍谷。

二十六、一亩园

瓜豆葱蒜韭，件件都赚钱；多种三亩地，不如一亩园。

二十七、开矿

金、银、铜、铁、煤，样样皆可贵；问从何处来，须得把矿开。

二十八、劳动

富贵不由天，贫贱非有命。遍地是黄金，没有劳动使不成！

二十九、前程无量
贫者亦能富，弱者亦能强。人生在努力，前程未可量。

三十、自强
苏州范仲淹，南阳诸葛亮。将相本无种，男儿当自强。

三十一、登高山
要想登高山，先从山下起。努力做工做到底，半途而废前功弃。

三十二、无难事
铁棍磨绣针，功到自然成。天下无难事，只怕有心人。

三十三、薄技
薄技在吾身，胜似握千金。无业不为富，有业不为贫。

三十四、信用
穷人无资本，信用为资本。如何有信用？勤俭与忠实。

三十五、土布衣
莫嫌土布粗，应知土布牢。穿衣求温暖，何必学时髦。

三十六、吃饭歌
一粥一饭，来处当思；粒粒辛苦，吾民膏脂！嗷嗷待哺，遍地皆是；不劳而食，吾辈羞耻。

三十七、三间屋
三间屋，两架梁，一头一个大亮窗。这边摆桌那边炕。空气好，光线强。

三十八、储蓄

有钱常想无钱日,莫待无钱想有钱!省吃俭用能储蓄,成家立业亿万年。

三十九、酒色财气

酒色财气,千万莫贪!既乱人性,更惹祸端。

四十、早起

公鸡叫,天破晓,太阳出来了。睡得早,起得早,大家身体好。

四十一、早会歌

初出的阳光,照着空气清且新。英伟的少年,振起壮志定乾坤。好兄弟,好姐妹,大家有精神。一堂欢聚,来过这美好的清晨。

四十二、清洁

每早起,常漱口。每饭前,常洗手。饮食起居爱清洁,健康要诀大家守。

四十三、习拳

好兄弟,莫闲玩!少林棍,太极拳,学会几套天天练,身体强壮精神健。

四十四、放足

妇女们,再莫把足缠!伤筋折骨痛难忍,一步一颠真可怜。

四十五、毒品

为人莫自寻苦恼,毒品上瘾真不了!伤身害体败名誉,倾家荡产祸非小。

四十六、种牛痘

好小子,最可爱!但怕他出天花:重的性命死,轻的脸斑麻。预先种牛痘,天花自不发。

四十七、自立歌

滴自己的汗,吃自己的饭,自己的事自己干!靠天靠地靠祖上,不算是好汉。

四十八、戒早婚

男婚女嫁,人生大事。女满十六,男足二十;合乎生理,必有子嗣。若论古人三十而娶,再晚三年五年亦不为迟。

四十九、男穷休做贼

男穷休做贼!女穷休做妾!人生贵有志,冻死风前立。

五十、好女婿

红豇豆,实在甜。我家闺女不卖钱!不用豆腐不用酒,不要媒婆说根由。只要女婿是聪明,我就许他成了亲。

五十一、好媳妇

好儿不吃分家饭,好女不着嫁时衣。不图钱,不图地,只图媳妇是贤妻。不求贵,不求富,只求媳妇敬翁姑。

五十二、睁眼瞎子

黑老鸹,白膊子。可怜睁眼不识字!真文契,当废纸;起争端,打官司。活把张三气到死。

五十三、教养儿女

养儿不如父,挣下是枉然;养儿强于父,何须父挣钱。圣贤本无种,孟母曾三迁,养儿亦有道,教育趁少年。

五十四、人生

薄田种数亩,草屋八九间;粗食已充饥,布衣御风寒。有子能侍老,无官一身闲;人生贵自得,何必多贪恋。

五十五、谷和布

一粒谷,农夫要吃多少苦;一匹布,农妇要吃多少苦。没有农夫农妇肯吃苦,那里会有谷和布?

五十六、裁缝

剪刀裁,针线缝:女衣绿,儿衣红。天寒地冻人不冷,大家应谢裁缝功。

五十七、瓦木匠

你垒墙,他立柱,你使泥刀他使斧。瓦匠木匠皆辛苦,大家才有房屋住。

五十八、打铁

一打铁,二打钢。三打毛镰,四打枪。五打斧,六打剪。七打锄头,八打锹。打把小刀两面锋,都是千锤百炼功。

五十九、互助

没有农人那有米?没有裁缝那有衣?没有木匠那有椅?没有铁匠那有锄和犁?你靠我,我靠你,世界一人造不起!

六十、棉花开

棉花开,白朵朵;弹成絮,暖和和。先暖爹娘,后暖哥。一家人家暖个遍,若不种棉穿什么?

六十一、打场

牵着牲口去打场,囤里满了五谷粮。五谷粮,好做饭;做了饭来孝爹娘。一家人家吃个饱，没饭吃的怎么了？

六十二、公道
木匠住，破大门；石匠墓上没碑文；裁缝穿着破棉袄；农人吃不饱。世界如此不公道，问大家该如何改造？

六十三、合作
一个抬不动，两个便从容；三个更省力，四个极轻松。彼此不合作，各人尽无用；大家肯合作，万事都成功。

六十四、合作社员
合作事业基础在社员！了解责任，明白原理，社务能发展。遵守章则，服从决议，事情就好办。大家和气，彼此信任，精神才完善。我在合作社，我爱合作社。要作明理社员，不作糊涂社员；要作尽职社员，不作捣乱社员。

六十五、造林（一）
村边造林，利益很多：点缀风景，花开叶落；裨益卫生，新鲜水果；调节气温，减少风祸。荒山造林，利益尤多：充实木料，补助柴火；防止水旱，保障山河；挽回利权，富我民国。

六十六、造林（二）
松柏楸榆，杨柳桐槐；桃梨杏枣，栗柿桑梅：或生鲜果，或成良材。劝我乡民，快把树栽！何处种树？道旁河沿。何时种树？地冻初开。如何种树？深锄浅栽。结社立会，保护成材。

六十七、造林歌（牧羊调）
朋友！这是甚时候？九尽杨花开，春光最可爱。拿锄锨，上山崖，快把树来栽：深深掘开土，浅浅把根埋；底下结实砸，上面轻松盖。荒山造林，有志竟成，大家一齐来！

六十八、联庄自卫

联庄自卫，乡农即兵。养兵不多，摊派自轻；通匪无人，匪不难清。民团办好，鸡犬不惊。

六十九、人人是兵

人人是兵，村村是营；强盗土匪，不敢横行。严守纪律，振作精神；全民武装，世界太平。

七十、三杆合一

农人使锄杆，学生使笔杆，兵士使枪杆；我们要使这三杆。我们要做健全的人！农人能耕地，学生能明理，兵士能剿匪；我们要能这三事。我们要做健全的人！

七十一、水之变化

忽而为云，忽而为雨。忽而为霜，忽而为露。为冰为雹，为雪为雾。上天下地，忽来忽去。变化离合多端，原来只是一物。

七十二、电

电报通信多么快，电话谈心如对面。电灯发光夜如昼，电扇生风没热天。电炉取暖不用火，电车代步甚轻便。试问电从何处来？流传只在一条线。

七十三、科学

科学知识真可贵，发明机器铁奴隶：能耕田，能车水。能纺纱，能舂米。又能行船、拉车、驾飞机。

七十四、问

发明千千万，起点是一问。禽兽不如人，差在不会问。智者问的巧，愚者问的笨。人力胜天功，只在每事问。

七十五、两个宝

人生两个宝,双手和大脑:用脑不用手,快要被打倒;用手不用脑,饭也吃不饱。手脑都会用,才算是开天辟地的大好老。

七十六、不学做文章

秋风凉,树叶黄,各样庄稼正收藏。有豆子,有高粱,粮食柴火满仓场。趁农闲,进学堂;要学真本领,不学空话虚文章。

七十七、农人种麦

农人种麦,大家才有面包;农人种棉,大家才有衣袄;农人种树,大家才有堂奥。农人泥首垢面,谁知他是劳苦功高?农人辛勤一世,谁见他有半点骄傲?

七十八、你说

你说农人蠢,泥土变黄金。你说农人私,疾病相扶持。你说农人弱,从军保乡国。你说农人穷,财穷志不穷。

七十九、农村生活

春季里,暖和天,玩龙斗虎庆丰年。夏季里,天气热,割麦种豆忙不歇。秋季里,天气凉,高粱谷子都上场。冬季里,雪花飘,一村团聚乐陶陶。

八十、农人

春种一粒粟,秋收万颗子;没有农人尽饿死。夏日如火烧,冬风似刀割;农人在野忙做活。早出披星衣,晚归戴月光;农人劳苦田不荒。虞舜耕历山,伊尹耕有莘,圣贤也做庄稼人。

八十一、农夫歌

穿着粗布衣,吃的家常饭,腰里掖着旱烟袋儿,头戴草帽圈。手拿农作具,日在田野间;受尽辛苦与风寒,神圣功高不负天。农事完毕,急急学团练；将乡村建设，自在安然。士工商兵轻视咱！轻视咱？无有农夫，谁能活在天地间！

八十二、山东好
泰山高高，黄河滔滔。半岛突出，两海环绕。山东地处真好！人才辈出，物产丰富。气候温和，土质肥沃。山东地处真好！

八十三、大江横
大江横，昆仑高。天时得，地利好。我国人民最勤劳。驱猛兽，除野草。五千年，如一朝。开天辟地是我曹。

八十四、运河开
运河开，长城造，印刷精，罗盘巧；继续创造，发扬光大是吾曹。孔孟大圣贤，关岳真英豪；追步前人，启导后生是吾曹。

八十五、炎黄裔
炎黄裔，开化早：以学治，以礼教。重理性，尚公道。不欺弱，不畏暴。欧风美雨尽纷扰，世界和平须吾曹。

八十六、国庆节
国庆节，扎灯彩；操场里，人如海。大家来开庆祝会：小儿们，一队队；妇女们，一队队；壮丁们，一队队。大家齐到，欢声如雷。

八十七、国耻纪念
我同胞，知不知？我国如今被人欺：割台湾！并高丽！五三恨！五九耻！九一八，日本又取东北地！卧薪尝胆遗训在，精忠报国男儿志。我同胞，知不知？

八十八、东三省
中国东三省，土地最肥饶。黑土黑，高粱高。先民经略费辛劳。长白雪皑皑，鸭绿浪滔滔。沙飞扬，马咆哮。失土不复耻难消！

八十九、飞行全国

山东人,孙桐岗;在欧洲,学飞航。凌空万里,飞回祖国本领强。飞平津,飞武汉,飞京沪,飞到济南。飞行全国,到处欢迎人如山。

九十、世界交通

如今世界,交通真便利!乘轮船,坐火车,架飞机。逛纽约,游伦敦,到巴黎。环球七万里,数天可来回。

九十一、四大洋

青岛东,水汪汪。用轮船,漂海洋:太平洋,大西洋,印度洋,北极洋,漂尽世界四大洋。不怕狂风与巨浪,环游地球凭胆壮。

九十二、七大洲

南极洲、海洋洲、南美、北美、亚、非、欧,这是七大洲。我们是:中华民国,炎黄帝胄,开化最早,历史最久,五千年古国在亚洲。

九十三、列强

英、美、日、法、俄、意,各强国,尽对立。争雄长,竞修武备;夺市场,侵略经济。说不定,那一天,世界大战再起;重演人类毁灭自己的惨剧!

九十四、中华民族

赤手空拳走遍大地;不用强权,但凭公理。我们的足迹,已胜如大英的国旗!披荆斩棘,平高填低;天涯海角,常见兄弟。伟大的中华民族啊!无处无你的足迹。

九十五、新生活运动歌

礼义廉耻,表现在衣食住行,这便是新生活运动的精神!整齐清洁,简单朴素,以身作则,推己及人。转移风气同声应,纲维正、教化明。复兴民族新基础,未来种种譬如今日生。

九十六、满江红（岳飞）

怒发冲冠，凭栏处潇潇雨歇；抬望眼，仰天长啸，壮怀激烈。三十功名尘与土，八千里路云和月；莫等闲白了少年头，空悲切！靖康耻犹未雪，臣子恨何时灭？驾长车，踏破贺兰山阙。壮志饥餐胡虏肉，笑谈渴饮匈奴血；待从头收拾旧河山，朝天阙！

九十七、苏武牧羊

苏武留胡节不辱：雪地又冰天，穷愁十九年；渴饮雪，饥吞毡，牧羊北海边。心存汉社稷，旄落犹未还；历尽难中难，心犹铁石坚。夜坐时听塞外笳声，入耳痛心酸。转眼北风吹，雁群汉关飞；白发娘，望儿归，红妆守空帷。三更同入梦，两地谁梦谁？任海枯石烂，大节誓不亏。能使匈奴惊碎肝胆恭服汉德威。

九十八、锄头舞歌

手把个锄头锄野草啊，锄去野草好长苗呀；绮雅海，雅荷海，锄去野草好长苗，雅荷海、雅荷海。五千年古国要出头啊，锄头底下有自由呀；绮雅海，雅荷海，锄头底下有自由，雅荷海、雅荷海。天生了孙公做救星啊，唤起锄头来革命呀；绮雅海，雅荷海，唤起锄头来革命，雅荷海、雅荷海。革命成功靠锄啊，锄头锄头要奋斗呀；绮雅海，雅荷海，锄头锄头要奋斗，雅荷海、雅荷海。

九十九、散学歌

北风呼呼雪花飞，好冷的天气；自从开学到现在，匆匆一学期。承蒙老师教训我，我们谢谢你！诸位同学来来，行个分别礼！

写给乡村工作的朋友

安徽黄鹿乡村师范学校

目　录

序　一 …………………………………………… 王德熙（173）
序　二 …………………………………………… 陈化奇（174）
自　序 ………………………………………………………（177）
一　写给山东乡村建设研究院第一届结业服务的同学 ………（179）
二　写给乡村导师 …………………………………………（182）
三　写给准备入乡工作的同学 ……………………………（208）
四　写给在乡工作的同学 …………………………………（219）
五　致路永源先生书 ………………………………………（270）
六　函金晓晚兄 ……………………………………………（272）
七　给张石方弟信 …………………………………………（274）
八　给张疏洸、曹殿甲两弟 ………………………………（275）
九　函邹平第十二乡学长李北辰先生 ……………………（276）
十　与周文山弟书 …………………………………………（277）

序 一

　　我国教育自清末废科举兴学校以来，始则采取日本，继则摹仿欧美；以致资本主义教育之流毒，得以乘机相继输入，形成今日之士大夫教育。识者咸以近数十年来，祸乱相寻、扰攘不已，为过去教育政策错误之果，实未可讳言也。迩者，明达之士，惩前毖后，群起以改造教育制度为当务之急，并以教育为全民众所有，为全民众所共享，提出"学校社会化""教育平民化""注重农民教育乡村建设"等口号。此固为时代之自然反应，实亦为教育前途之新展望。惜国内教育家，对于当前教育之新转变的各种理论，均能发挥尽致，而于具体实施方法，能实地埋头研究，能独出心裁贡献社会者，尚不多得。然吾友杨效春先生独能当之而无愧。杨先生在山东乡村建设研究院执教四年，同时领导学生在邹平实验县从事乡村建设工作亦四年，对于乡村建设工作，既感兴趣，尤具特殊研究。今兹于主持安徽省立黄麓乡村师范学校之余，将过去从事政教养卫合一之乡村建设工作之一部分，集为斯著，凡从事乡村建设工作者，诚不可不各手一册以为参考也。

王德熙序于安庆

序 二

当我们第一次看到效春先生时，总觉得他是很"土头土脑"的。他生来一副略具"黑人型"的面孔，倘然再加黑一点，我们会把他当作黑人的。可是当我们一听到他的谈吐时，我们心目中便立刻起了一个巧和拙的鲜明对照。那就是他特别会运用他那幽默而祥蔼的微笑，来载着他那婉妙而诚恳的言辞；在他的无拘束的精神笼罩之下，你会不自觉地将你对教育上的根深蒂固的成见给解放了。

最近，他把自二十二年三月至二十三年年底在邹平写给他的学生的信结成一个集拿来印刷，并委托我给他校对，同时还要我给他写篇序。在百忙中我做完了这件衷心愿做的校对工作。读一本原稿，比读一本印成的书有趣得多。何况著者是我所敬仰的新契呢？更何况他的文字也同他的辞令一样具有魅惑性呢？

我原不打算给他写序，但待到校对完毕，心中似乎有不得不说的什么在。

首先，我要向读者说的，便是这本书并不是写给私人函札的结集，而是有目的、有办法、用以指导、鼓励他的学生从事于乡村工作的。所以，它的形式虽然是信，而实质则是讲义——是人生的讲义，不是一般教师随意掇拾用来讲授的讲义。

当我们讲完了这个集子时，心中必同时浮起两个意念，那就是：——著者太热情了！著者又太理智了！

第一，他非常重视师生间的关系，诚如他所引称的丹麦格龙维一样，平日在校与学生共作共息，共同生活，唤起学生热诚，注意鼓舞涵养学生生命的和精神的活动。他在《写给在乡工作的同学（五）》中说"……各位都是小弟弟，此次入乡实习，好比是一家的众兄弟分散到各处店铺，做徒弟，学专艺。我想众兄弟，众兄弟也许在想我。我得来看看大家。果然，不论走到哪里，大家相见，都怪觉亲热。陋室之中，大家促膝谈心。明月之下，大家并肩散步。破棹之前，大家站着围着，共啖白菜，豆腐，咸花生仁与黑馍。大家细尝，这里面都有无限的人生乐趣啊！"从这几句话中，便知他们师生之间是如何地融融泄泄了。他这本集子也可说是他们师生之爱的纪念物。

第二，他非常崇敬乡村大众。你看他说："乡村大众：黑红的脸，率真的眼，粗大的臂膀，厚重的脚步，坦白的胸怀与夫无病的脑与神经，都在启示我们：乡村有力！农民有力！中华民族有力！这个力是生命的力！不是机械的力！"他又有一首歌写出他衷心对于乡村大众的崇敬：

伟人有如工厂上的烟突，占据都城；农民好比大地上的小草，布满乡村。

烟突有时成粪土，小草无岁不青青！

类似的歌这本书上还有好几首，把它们吟诵一过，你能说他不是"与农人发生恋爱了"吗？

第三，对于事，他又非常能实行"英雄式的忍耐主义"。这一点，他是受了圣雄甘地的影响。他以为我们平日做事动辄觉着前面有人与自己为敌为对为阻梗，统是由于自己生命力量不够，志愿太小。他在这些信中屡次劝诫他的学生们不要急急求表著。他说："我愿大家追求理想，不仅要求成绩！"他始终认为人是理性的动物，有理性的举动总是为人类所赞成。世间只有自己说不通的理，绝没有对面说不通的人。因此，他在教育上绝对摒弃干涉，强迫等方式，而采取人格威化主义。这也就是他"以人教人"的理念之所由来。信中叙说有一次他在早晨八点钟出发，看了六处乡农学校，沿途冒过雨，流过汗，跌过跤，摔过车子，干过嗓子，饿过肚子，连夜又看过三处，还要循着崎岖山道，骑着自行车赶回城，好于次晨参加总朝会。

当我们读到这些地方，能不觉得他是太热情了吗？

但是，效春先生的理智是与他的热情相符的。

他对于事物的分析，是十分精细；而处理的办法也想得十分周到。无论什么事，在他观察之下，总归有一大串的缘由与办法。

倘若我们一切从事于教育的人，能引用他的"六何"（即为何教？教何人？教何事？如何教？何处教？何时教？）来自问一下，那该发生多少好的结果！他把初到乡村工作的困难分析为十一项，接着便告诉我们五个解决的办法。他把乡村儿童教材，分为二十余种，并把每种细目列举至三百之多。他把乡村大众不来上学的原因共分为二十八个，接着便想出十一个招生办法。他把乡村小学校妨害儿童身心发育的实例列举到二十六个，同时便开出廿个矫正的方法。他认识每个学生的能力与成绩，他会把学生战胜环境的实例数说出廿个。诸如此类。

所以，你读了这本书，同时也会觉得他是十分理智的。

感情与理智能够相符，即是对自己最有办法的人，同时是对世界最有办法的人。

我愿读者从这本书里去认识这位有办法的人！

陈化奇于安庆

自　　序

新近，辞别邹平，来到黄麓，就被安徽省府指派为本省第六示范区地方教育辅导委员会主席，担负皖中十县——合肥、巢县、寿县、无为、舒城、庐江、六安、霍山、霍邱、立煌地方教育辅导的职责。事情是很有意义的。原来，办理省立师范学校的人与主持各县地方教育的人必须如是联络起来，融成一气，互相协助，互相指正，而后地方教育才得顺利进展，无有穷极。可是从笔者这一面说，责任很重，能力太小，真怕干不了，干不好！

从"视察"到"辅导"，却是教育行政上的一大转变，一大进步。从前，主持一国一省或一县教育行政的人对于从事地方教育基层工作的人往往只有视察，没有辅导；只有命令，没有商讨；只有旁观的指摘，没有躬亲的师范；只有冷酷的批评，没有同情的协助；只有政治的来往关系，没有学术的研究情趣。是以大家用力虽勤，成效则鲜。我们大家应当知道：教育事业必须从事实际教育的人自动发现，齐心学好，才得健全进步。如果他们（对省府和中央讲，亦可以说"我们"）自己不自动，不发愿，不齐心，不学好，那么上面主持教育行政的人纵有三头六臂，齐天本领，而且三令五申，雷厉风行，也是于事无济。现今教育行政上要用"辅导"代替"视察"，或于"视察"以外坚采"辅导"的办法，实在是很有意思的。因为只有这样才容易开出从事基层教育工作的人自动发愿齐心学好的机会。

然而辅导是方法，是手段。为何辅？为何导？那是关于教育目的，教育方针的问题。如今中国，我们大家对于地方教育辅导的方针究竟该是什么呢？这个，依我想，从教育对象这面讲：

一、我们应当注重大众教育，不要把教育机会单给少数人。

二、我们应当注重乡农教育，不要把教育机会单给城市人。

三、我们应当注重成年教育，不要把教育机会单给幼年人。

教育内容这面讲：

一、我们应当提倡国防教育，不要助长私利教育。

二、我们应当提倡生产教育，不要助长虚文教育。

三、我们应当提倡科学教育，不要助长传说教育。

四、我们应当提倡人本教育，不要助长书本教育。

写给乡村工作的朋友这些信统是我在山东邹平工作的时期本着上列的态度和主张写的。那时期我对于山东旧济南道属二十七县乡农学校的导师（即山东乡村建设研究院第一届结业生），对于邹平乡学村学乃至村立学校的教师，对于最近邹平各乡村农间教育的试导员，从基层的地方教育或乡村工作这面说，我是适居宾师的低位，从事辅导的工作。此外有一封信是和吾友金晓晚兄讨论乡村师范教育的；有一封信是给路永源先生，劝他不要轻易离开乡村小学的；这些信统是和地方教育或乡村工作有关系。现在，一一为之整理，并在此处发表了。这里笔者一面盼望这点东西能于全国乡村工作进行上有点补益；一面盼望它能于各县地方教育辅导上有点贡献。最要紧的是盼望大家从此发现我的错误的时候，肯给我一一指点出来，使我有改正的进步的机会。

这里我很感谢陈化奇、程本海两先生给我校对并改正许多错误。

民国二十四年四月一日效春自序于黄麓

一　写给山东乡村建设研究院第一届结业服务的同学

——造林运动与人生教育

各位同学：

这时候你们想必记起：去年今日你们大家在南马山，在会仙山，在凤凰山、青龙山、珠子山等处发起林业公会从事造林运动的情形。这些事情，你们中有的亲与共事的。现在这些林场里面，你们手植的树株已在发芽添绿，欣欣向荣了。这是你们留给邹平，留给母校——山东乡村建设研究院最好的纪念碑。

今年上列各林业公会都依法令改为林业合作社，他们的林场也都着实添布了树种，添栽上树苗，内容比从前格外进步，格外充实了，此外还新添几个林业合作社。在二区东部的：有兴隆山林（在伏三贺家庄）、义和林（在义和村西南相公山）、乡农教育纪念林（在凤凰山）；在二区西部的：有西窝林（在鹏窝峪）、黉堂林（在醴泉寺后）、耿庄林及自卫班同学会纪念林。邹平第二区民众学校是去年十月间成立的。那时候大家就因为二区多山，决定以提倡造林为一种重要的工作。大家就决意在已有的林场加以充实，其未立林场者为之设法组织经营起来。事情的进行是很舒缓的。可是在二区民校管事的校董，田校长，和张石方、张次乾、张品波、贾岳庭、孙玉书、赵怀荣、王在森诸同学，在那校服务的，依我看统是很能尽力的了。

这几天二区民校的活动，可以说即以造林为中心。高级部在造林，少年班在造林，联庄会会员训练班于军事训练班的功课以外，也是在造林。所有各班同学精神训练，自然研究，国文，史地等课所学所谈所研究的，都是以造林为中心。这时候（宜于植树的时季）这地处（宜于造林的地处）知道社会生活的学校，实施人生教育的学校，是应当如此的。二区的民校，据我所知道，他们近来每天的生活大概是这样：

总校（在韩家坊）、分校（在青阳店）每天都有教师一人或二人常川在外与各乡镇长，农人，或旧日学生，接洽并协助各乡区进行造林的事宜。其他教师一人或二人则引导在校学生实行上山造林。他们每天早晨在校摘讲"中国造林学"。早饭后大家就带着锄锨，水桶，树苗等上山去了。这时候大家一面栽树，一面即可研究树的生长，树的种类及性质，土壤，气候等事。在工作疲倦，围坐休息的时候，也可以学唱歌，讲故事，做时事报告。即便精神陶炼——尽己之谓"忠"，行而宜之谓"义"，以及"合作""互助""开天辟地""劳动神圣""社会服务"等观念，也从此等实际生活上加以指示与说明，才容易心领神会。师生之爱，朋友之爱，在劳苦工作上也最容易发挥培养起来。晚上回校，大家即在室内讨论，并作工作日记，讨论的问题是：

（一）种树造林有什么利益？

（二）本区山上最宜种的是哪几种树？

（三）为什么本区多山，都是多年荒着，没人种树？

（四）造林有什么困难？怎样解决？

（五）造林以后不许穷人樵薪，是否合理？如何安排始能双方兼顾，两全其利？

（六）造林与放牧是不是有冲突的？如有，该如何解决？

（七）造林为什么需合作？

（八）种树有巧法吗？

（九）林业合作社怎样组织？

（十）纪念林的意义怎样？

（十一）"造林容易保护难"，怎样保护才好？穷人偷树，因偷被罚则更穷；你看该不该罚他呢？小儿无知毁坏树株，穷人偷树，吸毒品的滥人亦偷树，是不是同样处罚他们？单靠官厅文告，及政警巡捕能否保护森林？

后面附寄油印的两首歌，即是我为我们的民校学生作的。我想荒山造林是工作，也是游戏；是科学，也是艺术。我不愿我们的学生视造林为须得敷衍的公事，也不愿他们视造林为无可逃免的苦差。大家工作中间，休息的时候，该有歌唱：

（一）种树歌（国民革命歌调）

劳动神圣，劳动神圣，来种树，来种树。

要把荒山成林，要把荒山成林，须合作，须合作。

（二）造林歌（苏武牧羊调）

朋友！这是什么时候？

九尽杨花开，春光最可爱，

拿锄镐，上山崖，快把树来栽，

深深掘开土，浅浅把根埋，

底下结实砸，上面轻松盖，

荒山造林，有志竟成，大家一起来！

我们要利用厚生，我们要控制自然。我们要创造富的社会。邹平的山，山东的山，中国的山，乃至于整个地球的山，有我们在，是不能让它们永远躺着，闲着，荒废着的。我们要让它们一一起来为人类工作，为大众生产！

末了，我要请大家注意：别把我们民校的造林运动变为杀树运动。这边是说大家在指导学众移栽树苗的时候切不可粗心大意，潦草塞责，移栽树苗不是十分容易的事。"深掘浅栽，结实砸，松松盖"，每步工作都要用心，并都要用力的。否则千万的树苗不移栽犹自好好活着，一移栽反从此枯杀了。同时，我还要大家注意：农人不可欺，小儿不可欺，新栽的树苗也是不可欺，你如欺它，它便会给你气死的！日后我如有机会来看你们的时候，当然我是很欢喜看看你们与乡农新栽的树株！祝好！

杨效春二十二年三月廿二日

二 写给乡村导师

（一）从乡村小学教员变到乡村生活导师

各位同学：

日子过得真快，我们大家自从讲习会结业之日分别以后，到如今又是半个月了，在这半月里，我真无日不在想念你们。这时候，想必你们个人都已到了各人所在的学校任事，教课，忙碌生活吧？这一次，你们是带了乡村建设的新使命回去的。现在您为乡村建设，在做什么事？会遇着什么困难的问题？你们的学童，你们的农友，乃至你们的小学生，是不是比较从前（在未有此次讲习会以前）更为尊敬你们，亲近你们，欢喜你们，信托你们呢？

大家想必记得：在讲习会开始的那一天，那第一次会里，我曾经告大家："从今以后我们大家不宜只以乡村小学教师自居，宜以乡村生活导师自勉"，大家试想：乡村小学教师和乡村生活导师，这两个名词的意义，是有什么不同？这两种人物的责任又有什么分别？做个好的乡村生活导师该当怎样？

还有，讲习会结业的那一天，最后一次会里，我于临别赠言："振作精神转移风气"两句话外曾经请求大家，在今年寒假以前实行五件事。哪五件事，大家还记得不呢？

一、看两本自己愿意看，在修养上，或者在事业上，有意义有价值的书，（新书旧书都可以，由你自己选定，或者函告我，或督学辅导员代为选定）。

二、教本村的大小学生会唱三首歌：朝会歌、农夫歌、尽力中华歌，你们自己有不会唱歌的，可请邻村的同学来到本村代教；或派一两名聪明的学生到邻村学校去留学。时间和邻村教师约定，专学唱歌，他们学好以后，回来转教别的同学。

三、教本村的大小学生会演习八段锦——这是你们在讲习会里都已经学会的。

四、教本村成年农人《识字明理》一册或两册，约三十人。

五、在本村或自己家住的村里，提倡并协助办理一个庄仓，或其他各种合作社，这些事情，你们做了没有？做过几桩呢？

昨天（十月廿八日）我和金督学（步墀）到明家集（第八乡学所在）和吴家（第九乡学所在）去，回来，路过柴家看看孙山老先生，亦可以说是老同学；他精神很好，兴趣也很好；他今年已经是六十一岁了，可是从他的人生态度和活力说来，他依然是个少年咧。当时，他教小朋友唱歌，演八段锦。完了之后，金督学告我说："孙老先生的精神真可佩服！"他老先生还在自己记日记，（讲习会散学以后，一直到如今，未曾间断，）又教小朋友记日记咧，我看这情景，真是异常欢喜。

一天，我到青阳店去，路过西关黛西河边柳林里面有小学生唱着："淡淡的阳光照着空气清且新，英伟的少年振起壮志定乾坤……"你们试想：这是谁个教他的呢？何处儿童，会唱这个歌儿呀！

贺雨三、李荣华、杨麟中诸同学所在的地处已经成立庄仓，王筠青、成敬之、张维范诸同学已在举办成年农人教育，第九乡的各位同学，昨天见我的，也正积极想办成年农人的教育。这都使我非常欣悦。我想，我们讲习会的同学，即邹平全县的乡村生活导师，也许就可将邹平实验县整个的抬得起来咧。老先生们，同学们努力吧！

改天，我还想向大家报告：各乡同学在乡工作的情形，各辅导员在乡工作的情形，我和马督学（子实）、金督学等在科务上工作的情形，还有梁漱溟，叶剑星，徐树人，茹春普诸先生在研究院；王炳程，方象鹤，曹锡候，郝宝书，刘树杞，于鲁溪诸先生在县政府；时济云先生在第八乡；裴雪峰先生在第五乡；张石方先生在师范部；周文山先生在小学部；龚蓝田，张梦华两先生在征训队；乃至陈亚三，孙廉泉，梁劼恒诸先生在菏泽实验县工作等等的情形，以后我都准备一一告诉给你们，想来，你们都是爱听的。

祝大家健好！

杨效春二十二年十月二十九早晨

（二）谈乡村民众教育

各位同学：

秋收已了，农暇开始，这正是我们大家应当加紧努力乡农教育的时候，时不可失，机不再来，这时候，我们大家如不振作精神，唤起农人，来推动社会，组织乡村，促成乡村建设的事业，更待何时啊！

上月二十六日，本县第五科里曾经开了一次会。到会的人，有梁漱溟先生，王炳程县长，时济云，徐树人，茹春普，裴雪峰，张石方，王梅生诸先生，马督学，金督学和各乡辅导员连我刚巧是二十人，讨论的中心问题，就是："今后本县乡村民众教育实施程序及办法"一案，本案的内容，较为切实的说，就是："今年农闲期内，本县各乡村的民众教育该当如何办理？"

第一问：为何教？——教育目的和性质

第二问：教谁人？——教育的对象

第三问：教何事？——教育的活动或功课

第四问：如何教？——教育的方法

第五问：何处教？——教育的地点

第六问：何时教？——教育的时间

最后是问：招生和留生，要不要强制，要不要用政治的力量，这是关于此番教育工作进行的手续。

开会的时候，大家对于这些问题，都有许多不同的意见，有时候竟是起来剧烈的雄辩。今天，在这里，我愿向大家报告这番会议所决议的事情，这些事情，和我们全县各乡学，村学，及村里学校担任成年部教育工作的人统有深切的关系，想来大家必是欢喜知道的。

先问大家：为什么举办成年部？我们的成年部的教育目的是什么？是不是我们的目的只是为教农村失学民众能识几个字，念三两本书？简单地说，我们的工作是不是单为农村社会扫除文盲呢？这请大家就此仔细想一想。各人自己的意思是怎样？那天的会里大家都认为乡村运动者所举办的成年部教育目的应当是推动社会，组织乡村，促成乡村建设的工作。我们的教育的性质，是广义的人生教育，不是狭义的文字教育。

其次，我们的教育是教谁人？谁是我们的教育对象？是儿童？是妇女？是青年壮丁或是老年的人呢？大家的意思以为各庄的儿童，应入儿童部（即国民小学），妇女应入妇女部。（如第一乡义和村学，贺家村学第八乡许家道口村学之设立）所谓"成年部"的教育应当以农村青年壮丁乃至年老的人，这一般农民大众为对象。它不限于壮丁，也不限于青年，更不限定有年纪的老人。朋友们，打开校门！让大家来学！请农村大众统在教育的氛围里过生活，引大众共同向上学好，岂不是你们所乐意的事情吗！

再次，宇宙之大，人事之繁，事物万万种，书籍万万册，大家要把什么东西，什么事情或什么书本教给大众呢？这里还得注意我们大家（教者与学者）彼此的时间都是有限的，能力也是有限的。更为切实地说，今年农闲期间，我们的成年部能教大众以何事？不知各位同学对这问题曾经想了没有？想的怎样？那天会里，大家的意思以为我们大家在这时机可做的事情是：

一、办成年部夜班，可教大众《识字明理》一册或二册。

二、学校订报，教师看报，转告大众；给大众明白世界大势，国家大事，及本省本县本乡本村的重要新闻。现在各校都定有《邹平实验县公报》和本省《国民日报》，天津《大公报》《益世报》，统是大家教学上最好的新颖资料。

三、创办庄会合作，全县各校或应注意棉花运销合作，（产品区域各校教师注意！）或则酝酿湖麻运销合作，（洡山泊湖边产麻各庄之学校教师注意！），林业合作（长白山脉左右各庄教师注意！）蚕业合作，（蚕桑区内各校教师注意！）等。

四、自卫训练，充实联庄会内容，请本地长于国术的人教大众每晚演习。

五、改正乡村不良风习——设法运用团体之力从事禁烟、放足等活动。

漱溟先生则谓年内的成人教育须注意于使大众明白乡学村学这制度的组织，意义和它们的作用。他说："年内的成人教育，实甚重要。大家对于村学乡学之办法，大多似不甚了解。虽是各乡学村学已经纷纷成立了，可见目前各该乡学村学还只是一个架子。各教员或理事学董均尚未能彻底了解，民众更不必说。须知道我们的各种事业完全是要由这个制度推行的，一切事业才能进展。并且这制度须众人了解，众人参加，而且能够运用。这制度才能使众人有力量。年内我们的民众教育所着重的是要使乡村人民明了这乡学村学之内容。要是徒有架子，这件事情就难得有生机的。现在我正为乡学村学写各项须知，内容是理事学董教员等等怎样做法，因为要使乡学村学的内部分子先能明了乡学村学的重要事项（如使一村人民共同向上学好，在禁烟，放足或兴办合作社等实际事业上表现出来），逐渐一般乡村人民对这制度有一个普遍的认识。"

自来说话容易做事难，那天会里，我们是如此商酌。试问各位同学在乡工作能将上列各事做得不呢？

复次，谈到教育的方法，全场一致主张做学教合一。什么是做学教合一？各位同学都是知道的，无需在此细说。

又次，在什么地方教呢？当然依人生教育的观点是天地为教室，社会即学校，无论是山阿水边，村前宅后，处处可以敷教。可是大家如问年内本县如此这般的民众教育应归村学办理，抑归乡学办理，则我们会议里的答案是：这番事应有各村学及各村里学校主办，各乡学居于辅导地位。

教学的时间呢？一年之中，从何月何日起到何月何日止？一天之中，又从何时起到何时止？对这问题，那次会里大家都主张从即日起至废历十二月十五日止；至于每天举行集体教学的时间，由各教师斟酌当地情形决定，通常宜在下午三时半至五时半约两小时，不必在晚间，免得费油，费灯草，夜黑里学众往来亦不便。你们以为怎样才是呢？

至于招生和留生要不要用政治的力量，要不要强制？关于这问题，会场上的意见很是不同。有人主张绝对自然，无需强制。有人主张实行成年义务教育，对于成年文盲非加强制不可。也有人主张尽量使用教育的方法和力量，要大家来学；而政治的力量只在若有若无之间备而不用才好。还有人主张由县政府赶即通令各校管理或学董及教师，须兼办成年部，并令劝导大众踊跃就学，而无须直接强制大众。你们看怎样好？

随后，那天大家又曾论及全县民众自卫训练的问题。因为这问题的内容，牵涉的方面很多。短时间内不易详细讨论。当时，大家推定王炳程、时济云、徐树人、张次乾、王盛宗各位先生和我负责研究议订办法。你们知道，我是个惯拿笔杆的人。如今要跟同大家为惯拿锄杆的农友，想法子学习使用枪杆，这真使我苦恼不知如何交卷啊！这个，改天再向大家报告。

顺便有件事，应请大家转告各村村长或村理事和管理员：一、各村庄所立初级小学，应一律更名为村立学校，村立学校以兼办儿童成年两部为原则。二、村立学校单办儿童部者每年由县发补助金二十元，兼办成年部者每年由县加发补助金二十元；儿童部应得之补助金全归学校领取。加办成年部之补助金由学校与教师平分领取。

朋友！天下事情的成功统不是一手一足之劳，也不是一朝一夕之故，邹平的建设，中国的复兴，人类正当形态文明的辟造，这些事情都是今天正见的端倪咧！就从今天起吧，我们大家每个人，每分钟，加紧努力！今年年内试看我们大家能在邹平的乡村工作上做起什么事情呢？

祝好！

杨效春二十二年十一月九日

（三）视察欤？慰劳欤？

各位同学：

昨天科务会议完了以后，我和王君志伊到乡间去，看看我们同学新近在乡工作的情形：看看大家在做什么事？在用什么书？在会什么人？在研究、试验并企图解决什么困难的问题？我们自早晨八点钟出发，先到南关、次到赵家庄、黄家营，经过义和村、合家庙、聚合庄、鲁家泉、石家庄、又到贺家村学才回城。回城的时候天晏了，夜深了，人静了，邹平的西门南门北门都关了，只有东关的城门还可以通行。沿途、我们也曾冒过雨，流过汗，跌过跤，摔过车子，干过嗓子，饿过肚子，可是我们没有感觉什么疲劳和苦痛。而且正是相反，我们觉得这一天的生活真是很愉快，很舒畅，很有趣味咧。我就这样说吧：来到邹平已经两年多了，昨天实在是我最最欢喜快乐的一天。我们为什么这样欢喜的呢？请听我说来：

我们先到南关村立学校，会见韩守忠同学、田思九村长，和他们谈了一阵，并看看他们的乃至该校小学生的各种活动，知道这些小朋友会唱《朝会歌》《农夫歌》，会操《八段锦》的前六段，会写方，会记日记；他们关里的户口调查，粮银调查，地亩调查都将完竣了。庄会合作，归并粮名等事不日就可以成功。成年部在招生，定期于本月二十七日开学。南关的学校和东关北关西关的各学校每星期联合举行一次总朝会。四关的各学校因马督学（子实）的劝导，每周联合举行总朝会。这件事引起我非常的兴趣。昨天我到鲁家泉时，天已经黑了。子明、秀举、雨三、飞石各位同学都要留我们歇，我们都不歇，决议黑夜赶回城里来，为的什么呢？就为的要参与今天早晨的这个总朝会。这个会是怎样开的，这里暂且不说。总之，我很欢喜注意各学校，尤其是乡村的学校能有这样的集会。

赵家庄村立学校是刘维经同学办理的。他是民国二十年讲习班的同学。今年的讲习会，他没有进，他曾教他的小学生会唱《锄头舞歌》，会演旧八段锦；但今年大家所会的《农夫歌》《朝会歌》《尽力中华歌》和《新式八段锦》，他都不会教，就因为他自己不曾学。新近，他在看《晓庄一岁》《古庙敲钟录》和《邹平实验县计划》等书。这在我看来，好像是失之东隅，收之桑榆，他在今年讲习会期内所丧失的，企图于此后课余自习里面求补偿的。该庄户口不多，粮银亦少（十七两），现有小学生共十一人。我想该庄的学校最好能与南关合并；如其不能，就与南营合并亦可。如今赵同学，他在自己的家院，教这十一名的学生，抛弃家务，尽这义务，他为本庄儿童谋求学机会便利的心情是可取的。可是我要敬告赵同学和该庄全体人民：我们大家同在中国，同在山东，同在邹平，村与村，庄与庄之间，实在有许许多多的事情须得合在一起来做才好啊！

在黄家营（南营）我见张维范同学。他正忙着帮同该庄首事在统计该庄的户口，银粮和地亩。张同学之在该庄不仅给乡人教子女，还帮乡人办公事，因此，他就取得乡人的欢迎与信赖。他的小学生，唱歌是不好，体操也不行，日常生活行动都是太过拘束呆板的。可是他们书法都很好，讲解也清白；教室里空场里都很打扫得干净整齐，这都是很好的。我们到校的时候，张同学正预备早餐：黑馍半斤，豆腐一方，盐菜一碟，这就是乡村小学教师的早餐了。这里我愿重说一遍：黑馍半斤，豆腐一方，盐菜一碟，这就是，我们邹平乡村小学教师的早餐了。平日我在科里，在家里，都不愿吃好，不想吃好，并不是我不会吃好，实在就因为你们大家在乡间生活都是这等简单，这等清苦呀！我见张同学时，张同学似乎有点害怕，他以为我是科长，是来视察的，实在我仍然是你们的老师，是你们的朋友，到乡间来，是来看看你们，慰劳你们啊！

在义和村，见成敬之同学，高文治同学，他俩最能合作，义和村学今有儿童部是成同学主持的；有妇女部是高同学主持的，有成年部也是由高同学主持的、名义上他俩虽如是分工，实际则他俩之间，我帮你忙，你帮我忙，彼此很齐心，很合手。他俩还彼此交换评阅各人的日记。大家记得：我在民国二十年冬曾在这村办过乡农学校，因此这个村里，男女老少，大家都认识我，我于这村亦分外感觉兴趣。小朋友们要我听他们的唱歌，看他们的体操，同时也要我给他们讲故事。大朋友们向我报告：村民会议已经决定把石大夫庙的菩萨请出去，把庙房打扫干净，修改一下，作为村学的厨房。

到阎阎家庙，不见教师，说是回家去了。教师是王子勤同学。他是昨天回去的，今天可以回来，但未到咧。他的家，离此约五里，这时候，我想，如果是夫妻学校，如果是校中有教员住宅，如果是教师就是本村人，当不会有此现象。我又想在这样的境遇里用小朋友教小朋友的办法是很可以试行的。他在校里已经自己动手糊了纸壁，起了茶炉，并与柴启沆陆续编发壁报，写学校大事记，及识字牌，都使我很欢喜。

到聚和村，我与志伊弟都渴了，肚也饿了，时间已经是下午二时，还没有吃中饭咧。再次休息，吃了一碗面后，便上山岭向西北去，这时候，步步高升，人已不能骑车，须得推车了。走到樊家庄日已西沉，石子明同学正忙着点灯，给成年部学众上夜课，到石家庄天更昏黑，石秀峰同学正与学生教唱歌。"教师如何，学校如何"这话真不错咧。你看：子明同学善操八段锦，他的学生就以操八段锦见长；秀峰同学善唱歌，他的学生就以爱唱歌见长了。在秀峰的座上看见他的工作日记，知道他很用功，我就奖励他。他说："我不如子明，更不如守忠，我写日记不过三年，子明五年了，守忠，十八年；都从未间断咧。"听了这话我很惊奇，同时又很敬佩。日记十八年，从未一日间断，这在我自己还是未能咧。这里可见他们日常做事的有恒，和生命力量的丰富！

夜来了，天黑了，明月常为云雾遮着，不肯给我们以方便。我们自己又因为明早有事，决意要回城，我们都有自行车，一来想快，二来想省力，也不管山径崎岖就骑车下行了。我的车有保险，骑车的本领也较志伊弟为高，所以我就在前面打先锋，探险路。志伊弟的车子是没有保险的，他在后面跟着,同时我们又需要隔距相当的远,不然,下坡的时候,跌在一块,是不好过的。于是他就常常远落在后,我有时回头看他不见,叫他亦不应。怕他跌倒坎下。只得回头找去。见他来了,又上车再走。好在这些山路是我惯来的,绝不致走错道。到了贺家村学,我们都是满身大汗了。

稍憩以后,看大家上夜课,白飞石同学为成年部讲时事,贺雨三同学为青年补习班教珠算;还有一位,前第二区乡农学校高年部的同学在那里做助教,指导小朋友温习国语。听说这村有耆老会,以与全村老翁相接洽;有大众妇女谈话会,以给全村妇女有接受新知识新艺能新人生态度之机会。我们村学的教育,对个人说是全人教育;对社会说是全村教育。贺家村学在这后一点上是几乎做到了、她已经以全村的男女老幼为学众,她已经把教育机会给予人人了。她在村里已经办户口调查,人事登记,庄会及风习改良会。

学长李执亭,理事李德新和许多农友送我们走出村外。云去了,月明了,在归途上,我们饱尝万松山下,黛西河边夜景的美味。我们欢欢喜喜回城了。那时候我屡次向志伊弟说:"中国乡村运动的前途是光明的,邹平的乡村教师都在向上进步了!"大家试想是不是呢?

祝好!

杨效春二十二年十一月二十六日

(四)为邹平妇女放足运动

诸位:民国二十年冬,和我在二区东部试办乡农学校的同人,大家想必记起:那时候,我们曾经有个口号:"男人习拳,女子放足"。关于女子放足一事,那时候,郭庄和贺家庄的女生因我们的劝导也真有放过足的。可是我们回院以后,不久他们的母亲或祖母,又或把她们的足逐渐裹小起来。她们为的是天足的女子,怕找不到婆家。这一面我很惊奇习俗势力的强大!一面也很惋惜我们的教育工夫还未曾做到家。但是少数书生,在小小范围内,单凭短时期的乡农教育(前后不满三个月)口讲指画,谈情说理，竟把许多乡间老妇的心变了，少女的足放了，换句话说，就把数千年来根深蒂固的陋习一旦震撼起来，仍令人不能不信教育力量的伟大！教育在移风易俗上是有它莫大的深沉的伟力！

现在本县县政府已经决意要把邹平全境妇女缠足的陋习，刻期肃清。放足令已经下了，大家必已经看到。这是邹平全县现在乃至未来的无数妇女的福音，请大家细看，大家细看了后必然可以明白：

一、这次放足是特别注意于十五岁以下的童年女子。对于年长妇女，当然，我们亦盼望她能明白道理，自动放足。可是我们对她只用教化劝导，不用法律裁制。所以如此规定是为求事实容易做到。

二、这次放足是要全县各乡各村各庄一律举行；不是仅仅要某一乡，某一村庄单独举行的。这就指示大众毋须互相观望；而且全县妇女放足限有日期，亦不容大众长此互相观望。

三、这次放足是由本县县政府以下各机关公务人员，各乡村理事，各闾长邻长，各学校教师共同办理。大家都需尽力宣传，劝导，调查并督察其实行；不是仅仅由少数人士尽力提倡鼓吹而已。

四、这次放足，不仅用教育的工夫来劝导，并且要用政治的力量来强制执行。大家知道：一切鼎革，不外四种方术。一是动之以情，二是喻之以理，三是制之以法，四是慑之以威。这次邹平的放足运动可以说是四管齐下的。为的是想给全县的童年妇女解除痛苦，扫除数千年来的陋习。可是我仍在热烈盼望全县各校教师和学生，多用心力，尽量在劝导人民实行放足上使工夫。大家今日在劝导上多用一分工夫，便可使日后政府在强制上少用一分力量，也可使人民在生活上少受一分痛苦！妇女缠足是痛苦的；为了妇女缠足，罪其家长，也是痛苦的。谁能救此苦难？惟望全县公务人员，学校教师和学生肯以菩萨心肠，事前能够尽力宣导而已。

五、这次放足，限有日期，到了限期，大众如不明理，苦苦地要把童年女子的足缠着不放，则我们为着人生的道理，为着女孩的幸福，为着民族的健康，乃至为着省府及县府的放足命令之奉行，实不能不罪其家长。为了妇女缠足，罪其家长，这本是极不得已的办法；实在说，这对我们自己也是甚可惭愧的举动。我们在邹平办学已经许久了。平日未能感化人民，自动放足；到如今仍须借用政治刑罚的力量来厉行放足。这便证明我们的教育，不会关心妇女大众生活的痛苦；也便证明我们的教师尚未曾十分理解"教育有指导社会作用"的意义啊！现在我真竭诚盼望全县童年女子在最近期内一律放足，同时竟没一人受罚咧。

六、这次放足，我们想由各乡学，村学及村里学校共同起来负责的干。最好不要用县政府的力量。这并不是说县政府对于全县妇女缠足能不负责任，或不愿负责任。乃是因为我们甚信：惟由乡村学校引导人民实行放足，最有好处，最无弊害：我想：乡学村学及村立学校在乡村建设，社会改进上须能发挥他们自身的作用。放足运动，就是大家的试金石。

总之，邹平境内十五岁以下的童年女子现在已是非让他们天足或放足不行。缠了足的童女，到期不放，依法是得受罚的。罚了还得放。在这时候我特敬谨请求各校教师以及学生注意：全国妇女为何应当天足？天足有何好处？缠足有何弊害？缠了足的妇女对于农村经济，农家生活，妇女卫生，乡村风俗，以及民族优生种种方面有何影响？缠足到了如今，为何说是犯法？犯了这种法令要受何种处分？县府何以必须厉行放足运动？何以须强童年女子先行放足？且何以她们不放将罪其家长？为了缠足所有罚款何以须归本村办学？种种道理，一般人民统是不知道的。我们大家都应当想法使他们完全知道。乡间明白事理的人既多，因违法缠足而受苦难的人自即减少。这不仅是乡村人民之幸，县政府工作人员之幸，也实在是我们全县教育人士的光荣。现在，要请大家致意下列各项工作：

（一）熟识《放足令》，随时随地转告全乡或全村男妇老幼，一一知道，并明白这道命令的用意。

（二）学会《缠足苦歌》《劝放足歌》，并转教学众会唱且理解其歌词意义。

（三）协助乡理事，村理事等调查本乡本村十五岁以下五岁以上之童年女子，并力劝大家自动放足。

（四）与小学生说明缠足之害。要小学生发愿力劝自己家里的妇女实行放足。

（五）在学校门前或庄中重要之处揭贴放足宣传的标语。

标语：

要求乡村建设必须妇女放足！

要求社会进步必须妇女放足！

要求教育发达必须妇女放足！

要求儿孙健旺必须妇女放足！

要求家庭快乐必须妇女放足！

要求农村经济充裕必须妇女放足！

要求中国民族复兴必须妇女放足！

妇女缠足，自讨苦吃！

妇女缠足，有百害，无一利！

一女缠足，全村之耻！

女儿缠足，父母之耻！

妇女缠足，如犯重罪，上脚镣！

妇女缠足，如患重病，染瘫痪！

放足运动是妇女的救星！

明理的父母决不让女儿缠足！

明理的女子绝不缠足！

明理的男人必须尽力劝家里的女人实行放足！

放足运动是为全县妇女救苦救难的！

明理的女子，自动放足，免得父母受累！

明理的父母不可毁伤女儿的身体！

讲到这里，我要向大家报告本县放足的消息：

一、第六乡学议订的该乡妇女放足办法，很早已呈县府备案。

二、本月八日第十乡学举行第二次乡村典礼。省督学马醒尘前往视察。当打靶时，男女围观的人，非常之多。该乡辅导员孙蛟峰当即利用时机，宣传放足。听人说，该乡学长孙干臣是本县最早热心放足运动的。他的庄中——孙家庄妇女早已实行天足了。同日，第八乡学的辅导员冯实铭，教师孟宪蕴、王传瑞等，利用星期，率领学生赴邻近各村宣传放足。下午，天雨，他们的衣帽尽湿，备受辛苦。但是他们都很高兴。因为一般乡农都知道他们的苦口劝导是一番好意。

三、本月九日第三乡学辅导员张晶波，总理事朱训臣共往南洞子一带劝导放足。第一乡理事孙玉书，辅导员贾秋阳来县商酌该乡放足办法。他俩想第一乡的放足成绩仍是第一。

四、本月十日第四、五、六、九各乡举行打靶会。各该乡理事和辅导员皆利用时机，宣传放足。第四乡学辅导员张景儒偕我巡视杨堤庄见埠庄各学校均教学校教师转教儿童回家劝人放足。首善乡南开有戏，远近男女来看戏的人很多。师范部利用时机由学生绘彩色图书多幅，四处张贴，说明缠足之苦，天足之乐。观众受刺激不少。

五、本月十一日，县府总朝会报告：最近期内，县府拟以全力注意放足运动。先以教育工夫劝导，继以政治力量强制执行，必期全县童年妇女，悉行放足。下午，县政会议，拟拨公款五十元，为放足宣传印刷品及女放足督察员下乡旅费。同日县放足委员会拟派女调查员访问县长，秘书，公安局长，各科科长等公务人员家属以示全县官民，上行下效，一体实行放足之意。

六、本月十二日，联庄会训练班举行放足妇女调查。同日第五乡景家村学放足妇女调查业已完竣；期放足办法业已呈县备案。十三乡学举行学董会，商讨放足办法。主张全县设乡放足委员会，以乡理事辅导员为党务委员；各学董为委员。各村设村放足委员会，村理事及村学教师为常务委员，各学董或管理为委员。

七、王县长自河南来信给我，信中开头就说："放足事如何？四月十五日检查期已到了，望总动员一致努力。"他又说："此时不为数万小女孩，一解不仁之缚，又待何时。"

八、本月十三日，第五乡学为放足运动，在作游行宣传。

这些消息是我所知道的。其余各乡各村必有许多村乡理事，庄长闾长家长，学校教师学生在为全县妇女的放足运动努力，而我不曾知道。故不能在此报告。听了这些已有的消息，已足够我们深深欢喜，并可为全县妇女庆幸，祷祝而且感谢大家的。

最后，我只盼望大家凡事要认真，不必急躁，亦无须灰心。我是深信邹平全县的妇女行将脱离苦海，同登彼岸了。愿大家扶此慈航，继续努力！

杨效春廿二年四月十三日

（五）在省督学来县视察以后

诸位：

这次省督学马醒尘先生来邹平视察前后凡八天。他在本月一日已经到了院里。二日早晨他与本县督学马子实兄看过我们城关各校的总朝会；随后，他就邀我谈话，他向我说，邹平境内凡事都有生气，都在进步。那天，他就回省去了。因为寒食节的前后四天我们县里各校都要放假。六日乃再来邹平。七日上午他视察本县县学师范部。由子实陪他。下午视察四周各学校，我亦一同陪他。八日，是星期。由我与子实共同陪他去看第十乡学，因为那一天，第十乡学有乡射典礼，这是本县民众教育上的一种新鲜的活动，为他所想知道其内容的。顺道，他又看了第八乡学，和崖镇村校，他对于第十乡学的打靶会和第八乡学的合作讲习会都很留心视察，也都表示满意。他对于崖镇村校的学生，学习地理不知使用地图，是表示不满的。那天下午三时以后，天就雨了。我们都在路上淋了一身的雨，棉衣都给湿透。可是，晚间我们仍然回到城里。九日，他和子实、乐颜两学督视察县立实验学校，上午看妇女部，下午看小学部及成年部。他说我们的实验学校没有什么进步。从目前的成绩看，我也承认我们的实验学校没有什么进步。可是我想，至少是我信，我们的实验学校，尤其是她的小学部，在最近的未来，当有甚大的发展与革新。她在试行全校学生能力分组；她在创办全城幼儿生活指导；她在发动城关儿童教育普及计划；她在注意儿童劳作训练、科学训练，及团体生活训练，求于全县小学教育之改造上有所贡献。依我看，以该部教师之齐心努力与继续不断向上学好的热忱，我们的实校小学部是当有改进希望的。十日，省督学和本县两督学到第三乡学去。沿途视察印台联合村学，三官庙村校，冯石庄村校，崔家营村校。他对于第三乡学之请求木匠司务教导学生木工，非常欣喜。他对于张奉先的勤奋尽职，刘仁煜的诚谨工作，也均认为可以嘉许。他说："我对张刘两君走进校门一看就知道他俩是勤谨努力的教师，我也不曾提问他俩的学生程度。"他对于马德亭、张恩冠则主张惩戒，均予撤换。因为他见得马德亭精神萎靡，教做不力；张恩冠常识欠缺，办事亦未能勤谨称职。现在马德亭是撤换了，由为清义任。张恩冠则因为他在上期办理成年教育，颇著劳绩；而他在本县乡村教师中，依宋、马两督学说尚是中上之才。全县教师不如他者还多着咧。一面我不愿大家说我们教育行政当局对于乡村教师往往是"忘其大德，记其小怨"，一面我亦不愿全县教师从此发生侥幸之心，平日不务实际工作，临时应付视导人员。为此，我们已经请求醒尘督学允许张恩冠继续任职。这里，我不能不热忱盼望张恩冠君从此发愤进修，勤谨将事；更不能不盼望全县教师的能力、学识、声誉之不如张恩冠者更当发奋进修，勤谨将事啊！十一日，省县三督学统到鄢家庄、南范庄等处学校去视察。他们向我说：学校教师的精神都不甚振作；学校有地理挂图而不知应用；教室空气污浊，光线黑暗，虽有窗户而不知注意启闭；学生脸手污黑，衣扣散乱，指甲甚长，脚臭甚重，亦不注意使之整洁。他在这里，并没有提出撤换教员，亦没有提出撤换辅导员，可是事实如此，我们自己办学的成绩如此，实尽够我们自家十分惭愧啊！十二日的早晨，省督学就自邹平动身要到齐东去了。他与本县两督学沿途视察第七、第十一两乡学及孙家镇村学。两督学回来报告：第七乡学教师李学文教授地理算术均甚有力，应予嘉奖；孙家镇教师韩宝贤精神不振，教室内桌椅凌乱，垢尘满目，不知注意整洁，学生成绩亦劣，应予撤换，改由孙步青继任。此次省督学来邹平视察，前后凡八天，计视察学校二十处，嘉奖了一位教师，撤换了两位。依他的意思还有几位教师应当撤换，应当惩戒的。他对几位辅导员亦主张加以严重的警告。他的查学是很认真的。大家知道：此次省督学在邹平视察所撤换，所训斥，乃至所要加以严重警告的，统统不是我，而是各位教师或辅导员；实在说，我是应当负责的。我应负本县教育上一切兴革进退的全责。邹平全境的教育工作人员有一人不尽职，无论他的不尽职，是由于能力不及、学识不足或许精神不振，都是我的罪过啊！

醒尘督学此次到邹平来，与我谈话最多，蒙他恺切指示的地方亦不少。他的许多意见是很有价值的，今就记忆所及转告大家，务希大家注意：

（甲）关于学校设备方面：他说邹平乡学村学及村立学校的设备，一般说，都是很简陋的。此后我们应有个最低限度的设备标准：如 1. 尽力利用校有隙地栽种菜蔬，花草及果木。2. 粉刷或裱糊教室墙壁。利用劳作时间，由老师指导学生来干最好。3. 注意开窗通气通光。4. 置备地理挂图，至少应备下列五幅，即世界全图，中国全图，山东全图，邹平全图，及本乡详图。这些图可由学校购置，亦可由教师或学生自行绘制的。5. 各校至少备《国音字典》一部，日报一份（报可与邻校合订）及学生补充读物数种。6. 各校宜备时钟一，摇铃一（经济困难之学校即用哨子可代摇铃，若庄中有庙钟，亦可以代摇铃）。7. 学生用桌凳高低适度。8. 清洁用具完备：扫帚，鸡毛掸，抹布，毛巾，脸盆，镜，水桶，或水缸。9. 园艺用具如小锄，小锹。10. 冬季火炉上应接冰铁管，使煤气通出室外。11. 夜间成年部夜班上学宜备吊灯或罩灯。

（乙）关于儿童生活指导方面。他说：我们邹平的学校应注意：1. 全庄儿童的保健如防天花，治沙眼，医疗癣及其他传染病。2. 学校内部之整理如隙地宜栽花木，教师宜勤洒扫，使无蛛丝垃圾，厕所宜常打扫，大便后应即盖灰土。3. 学生头常沐，身常浴，口齿常刷，指甲当剪，手脸常洗，衣冠常整洁。此皆无需金钱只用勤劳就可办到的事。4. 儿童每日生活须有游唱或劳作二三小时。5. 史地教学应从此时此地教起，渐及远处与既往。教学地理须用地图。注意乡土志。如邹平学童必须明白伏生，范仲淹，张长白，马宛斯的故事；小清河、周青路、胶济路在交通上的影响；鸡子，棉花，丝兰，湖麻在农村经济上的关系。6. 自然教学要利用本地实物如鸟有燕，雀，鸦；兽有兔，狼，牛，羊；树有杨，柳，榆，杏；草有豆，麦，梁，粟。一切生物形态构造及其生长过程都可有本地实物指示，无须外求。师范部教师冷绍权要学生采制动植标本以教自然，甚为得法。7. 语文教学宜注意改正别字错字，此层惟小学部教师楚礼阶最能细心；并宜注意国音字母；此层则外省外县来邹平服务的教师最应留心。8. 游唱宜联合教学，取材须与儿童程度相应。9. 算术，社会各科宜注意平均发展。

此外，他还向我们建议：

（一）召集本县实校各部及各乡学教师为短期讲习会，讲讨本县地方教育改进的办法及理论。

（二）抽选全县村校教师，轮流来城训练，约三个月一期，各校教师受训练期间，照旧支薪，或支原薪十分之七，以所余十分之三，觅助教代课。

（三）在各校成年夜班，加授注音字母。

（四）各校辅导员宜特别注重各村学及村立学校之辅导工作，对于各乡行政事务及调解争讼等事不宜用力太多，致减低教育效率。

（五）对于全县妇女放足运动，必须使之雷厉风行，不宜放松。这些意见，我都认为很好，愿和大家共同努力，使它一一实现的。同时，我亦会向他报告：

1. 本县教育改造的方针：量的方面为教育大众化，即使全县人民皆有教育的机会，皆得与学校发生良好的关系。质的方面为教育生活化，即教育与生活合一；教育从生活出发；在生活里进行，亦即以生活的向上改善为旨归；这就是说教育的起点、过程及目的皆以生活为中心。

2. 最近期内本县教育上共同致力的重要事项：①为乡学村学内容的充实，使他们在乡村建设中能够发挥他们自身的作用。②为小学教育的改造。③为成年教育的推进。④为全县师资得到提高与补充。

3. 本县县学师范部成立的旨趣及其实施计划。

4. 本县小学教育之改造即由师范部与实校小学部打拼为一个力量，成为实验机关；城关各校及各乡之村学儿童部为表证机关；其他各村立学校之儿童部，为推广机关。

5. 本县成年教育的推进即在鼓励全县各教育机关注意成年教育，如①各学校兼办成年部夜班。②县中办成年教育特别班。③联庄会员训练队中除军事教练，兼授语文，史地，及农村问题等科目。因大家的努力，本年度中本县成年教育部分似有跃进的气象。有统计为证：

邹平县历年学生人数统计表

年度人数性别程度	师范		高小		初小		成年		总计		备注
	男	女	男	女	男	女	男	女	男	女	
十八年度			86	20	5 528	200	63		5 377	220	成年男数系职业补习学校学生数
十九年度			426	20	7 000	277	61		1 210 (7 510)	297	同上

续表

年度 人数 性别 程度	师范		高小		初小		成年		总计		备注
	男	女	男	女	男	女	男	女	男	女	
二十年度			397	21	7 494	467	87		7 978	488	同上，由研究院直接指导之乡农学校学生数未计入
二一年度			580	21	7 707	502	95		8 382	523	同前
二二年度	53	3	751	24	6 909	692	6 438	6	14 148	725	成年男数连联庄会训练员在内，女数则各庄大众妇女谈话会之听众不在内

6. 本县教育行政制度除县设科长一人，督学二人，科员三人外，各乡设辅导员一人，视导各该乡乡学、村学及村立学校之改进。各乡辅导员每月须巡视各该乡所属各学校两次，并召集各学校教师在乡学开教育会议一次。此项辅导员顾名思义是以师友资格辅导各校教师工作，而不是以官吏资格督察大家应付公事而已。

7. 各乡教师在修学上现有种种组织如首善乡有教育研究会；第五、第十、第十二各乡学有教师读书会；第十一乡学有教师分组研究会。县政府第五科现为增进全县在职教师之程度起见，拟联合研究院，师范部及实校各部教师组织函授学团。

8. 县学师范部学生由教育教师指导，分组教授联庄会员二百余人识字明理。他们一面教导文盲大众能读能讲能写并能转教旁人；一面自己就在这活动上学得教导大众之智能与兴趣。

9. 城关各学校正发动普及首善乡儿童教育。

10. 实校小学部将设立幼稚园，及以指导全城幼儿好好生活为己任。

11. 今年全县各学校教师学生接受县政府第四科之指导，劝导各乡人民或自行栽种树木，约计为三十万株。

12. 新近县府在注意妇女放足运动。全县各校师生也一体出动宣传，劝导及调查。期以教育之力使全县十五岁以下的女子一律放足，免得女儿受苦，家长受罚。

13. 城关各校有总朝会，在星期一早晨举行。其内容为：①开会，唱朝会歌；②向教师行礼；③各校学生相向行礼；④精神讲话；⑤健身操；⑥自由活动；⑦整队；⑧散会。自此各校师生得互相观摩及联络。第十一、十二各乡也拟仿此使乡村间邻近各校为周会或旬会。

14. 县学师范部及实校各部今春与公安局，干部队，在县城四周内濠，分栽植桃、杏、李、柏、杨柳、青桐等树，我们要用公众之力经营一个不费钱的环城公园。

15. 县中拟拨千元，奖励优良村立学校。

督学对此，都表示赞许，最后，我亦曾对他说了："一年以后邹平的教育当比现今大有进步。"说这话时，我颇自信。朋友！您想怎样呢？"大家发愿，齐心，学好。"我是深信邹平县的地方教育是不难蒸蒸日上，与时俱新的。

杨效春廿三年四月十九日

（六）谈邹平教育改造

诸位：

你们也许记得：我接受邹平县政府第五科科长的职务，到了今天恰整整一年了。在这一年里边，我实无日不为全县的教育事业用心用力。可是如今回顾，一年来全县教育上进步的成绩却很少。有的成绩，也都是你们大家自己努力的结果。我在这些地方是不曾有甚贡献的。这是实在的话，我不曾客气，我亦不会客气。

同时，我并告诉你们：我不大愿在成绩上斤斤计较，但愿大家"振作精神，转移风气"。所谓"转移风气"，小言之，自然是要转移全邹平教育上的风气；大言之，实在是要转移全人类社会上的风气。我愿大家追求理想，不仅要求成绩。

如今，全国教育界都在呼喊"中国教育改造！"我们应当追问：中国教育上有什么坏的旧的应当改革？有什么好的新的应当创造？照我看现今中国教育上是有四大流弊应当改革的。这四大流弊就是：

一、制造阶级：如今的学校只是给有钱有闲的人家的子女上学的。没钱没闲的子女要进国民学校，完成国民教育已是千难万难。中等教育，高等教育不用说是与他们绝缘的了。因为各级学校：入校都需一定费用，上课都有一定的时间。在这上面，如今的学校教育制度是不如科举时代的办法的。科举时代，放羊的人，牧牛的人，拾柴火的人，种庄稼的人，以及一切贫穷的人，忙活的人，一样可以上学求智，中秀才，中举，中状元的。今日的博士硕士，非有闲的人绝对干不成！长此下去，有了钱财的人亦即成为有学识有权势的人；没有钱财的人亦即没有学识没有权势；"钱财""学识""权势"合为一家；"贫穷""愚蠢""卑贱"亦即合归一家；中国社会倘能有了秩序，五十年后，单凭这样的学校教育制度也就会把中国的伦理社会改变，成为阶级对立的社会。今日国内阶级的形式尚未完成，因为中国尚在大乱，为匪当兵的人尚能利用时机取得权势与钱财而已。这里大家应当留意：由西洋搬来的学校教育制度是能够为中国社会制造阶级的啊！

二、埋没天才：现在的学校，依我看，只可说是中才教育，或庸才教育；不能说是英才教育，也不能说是蠢材教育。她的教育设施所注目的是学生队里的中庸之辈。禀赋优异的人她是不顾的。资质愚钝的人她也是不顾的。一面她有学年制度，她要全班学生，不管数有多寡，性别男女，资殊智愚，总是一齐来，一齐去。一面她用班级教学，又要全班学生，不管所学何课，所干何事，所供何物，总是一齐进，一齐停。不分青红皂白，一律对付，这里学生精力的消耗，时间的浪费及其精神上所受的痛苦，其损失真不知从何算起！

三、养成书呆：这是学校教师只知教书，不知教人；只知教字，不知教事的结果。如今规模较大的学校就有所谓"管理员""训育员"或"指导员"，这便是反证一般教师对于学生生活的训育，指导及管理是不负责任的。他们只负某种学科教学的责任。即便各种学科的教学，一般教师也只是教书，不曾教人，只是教字不曾教事。我们知道各校的学生，有小学行将结业，但不曾解答日常四则的算题；有曾读"银元的自述"一课，但不知南京、上海是在哪一国哪一省或是哪一方。书本是教过了，学生依然故我。这是证明大家只能教书，未能教人。我们也曾见到学生能识"整洁""劳作"等字眼；甚至还能作"论整洁""论劳作"的论文；可是他们的头不常沐，身不常浴，口不常漱，手不常洗，指甲不常剪，衣服不常扣，室内灰尘满地而不洒扫，桌上书物狼藉而不整理。字是认识了，事则不会干。这是证明大家只会教字，未曾教事。如此教育，而言普及，必致人无不学，事无不发。玩弄文字，记诵书本的教育是急待根本改革的。

四、毁坏农村：大家知道：帝国主义的侵略，军阀的争战，都是中国农村崩溃的因子。可是大家在这里，不宜忽视中国的农村崩溃得如此普遍，如此急速，并如此深刻，如今的学校教育制度是不能不负相当责任的。农家的子弟，要求稍为高一点的学问，都得往都市去了。他们到了都市以后，上都市的学校，学都市的教课，过都市的生活。他们在学期间——初中三年，高中三年，大学四年或五年耳濡目染，口讲指书，一切都是都市的。久而久之，他们的言行，举止，衣冠，礼貌以及一般生活习惯，也尽都市化了。他们受学的期间越长，离开农村，离开家庭的生活就越远。他们往往厌恶农村，轻视农民，也有厌恶家庭，轻视他们自己的父母兄弟的。勤俭朴实的农村子弟一变而为骄惰浮华的都市少年。在这农村社会方面看来，真似"赔了夫人又折兵"。一面自家的优良子弟，到了都市上学以后，就变坏了，不回家了。一面年年拿出许多金钱，供给子弟的学费，宿费，膳费，杂费，书籍费，制服费，日常零用费，以及上下舟车的旅费，合计真不在少数，全花在都市里去了。如今农村社会，人才与钱财两形缺乏；而都市之中名士如鲫，现金拥积，当前的学校教育是不能不负责任的。外国大都市养成的大博士，回国以后，在大都市，大学校，大教室里面教授中国的大学生，大半是不曾为中国大社会（大众生活重心尚在农村的社会）的前途设想的哟！

诸位！我们大家在中国文化运动上面都是一名小卒，可是大家临阵不可脱逃，见敌惟有奋斗。中国教育上的流弊我们是不能不设法痛剿的。我在这里，愿和大家一同前进。

前进到哪儿去呢？前进的方向是什么？这里我愿向大家先来说明邹平教育改造积极的纲领；次则说明我们当前应该进行的重要工作。前者是抽象的原则，后者为具体的事项。精神是一贯的，话语则分开来说明。

邹平教育改造纲领

这分两面来说：

（甲）量的方面要求教育大众化，即要教育机会均等；无论男女老幼贫富贵贱，皆得与我们的教育活动发生关系。我们的教育活动必时时为大众设想，处处为大众设想，事事为大众设想。我们要学春风，不要学电扇；我们要学夏雨，不要学喷水器；明白的说：我们要做大众生活的导师，不要做少数富贵子弟的教仆！举例来说，我们不办幼稚园则已，要办，则我们的幼稚园必干全城，全乡或全村的幼儿生活指导的活动；我们不办学校则已，要办则我们的学校必对学校所在地全社会的人士负责。

（乙）质的方面要求教育生活化，即要教育与生活打成一片。这就是说：教育从生活出发，在生活里进行，并即以生活的向上改善为目的；也便是说：教育的起点、过程及目标统是以生活为中心。总之，我们深信生活就是教育。整洁的生活就是整洁的教育；俭朴的生活就是俭朴的教育；奋斗的生活就是奋斗的教育；科学的生活就是科学的教育；糊涂的生活就是糊涂的教育；懒散的生活就是懒散的教育；卑鄙的生活就是卑鄙的教育；怎样的生活就是怎样的教育。教育与生活不能离开，离开生活便无所谓教育。教育是要指导生活，改进生活的。因此，我们认为在这时候（二十世纪）这地方（文化正在大转变的新中国，新邹平）实施教育该当注意下列三事：

（一）注意生产劳作的训练，所以养生。教人穿衣不种棉，吃馍不种麦，住屋不种树，教人享用消费而不工作的传统教育是不能普及，也不应普及的。我们的口号是："普及劳作""普及教育"。我们知道：人人要教育，亦人人需要劳作。教育不是某一部分人特有的权利；劳作亦不是另一部分人特有的苦差。"君子劳心，小人劳力"的时代已经过去了。我们必须使我们的学生一一接受生产劳作的训练。因为它，就是"人的训练"的一个重要部门。

（二）注意精神陶炼及科学训练，所以明生。精神陶炼重在伦理的领会，所以适应社会环境的。科学训练重在物理的研究，所以适应自然环境的。前者是要指示儿童寻获一个适当的社会观，后者是要指示儿童寻获一个真确的宇宙观。合起来就是要儿童有一个健全的人生观。人生的意义何在？价值又何在？人生在社会里，在自然界所处的地位是什么？做人的道理究竟应当怎样？指导人生改进人生的教育是不能不注意讲求使之明晓的。

（三）注意团体生活的训练，所以保生。晚近我国内多乱而外多患，内乱不能平，外患不能御。依我看来，这里面最重大最主要的原因，就是由于我们国民自身缺乏团体生活的训练。团体生活有两大要素：一是团体分子须有纪律的习惯，即许多人在一起须能遵守秩序；一是团体分子须有组织的能力，即许多人在一起，须能商量办事；这均是我国民族所素形缺乏的。我国历史上常见有扶危定倾煊赫一时的仁人志士；不见有移风易俗，百年不散的公众团体（如政党，教堂或学会等）。这真是值得我们大家异常注意的。如今我国：农民虽多，不能肃清少数土匪的扰乱；公民虽少，不能制止少数军人的跋扈；国民虽多，不能防御少数强邻的侵略。这统是由于我们国民自身一盘散沙，不能团结的缘故啊！怎样教导国民团结，怎样教导国民会过团体生活，百年树人，我们从事教育的人对这"民族之病"是不能不注意医治的。

上面的话，总括起来就是说：我们邹平的教育改造：消极地必须铲除教育上的四种流弊：（一）制造阶级；（二）埋没天才；（三）养成书厌；（四）毁坏农村；积极地是要注意两面：（甲）量的方面是要教育大众化，使人人均有教育机会；（乙）质的方面是要教育生活化，使教育与生活打成一片。因生活的必需，此时此地我们在教育实施上，应：（一）注意生产劳作的训练，所以养生；（二）注意精神陶炼及科学训练，所以明生；（三）注意团体生活的训练，所以保生。总之人生就是教育。明白人生道理的人必能明白教育的道理。我们的教育，没有任何奥妙奇异，只是极普通极平凡的人生教育而已。

我们当前的重要工作

现在，请进一步，和大家谈谈我们当前应该进行的重要工作：

第一，是乡学村学内容的充实，使他们在乡村建设里面发挥他们自身的作用。这件事，最要紧，也最繁难。它是山东乡村建设研究院的命根。而且在我们看来，它也是中国农村复兴运动的命根。以乡学村学为中国农村复兴运动的命根，这话也许有人以为我是过甚其词的，我不欲在此申说，愿俟他日再和大家细谈。怎么说乡学村学是山东乡村建设研究院的命根呢？因为研究院的题目就是"乡村建设"。而这"乡村建设"是要由乡学村学来作的。没有乡学村学就无由来作乡村建设；不作乡村建设则这研究院的存在就没有意义了，这里，我要求全县各乡学村学的导师注意请求：乡学村学是什么，该怎样办理，怎样办才能推动社会，组织乡村，发挥他们自身在乡村建设里的作用诸问题。

第二，是小学教育的改造，即全县儿童生活指导的理论及实施方法的改造。这里面请注意：（1）我们的小学须担负全县全乡或全村的儿童生活指导的全责，不是仅仅教管少数报名入学按时到校的小学生。全县之中，有一儿童未得沾光教育的实惠，便是我们的责任有所未尽咧。（2）我们的小学须担负指导各学校所在地全体儿童整个生活的责任，不是仅仅教管学生能识字念书，并肯呆坐在教室里，不胡吵乱闹就算。（3）我们的小学生，结业以后，大半是不升学，要谋生，我们的小学在儿童教育上，自有她自身特殊的作用和使命，绝不可视为中学的预备。（4）我们的小学要注意生活劳作，如种树，种菜，种麦，种棉，养鸡，养兔，养蜂，养猪，织布，织袜，织毛巾，编柳条筐等事。这不仅是职业训练，实在就是人生训练。（5）我们的小学要注意科学训练，教儿童能够运用科学，改造自然环境。（6）我们的小学要注意精神陶炼及团体生活训练，教儿童能够通晓伦理各项，适应社会生活。这件事，我想由县学师范部发动，以实校小学部为实验机关，城关各校儿童部及各乡之各村学儿童部为表证机关，其他村立学校为推广机关。大体规划如是。"当仁不让"，各同学在实验工作上尽可自有努力，各谋发展的。

第三，是成年教育的推进。本年度中，全县成年教育是有跃进的气象，上次信中，已经述及。不过我们不能以此自满，我们是要全县人民，无论男妇老幼，皆与学校发生关系。漱溟先生在他所著的《村学乡学须知》有一个新颖的名词"学众"，是很有意义的。这就是指示我们要邹平境内，全体的民众，统同是学生。学生与民众在我们的教育辞典里是不能分开的。我们要让大家来学！我们要把教育送给人人！教什么呢？怎样教呢？这是我们同学时常会碰到的难题。农忙以后，大众不能每天按时到校，我们又要怎样去教呢？我想，我们同学对这问题也许会感觉越是困难的了。实在呢，只要大家肯想，农忙时季的成年教育并不是没有办法的。

大家须知生活就是教育。教育实为生活所必需。有了生活，即须教他好好生活。此即是说，即须教育。大家试想：

（1）教人识字，用书，看报，写信，记账，谈话，演说，是为语文教育；这些事情，惟在农闲，是为乡人所需要有人教导的吗？

（2）教人种树，造林，采桑，养蚕，挖河，凿井；改良棉种、鸡种、猪种，组织产销合作，改良农家副业，是为生计教育；这些事情，应在什么时候，教导农人是最适当的呢？

（3）教人种痘，治疥，清洁，卫生，学拳，比武，预防虎疫、痢疾及疯狗病等是皆健康教育；这些事情何必尽在农闲时期教学呢？

（4）教人孝弟忠信，礼义廉耻，能改良乡俗（如劝放足，戒早婚，禁赌，忌烟，提倡节俭等）等能保卫乡里（青纱帐起是在农忙时期，即须自卫）能留心国家大事及世界大势，是即公民教育，道德教育；这些事情，谁说必在冬季或春冬教学，才能有效？

说到这里，大家可以明白了。人生教育的活动是随时随地随事都在进行的。各位同学！你们岂不知道："愚""穷""私""弱"的人遍我国中？赶快动手吧！撒下你们手里的"教育之网"！

第四，是全县师资的提高与补充。这是为完成上列之三件大事而起的事情。我们知道"教师如何学校如何"，教师在教育活动上关系非常重要。我们要求全县村学乡学内容的充实，小学教育的改造，成年教育的推进，我们既不能不注意于全县从事教育实际工作的人士，即教师。我们曾经举办：（1）乡村导师假期讲习会；（2）全县导师会文比赛；（3）学校教师常识试题解答，都是为此。我们还想举办；（4）乡学实施讨论会；（5）乡村导师函授学园，也是为此。我们的教育行政组织上有各乡辅导员，每月由辅导员巡视各该乡学校两次，召集各该乡教师会议一次；我们的乡学，先办师范部，种种设施，也尽皆为此的。同时我们还想在社会上提倡尊敬教师的风气，在行政上注意保障教师的办法。因为我们深信惟有乡村导师肯下鞠躬尽瘁，死而后已的决心，而后全国教育改造，乡村建设，民族复兴，才有指望咧！

诸位同学！上面的话统是我的意见。请大家细心想一想。如果大家都认为是，那么它就可作为我们全县教育工作人员共同努力的方向。如果认为不是，还请提出你自己的主张，写信告我，以便商讨改正。总之，我们大家对于邹平教育改造是应当齐心协力，更应当为最善、最美、最合理的齐心努力。

（七）夏季的乡村学校卫生

诸位：

夏天天气怪热，教室积小人多，空气不好，不仅我们自己上课时候气味难闻，即在小学生的生理卫生，也大受妨害，健康是生活的基础，也就是教育的基础。这在大家应当十分注意的。我想大家在这时候，应留意的事情是：

一、要儿童常洗手脸，通常每饭前后必洗一次。

二、要儿童每天洗脚或洗澡一次。

三、要儿童的衣服，每天换洗。如家中事忙，没工夫给他们换洗，就教学生在校里洗涤好了。这是最好的劳作。儿童没有衣换的，就叫他们裸体也可。穿了脏的衣服不仅有害身体，也是有碍观瞻。习俗为着礼貌，宁叫儿童穿着脏的衣服，不许他们裸体，不算是合理的。

四、学生上课不必穿着制服。我们的教育不光是要好看，穷的国度，穷的乡村里办学校不能要好看。

五、教学生不要喝生水。乡村里有的是柴火。下午课罢，叫学生到野外拾点柴火，预备日后自煮水喝。可算是合理的。喝了生水，最容易发生痢疾虎疫，如此死的学生，固然不是由教师亲手杀死。可是教师在良心上该对这样的死者负责。

六、生疥疮的学生特别注意，别让他传染旁人。小孩们感情好的，常常手牵手的去玩，或则抱抱他，这里面如果有一儿生疥，对于他儿都是不利的。

七、如果校里能备一点人丹或十滴水，给左近民众临时救急，虽不算是胜造七级浮屠，却也可算是我们对于劳苦大众尽了一点"患难相恤"、"疾病相扶"人类一体之情了。

上举各事除最后一件须略费钱，其他各项只要大家用心就可做到的，你且试试看。

效春二十三年七月十四日

三　写给准备入乡工作的同学

（一）此次我们入乡工作的意义和旨趣

　　这一回，我们大家散往各乡村去，有两重意义，一是对自己讲，实习乡村工作；一是对社会讲，为实施农闲教育。因此，我们此次在乡工作的旨趣，亦得有两方面可说。一是从我们自己实习乡村工作这面说，旨趣是在训练自己，认识乡村；一是从乡村社会实施农闲教育这面说，旨趣是在推动社会，组织乡村。

　　大家知道，从事乡村工作的人应得要诚实，要简朴，要能耐劳苦，要乐观进取，要能与农人接近，取得农人的亲信和敬爱。或者说他应有农人的身手，科学的头脑，艺术的兴趣，改造社会的精神。这些条件，我们自己具备了没有，或者还有所缺欠？此次在乡我们自己应当加以反省，体验，警惕和修养。

　　"乡村破坏""农村崩溃"的呼声我们自己已经习闻了。究竟乡村破坏到什么程度？农村崩溃成什么景象？就从邹平乡间起，我们来做实地考察的工夫。关于乡村人口的变动（生死及迁徙），土地的分配，农民的负担（租税，摊款及债务），科学农艺的推广，合作组织的运行，衣食住行生活的状况，冠婚丧祭礼俗的沿革，以及保卫，自治，教育等组织及其活动情形，都得细心考察，精密调查，才得明白其真相。

　　再说，推动社会从何下手？组织乡村如何做法？这都不是容易明白，容易实行的事。大家知道，乡村有了组织则社会便易推动。社会事业一有推动进步，则其组织便易进于密实开展。二者本是互为因果，互相助益。我们于此，究应如何用力，怎样进行，才算不虚此行？凡这种种统是要我们大家在这出发以前的时候思考一番的。

（二）此次工作的活动事项

此次我们在乡，应做什么事？能做什么事？依院县各方关系人员密议会商的结果，大家认为在这两个半月的时间内有下列各项事情可做：

（甲）学校式的教育活动

（1）在各乡或在县城协助县府办联庄会员训练班。

（2）在各村协助各该村学或村立学校办成年夜班，量力所及或可兼办失学儿童补习班。

（乙）社会式的教育活动，主要的凡下列四事就是：

（1）引发合作组织

（2）宣传放足运动

（3）倡导婚姻改良——注意于劝戒早婚，并指明买卖婚姻之不合理

（4）协助户口调查

此外在各乡办有联庄会员训练班的，则宜领导会员，注意禁烟，禁赌，清乡等事为整顿村风的活动。

（三）壮丁训练班的学众，学科和日常生活

训练班的学众是征调的。征调办法由县府公布。

他们的学科是：（一）军事训练包括军事内堂及操练，每日计五小时。（二）精神陶炼包括村学乡学须知，中华民族故事，朝话及唱歌，每日一节计四十分钟，于朝会或晚间举行。（三）公民常识包括党义，史地，法律常识，户口调查，每周三节，每节五十分钟。（四）农村问题包括农业推广（波支猪、力行鸡、寿光鸡、脱子棉）。合作组织（美棉运销合作社、林业合作社等）。风俗改良（如戒早婚及买卖婚姻，劝放足，劝戒烟赌），每周三节，每节五十分钟。（五）识字明理，包括识字，书法及珠算。每日一节，每节六十分钟。

他们的日常生活时序，预订大致如下：

生活　　　　　　　　　时序

（一）起床　　　　　　五·三〇

（二）跑步		五·四〇—六·一〇
（三）朝会		六·一〇—六·三〇
（四）整理内务		六·四〇—七·一〇
（五）军事训练		七·一〇—八·三〇
（六）早餐		九·〇
（七）学科		九·三〇—十·三〇
（八）学科		十·四〇—十一·三〇
（九）军事训练		十二—二·三〇
（十）晚餐		三·〇
（十一）分组娱乐及唱歌		三·三〇—四
（十二）军事训练		四—五·三〇
（十三）学科		六—七·三〇
（十四）日记或温课		七·四〇—八·三〇
（十五）点名		八·四〇
（十六）熄灯		九·〇

附注：（1）这生活时序表是根据上年试用的改定而成，今年再办，可按诸实际加以修改。

（2）冬至前后起身时间宜较延，可移至上午六时。

（3）遇雨则军事训练概作内堂，或该授其他学课。

（4）每周或每旬可举行较大规模的同乐会。

（5）纪念周在县的与县府一并举行；在乡的与乡学一并举行。

这里，我们大家应当注意的是：（一）联庄会员的微调训练是奉山东省政府的命令举行的。邹平现行的训练内容详细办法则依当地情形，本院旨趣而有所变通。训练的目标，一面是在养成健全的联庄会员，一面就在养成健全的学众与国民。（二）这些联庄会员都是年富力强兼有身家的乡间农人。他们都是当今邹平乡村社会生活的支石。邹平的乡村建设的进行，乡学村学的设施，必须他们了解，同情、赞助，才得顺利进展的。乡村建设是什么？乡学是什么？村学是什么？学众该当怎样做？趁这时机，我们须竭尽心力向他们说个明白。（三）会员本是我们的朋友，可是在训练班，就成我们的弟兄。县长本是大家的老师，可是在训练班就成大家的长官。训练班中的生活不是家庭生活，不是学校生活，亦不是普通的社会生活，乃是军队生活。整齐，严肃，敏捷，武健，是军队生活的本色。维持纪律，服从命令，是军队生活的命脉。大家在训练班中如果狃于日常学校生活的态度则不甚当。

（四）成年学班的学众，学科和日常生活

我们的教育，从个人讲是全民教育；从社会讲是全村教育。可是此次在乡实习，一来限于时间，自始至终不过七十余日；二来限于人力，每村一组，每组二人，连原有各村教师不过三人或四人；为善用我们的精力，增加工作的效率，我们不能不特别致力于各村成年夜班的举办。举办成年学班是我们此次在乡实习主要的而且恒常的工作。入乡以后因事实的必要，我们也许举办其他种种的事情，但那种种都是次要的，旁及的，临时的，或者即由成年学班里引发，推演出来的。那么，我们的成年学班该怎样办呢？我想：

我们的学众该是各村少壮成年的农人。我们要让各村少壮成年的农人都有上学的机会。让大家向上学好。让大家的生活都有教育滋润着，照拂着。来不来学，愿不愿学，各村农人是有自由的；当初来学中途去了，开始愿学，终于不愿，他们亦自有其自由；我们统不加以强制。但是我们得想办法，让大家来学而且愿学。人生需学，人性好学，人之于学固无须外面为之威福或为之利诱。用什么办法，让少壮农人大家来学而且愿学呢？大家在这时候，请自己先行细想一番。

成年学班的学科凡四种：（一）是识字明理，用乡农的书为课本。这本书是我编的，经梁漱溟、严敬齐两先生的修改订正。全书凡百课。编者就为这回农间教育的需要而编著，盼望这回大家在试教以后能给它以批评：优点在哪里？缺点在哪里？依你自己的意思该怎样修正？彼此为事业，为真理，千万别客气。大家教乡农使用这本书，盼望能教他们五个能，即能读，能讲，能写，能唱和能转教旁人。（二）是算法，特别是珠算。珠算在乡村，是非常有用的。各位同学如果能教，就尽量教给农友吧。倘是自己不会，也可物色乡间会珠算的人，请他出来担任教导旁人。"与人为善""诲人不倦"本是中国人士素有的美德。这种美德在今日乡间正应该竭力提倡，使我们乡间的父老兄弟都勇于向人学好，并勇于教人

以好，即勇于大家共同学好向上求进步啊。教学珠算必不可少的用具是日用的算盘。普通学校所有特制的大算盘则是可有可无的。大算盘，农村不常有；我们这回亦不能皆备。日用的算盘，则普通农家应有些可以借来应用。（三）是谈话。这门功课里面包括很多。我们所指精神陶炼，公民常识，农村问题等事都想在我们与农友见面谈话的时候谈得出来。本来精神陶炼，公民常识，农村问题等科都是有书可看，有文可读，而我们与农友教学这等功课的时候只须按诸事理来谈论，不必照着书文来诵解。所以如此办，不仅是为着农友识字不多，不甚能诵读书文，而很能听懂事理；并且是为着这等功课设立的要旨原来是为要与农友讲得通，信得及，在大家生活上发生点深远微妙的影响；不是为要使农友读得来，记得着，在大家脑筋里堆积些无用的词字符号的呀。（四）是活动。活动作为一种功课列入我们的课程，似是一个新鲜的办法。这是上次与县府第五科长，县督学，各乡辅导员会商讨论以后决定采用的。那次会里，大家的意思，重要的有两点：一是大家认为成年学班的学科，种类不宜多，而其课程内容势必遍及人生活动，乡村事业的方方面面，有时候不能不复杂，亦不能不深入。二是大家认为我们与农人在乡村建设上决不能谈谈说说就了事。我们大家得干！得做！得活动！梁先生说："乡村教师在乡村社会的作用是提引问题，商讨办法，鼓舞实行。"成年学班的功课于识字，珠算以外尚有谈话与活动，其用意就是在此。做什么活动？依理，是不能由我们今日一一完全预为规定。可是我们大家在认真工作的时候，都不能不先事预料，先为预备。"凡事预则立，不预则废！"这次我们入乡工作，准备想作什么样的活动呢？上面已经说了：（1）是引发合作组织，（2）是宣传妇女放足，（3）是劝诫早婚及买卖婚姻，（4）是协助户口调查。从谈话里引生活动，在活动后再行谈话（前者之谈话是提引问题，商讨办法，鼓舞实行；后者之谈话则是进一步的提引问题，商讨办法，鼓舞实行），真实的人生原来应当如是，真实的教育亦是应当如是的。这里大家可以明白：我们的民众学班，表面看来，它是学校式的教育设施，实际它是兼事社会式的教育活动。

成年学班的活动，大概应在下午三点至五或六至八的时间。每日下午两小时，依一般农人生活的情形看，大致够长了。我们此次在乡工作的时期本是所谓农闲的季节。可是一般农人在家，多少总是有些活路要做的：

例如挑水啦，搬土啦，抱小孩啦，喂牲口啦，赶集买卖东西啦，拾柴火啦，拾粪团啦，邹平的农人在这严冬时季也都有这些事情要做。有的人还利用这时期推石头，打麻绳，编柳筐，抽粉丝，制豆腐，做挂面，拉洋车，学手艺，或经营点小买卖。很少的农人，一天生活有蛮多空闲的。每天上学两点钟，在他们已是难得的机会。在这仅有的两点钟的时光，我与他们着想，该怎样利用呢？大致的规划预计如下文：

（一）识字，四十分钟。

（二）谈话，三十分钟。

（三）珠算和活动，五十分钟。

这时间的活动，可以为唱歌，为看图，为观赏各地名胜古迹风景片，为幻灯，为电影，为话剧，为化妆讲演，为时事报告，为公开学术讲演。总之，须注意于生动与变化，能吸引群众，事前须注意宣传，俾众周知；事后并须考察究竟此种举动对于全村学众发生何等教育的影响。这是当天班上就可举行的活动。因事实之必需，有些活动，则须在白天举行；在夜班里只能商讨它的办法和进行步骤。识字的教学应在第一节时间。农人上学迟早不等。早来的就教他温习或另教他新课。迟到的，到齐了再教他新课，温习或补习的功课只能让他自己回家去作了。谈话的时间只有半点钟，但是这一节很要紧，故最好放在学众比较到齐的时候来进行，珠算和活动列在最后并打拼在一起来说，这是为给我们自己和学众都比较有点自由伸缩的余地。例如听罢谈话以后，农友明早有事要忙，今晚应得早睡的就可早回去；要学珠算的就继续的学着。有些活动如电影，话剧，公开学术讲演，比较需要较长的时间。那样的晚上珠算或即不教了，或则把时间往后略为延长。这里，我请大家注意一件事，那村里如果有个古庙的钟，就请设法把它高悬树上，按时敲它，如果早晨六点敲一回，正午十二点敲一回，晚间要上课前三十分敲一回，前五分再敲一回。一旦如有火警，匪警，就敲乱钟，使村人生活渐有一致的时序，一致的行动。我们诚把昔日僧人念佛出世，离奇人生的钟，一旦改变而为当今我们自警警人郑重人生的钟，大家试想，这不是很有意义的吗？

（五）失学儿童补习班的学科和日常活动

现今邹平各村，失学的儿童还是很多的。失学的童女少女尤其多！此次我们在乡如于举办成年夜班之外犹有余力，则当招收一村十岁以上十七岁以下的儿童分别男女为失学儿童补习班的设施。这种班里的学科，亦不妨从简。1. 语文 2. 珠算 3. 谈话 4. 户外活动——劳作，唱歌，游戏，会朋友去——四者就够了。学科的种类与成年夜班的相仿佛，可是各科的材料内容及做法应依学众的程度经验而有所不同。他们每天在校的程序约计如下：

（一）温习旧课获预阅新课　上午十一—十·二〇
（二）早会及早操　十·二〇—十·五〇
（三）语文（书法）　十一·〇—十二·〇
（四）算法（珠算）　下午十二·一〇—十二·四五
（五）唱歌游戏　十二·五〇—一·三〇
（六）谈话（常识及怎样做导友）　一·三〇—二·〇
（七）扫除　二·一〇—二·二五
（八）会朋友去（散学）　二·三〇

我们甚信小孩能教小孩，小孩亦能教大众。是以我们对于来到校里上学的儿童，不仅要教他们肯向人学好，而且要教他们肯与人学好。——"怎样做导友？""会朋友去"列入他们的日常课程就是为此。

（六）社会式教育的活动

此次我们大家准备做的社会式教育的活动，上面已经说了，主要的有四种：一是引发合作组织，二是宣传妇女放足，三是劝诫早婚，四是协助户口调查，对于这些活动，我们该怎么做？这里约略加以说明：

怎样引发合作组织呢？这在我们：（一）应当明白合作组织的意义，各种合作事业在农村社会之作用，本院领导的乡村建设运动为何重视合作的组织与事业。（二）应当明白邹平全县各乡村合作事业的沿革经过及一般现象。（三）应当考究个人所在的村庄已经有了合作组织否？有的再当考究现状是怎样？优点在哪里？缺陷在哪里？应该改良的地方是什么？怎样改良呢？没有合作的村庄，我们是当考究它的原因在哪里？现今有否进行合作组织的可能？怎样进行推动设计呢？关于这些，大家要知底细，应当向于鲁溪、钱子范、任子正（钱任两先生都是本院第一届研究部的同学，今均在县第四科服务）、孙子愿（在孙家镇梁邹美棉运销合作社联合会，本县关于合作的《社讯》就是由他主编的）诸先生和各乡村实际参加合作事业的人士去请教。

怎样宣传妇女放足？这在我们：第一，应当明白妇女放足健康，农家经济及种族优生之意义而激发吾人悲天悯人之心怀，救苦救难之热诚，竭力进行，决不敷衍。第二，应当明白天下父母莫不爱其子女，其女缠足实为习俗之害，庸夫庸妇受其桎梏而不自觉。吾人于此，最宜动之以情，喻之以理，使其通晓明白，自动放足，而不宜恨之或鄙视之。第三，应当明白邹平妇女放足运动，忽作忽辍，至今已经是第三度了。自今年四月间开始曾经动员了全县各乡村教师及各项公务人员的力量（教育的及政治的）而尚未成功。现在县府方面对于此事是再接再厉；吾人于此一面为解除妇女的痛苦，一面为使庸夫庸妇亦得免于咎戾受罚，自宜尽力宣传，乐观厥成。第四，应当明白县府对于此事的用力，已经多半是政治的，不能不强硬。而我们之于农人是教师和朋友，对于宣传放足，只能用教化的劝导功夫。此外，大家要知详细，请去问李守文、马子实两先生（李先生是县第五科长，马先生是县督学）和各乡村的学长，及理事。

怎样劝诫早婚及买卖婚姻呢？这些事很要紧，但亦很难作。大家于此应十分慎重。人类对于婚姻制度的态度是最固执，最不容易以冷静的头脑来讨论的。每一地方大多数的人民都为受尽种种耳濡目染的影响，而深信他们自己本地结婚的礼俗，才是最合理，最道德的。并且相信那些攻击他们的结婚习俗的人都是狂徒！是禽兽！是不知廉耻的人！然而我们眼见：要不满十岁的儿童去结婚，要普通农人卖地卖牛凑得二三百元娶媳妇，这是多么痛心呢！我们对此该当怎么办？早婚与买卖婚姻的流弊已深了！人是理性的动物。以人感人，以心动心，以有心人感召有心人；移风易俗终有可能；要在我们大家善用其教育的力量而已。

怎样协助户口调查？关于这事，邹平全县户口调查设计委员会，必对大家已经有了详细的说明。我不在此赘述了。

（七）村单位的大众教育活动设计

我们到了一个村里，起首做什么？继续做什么？最后又是做什么？在这时候，每组的同学，都得预先想一想，定一个计划，下面所举，是在这时期内村单位的教育活动的一种设计。

第一旬

（一）接洽当地绅耆：即学长、学董、管理、村校教师及其他众望所归的人。谦虚地向他们说明此次协办民众学班的用意而求其赞助。

（二）招生：继续不断的招生。

（三）整理校舍：打扫室内室外使它干净，清洁，焕然一新。

（四）开学：到了后第二三天就当开学，只有一个学生也就开学，莫等待。只要工夫用得到，学生是越来越多的。开学仪式须郑重，莫草率，示大家以郑重人生，认真教育的意思。先应当是成年夜班开学，后来看社会需求及我们自己的精力或兼办失学儿童补习班，再开学。开学的时候，能请全村各家的家主都愿意出席，则更好。

（五）初次试用全村报时钟。

第二旬

（一）全村儿童大会——宣传"慈幼"及"儿童教育"。

（二）导友制试验开始——于村人日常聚集之地分设共学处，每日定时派程度较高学生为导友，前往教学。

（三）全村青年大会——国术团活动开始。

（四）敬老会——宣传"敬老"及"人不忘本"之义。

第三旬

（一）村容整理：1. 全村大扫除，2. 刷新村庄牌，3. 新制活动月份牌，4. 办壁报，5. 公布本村公约。

（二）卫生宣传：1. 卫生讲演，2. 幻灯，3. 国术团表演，4. 全村儿童运动大会，5. 婴儿健康比赛。

（三）放足宣传：开始：1. 主妇会，2. 少女会。

第四旬

（一）农业改良及推广：1. 本院农场优良品种之宣传推广，2. 本院农场家畜防疫组工作之宣传，3. 本院农场科学酱油制造厂工作之宣传，4. 本国及本省农业机关重要工作之宣传，5. 参观农场，酱油制造厂，美棉运销合作社。

（二）农业合作之提倡，注意：1. 邹平各乡村之合作事业，2. 丹麦农村之合作事业，3. 参观或教育电影。

第五旬

（一）劝戒早婚及买卖婚姻开始。（须十分审慎，宜于平日私人谈话时来谈这些社会问题，不必向大众作大规模的直接教训式的宣传。用力不宜太猛太骤，免遭反感。）

（二）话剧团活动开始，准备庆祝二十四年元旦，代替肘鼓子戏，以为农民娱乐。剧情宜有教育意味如劝放足，戒早婚，息讼睦邻。

（三）音乐团活动开始——或与话剧团合并组织。

第六旬

（一）新年同乐大会：唤起全村学众共同向上的精神。

（二）政治教育：每晚谈话注意：1. 国家大事，2. 世界大事，3. 全国乡村运动的情形，4. 研究院的旨趣与邹平，5. 中华民族之复兴运动与民族精神，6. 乡村建设及农人与复兴运动。

（三）户口调查宣传开始。

第七旬

（一）协助户口调查。

第八旬

（一）善后准备：1. 宣传村学乡学之意义及其与乡人生活之关系，2. 邀集本村绅耆及一般学众重申村公约。

（二）村民团聚大会：各班各团学众表演成绩及游艺。

（三）散学，回院。

（八）临别赠言

说到这里，我的话讲完了。我因为我自己平日在班上，不能和大家讲得许多；讲的也许不能使大家完全明白，这一回，你们是到乡间参加实际工作了。所以不仅唠唠叨叨，说了许多，在我自己还觉说得不够，没有痛快咧！但是时间有限，已经不能让我多说。末了，我只想请大家注意：

（一）教导乡农，建设乡村，是我们青年对于同胞，对于国家，对于人类的一种高尚的义务；并不是对于受学民众的一种额外的恩施，也不是对于官厅，或学校的一种逼不得已的苦差！

（二）宇宙内的事，从一面说，都是我自己分内的事；从另一面说，又都不是我自己一人的私事，乃都是全人类的公事。从前一义，我们不宜躲懒，从后一义，我们不宜较功。大家须知争功竞能者都是小人！而吾人处世必须"践行书性"发挥吾人最大的可能！

（三）合理的人类社会生活有两个要素，就是"和合"与"创作"。和合就皆大欢喜！创作就皆大进步！和合，创作；创作，和合；人类社会生活的意义是在此，吾人乡村运动的意义也在此。吾人平日作事动则觉着前面有人与自己为敌，为对，为阻梗，统是由于自己的生命力量不够，志愿太小！

（四）中国问题的性质，太小，太繁杂。大家既经认识了它，从事乡村工作以企求其解决，自应能够与人和衷共济，尊重对方意见，并不急急于工作成绩的表著。

（五）每人在乡，仍当积极写日记。记载每天生活和工作的经过，困难，心得和问题。这点，我在最后向大家提起，并不是因为它最不要紧，务请大家要留意。我想大家此次在乡工作一定有许多宝贵的经验，值得记着的。

其他的话，以后再说。顺祝大家在乡健康进步！

效春二十三年十一月一日

四　写给在乡工作的同学

（一）巡回的话剧团和电影组

各位同学：

院里组织的话剧团和电影组，就要准备出发到各乡村巡回表演映放了。话剧团团员二十人，归亓衷夫先生指导；电影组同学四人由于鲁溪先生指导。来了！来了！他们就来了！他们先到什么地方？再到什么地方去？什么时候可以到达你们自己各人所在的村庄？系从何方来？又往何方去？这些想必大家都是急于要求预先知道。现在，我来告诉你们。下面有个表，是今天才由院方规定的。

话剧团和电影组巡回路线及日期表

村庄名	乡别	话剧团到村日期	电影组到村日期
黄山前	五	十一月十五——十七	十二、二十三日
景家庄	五		十二、二十四日
北禾庄	四		十二、二十五日
见埠庄	四		十二、二十六日
逯家庄	四	十一月十八——二十	十二、二十七日
南范村	五		十二、二十八日
东范村	五		十二、二十九日
小店		十一月廿一——廿三	十二、三十日
东西言礼			十二、三十一日
位家村	六		廿四年元旦庆祝一月二日回院
萧家村	七		廿三年十一月十三日自院出发到此
韩家店	七	十一月廿四——廿六	十一、十四日
姚家庄	七		十一、十五日

续表

村庄名	乡别	话剧团到村日期	电影组到村日期
杏林村	七		十一、十六日
霍家坡	十一		十一、十七日
王伍庄	十一	十一月十七——廿九	十一、十八日
孙家镇	十一	十一月三十——十二月二日	十一、十九日
辉李村	十二	十二月三——五	十一、二十日
东郭村	十二		十一、二十一日
腰庄	十二		十一、二十二日
双柳树	十三		十一、二十三日
花沟	十三	十二月六——九（内可休息一天）	十一、廿四、廿五日（内可休息一天）
李星耀村	十三		十一、二十六日
龙虎庄	十三		十一、二十七日
石门	十三	十二月十一——十二	十一、二十八日
前后陈	十三		十一、二十九日
崖镇	一〇	十二月十三——十五	十一、三十日至十二日、一日（内可休息一天）
成家	一〇		十二、二日
孙家庄	一〇		十二、三日
吴家	九	十二月十六——十八	十二、四日
辛梁镇	九		十二、五日
大碾	九		十二、六日
许家道口	八		十二、七日
成宋家	八		十二、八日
明家集	八	十二月十九——廿一	十二、九日
柴闸村	八		十二、十日
青阳店	二	十二月廿二——廿四	十二、十一日
西阿村	二		十二、十二日
东阿村	二		十二、十三日
刘家庄	二		十二、十四日
韩家坊	一	十二月廿五——廿七	十二、十六日（内可休息一天）
贺家庄	一		十二、十七日
石鲁樊	一		十二、十八日
三官庙	三	十二月二十八——三十	十二、十九日
峪胜村	三		十二、二十日
冯石村	三		十二、二十一日
郎君庄	三		十二、二［十］二日
首善乡		廿四年元旦庆祝	

看了这表,首先大家可以知道我们的话剧团,这次能到表演的村庄实在很少。就是电影亦不能遍在我们同学工作所在的村庄一一映放过来。这是因为时日有限,不能不如此。院方规定,他们在新历元旦左右都得回院,他们回院以后准备再分散到各乡村来,帮助大家做户口调查的工作。其次,大家也可知道某月某日,话剧团或电影组可以来到本人所在的村庄或附近的村庄公开演放了。个人事前都可有个准备:同学来,住哪里?剧场在哪里?怎样广告村众,使大家知道准期来听来看呢?大众来了,如何招待?男女众宾的座位如何安排?剧场的秩序如何维持?那期间的民众教育,应当如何进行?我们自己又应当怎样利用这等机会,来发挥戏剧教育,电影教育的效用?关于这些,大家统可事先想一想,求些妥当的办法。

话剧团来了表演以后,我想请大家注意:(一)此次我们所用的剧本,大部分是采自定县平教会所编或山东民教馆所编的。对于这些剧本,在剧情内容方面,思想上是否一一与吾人平素所认识的中华民族精神相和谐?换句话说,这些剧本所提示或暗示于听众理想是否与本院所领导的乡村建设运动的旨趣相符合?(二)这些剧本在思想深浅,组织结构上是不是容易为听众所理解而发生兴趣?(三)我们的同学在各处表演,艺术上都能恰到好处否?如其不然,应怎样改正?(四)听众听了话剧,有什么感想或表情?他们在场里说什么话?发什么感慨?表露什么脸色和动作?(五)在乡村里应有怎样的剧场?

电影来了映放以后,你们试注意巡回电影在此次农闲教育里有什么作用?这些影片内容是否与邹平乡间农人的程度和兴趣相适应?邹平乡间需要怎样的教育电影?一乡或一村能设置怎样的影戏场?

教育电影在民众教育上的作用是非常大的,它能把自然界的奇异现象,为一乡一土所不经见,获竟不能见的事物如潮汐、巨瀑、高山、大河、狮、象、熊、蟒,以及火山爆发、五星连珠等现象都可由银幕一一现诸眼前。它能把世界各地的风俗、习惯、产业、建筑和人民的生活状况,一一在银幕上呈现出来。它能把矿山里几万工人的活动,战场上几万士兵的战斗情状,在银幕上使民众完全了解。它能把从来肉眼所不能见的微生物的活动在平时需用几十倍,或几百倍的显微镜方能看出的,放大开来呈现在银幕上,使大众观察明白。它能把动植物生长发育的状态,如鸡之孵化，蚕之蜕变，以及草木之由发芽，而成长，开花，结实，平常是很费时日的经过——在银幕上立刻表现出来。它能把物体迅速的运动如拳术、剑击、踢球、掷球、发弹、游泳、跳舞，以及飞机的回旋，气流的变动等都可用延伸时间的方法映现出来，使大众容易了解。它还能把古今文艺上的杰作，绘影绘声地表现于大众之前，激发大众艺术的兴趣；又能把当今学术上，文字、图书、照片所不能表达的微妙的现象，如医学上各种的病状，内脏的运动，可在银幕上显明，使大众观察，增进大众科学的知识。是以电影教育，在今日世界已经是风靡一时，在美国曾用它来宣传农业改良的方法；在印度曾用它来提倡儿童卫生，减少儿童的死亡率；在苏俄、土耳其、意大利等新兴国家的政府因为他们自己的国家文化落后，文盲众多的缘故，更是重视电影教育，就把电影作为大众教育的利器。他们认为在大众教育上，影戏场比诸学校更为紧要咧！我们这一次在乡间举办农闲教育，有了电影组的同学，为有计划的巡回活动，虽因片子太少，影响不多；可是这系初次的尝试，从此教育电影广布邹平的乡村，其意义不能不说是很大的。

至于话剧团，邹平以前未曾有像这回这等大规模的巡回组织。我们大家对于话剧，亦未曾有深细的研究。为着大众教育，且来献身剧场。因为话剧团各同学的热忱，努力，兴其天才，想来这回话剧团的活动，无论对乡村大众，对同学自己的影响都可以不坏。世界一大剧场，众生皆是演员。乡村人士具有莎士比亚和谭鑫培的天才者也许有人。假如因着本院话剧团的刺激能够引得乡村子弟，利用农闲，自动组织起剧团来，准备在来年元旦或元宵佳节的时候公开表演，就从这里面训练他们自己合作的习惯，良善的礼仪，美满的风度，优雅的词令，那真是再好没有的事情啊！乡农剧团的活动，同时也可代替了旧俗粗鄙的肘鼓子戏。

我们的话剧团和电影组的巡回活动，在此次农闲教育的阵线里究竟可发生些什么作用呢？照我想，他们所到的地处可以有下列的效果：

（一）能号召大众，因为他们在邹平乡间都算是稀罕的，同时大家都得免费入场，不要耗钱。

（二）能给大家一点农闲共同娱乐的机会。

（三）能满足大家的好奇心，好群性，和知识欲。

（四）能刺激大家风俗改良，农业改良及人生向上的意趣。

（五）不识字的农夫农妇都可来听得懂看得明白。

记得前几天本院举行卫生运动的时候，话剧团同学会竟赚得听众不少的喝彩和掌声！现在他们出发了！乡村大众的返乡怎样呢？我们巡回视导的路途中，如果有机会刚巧遇着他们在表演，我一定要掺入大众的群里听听戏词，并听听舆论咧。昨天，亓先生告诉我说："这回在各乡村准备表演的剧本，大半都是新的，在卫生运动时未曾排演过。"那么，他们表演的时候，各位同学也必都想看想听，各位同学在那时候就有个"与众乐乐"的机会。

二十三年十一月十日院内

（二）谈我们目前的困难问题和我们应取的态度

诸位同学：

本月三四两日大家忙了卫生运动、农品展览两种大会以后，院中就规定六七两日各乡实习同学统得出发散往各乡村去，开始农闲教育的工作。在这期间大家实在太匆忙了。原因是为邹平全县有十一个乡区的联庄会员就要在本月八日这一天到本院集合，来受训练；院内的宿舍、教室、厨房、操场和大礼堂都得早点腾出来给他们应用咧。六日午后，北风很紧，乌云密布，雪花片片自天空飞下，我以为老天爷又要和我们同学为难了！不料七日早晨，太阳居然出来，欢送乡村运动的新战士动员前进，真是令人喜出望外啊！记起上一回，即民国二十年的冬季，本院初次试办乡农学校的时候，孙院长（廉泉）、徐晶岩先生、于鲁溪先生、高赞非先生和第一届训练部第一、第六、第七各班同学是最先出发的。他们到石门，到孙家镇和辉李庄，到了现在第十一、第十二、第十三各乡所属的各村庄，这些村庄都是离院很远的。那两日，天也刮了寒风，下了雨雪，可是他们毕竟出发前进了！点点的风雪决不能变更大家乡村运动的行事日程！

想来各位同学，到了今天，都可到达个人所应该到的村庄开始工作了。一两位年轻的人到一个生疏的村庄试办乡村建设和民众教育的事业是会发生许多困难的。例如：

一、人地生疏，一切起居饮食，日常用品，应向何处取给？买的，向哪儿买？借的，要问谁借？

二、本地社会情形、风俗、习惯、农产、工艺、经济状况及一般人民信仰，思想和教育程度等等我们全不明白，而今要在此实习，在此试做，应从何处入手？

三、本地绅耆如各乡村学长、学董、村长、管理员、学校教师及其他知识分子，他们之与我们大家初次见面不免客气！如何才能使大家了解我们，信任我们，并肯出力协助我们的工作进行呢？

四、本地各位绅耆的品德如何，学识如何，才能如何，性情志趣如何，我们统不知道。他们彼此问题的关系如何，一般人民对于他们的信仰程度如何，我们亦不知道。我们对于这等绅耆的态度应当如何？

五、本地人民对于我们取什么态度？他们如果把我们看作政府派下来招兵，查放足，或查无粮黑地的委员，我们自己该当怎么处？或者把我们看作传教的牧师，献艺的戏子，我们自己又当怎么处？

六、本地人士误会了我们的工作，以为我们的工作的结果对于该村只是祸害，绝非幸福，积极地反对我们，或消极地抵制我们，我们处此应当怎样？或者以为我们的工作的结果，对于他们可以发文凭，派差使，接近政府，结识官吏，或得到其他的实利，致大家盲目地信从我们，趋附我们，结果必使大家失望！我们处此又当怎样？

七、一村之中，绅耆与绅耆，人民与人民，或是绅耆与人民彼此分派别，闹意气，对于公益事业，统不肯和衷共济，我们又应怎样处理和解呢？

八、村中也许有人是劣绅、地痞、流氓、赌棍、瘾民，不知道应如何使他们自觉，改邪归正？

九、谁是本村大众所敬仰的公正廉明的领袖？谁是大家所喜爱的聪明有志的青年？这样的人也是我们所当敬仰，所当喜爱的。但他们是谁呢？我们初来此地对于他们全是生疏，全不相识呀！

十、勤劳忙活的乡农不来上学！

十一、失学儿童平日在家在野顽皮嬉游，谁甘心上学，来受教训？

十二、……

细细想来，随处都是困难！都是问题！我们都是眼高手低的乡村运动者，处此境地，该当怎么干？大家如果以此一一问我，我亦甚觉难于解答咧！我想！我细心地想！我有什么办法呢？现在：我能告诉大家的，只有下面这几点意思：

一、人生本来尽是问题，尽多困难。人生的特别有趣味，有意义，也就在他能够多遇困难，多见问题。不见问题者是麻木不仁的人！不遇困难者是懒惰不干的人！我们认为"困难"是人生的严师，"问题"是人生的益友。困难之来，问题之生，正见大家在用心，在努力；亦正所以刺激大家，磨炼大家，使大家的生命活泼有力，能长进。因此我们对于困难问题之来，只宜谨慎小心，不宜畏避！

二、梁先生（漱溟）在你们第一次上精神陶炼班上曾经向大家说"我们要有深心大愿……深心大愿是什么呢？现在不往深处讲，我可以用极浅的话来告诉大家：深心大愿就是要你有真问题，不要有假问题；要有大问题，不要有小问题。如果我们发现有真问题，大问题，此即深心大愿出来的时候。什么是小问题？就是俗见俗肠。"他又说："有小问题者为小人，有大问题者为大人。"这些话很好，想必大家都能记起。现在大家想想看：今日在乡间，大家所见而为自己所要研究解决的问题是些什么问题呢？分别问题的大小轻重，先后缓急，好好地应用我们自己的心思精力，来处理它们，实在是第一要紧的。天下许多问题，在深心大愿的人看来，是不成问题的！许多困难，在活泼有力的人看来，也不算困难啊！

三、人地生疏，只教我们大家该留心考察，以求熟悉。究竟我们大家可以自信：我们的运动是复兴中国再造世界的光明运动，不论走到哪里，我们没有畏怯退缩的必要！

四、我们大家对于地方人士的态度，我想，对于绅耆概宜尊敬；对于农友，概宜亲爱；对于地痞、流氓、赌棍、瘾民及一切乡间所鄙视的小人，我们亦概宜以善意感化他，教导他使他悔悟，改过，自新。这并不是说我要我们大家不知好歹，不分黑白，在乡间做个乡愿！乃是因为我们大家之于地方人士是宾客，是朋友，至多可以说是"老师"！我们对于乡村人众只能以情动，以理喻，而必不能以势相胁。实在，从大处远处看来，我们对于乡村大众，亦只可以情动，以理喻，而必不可以以势相胁的。我们……不是法西斯，亦不是欧美式的民治主义者。其分别之点主要的就在此。我们尊重人类，尊重理性，绝不崇尚势力与威权。

五、乡村大众不信我们，乃至不信我们的工作，我们不必怪他，或怨恨他。乡村大众生活，消极，散漫，及不肯轻信人的言动，由来已久。他们不肯信任我们，赞助我们，本是事理当然，绝非他们有意与我们为难。这里，我们一面应当体谅他们，一面还应当自己反省，自己用功夫，"言忠信，行笃敬"，果能做到这样的人，我是深信：他必能获得乡村大众的信任与敬爱。即便有人故意与我们为难，或则由于我们自己不善解说，或则由于他稍有所蔽，所见者微；不必因此就与他较量起来。如与较量便见自己的气小识浅，与忘记了大的问题——中国民族复兴的问题。

此外，我要请大家把下举的两篇书文再来细阅一番，体验一番：（一）梁漱溟先生：《精神陶炼要旨》（见《乡村建设》第四卷第七八期）。（二）吴绍文先生：在《第二区山西办理乡农学校经过自述》（见《乡村建设》第一卷《乡农学校专号》）。大家在这时候来读这样的书文是更有意义的。

二十三年十一月十一日

（三）大众教育的教材问题

诸位同学：

这几天，碰见伍天纬，云颂天，马资固，黎涤玄，卢康济，张勖仁，罗子为诸先生和白景璇，冯枕琴，孙裕德（在贺家村学）王本玄，徐梅（在石樊鲁村学）朱元辉，季学贤（在义和村学）诸同学，知道大家在乡间工作非常努力，精神上也甚愉快。同时也觉着许多问题急待解决：

（一）四元钱一个月的伙食费，有的同学真是不够咧！他每天要吃两斤馍。

（二）有的地方招生不容易，乡间农人或因家贫，或因事忙，或因识浅，或因习坏，或因年长害羞，不愿向年青人求学。

（三）学生程度不齐，一样的教材是没法施教的！《识字明理》《乡农的书》都只适用于初学的农人。上学多年，或高小已经毕业的人是不乐意再读这样的书文！

我想，伙食问题，院中当为设法，这里不谈；招生难的问题，不是普遍的，有的村庄，学众来得非常踊跃，教室房子太小，拥挤不开哟；而且"招生难"亦不是一时的问题；这里也暂且不谈。

在这里，我想向大家谈谈教材的问题，因为这问题比较急切而且很普遍。学生程度不齐，当然不能用同样的教材，尤其是他们恒常要用的读物，这回成年夜班的国文（识字）应依学生程度深浅分别采用下列各样的书文：

甲级：初学的，细读《乡农的书》，每日一则。

乙级：程度稍高或天资聪颖的，可快读《乡农的书》，每日两则或三则。

丙级：快读《乡农的书》每天五则，或十则，兼授日用书牍，《训俗诗歌》及日记为补充读物。

丁级：快读丙级所用读物外，兼用《中华民族故事》（甲集杨效春编，乙集侯子温编，均本院出版），《历史参考资料》（本院张虎鸣编），《小学历史课本》第四册（中华书局出版），《历史图说》（定县平教会出版）及《乡村故事集》（本院黄孝方编）为补充读物。用自学辅导法。

戊级：快读丁级所用读物外，兼用《农村问题参考资料》（本院马资固编），《乡学村学须知》《乡村建设论文集》为补充读物，用自学辅导法。如果他们还有净余的精力时间要看书，就可以指导他们看日报，看《乡村建设旬刊》，看《乡村建设实验》第一集（中华书局出版），看邹平实验县种种的计划和报告。

我们大家要乡农求智学好，只怕他们的求智志愿不大，程度不高。如今，他们要求多看书，而且要求看程度较高的书，这真是值得欢喜的现象啊！大家何必为此焦急！书是看不了的，本院圕[①]的书，邹平县圕的书，乃至各乡学圕的书，任何乡农在这短短期内，一定是看不了的。

乡农没有钱，不能买书；或者他们爱惜钱，不肯买书。你就借书给他们看吧，院里发给你的讲义也可借给他们看，只有一份就叫他们轮流看。如果你也没有东西可以借给他们的时候，你就叫他们向朋友借书看，或者你就代他们向学校教师，村圕，乡圕，县圕或本院的圕借书看也好。这里，我告诉你们一个好消息：今天院中决定请本院圕主任徐旭先生试办巡

[①] 图书馆的意思。——编者注

回文库，把大家要用的圕送到各乡村来！

总之，图书万万卷，事物万万种，随处都是人生教育有用的教材。抉择取舍与运用是在活的教师善为活用啊！这里，我还得请求大家注意：

一、我们要引导乡农活用书，用活书，用书活；不要训练他们死读书，读死书！读书死！

二、我们要为人教人，不要为书教书！

三、我们要以人教"人"，不要以人教"书"！

四、我们要以"人"教人，不要单单以"话"教人，更不要单单以"书"教人！大家知道：丹麦格龙维的民众学校是专在适应学生的需要，唤起学生的热诚，注意于鼓舞涵养学生生命的和精神的活动。她的目的是伦理的。她的方法是重视人格感化的。她的课程绝不是固定的。他们非常重视师生间的关系。教师和学生在学校中，共作共息，过一种共同的生活。其次便是重视说话。他们认为说话是有生命的文字。一种生动的语言，一种明切的讨论，一种真诚的大笑或大哭，其表现本人的精神，感召别人的心灵，其力量的伟大绝非笔写的文字所可比。说话是由说者的心，经过言语，当下透到别人的心。他们对于书本的价值，是不很重视的。

五、我们要教导乡农知道看书，更要教导他们知道为人做事的道理。如果我们能够引导他们，于他们自己学书识字以外欢喜为本村本乡做点公益的事情，如：组织合作社，劝人上学，教人书算，打扫教学场所，协助户口调查，岂不更好！

不错！我们是要引导乡农追求知识，但我们大家不要忘记：我们是要引导乡农追求人生的知识！朋友！人生的意义何在呢？目的何在呢？我在人生中的地位怎样呢？乡村大众，特别是青年有志的农人，都已经有这种种问题等待我们答复啊！我们大家来吧！用历史，用诗歌，用音乐，用活泼的语言，用真挚纯洁的心灵，刺激大众，指示大众，鼓舞大众，让大众的精神获得自由，灵魂获得解放，人格的生命力量获得充分发挥，向上与进步！

二十三年十一月十四日

（四）介绍广西柳州沙塘乡村建设试办区

诸位同学：

昨天，我往第七乡学出席该乡全体教师的会议，刚巧广西伍廷扬先生，湖南黄明先生来院参观，也要到邹平乡间看看乡学村学的情形和我们同学最近在乡间活动的状况，他俩就同我一齐到韩家店去。见着云先生和各位同学，知道他们此次在该乡各村工作都很顺利，很受各村村长、学董、管理员及一般民众的欢迎，村中教师也极力协作，我听了真是非常欢喜！

该乡教师开会的时候，辅导员张石方先生介绍伍黄两先生和大家相见。并请伍先生讲演，大家知道，伍先生是革命军人，曾任广西建设厅长，现任广西省政府委员兼柳州沙塘乡村建设试办区。昨天会里，他就向大家报告该试办区成立的旨趣和办法。现在我想把他的话，摘要纪录在下面，一来给我自己备着遗忘，二来给我们同学也得约略知道伍先生和他的朋友在柳州从事乡村工作的情形。伍先生说：

"人民过问政治，国事才有办法。我国人民素来不知过问政治，不愿过问政治，不能过问政治；同时政府亦是不要人民过问政治，乃至不许人民过问政治。民国成立，二十余年来，扰扰攘攘，闹来闹去，都是少数人在闹，大多数的人民只是受罪遭殃而已。国事到了如今，还是没有办法，如果国事有办法，必须大多数的人民能够起来过问政治。

大多数的国民怎样能够起来过问政治呢？那不仅是要教育进步，使大家有过问政治的知识，并且是要经济进步使大家有过问政治的需要，闲暇，与组织力量。我必须从乡村起首创造新的经济组织，使人民有力量，有组织，并有必须过问政治的要求。从乡村新经济组织之建立引导人民知道问政，要求问政，并且能够问政，这是大家应当注意的。沙塘乡村建设试办区之成立，主旨就在此。

其次，敝省广西人口分布，稀密不均。东南各县人口异常稠密，约计农家耕地每口不足二亩。其他各县如中部及西北、西南一带约占全省三分之二的县份则人烟稀少。同是一省，一边有人无地种，一边则又有地无人耕。因此，我们最初就在沙塘试办垦殖，实行省内移民，求使一省之中人尽其才，地尽其用。如能以之开出风气，鼓动全国，使大家注意移民殖边垦荒，岂非国家大幸！

再次，现在做官的人，政治舞台上面的人，大家都是'好话说尽，坏事也做尽'，人民对他早已失掉了信仰。我们大家知道：无论何人，要成就一点事业，都得要自己能够身体力行，对自己有办法，获得大众信任，事情才好办。怎样使大众信任我们，同来推动乡村，复兴中国呢？空口说白话是不成功的，必得拿事实给大家看！

因为这种种原因，我们，就在柳州沙塘试办这样的事情。这事情在开始的时候的意思，其用意便在乡村建设，不过在当初名义上，我们是叫它：沙塘垦殖水利试办区，不敢叫它：沙塘乡村建设实验区；因为我自己对于这件事，还不能自信：已有可靠的办法，适当的主张。我们的口号是：'建设新农村，改造旧农村'。实在'建设新农村'只是我们的手段，'改造旧农村'才是我们工作的目标。大家知道要改造旧农村，须有新人才，训练新人才须有新环境，新刺激，新教育，新社会，我们今日就在沙塘训练我们自己，训练青年，训练农民，准备日后我们大家都能参加改造旧农村的工作。

我们的办法是要建立新的经济组织，使它与政治组织发生紧接的关系，沙塘的经济组织有三种机关，即金库、仓库与公店。金库是用以统制金融的，仓库是统制粮食的，公店则是统制全区人士的日常用品的。现在中国农村经济问题甚为严重。例如：（1）一边生产者觉生产过剩，一边消费者又觉生产不足。（2）公家整理水利，农民相率反对。因为目前谷价已贱，水利整理以后，水田加多，谷价必且更贱！农民更不了了！（3）农民竟因生产而破产咧！因为他要生产不得不向人借资以购种子肥料，结果生产加多了，粮食没人要，价钱非常低落。但高利贷来的本息到期是须归还的。因此，农民就终于宣告破产了！这样的问题，在乡间耳闻目见的，实在很多，而且从表面看，问题的性质也是很奇特！中国社会的重心在乡村！在农民！而今，家家户户的农民经济状况竟这般严重！请问大家该怎么办呢？沙塘试办区是极为重视经济组织的。我们想农人在经济上组织起来，使大家觉悟人类生活彼此有互相依倚的关系；同时又把此种经济组织与政治发生关联，使大家觉悟在家乡经营生活，亦非过问政治不可。从乡间日常生活里渐渐引入民主政治。这是我们的意思，沙塘就这样地在试办，请大家指教！"（这里，我应向大家声明：如有记错的地方由我负责。）

大家在这里，有什么感想呢？伍先生在今日的中国，无论军政两界，总算有地位有力量的人。他已经来到乡间，做开荒垦殖，改造农村的工作了。这在我们大家，至少可以感觉：在今日的乡村运动队里，确实是"吾道不孤"！同时也可明白："平常的人总以为小小的寂寞荒凉的乡村之中，殊无英雄用武之地"之为谬见了！伍先生说："沙塘是乡村工作的试办区，我自己是乡村工作的练习生，我到邹平是来向大家请教的。"诸位同学记住！我们大家都是中国问题的研究生，乡村工作的练习生！我们大家都应当随时随地，忠诚地虚怀地向人请教啊！

第七乡教师会议对于该乡继续放足运动，举办成年教育，及教师读书进修等事都有些新的决定；我在他们会里亦曾有些话说。刻因有事，暂且搁笔，改天再和大家细谈吧！

二十三年十一月十二日

（五）邹平西北各乡之行

诸位同学：

平日，大家要我多写些讲义给你们，我总不愿写。因为那时候，我们大家在一个院子里，朝夕相见，有话便谈，面对面，心对心，要那印版的纸上的没甚生趣的讲义干什么！现在大家散在各乡村工作了，大家都难得时候在我的面前。我亦难得时候来乡间看你们。我有些意想要向大家说，邹平又没有广播无线电话的设备。因此，我乃不得不用笔墨，写文字，来给大家传消息，通声气。大家须知用笔墨，写文字，以交换经验，说明道理，本来是一种不得已的办法。因为我们人生为着生命的充实开大，为着文化的延续创造，总须发扬蹈厉，各奔前程，难得大家常常在一处啊！

同学前往各乡实习以后，我已经写了四次信给你们。你们在乡工作，日夜忙碌。大家忙得精疲力竭，本是我心中意料以内的事。如今大家还得抽暇来看这多的信，也许大家都会觉得这是太麻烦，太苦楚！大家对它，都会不愿用心看，或则没有工夫细心看的吧？

今天，我要写第五次信，这里面向大家报告：从十一月十三日至十六日这四天内，我在邹平西北各乡巡视的经过和感想。凡我所到的乡村，大都是有我们的同学在工作，在实习，在尽心尽力地干的！

我到各乡巡视的意思，这里不妨和大家说一说：

第一，是要看看各位。平日在院，大家在一起，共作共息，朝朝相见，且不觉什么！一旦，同学都往乡间去了！在院的人一面觉得清闲，一面也觉得寂寞！在我看，各位都是小弟弟。此次入乡实习，好比是一家的众兄弟，分散到各处店铺，做徒弟，学专艺。我想众兄弟，众兄弟也许在想我。我得来看看大家。果然，不论走到哪里，大家相见，都怪觉亲热。陋室之中，大家促膝谈心。明月之下，大家并肩散步。破桌之前大家站着围着，共啖白菜，豆腐，卤花生仁与黑馍。大家细尝，这里面都有无限的人生乐趣啊！

第二，是要看看大家在乡工作的情形：办什么事情？用什么方法？定什么计划？取什么态度？遇什么难题？有什么心得？并感受什么乐趣苦楚？能力所及，我想给大家一点帮助。

第三，是要看看乡村大众及一般有力人士对于本院同学及此次农闲教育的工作的态度。对于同学，他们表示欢迎或是拒绝呢？对于工作，他们表示赞助或是反对呢？欢迎的，赞助的，理由是什么？拒绝的，反对的，原因在哪里？

第四，是要看看各乡村教师，并和他们谈谈农闲教育本是大家理应举办的事业，民众学班只是原有的村学，或村立学校里面的一种设施。本院同学此次在乡工作，是实习性质，一来人地生疏，二来实习时间甚短，不久须回院，一村教育事业之进行与设计，仍宜由各村学校原有教师主持之，实习同学似居艺友的地位，须尽协助的帮忙的责任。

第五，顺便是要看看各乡学村学及村里学校：各校教师对于事业的了解如何？信念如何？兴趣如何？社会人士及一般大众对于此种组织的看法如何？态度如何？我是邹平教育的研究者。邹平各乡村的教师，大半都是我的同学。邹平的教育现状，无论是好是坏，是进步或退步，在道义上，我与本县设计委员会教育组同人都应当负相当的责任。

第一天（十一月十三日），我先到第一乡义和村学，再到贺家村学，又到石樊鲁村学。在义和村会见学长王志源先生，理事王世桐先生，教师成敬之，张理善，同学朱元辉，纪学贤。在贺家村会见教师贺雨三，白景璿，助教李毓忠，刘公俊，同学孙裕德，汤枕琴，联庄会员贺文德。在石樊鲁村会见理事石浩庭先生，教师石俊生、刘德甲，同学王本立、徐梅。我见汤枕琴在上课，孙裕德在忙着写招生广告，纪学贤等已为该村制了活动月份牌。成年班也都开学了。大家在乡里，都有事情做，也都能与本村人士相得，我甚觉欢喜。当天我就循原道回城。到了义和村已经天黑了，成年班准备上课了，村众知道我去，上学的格外多。因为我在二十年冬就在这村办农学校，他们都是认识我。大家见了我，定准要我上一课。我上了，再回城，已经是八点半钟啦。

第二天，上午在院写给你们谈教材问题。下午到聚和庄学校。会见教师王志澧，同学郭邦栋，刘金生。再到韩家坊村学，及第一乡学会见乡理事孙玉书，辅导员贾岳庭，教师尤广功。又到第八乡学去，就在乡学里过夜。在明家集村学见教师孙星文先生正为夜班上课，听众四十余人，真是济济一堂了。同学石鸣凤，邵长泰正在编写壁报，准备明天张贴集里给大众阅览的。该村村长王庆元，学董成尽臣诸先生都在校，看来他们对于学务都是能够热心提倡的。我于欢喜之余就对大众讲明为人向上学好的必要。回到乡学里，与乡理事孙逢寅，辅导员冯新庭，实习指导员马资固，乡学教师孟萱蕴，马□兰，郭洪绪，谈谈该乡学内外的情形，并看看她的乡务会议、教育会议的记录，知道该乡学：（一）学长，学董，乡理事，辅导员，各教师是很能和衷共济。（二）学生是加多了，学校大有收容不了之势。（三）教师对于学生生活的指导如注意体育，整洁，户外活动，合作事业及自制线鞋，自绘地图等事都甚合理。（四）乡村大众对于乡学渐取信任态度。（五）平息争讼，利惠乡农不少。（六）两次修建校舍，均得学董会同意。（七）举办棉业警察等事都是令人满意的。

第三天，清早对第八乡学学生讲《人生努力之方向》，大意谓人皆有力！而人有智愚贤不肖，惟视其力之用之方向何如也。讲毕看他们早操及拳术，青年学生多么可爱呀！午饭后与冯新庭、马资固到颜家集村校，会见该校教师王惠麟，同学侯思敬、王士林。问路到崖镇第十乡学，会见学长孙干臣先生，辅导员孙蛟峰先生，教师赵荫南先生和张凤德。各乡巡逻回科学教员翟作鸾。午饭后赵先生、张凤德陪我到张家庄。一会见，我又由崖镇韩家庄到了西左家。在张家庄会见教师张维桐，同学何吏衡、查振律。何吏衡已是声嘶了！这是因为他在乡村大众面前说话太多又太用力的缘故。在韩家庄会见村长刘金章先生，学董赵陵先生，教师张林忠，同学王光国、王士荣，他俩和朱仁民皆在此实习。他们的寝室和鸡埘马厩是在一处院落里，光线不足，空气亦不佳，牛粪马尿的臭气不时刺入鼻孔来。他们真正是"和马牛羊鸡犬豕做朋友"的。在往西左家的道上，我和光国、士荣两弟远远地看见一群黑衣制服的学生。我们猜想，无疑地那些都是我们的同学了。对面，那黑衣服的学生也飞奔地向我们跑来。你道他们是谁？原来就是杨向森（在张家庄实习，他是张近祺的同学。因张君遭难入城才回乡），朱仁民，严寅，彭黔生，袁钟岳，叶树祺。我见他们就不禁拉手。原来向森是要回张家庄的，仁民是要回韩家庄的，严寅是要回长久成的。大家因我来，就邀他们一伙儿回到西左家去谈话。到村已经是晚饭的时候了。于是袁钟岳烧火，叶树祺切菜，彭黔生洗碗，借筷，抹桌，倒茶，招待我和各位同学。饭来了，破桌上面摆上青菜一锅（没有碗，故用锅盛菜），卤菜一碟，粗馍数斤。老师，同学，车夫，大家一同大嚼。此情此景，乐趣正多，谁复知有肉味！饭毕，到村学，会见学长吴元福先生，理事左方琪先生，教师赵涵、尹明甫。钟声一响，学众来了。大家要我讲话。乃讲人生在世必须活到老，做到老，学到老的道理。讲罢，就邀严寅黔生向吴家第九乡学去寻这一天的宿处。走出庄门，心神转静，瞥见明月在天，清风拂地，月是自然之色，风是自然之声，益觉自然的伟大，美妙与神奇！路上，他俩问我许多问题。走到吴家，栅门已关，始知寒夜已深。打开栅门以后，严彭两弟，问知乡学宿舍亦挤，又折回西左家去。我与车夫就在乡学一宿。辅导员刘建飞，教师高辛农、刘殿甲先后来谈。九时以后，我们已就寝。指导员罗子为，同学余安华始从宋家村校回来哩。宋家和吴家相距约五里。他俩晚饭后才到宋家去，参与该村成年班的开学典礼，礼毕又回吴家来。如此辛勤！如此努力！如此做得兴高采烈，不觉困苦和艰难！中国青年教师在乡村建设的路途上。谁还能说我们的民族是已经衰老，不能再度开放文明之花咧。

　　第四天，清早看第九乡学及吴家村学的活动。早饭方毕，乡学长宋传诗先生已经到学。相见之余，略谈该乡学进行状况，因悉该乡学董及绅耆正拟在大碾附近筹建乡学的学舍。大碾在该乡，地位适中，其附近有公地三顷六，多荒芜，可利用。如果该乡学新舍能够建立在这里，则不仅学址有了，操场有了，即农场，林场也皆有了。我愿在此，祝它的成功！上午八时，子为陪我到宋家。教师宋书齐，同学马国相、杜凤鸣、周彬统是在此相见的。他们都是青年，在此工作，很合手，很和气，叫我感到愉快，放心。不久，子为回吴家，我就由许家道口，高洼庄，成家村学，柴家村学回城了。在许家道口见教师王有存。在高洼庄棉花运销合作社见同学鲍衍庆、魏宗邦，他俩白天在为该社做催花收花秤花验花的工作，晚间在为该庄乡农办夜班。在成家遇见冯新庭，马资固，他俩也来查学的。又一同到柴家会见女学教师朱爱贞。别后，他两个西去，我就东归。道上看见西风扫败叶，与万千寒鸦打拼在一起，随风飞舞。这就是自然的美妙的万物一体的象征，路上行者又何必费神为他们分别，谁是寒鸦，谁是败叶啊！慢慢地，慢慢地，日已西沉，天已黄昏，道上已没牛车，野外亦不见摘棉人了。我离城尚远。但是，我的心并不着急。因为柳堤荡漾，柏林森严，棉田黝紫，麦坡青翠，处处是值得吾人欣赏留恋啊！

回院以后，我细想，此次巡视，对同学工作上帮助极少。但是我从此，很放心，很满意，而且对于乡村运动的前途更比以前乐观了！

第一，同学在乡间都很得乡村大众的欢心。有的农友说："研究院的学生，着实好！很和气！"有的说："各位老师数千里外来我们村里，教我们，受辛苦！我们如不能好心学习，是对不起各位老师的！"有的说："我们村子小，没好的住处，招待各位老师，各位老师丝毫不嫌弃我们，我们怪欢喜！"有的说："各位老师教我们识字，打算盘，是很耐烦咧！一遍，二遍，三四遍，我们很笨，一时学不会，老师总忍耐着要教我们会！"有的说："各位老师真是谦和呀！老幼男女的人，他都看得起！说得话！"从这里面，从我所会见的乡农的词色里面，我知道各位同学在乡间，已经得着大众的欢喜了！

第二，各乡村学长、学董及一般绅耆对于同学已有好感，对于此次农闲教育的工作，已有较好的认识与了解。比之，上次初办乡农学校时，相差真不知几多道里呀！

第三，各乡村教师与同学在此番工作里一般说是无间地合作的！

第四，同学的青年之力，大致是能有所用！用得出来！有力无处使，是人生的最大的苦闷！今日在乡同学一般说是蛮欢喜的！虽然大家住的地方吃的东西都不如在院舒服，但是精神上大家都还是快乐。

第五，乡村大众：黑红的脸，率真的眼，粗大的臂膀，厚重的脚步，坦白的胸怀与夫无病的脑与神经，在在都启示着我们：乡村有力！农民有力！中华民族有力！这个力是生命的力！不是机械的力！

总之，此次，我在邹平西北乡村之行，前后四天。只有四天。但在这四天里给我所见所闻，所经历，所感触的，已经足够使我深深认识：乡村是中华民族生命的摇篮。我们便是侍候这摇篮里婴儿的保姆！中华民族复兴所需要的东西，乡村里面一切都有的。土地！肥料！种子！一切具备！真是一切具备！所缺乏者只是太阳的光和热！大家记住！是公平无私的太阳的光（智慧）和热（血诚）！乡村运动的朋友呀！我们在这里，要做什么事情呢？要贡献给乡村的是什么东西呢？不就是这点点的光和热吗！

二十三年十一月十九日

（六）再谈教材问题

这几天，大家向我告急的事情，大半还是教材缺乏或不甚适用的问题。例如《乡农的书》在初学的乡农用它是适合的。对于程度稍高，已经在小学或私塾读过两三年书的人便不适合。对于年龄幼稚，经验甚浅的儿童亦不适合。关于指导程度较高的乡农阅读书文的事，上次已与大家说明。如何教导失学儿童用书？用什么书？教他识字，识什么字？唱歌，唱什么歌？乡村儿童的教材，确是问题。今天，来和大家谈谈。

我们拿什么教儿童呢？用什么东西做失学儿童的教材呢？我想：乡村儿童的教材真是处处皆是！事事是教材，物物是教材。凡儿童自身眼所见，耳所听，口所尝，鼻所嗅，身所触，意所想的莫不可加以搜集，选择，编次，运用作为教导他们的教材。这话，也许大家以为我是说得太空洞，太笼统。现在，请举例来说。

一、邹平乡间常见的树木：松，柏，榆，槐，槿，桑，桐，白杨，石榴，山楂，柿子，杏，桃，梨，栗，枣。

二、邹平农家常种的作物：高粱，玉蜀黍，谷子，黍子，麦，棉花，黄豆，绿豆，山药，芋芳，地瓜（山芋），西瓜，南瓜，东瓜，白菜，菠菜，茄子。

三、邹平农家常养的家畜：马，牛，骡，驴，羊，狗，猫，猪，鸡，鸭，鹅，蚕，蜜蜂。

四、邹平农家常备的家具：桌，椅，板凳，脸盆，毛巾，镜子，剃刀，剪刀，铁锅，铁铲，蒸笼，碗，筷，盘，碟，杯，壶，水缸，木桶，罐子，切刀，火剪，筐，篮，簸箕，扫帚，锄头，斧头，犁，耙，锨，杈，大车，石滚，碾子，斗，升，秤，尺。

五、邹平乡间常见的野兽和鸟：兔子，狼，黄鼬，地鼠，喜鹊，雁，啄木鸟，燕，麻雀，鹰。

六、邹平农人常服的衣物：短衫，长袍，马褂，皮袄，棉衣，夹衣，单衣，裤子，袜子，呢帽，布鞋。

七、邹平人士常食的食品：窝头，煎饼，馍馍，大饼，挂面，饺子，火烧，包子，稀饭，黏粥，卤菜，油，盐，酱，醋。

八、邹平人士居处的房屋：南屋，北屋，东西厢房，门，窗，梁，榱，墙壁，板，椽，楼梯，柱子，石头，砖瓦，土坯，石灰，客厅，厨房。

九、邹平人事交通的器具：驴，马，骡，船，小车，轿车，自行车，洋车，汽车。

大家试想我们能把这些物名，一一教给儿童，使儿童认识这些物名的字眼；又使他们认识这些字眼以后在日常生活上感觉有意味，有用处。因之，他们的思想得以自由，心灵得以活泼，眼界得以扩展开大。这岂不是一桩很有意义的事情吗？不仅如是，我们对于乡村儿童可以教他：

一、认识数字：一，二，三，四，五，六，七，八，九，十；或壹贰叁肆伍陆柒捌玖拾；或 丨，刂，川，乂，〇，エ，亠，三，乂，十；1，2，3，4，5，6，7，8，9，10。

二、认识度量衡：十分为一寸，十寸为一尺，十尺为一丈。十升为一斗，十斗为一石。十钱为一两，十六两为一斤。

三、认识时间：一年四季：春夏秋冬；二十四节：立春，雨水，惊蛰，春分，清明，谷雨；立夏，小满，芒种，夏至，小暑，大暑；立秋，处暑，白露，秋分，寒露，霜降；立冬，小雪，大雪，冬至，小寒，大寒。以及月，日，时，刻，分，秒。

四、认识方位：东，南，西，北，前，后，左，右，内，外，上，下，高，低。

五、认识物味：酸，甜，苦，辣，涩，咸。

六、认识物色：红，黄，蓝，绿，青，紫，赭，碧。

七、认识物形：方，圆，正，歪，三角形，六角形，梯形，或菱形。

八、认识物质：金属：金，银，铜，铁，铅，锡；非金属：煤，石，玉，土，油，水，气，汽。

九、认识人的关系：夫妻，父子，兄弟，亲戚，朋友，祖孙，师徒。

十、认识人的德性：忠，孝，仁，爱，信，义，和平，礼，节，廉，耻。

而且人：以性别论有男人，女人；以年龄论有老翁，壮丁，幼儿；以职业论有农人，工人，商人，医生，军人，教师；以肤色论有红种人，白种人，黄种人，棕种人，黑种人；以国籍论有中国人，日本人，英国人，美国人，法国人。乡村儿童认识了这等形容词，区别词以后，于是他在对面与人谈话的时候可以省掉许多手势来指示；他在远处与人通信的时候可以省掉许多笔墨来图画。他的语文容易使人明白。他的心思容易使人了解。他的情感——快乐或者痛苦也即容易使人同情。这在他将如何愉快。我想这种愉快只有瞎子一旦能够看见，聋子一旦能够听闻，哑子一旦能够说话，宣告无期徒刑的囚犯一旦能够获得自由的时候所得的欢乐所可比拟的吧！

不仅如是，大家在乡村常常可以看见：

一、农夫农妇在犁地，播种，锄草，挑水，拾柴火，拾粪团，喂牲口，搬泥土，摘棉花，割棉柴，轧棉子，弹棉絮。

二、农家小儿在哭，叫，跑，爬，跳，跃，推，拉，追逐，游戏。

三、自然界在风起，云涌，日升，日落，草在谢，叶在落，霜在降，雪在飘，山在静，水在动，鸟在飞，鱼在潜，兔在奔，蛇在蛰。

四、农村之中，鸡在啼，犬在吠，牛在拉车，猫在捕鼠，小儿在咿呀学语。

五、愚夫愚妇在因烟酒而败家，因赌博而破产，因缠足而短命，因早婚而绝嗣，因不忍小愤，与人争讼，而为人所忌惮，所远避，而莫敢与来往亲热。

凡此种种都是可以收来作为乡村儿童教育的材料。前天，我到颜家集村校去，有一位同学告我：儿童教材缺乏，甚觉为难。我当时就引他到教室去看，我说："这是桌子，你可教个'桌'字。这是板凳，你可教个'凳'字，这是墙壁，那是门口，那是窗户，你就可教他们使用'墙壁''门口''窗户'等字。"随后我再引他到室外来，那里有槐树，有石碑，有大钟，有风箱，火炉，我就向他说："你就把这些物名：槐树，石碑，大钟，风箱，火炉，等字先教给他们吧。"最后，我又发现那两块石碑上面均是刻有文字的，当时我真不禁欢喜大跳起来说："这是现成的书文啊！"原来这碑上刻有人的姓名。其中有姓颜的，姓牛的，姓马的，姓孟的，姓成的。这些姓，就是颜家集的儿童和他的朋友的姓。我们教一个儿童认识他自己的姓，并认识和他自己朝夕相处的朋友的姓，这在儿童必是乐意；想来，这些儿童的父母也不会不乐意的吧！我们要教儿童认识石碑上的文字，毋须从头至尾，一个一个来认的。我只要拣那些儿童日常生活上常常要用的字，或词，且在他们自己又能理解的字或词，教给他们就好了。碑上的字有模糊的，我们就用墨水把它填描一番，就清楚了。我们亦不宜在一时间就把全碑文字都填上墨水；只要教大家认多少字，就填墨多少字好了。朋友！你的校里有这等现成的大众读物没有呢？如其有的话，请你好好利用它。

乡村大众的读物，尚不仅此。农家门首不是家家都有门联吗？家境稍好的，客厅之中不是都有对联挂屏吗？村庄较大的，街头，巷尾不是常贴布告，广告，标语吗？那些也都是现成的乡农读物啊！对联挂屏，挂在人家的家里，大众不易看见。可是门联，布告，广告，标语等等都是贴在万目睽睽，大家所易见的地处。

乡村大众的读物，尚不仅此。乡村农人不是都会念得几句农谚吗？乡村儿童不是都能背得几首歌谣吗？这些农谚歌谣之中，有自然，有社会，有文艺，有音乐，也有精神陶炼的警句！请大众念给你听，你当下就把它笔记下来，写成较大的字（寸方）转即教给大众，这不是大家彼此都感兴味的事情吗！

乡村大众的读物，尚不仅此。这时候，大家在乡间常可以见着"推石人""拾粪人""摘棉人"。即人即情，即情即景，我们就把它缀了几句，教给他们。例如：

（一）《给推石人》
"北风呼呼叫，
我在路上跑！
一步一步往前推，
汗珠往下掉！
没有推石人，
房屋不能造！"

（二）《给拾粪人》
"手拿铁粪叉，
背着柳条筐，
早起拾狗屎，
春季种庄田！"

（三）《给摘棉人》
"棉花开，白朵朵！
弹成絮，暖和和。
先暖爹娘后暖哥，
一家人家暖个遍，
不种棉的穿什么！"

大家试想这是何等有趣啊！

写到这里，想起周文山先生在第十二乡指导同学实习，也在自编"莲花落"式的课文，指导各村学校的小学生做小先生，办共学处，教导当地失学的儿童。一天，他在电话里告诉我：他新编的课文：

第一课：棉花白，真真好。摘下来，做棉袄。

第二课：棉花老，拾完了。大家来，进学校。

第三课：学校里，朋友多，大家来认字，大家来唱歌，大家欢喜笑哈哈。

第四课：共学处，真方便，不费功夫不耗钱。

大家快来把书念！

第五课：好哥哥，好弟弟，你教我，我教你。

大家共学真欢喜。

大家看了，以为怎样？也许有人会想，这是先生们编的，先生们有这本领，同学们是不能呀！这里，请大家看孙裕德、汤枕琴两位同学为贺家村大众编的两课：

其（一）：

"九秋十月了，穿上大棉袄。

家里事不多，田野活计少。

大家到夜学：

听听故事，练练算盘，

学学识字，讲讲道理，

你说好不好？"

其（二）：

"做到老，学到老，八十三岁还学巧。会的教别人，不会跟人学。大家都这样，日子才好过。我们办夜学，就是为这个。合村老少赶快来，机会莫错过。"

大家看了，以为怎样？也许有人会想：这是程度较好的同学编的；他们能编，不见得个个同学都能呀，这里，我请大家看：

（一）山海工学团小先生编的《小农夫》（见《生活教育》第十七期）

"我是小农夫，五月生活多。

先生帮忙做，种棉用条播。

八月雨水多，田里草成窠。

荒年这样苦，再要收田租。

那晓穷人苦，麦汤麦粥过。"

（二）定县小陈村小学生编的：

"我有眼睛，用眼睛看。

我有耳朵，用耳朵听。

我有脚，用脚走路。

我有手，用手做活。"

大家看了，又以为怎样呢？我想，小学生尚能用字编文，我们同学绝不致连这点点能力都是没有的。这里，大家自然该当小心，但也须敢于大胆尝试啊！我们不是文豪！亦不要教乡农做文豪！只要大家心中想的，口上说得出来，笔下写得出来就是的。我们所编的课文，只要能够指导当今乡农为人处世的途径，不必留给后人作为圣经贤传啊。

记得上次论教材信里曾经和大家说："图书万万卷，事物万万种，随处都是人生教育有用的教材！"大家试想：这话怎么讲？又怎么去用它来解决你们当前的难题？

大家知道："晓庄学校以天地为教室，万物为导师，生活为课程。"其实，按之道理，岂只是晓庄学校应当如是！凡是人生的学校都应当如是的！总之，宇宙之中充满着教人智慧的，仁慈的，勇敢的，忠义的，和平的，公正的，谦敬的，勤俭的，向上进步的种种材料，真是取之不尽，用之无竭！他们有如中天的阳光，其间并无乌云遮着，墙壁挡着，打开眼睛来，大家都能自由赏鉴，自由享用的啰！

二十三年十一月二十日

（七）招生，再招生，继续招生

各位同学：

这几天，我到第六，第七，第十一，十二，十三各乡缠了一遍，知道大家都在感觉着：招生难！招生难！要一村成年农人大家都来上学不容易，要教育大众，要把教育的机会给大众，要把教育大众化，真是不容易！今天来和大家细心谈谈这难处，并想想办法，如何打破这个难题呢？

先说乡村大众为何不来上学的原因：

一、是因为穷。我们的学校不收费，亦无须要学生一定要买书籍笔墨纸张的。我们可以借书给他看，或指示门联，布告，广告，古朝的石碑，破旧的报纸上的文字给他看；我们可以指导他用树枝在大地上学习写字；我们可以利用小小的石头，瓦片，或碎砖教大家学习珠算；徒手即可打拳，开口便可唱歌，步行就可研究自然，调查社会。灯油炭火亦由我们自备。我们教大众，是可以给大众不花一文，也得上学的。可是穷苦的大众，还是不一定个个都能来。因为穷人多事忙，穷人多心烦。事忙的人，心烦的人都难于上学的。

二、是因为忙。穷人多事忙，但不必皆是事忙；事忙的人亦不必皆穷。大部分的乡农之不上学还是因为他的事忙，或是因为他不善于安排工作时间故自己觉着事忙，哦，农闲！农闲！真是比较的说法。一年到头，一天到晚，普通庄户人家的少壮男女哪有整天袖手赋闲的日子。拾粪团啦，拾柴火啦，做土坯啦，摘棉花啦，打棉柴啦，扎棉絮啦，敲棉桃啦，喂牲口啦，抱小孩啦，挑水啦，耕地啦，修理房屋家具啦，拉土拉炭啦，赶集买卖东西啦，上城完粮纳税啦，邻里亲戚有吉凶庆吊的事情啦，家有病人料理医药啦，做饭煮菜刷锅洗碗啦，织布缝衣制鞋做帽啦，还有其他等等，勤劳持家的农夫农妇，每天要做的活路多着咧。

三、是因为他们自己懒，不肯用心费力来学好。这样的人在我看，是绝对很少的。有些少壮的农人，他懒不想事事，或是由于他年少识浅尚不知学好；或是由于社会对他的安排不合适，他得不到舒畅用力的机会。真正的懒人，什么事情都不想干的，我们对他真是根本无办法。但是世界之大，这样的人是绝对很少的，也许是绝对没有哦！

四、是因为他的习惯已经学坏了。他宁肯胡作非为，作奸犯科，干那烟酒嫖赌自害害人的勾当，不愿做正经的事业。败子回头金不换，我们的弟兄如果因为我们的努力一旦回心转意，走上正道，那亦是人生极大的乐处。

五、是因为他愚如白痴，不知人生必须继续学习。

六、是因为他害羞。他觉得上了二三十岁的人去上学，做学生，不够面子咧。

七、是因为他害病：如伤寒不宜出门，瘫痪不能出门，疯狂不许出门。

八、是因为他年长有暮气。他以为他自己已经是"老夫老矣，无能为也"，还用上学干什么！

九、是因为他自傲自暴。他以为他自己已是一乡一村最聪明最有才的人了。什么事情，他全能。什么道理，他全知。论拳术，他是全村第一；

论农艺,他是举乡无双。他已经把自己关在人生智慧的大门之外了!坐在智慧的大门口不想进去。

十、是因为他消息不灵,本村办民众学班,他不知道。招生广告,他不曾见,或是他不识字,见了广告,亦不知为何事。

十一、因为他不明白我们办民众夜班的用意。以为上了学,报上名后,说不定将来会被征去当兵。他怀疑:天下竟有这等便宜的事情:不用自己耗钱请教师,买灯油,就可以识字念书的。他也不明白:国家有事须征人民当兵的时候,可以强制执行。国府问省府要,省府问县府要,县府问各乡村要。人民躲避,也是躲避不了的,不必借用办学的名义,亦毋须这等和缓的手续。

十二、因为他已经知道:我们没有本领,教不好,或者不肯用心教。这也许是他的耳闻如是,他的朋友们告诉他的。

十三、因为他觉得:我们是太倨傲了。他以为我们自视甚高,此次在乡工作,是故意降格来与乡农接近的。他不知道:我们本来就是生长农村的人士,我们本是农村的子弟;即便有些个不是的,大家也将以农村为自己安身立命的归宿地处的。我们大家皆是乡农的朋友。我们是彻底敬爱农友的;劳苦功高的农友在我们的眼里似乎就是神!我们深信惟有我们与农人打拼在一起,成为一个力量,乡村建设才有指望;中国复兴也才有指望哦!

十四、因为他误会:我们是奉行公事的官吏。或者误会:我们是宣传宗教的牧师。官吏的摆架子,与牧师的好行面上的慈善行业,都是自尊自重的中国农人所厌恶的。

十五、因为村中不和,绅者与绅者,绅者与民众,民众与民众闹派别,有意见,这面的人来上学,那面的人便不喜欢与我们接近了。

十六、因为村中曾与邻村吃了官司,是败诉的。村人心气不平,怨望县政府,就从而迁怒于研究院的同学。

十七、因为村中办事人员,马虎,或事忙,不曾把本村举办民众学班的事通告大众。

十八、因为小学生的家属,怕成年夜班办了以后妨害他自己子女的上夜学,在反对夜班的成立和发展!

十九、因为他的父母不了解我们办学的用意或其他原因不要他来上学咧。

二十、因为天下雨，下雪，刮大风，路上太黑。

二十一、因为邻村有戏，或家有丧事喜事。

二十二、因为学校离家太远，校舍太偏于村的一边。

二十三、因为教室太窄，桌凳不够，不能尽量收容学众。

二十四、因为此处本县边境，夜间来往不大平静。

二十五、因为他们觉得上学无甚好处，既无资格，亦无文凭。他们来的，得不到奖赏，不来，亦不致受惩罚。

二十六、因为上课太拘束，太干枯，不自由，没兴趣。

二十七、因为上次乡农学校倡办机织合作社，结果办了以后失败了。吃了亏苦的人士，对于此次成年学班的设施，自然地要怀疑或反对。

二十八、因为上次乡农学校实习的同学不尽心，不努力，失了乡人的信仰。乡人的脑筋是很笼统的。他们认为研究院是整个的，前后学生是一样的。前届来的好，这届也准好；前次来的坏，这次也一定是糟的。我知道有一个村庄，此次对于初去实习的同学，真是白眼以看，冷语讥刺的。感情很不好。现在转好了，原因就是上届同学，在该村实习的，太糊涂，不称职。有些村庄对于此次实习的同学很欢迎。就是因为上届同学，在该处服务的，很能得大众的亲信与敬佩。

也许还有其他的原因，使大众不能入学的。这里不必一一细举了。现在请进一步来商量各村如何招生的办法：

一、续发招生广告，用色纸大字书明："本村成年学班继续招生"的字条，引大众注目。

二、续与学长，学董。本村教师及其他绅耆商酌，如何劝导大众，踊跃入学。这里须注意乡中绅耆，或是消极惯了，或是公私事务甚忙，对于大众上学与否的事，他是看得不甚重要，不很留意。我们固应恳切请他出力主持，但不宜依赖他太深，责望他太切。我知道：有些村庄，不愿办成年学班：就是因为她的学董怕招生麻烦啊。

三、鼓舞已上学的大众，要他们本"自觉觉人，自达达人"的精神，留意劝导邻里亲友共来上学。每人必须劝亲友一人或二人上学，越多越好。大众引动大众的力量是值得异常注意的。第四乡各村实习同学，指导各村学众自动组织劝学队，每村五人或十人，其五人者为村之东头一人，西头一人，南北两头各一人，中区亦一人。奏效甚著。

四、指导小学生回家劝导家中或邻居少壮农人同来上学。第九乡宋家村校成年夜班之成立，学众之众多，得小学生之力不小的。

五、利用农闲时期举行游艺会，恳亲会或儿童大会等，引动大众共来视听，于是鼓舞学众在稠人广座之中，表演识字，书法，珠算，拳术，唱歌等等成绩，引大家信任我们的教育力量，并明白我们的教育办法，如第六乡杨村学校之所作为，亦可以号召大众渐来上学的。该校初办成年学班的时候，村民疑是招兵，报名上学者甚少。嗣经该校教师学董和实习同学，继续努力。来学者激增，今有教室太小不能尽量容纳之感咧。

六、利用电影团，话剧团到来之时，郑重向大家宣传，说明大家利用农闲，共同向上学好之必要。

七、与本地乡望素孚之绅耆联合，挨户劝学如和尚化募然。至诚感神，必有因此忽然觉悟从此幡然来归者。此着，吾人在南方乡间颇有效力者，此在北方乡俗间，不知可行否？宜先考察当地情境。

八、变通教学时间可分昼班，夜班，或全日制，半日制，时间制，隔日制，或依乡间赶集而为五日三晚制，或不拘时间，随到随教，必尽量设法给大众以随时上学的便利。

九、学校公开，使大众得自由入校参观；教室公开，使大众得自由入室旁听。事先毋须强要大众报告。看了增得识见，听了明白道理，必有因此感悟而欣然入学者。

十、注意教材教法，使大众深深觉者：今日所学所习，尽是人生所必需。

十一、还有其他种种的办法吧？你想想看，有没有呢？愿你尽量使用你的聪明才智，要大众来学吧！你如智穷力尽，可去问问你的朋友和指导员，看看各处有没有更好的更有效的招生方法。

如果你的聪明才智所想到的一切方法，都用尽了。还是有些大众不能来，那又怎么办呢？这里照我想，我们大家惟有采用导友制（即小先生办法）把教育送到大众的家里去，或是他们工作和游息的地方去。我不愿大家用政治力量强逼教育。因为我不愿旁人用枪杆刺力来逼我信仰他所讲的道理！人是理性的动物，他本是要往有理的方向走。你所讲者如果真是理之所在，哪怕旁人不肯信从呢！教育，在我看来，是人生必需的乳和饭，不是他的药石呀！拿药石给小孩吃，是有用力强力硬灌的。拿乳给小孩饮，拿饭给大家吃，何须强制执行呢！

这里，还有一句话要向大家郑重地说：动人的教育，不一定需要长久的时间，圣人一句话比之庸师千言万语，更能动人深处咧。如果，如果，我们所讲的话真是道理，那么，招生，招生，继续招生，直至我们大家准备回院最后的一刹那吧！在那一刹那的时间，一个农友来到我们面前，听了我们一点课，记取我们一句话，也许他就终身受用不尽，并从此改变了整个的世界！

廿三年十一月四日

（八）儿童教育，何事第一？

各位同学：

本县各乡村儿童部的小学生成天在教室里受罪！这件事着实使我心神不安咧。

学校本是儿童的乐园，是引导儿童健全生长的苗圃。可是今日我们所办的学校，对于小学生，简直还是监牢！或竟是阿鼻地狱啊！大家在乡间，试留意考察，必可发现今年本县各乡各村学校的建筑和活动对于儿童身心的发育真有许多不利的。你看：

一、教室墙壁乌黑，窗户狭小，光线不足。或竟白昼犹须点灯。

二、教室四周只有一面有窗，上下左右又无气窗的设置，室内空气恶劣。冬则煤烟满屋，夏则汗臭熏人，均于儿童气管、肺部及眼睛有害。

三、桌凳高度不与儿童身长相应，一般学校桌凳对于幼小儿童都是失之太高。

四、黑板油漆剥落已甚，教师在这上面写的字，学生看不清楚。

五、黑板挂得太高，学生看板上的字必须抬头很费力，容易疲乏。

六、教室建筑狭而长，教师写的字，后面的学生看不见；他说的话，后面的学生听不清。

七、前排的学生座位太靠近黑板。粉笔屑不时刺入他们的口鼻眼睛都是有害的。

八、教室狭小，人数很多，大家挤在一处，好比是许多幼小的树木花卉拥挤在一个小小的苗圃里面，都难得好好发展生长哦。

九、校址空地甚小，小学生课罢游息之时，在这过小的运动场上，横冲直撞，很是不好。好比是许多金鱼养在一个小缸里面，不得游泳自如及活跃。

十、教师为习惯所囿，舆论所制，或自己怕麻烦，爱省事，强制小学生成天在教室里高凳上呆呆地坐着。不许学生走出室外，亦不许学生离开座位。可怜小学生坐得长久，腰也酸了，臀也痛了，眼也昏了，头也晕了，心气也纳闷了，没奈何，只得借口小便大便到厕所里去吸点新鲜空气咧。

十一、教师因为小学生到厕所里的次数太频，人数亦太多了，怕大家到厕所里顽皮，打架，吵骂，就特制一"红头恭签"。全校只此一根，规定大家必须携带此签，始得到厕所去，违则受罚。于是可怜胆小尿多的小学生抢不到签，只得小便在他自己的裤裆里！

十二、每天规定要小学生背诵课文，于是嫩小的儿童脑子里堆上许多无用的，不能溶化的符号。害得小学生在睡梦里都在念书。

十三、小学生顽皮不听话，或蠢笨不会念书的，教师对他竟用体罚！有时候，教师有心事，或受些旁人的气，也就不免迁怒于有拳无勇的小学生，挨打挨骂来受所谓"教训"。

十四、教室里蛛丝灰尘，纸头果屑很多，不勤扫除。

十五、清早就叫学生扫地。扫地以前不洒水；扫完了，立即叫他们坐在尘埃飞扬的教室里。

十六、要小学生上学太早，日间又不给他午睡的机会，致儿童睡眠不足。

十七、正午十二点下课，下午一时或一时半就又上课。于是回家午膳的远道学生，在家吃饭，不敢不急急忙忙，害得他消化不良！

十八、学生口渴没有开水喝，只得喝生水！

十九、学生有害传染病的如：沙眼，痢疾，疟子，疥疮，天花，疹子，白喉等，教师不知预防或使之隔离暂时休学，致病疫蔓延于全体学生及其家属。

二十、学校有卫生课，但教师只知道在书本上讲卫生，不知道在学生身体上讲卫生。如漱口，抹脸，洗手，洗脚，剪指甲等皆是轻举易行的事，大家都不曾继续留意指导要儿童做。

二十一、许多小学生在一个脸盆里洗手洗脸，并只用一方毛巾。

二十二、小学生不带手帕，或有手帕而不天天换洗。

二十三、学校不设痰盂或有痰盂而不天天倒换。大家随意吐痰，喷嚏，不加指正。

二十四、露天厕所，其中大小便狼藉，不堪插足。蚊蝇麇集，臭气熏蒸。于夏季为尤甚。

二十五、夏季阳光西晒，直射教室。前面既无树木，又无苇帘遮盖。许多小生命在这室内长期坐着，多么受罪！

二十六、教室里面安设煤炉，生火取暖。但煤炉之上没有水铁管的设置。拉开风箱，火光熔熔，煤气烟灰亦腾腾烈烈，伸张他们的魔手向小小学生要命唎。

这些现象，统是我们在乡村时常可以见着的。乡村本是人类的儿童最好的自然发育的环境，而今乡村学校对于受学儿童如此作践，岂不可痛吗！卢骚说："自然，全是好的！到了人的手里，一切都坏了！"这话是太过愤激的。可是我们大家从事教育的人都得平心静气反省一下哦！

我们知道：健康是生活的起点，也就是教育的起点。为何大家教育儿童不能留意儿童健康呢？

我们知道：健康的精神寓于健康的身体。为何大家注意精神陶炼，忽视体格的操练与保育？

我们知道：有效学习的原则，第一就是保持身体的健康如运动，睡眠，饮食及室内空气流通等，皆与神经系统效能有莫大关系（详郑宗海译：《修学效能增进法》）。为何大家既要儿童学习迅速进步，又给他们睡眠不足，饮食无度，并禁止他们在空气清新的地方运动呢？

我们知道：儿童身体的缺陷如目疾，耳疾，齿患，鼻疣及鼻塞等都是妨害他的心理活动，阻滞他的学识长进的。为何大家既想儿童知识发达，不想他的体格健壮呢？

我们知道：人们工作的环境如光线，温度，湿度及桌椅之高度等之适宜与否，对于工作效率之高低，是有绝大相关的。为何大家苦求学生工作有效，不为注意改善环境呢？

我们知道："天下父母莫不爱其子女"，"父母惟其疾之忧"，为何大家为人教育小儿，竟令小儿身体羸弱乃至疾病呢？

我们知道：教育，教育，有教还得有方，为何大家只是教书不知育人呢？

我们知道：外人所谓"东亚病夫"实为我国之耻！但这病夫之国是由许多病的国民组织而成的。雪耻！雪耻！大家要求雪耻！为何大家还在教室里面继续制造病的国民呢？

我们知道：无病是仙，有病最苦！有病的人终日呻吟床褥，郁闷无聊，吃的苦药，闻的苦味，什么事都不能干！无论在精神上在肉体上，他的生活总是苦的。健康是人生快乐的路，亦是人生光明的路，为何大家教育儿童，指导儿童生活竟把儿童送上痛苦的黑暗的路上去？

我们知道：耳有病的便是不聪！目有病的便是不明！鼻舌身脑一切器官有病的便被迫休学！因病而死便一切皆完了！

是以"儿童教育健康第一"，人生的教师与病魔不两立！人生的教育与病魔荟萃的学校不并存！有了教师便无病魔！有了病魔便无教师！教师啊！振作你的精神，变更你的办法，来与万恶的病魔作持久战吧！莫让你手下的儿童为病魔所伤害而染病，而叫苦，而不幸短命死！眼前无数的儿童都是为病魔所追逐，逃奔前来请你保佑生命的，莫让他们可怜地竟成病魔的俘虏！

那么，我们大家该怎么办呢？我们大家在邹平乡村校里校外，指导儿童生活的导师该是怎样抗拒病魔，保护小小的可爱的儿童呢？这里，我想请大家齐来先作高呼一个口号：

"儿童教育，健康第一！"

这话，大家试想，是不是理？大家是不是信它是理呢？如其是的，那么我们大家同来想想办法：

一、放大窗户，窗户面积约占教室地面六分之一。使室内光线充足。桌上光线宜来自前面左边，如手执书读，光线宜来自上面后边。

二、粉刷墙壁及天花板，能由教师指导学生来做最好。

三、窗口莫放书物，阻止光线入室。壁上除公用图表外亦不要悬挂零星物件如学生书包、衣帽、算盘及写方等。

四、安设气窗于教室上壁四隅，使室内外空气易于流通。

五、每日洒扫宜在午后课罢之时。

六、桌椅高低须与学生身长适合。其太高的应把桌椅之脚锯短。曾见某校把桌脚一部埋入地下，使桌面高矮与学生身长相应，亦好。

七、注意使学童睡眠充足。据专家意见：儿童睡眠时间及年龄关系如下表：（睡眠以小时计算）

年龄	六	七	八	九	十	十一	十二	十三	十四	十五	十六	十七
睡眠	三·二	三·五	二·二	二·二	二·〇	一〇·五	一〇·二	九·八	九·六	九·二五	九·〇	八·七五	八·五

八、矫正学童随意涕唾恶习。

九、禁止学童喝生水。指导他们自己轮流拾柴火，煮开水喝。

十、指导学童洗脸，洗手，洗澡，剪指甲。有沙眼疥疮等病的儿童所用的脸盆脸巾宜分开。

十一、整理厕所。各校有用砖制长方小坑，以供儿童大便者，旁置灰土粪权，便后盖上灰土，此种安置甚好。

十二、劝导全村儿童种牛痘。

十三、与卫生院医生接洽举行体格检查。

十四、煤炉之上设置水铁管及水壶。

十五、每日举行早操。

十六、每日下午须有游唱一二小时，校内空场狭小，可在野外举行。每周能利用课余，天气晴朗之时做远足旅行，或采集标本，或赏鉴风景，或参观学校，工厂，合作社等更好。

十七、学习童子军活动，或作雪中行军。

十八、指导年长学童学习国术。

十九、废除体罚。

二十、其他乡村学校不必耗钱可以做到的学校卫生事业。

上列这些事情，大致是不必耗钱，有的耗钱亦很少。只要教师肯用心，肯卖力气，统是不难做到的。我想请大家试试看，并请大家转告乡村学校原有的教师试试看。

新近，县政府李科长（守文）向我说："邹平城乡各学校准备于来年元旦在乡学开个观摩会。观摩的内容特别注重唱歌与体操。这会的主要用意就在提醒大家注意儿童的健康。"我听了很欢喜。这真是邹平三万余儿童的福音咧。

各位同学！我们大家都不愿我们自己的孩儿因病受苦，短命以死！都深愿看见他们的康健，快乐，身体结实，精神焕发。我想，天下父母必同此心。每个小学生，男的女的，从他的父母看来都是一颗星，一个小宝贝啊！人类的父母绝没有反对提倡体育和注意儿童健康的教师的道理。我们为未来的中国，亦不能不好好看护当前的儿童，实在说邹平的学校，过去，乃至如今对于儿童的健康是太过忽略的。愿大家在各乡各村，趁这机会，和各校教师，学董及一般父老谈谈，唤起大家"慈幼""保婴""爱护儿童""注意儿童健康"的热忱。

二十三、十二、六日

（九）补充读物

各位同学：

邹平县第二乡真是个天造地设的最合适的乡学区。它三面是田，一面是湖。中间自然地安着大小十八个村庄，有一个集镇，即在青阳店；从各个村庄到青阳店，最多不过八里。步行，不用一点钟就可到达。青阳店五天一集，原是各村人士日常赶集要到的地方。赶集之日，大家开会很容易。即在平日，有紧要事情发生，临时通知开会亦是很容易。现在该乡全体乡村教师，两周一个读书会；全体实习同学，一周一个工作讨论会；开会之时，大家都是很高兴，有精神，这一面由茹春普、武绍文两先生的指导得力，一面也是地势使然，天成其美啊！如果有人必须步行三十里路来开会，会完以后又须步行三十里路赶回去，冬日甚短，那他成天只见在路上奔波，不见在会里听讲，他于开会必不会甚感乐趣的。从前区公所时代，一区的范围广，区务会议的时候，就有这等的现象。今日的第二乡，范围不大；而乡学地点又甚适中，这真是天赐该乡的进行以非常便利。不仅如此，它的境内还有许多名胜与古迹：如黉堂岭，黄花山，雕窝峪，莲花峰，青龙山，浒山泺，涌泉寺，醴泉寺和范文正公的读书堂。记得民国二十年冬天，大家在各乡创办乡农学校的时候，高赞非先生在辉李庄，于鲁溪先生在孙家镇，徐晶岩先生在正石门，都曾引导同学，鼓舞乡农，努力凿井，期为各地人士要一点甜的水喝，结果都是失败。这些地方的人要一点甜水喝，都异常艰难的。而二乡到处有天然的甜水的泉眼。不是很可欣美的吗。

前天（十二月九日）是星期。我与安儿到第二乡去。一面是要看看茹先生，武先生和在乡工作的同学，并听听大家的工作报告；一面也是要安儿知道：邹平城外，尚有高山，大泽，飞鸟，走兽，为他自己平素所未曾看见的。安儿到了城外，看见黛溪的流水，柳林的乌鸦，喜鹊，啄木鸟，青龙山前的野兔，浒山泺上的鹭鸶和雁，都非常注意。在这时候，他真左顾右看，忙得不了！而且异常有趣！他说："这面城外真好看啊"！他也爱问！一会，他的父亲竟是被他问得不知怎样解答了。他问：

"这些路边的小石块，从哪里来的？"

答："这些小石块，是从山上滚下来的。"

"怎么它们会从山上滚下来？"

"它们被雨水冲下来！"

"山上的石头从哪儿来？"

"地上自己长的。"

"怎么石头会自己长呢？"

"唔……"

"树会长，草会长，石头也会长么？"

"唔……"

这里，我真踌躇：向一个不满六岁的儿童说明岩石的成因该怎样说呢？

沿路，我们父子俩，有时候，这样一个问，一个答；有时候，他就自己看东看西，看得很注意，一声也不响。我呢，就想着我自己的问题。这里有几首短歌，就是这天在来回道上想成的。

写在下面，请大家教给成年的学班的农友念念看，作为他们的补充读物。

253

歌（一）
伟人有如工厂上的烟突，占据都城；
农民好比大地上的小草，布满乡村。
烟突有时候成粪土，
小草无岁不青青！

歌（二）
年老的农人：
虽然，一世未曾得什么勋章，什么奖金。
可是，他白发苍苍，脸纹深深，
十足地显示：他已经替人间受尽艰辛！
他啊！应当受世界的崇敬！

歌（三）
赌博也要用心，
打架也要用力。
我与常人并无两样。
不过我是想啊：
"用心学好，用力向上。"

歌（四）
没有扫叶人，
世界不齐整。
没有拾粪人，
世界不洁净。

歌（五）
山是我的老师：
我学他的镇定。
水是我的老师：

我学他的澄清。
天是我的老师：
我学他的高明。
地是我的老师：
我学他的生长万物而不骄矜。

歌（六）
男也好，女也好，我们都是乡下佬。
男人种粮食，
女人做棉袄。
给人吃，给人穿，
全靠我们乡下佬。

老也好，少也好，
我们都是乡下佬。
老翁见识多，
少年志气高。
大家和和气气，
向上进步共学好。

贫也好，贱也好，
我们都是乡下佬。
不怕虎狼来，但怕兵匪扰。
只要大众齐心，
世界不难改造！

歌（七）
青虫变蝴蝶，鸡蛋孵小鸡，
这些事情我知道，最难知道的是自己。

软枣接柿子，棠棣接雅梨，

这些事情我知道，最难知道的是自己。

泥土烧成砖，雨水热成汽，
这些事情我知道，最难知道的是自己。

一天十二时，一年分四季，
这些事情我知道，最难知道的是自己。

天地变化千千万，
一一知道不繁难。
人的眼睛往前看，
知道自己难中难！

这些短歌统是随感而发，没有题目。要有题目则我拟总名为"大地之声"。这里我想请问大家的是：这样的短歌，作为成年农友的读物，究竟合适不合适？请大家告诉我。

新近，本院出版股为各乡农友添了一些书：

一、庄泽宣编：《人人读》

二、陶行知编：《老少通》

三、中华平教会编：《平民读物》

四、章太炎：《重订三字经》

五、骆师曾编：《珠算课本》

大家对于这些书的内容，曾经看了没有？给农友用，你认为合适否？你如认为合适的，请即介绍给农友，要他们自己设法来购买。此外，我请大家注意：

一、看《乡村建设》（本院出版）。

二、看《邹平实验县公报》（县政府出版）。

三、看《邹平周报》（县党部出版，由《邹平党声》改，今铅印）。

四、看一种日报，《天津大公报》或《山东民国日报》都可以。日报是活的历史。乡村教师不看报，则乡村社会固蔽的局面无由打开，停滞的文化无由促进的。大家要看报，就得设法要本村的学校去订报。本村没有报,则应向邻村或乡学借报看,定期去归还。

"根深叶茂,源远流长",假如我们能多看几种报章,杂志,善为应用,则我们在农友面前谈话的养料也可深远广大,无有穷极的。

二十三年十二月十一日

(十) 各乡同学活动写真

各位同学:

看了大家在各乡活动的情形,真够令人欢喜的。三个月的训练,院里的老师本不能给大家许多知识与技术。但是这次同学在乡间实习,处处都看见你们大家都有力!中国的青年都有力!一天,我在纪念周里,曾经向院里的各位老师各位朋友说:"训练部的同学,自开学到出发去实习,总计不过三个月。在院里,我们并不曾教什么。可是此次大家在乡间工作,都很有办法,而且精神都很好。"怎么我竟这样夸口呢?因为我亲眼见着你们:

第一,大家不怕苦能苦干。大家在乡间,吃的是咸菜,窝头和冷馍,都未曾叫苦。有些同学是生长南方的,初学烧炉,费了两三点钟烧不着煤炭,烧不好饭吃,竟把眼泪,汗水烧出了,他们还是继续自己干!有些同学,到如今还未曾借得锅,炉和锅盖,终天冷食咧!住的地方大半是破庙陋室,或是与牛舍、马厩靠近的间房。房中五香六味都有的。只是缺少阳光与新鲜的空气。但大家从不曾叫苦!我们的同学,在乡村苦干的精神是有了!

第二,大家能与乡农接近,能谦和,不骄慢,为乡农所亲习。这种"亲民""亲农"的生活态度,在寻常青年学生中是难得见的。在乡间,许多同学,自己挑水喝;自己拿筐赶集买菜吃;上课的时候自己打钟,点灯,抹桌,招待学众;课罢,自己扫地,并整理教室寝室。大家都肯尽力帮原有教师的忙,代他教课并指导小学生。农人有上住处来闲谈,大家从不表示厌烦,或不高兴。纵然因为闲谈会耽误了他们自己看书和睡眠的时间。大家好像都是格龙维的信徒一般:"和农人发生恋爱了。"

第三，大家在许多地方都表示着创造的天才。境遇是十分困难的，但都给我们的同学一一战胜了。你看：

1. 第六乡东西言礼的旧俗：村中死了人才击钟。因此，大家很不欢喜听闻庙钟的声响。要把这样的钟改为我们心目中的报时钟，给它天天敲打，不是一件容易的事情。可是如今，东西言礼的学校，亦已经安上报时钟了。这里，一面我们更可认识人是理性的动物，有理的举动总必为人类所赞成。世间只有自己说不通的理，绝没有对面说不通的人！一面我们也应欣喜，在那里工作的同学，是很能尽力。

2. 第六乡毛张村的村务是很难办的吧。那个村里，一年多了没有村长。村中领袖大家都不愿出头做村长。县政府对它，软硬方法都用了，但是它的村长，还是没有人肯做。因此，这村的公务都很难进行的。可是此次，我们的同学在该村实习的，举办民众学班倒很受大众欢迎，信任咧。听说这是因为在该村实习的同学，有的懂得一点医道，会给乡人治病。他自己又肯牺牲，自己拿出钱来买药，送给病人。其他的同学也都尽力赞助。

3. 第六乡杨村，今年受水灾很重，比它四邻的村庄都重。可是此次省会豁免它四邻村庄的粮，独不免它的粮。村长村民都很叫苦，同时就不能不怨县政府和研究院。院中同学初到该村工作的时候是很难着手进行的。一来，灾后，大众志趣消沉不爱上学；二来，省令减免粮银，独不减免它的，它就不免迁怒于各同学，亦即不来上学。是以民众学班成立之初，招生是大成问题的。民众高低都不来，村长亦不为力。但到现在，好了！全村男女老幼都爱来上学了！村长亦尽力赞成。因为在那村实习的同学，能够尽力教导民众，并能够尽力吸引民众。他们能够尽力教大家：爱珠算的就学珠算，爱打拳的就学打拳，爱唱歌的就学唱歌，爱识字的就学识字，爱书信的就学书信，爱针线的就学针线。同时，他们又能够尽力给大家：长来长教，短来短教；多学多教，少学少教。

4. 有的村庄，绅耆间是有意见的，连年打官司，他们之间，仇怨已经很深的。可是现在，我们的同学极力把双方拉拢，为双方调解，使双方在敬老会中，彼此有见面谈话的机会。如此努力，在乡村建设上是很有意义的。

5. 有的村庄，风气比较固蔽，妇女从不上学。可是现在，它已经设立妇女部了。原先只有一个女生来听课，嗣后就由她介绍五个女童来，最后那五个女童又各皆介绍她的邻里伙伴来。如此，妇女部就上二十余人，成立了一班。

6. 第四乡，第十二乡，这两乡实习的同学在孙蛟峰、金步墀、周文山、张晶波诸先生指导之下试办导友制，成立共学处。

7. 第九乡实习的同学，因罗子为先生的指导，于每次举行旬会讨论乡村工作的时光，召集村民同乐会。

8. 第十二乡实习的同学，利用话剧团到辉里庄的时会，协助全乡人士举办乡民同乐大会。

9. 有的村庄，村中成年在这时季大都以推石头为事的。他们要上学很难。我们的同学有因此上山去教他们的。

10. 村中的贫儿，往往拾柴忙，不能来上学，同学有设法教小学生追随他，指导他的。

11. 有的村庄，村民因棉花运销合作社的办事人验花很认真，不客气，手续也麻烦，对于合作事业竟发生怀疑，怨望，或破口大骂。经实习同学的同情地，恳挚地说明。大家对于合作事业，转生好感了。

12. 本县信用合作章程，及农村金融流通处贷款办法已经在县公报一一登载了，可是村民，大都不知道。许多实习的同学，已在努力宣传啦。

13. 村民之间，彼此争气，打破了头皮，或则砸了锅碗，有的年轻的同学竟代他们想出和解的办法。

14. 冬防要紧，各村壮丁，轮番巡逻，有的同学就利用时机，给值夜的壮丁讲课。

15. 有的村庄，信用合作社成立的，林业合作社复兴了，棉运合作社改组了，庄仓合作的事业亦在开始进行了。我们的同学就在这里面辅导与努力。

16. 有的同学在推广脱字美棉，与波支猪种。

17. 有的同学，在协助本村教师准备明年元旦各乡同时举行的唱游观摩会。

18. 话剧团的同学，真是异常劳苦的。他们人多，到处睡的是地铺；饮食起居时间统不能一定。饿的时候就得饿，渴的时候就得渴，身体疲倦要睡的时候，剧情未了，是不能去睡的，演剧是艺术，可是一出剧，重三倒四的来复演，我想是很得感受兴味的。虽然台下看的人很多，很热闹，但天寒地冻在台上演唱的人究竟是比较受苦呵！现在，我们的话剧团同学，已经由第五乡，而第三乡，第六乡，第七乡，第十一乡孙家镇，第十三乡，第十二乡，第十乡到了第九乡。他们的足迹几乎踏遍了全县。他们到处都会轰动了一乡。他们给乡农的影响是大的。可是他们自己受的辛苦也够了。直到如今，他们还在继续努力，未见倦态咧。

19. 写到这里，刘琮同学前来报告：（一）本月九日第六乡杨村举行母亲会，乡村老妇到校与会者四十余人。这在该村是破天荒的举动！（二）刘鸿恩同学在教东范庄的妇女打绒绳手套，鞋，领卷，帽子和衣衫。少女们来学的都很高兴。

20. 席朝杰先生又向我说：第一乡实习的同学自从听了周文山先生的第十二乡工作报告后，大家都在热忱地试办导友制。

21. 张俶知先生告我：第十三乡实习同学的工作也日趋顺利，大有起色！

22. 第二乡实习的同学都单身匹马地在各村干：一个人在一处试办咧。

这些都是使我非常欢喜的。在大家知道了这些消息以后想必也是欢喜吧。我想，我们都是少年！我们浑身有的是力！是向上发展，向前进步的生命的力！我们大家，每个人一身的力究竟有多少，谁也不能知道。我们自己可以知道的是：我们年青的人，横直都欢喜用力，绝不会吝啬于使用自己的力！青年的苦闷是有力无处用，不是用力太多和太忙。大家所怕的是没有工作，不是工作太麻烦。从前，大家在院里，终日上课，自修，也许有人会觉得厌气的。现在大家在乡间，各尽才能，各显身手，与乡农为伍，为民族立命，不是觉得更有意味吗？临了，我请大家来同唱：陶行知先生编的《小先生化钉子歌》："我是小先生，热心好比火山喷。生来不怕碰钉子，碰了一根化一根。"

二十三年，十二月，十二日

（十一）一天的生活

各位同学：

这一天是十二月三日。

清早，出席纪念周：报告同学在第六，第七，第十一，第十二，第十三各乡工作情形。要大家注意：

（一）推进乡学必须注意充实各乡学现有的三种集会的内容，这三种集会，一是学董会，是全乡行政领袖的集合；二是教师会，是全乡儿童及民众教师的集合；三是打靶会，是全乡有训练的少壮农人的集合。一是代表父老的，二是领导儿童的，三是代表少壮成年的。有这三种会，则乡学对全乡学众才能生关系。如果这三种会，大家只是照例行事，只有政治关系，不作教育活动，便皆无甚价值。如何充实这三种集会的内容，使主其事者皆能郑重其事地来干？这是我们大家应当留心研究的。

（二）村学在我们的运动中，地位是非常重要的。以目前的情形说，大家都难于进行，大家多有摇摆不定，或陷于停顿的状态。如第六乡位家村的健全组织真是难得啊！村学，在理想上如彼紧要。而在事实上又如此难办！这真是我们乡村建设理论与实施的生死关头啦。怎样渡过这难关？

（三）邹平棉运合作事业的发展，也许是太快的。今年因为许多村社组织不健全，致有：（1）各村社员的棉花，不经过村社直接送到总社去，村社不生作用，使社员与总社都添了异常的麻烦。（2）社员的棉花，不经村社检验，直到总社去。总社是得麻烦检验并为分别等第的。花杂的不能收，潮湿的，也是不能收。不能收，退回去，于是众怨沸腾，骂声载道了。使总社办事人，真非常为难。乡村间邻间，彼此尽熟人，谁对谁是没有情面呢？但顾着事业便顾不得情面。为社员方面想，他们是农人，本来缺乏合作的兴趣与习惯，如今远道大车把棉花送来，一受检验，原车退回去，他在经济上受了损失，精神上也受了痛苦。他要怨骂旁人也是情有可原的。分别棉花的等第的事情，大小都由总社办，也是很苦的。舆论总难得说他们公平。各位社友谁知道自己的棉花，并非上选，应列入乙等，而不应列入甲等呢？同时，在总社，因棉花多了，检验疲了，也许真有点考察不能精细之处。这里面如有村社从中尽力指导社友选花，晒花，运花，岂不两便？即便要退回去，由本村退回本村，要社友自己晒了选了以后再送来，也不十分烦苦！（3）总社办事人向各村社友直接催他送花，人少事情多，也是太辛劳。（4）各村社有对总社有不能谅解的，没有人从中为之说明，解释，使总社办事人为难！（5）各村社长向总社领得银行贷款，不能悉数发给社友，在一二处有此弊端。（6）货物早晚实价不同。合作社的棉价与农人零售的棉价，脱售时期前后不同，是不能相比的。但农人往往不管这些。在他自己零售棉花价格低落的时候，他只得怨天尤命。如果由社脱售，而价不比前后零售价格为高，他便会怪起总社的办事人来，说他们没眼光，不尽心，或有意舞弊。邹平的棉价，每年都卖得很好，买的时期都很对，这是很可庆幸的。但不一定，年年脱售都恰凑巧啊！听说今年齐东合作社的棉花，卖得很早，给商人大赚钱，农人就不免怨望。这等现象都是应当设法破除的。

（四）同学在乡间工作，身体上都受些亏苦。比平日在院时苦多了。精神上却不错。大家有力都还有用处。尤其在农村原有教师能够切实合作的地方。

读《甘地自传》，这是第二次。甘地太好了，他是当今世界最可敬爱的人吧！如果我能够见他，我真愿拜他为师咧。第一，他对自己有办法。他已与瑜伽合一，瑜伽的神妙在以制欲冥想方法与自在天合一，而获得不可思议的力量。他是能够这样的，他说："主宰给我们的神秘力量，必须用严厉的纪律来维持，不要把它只变作肉体的属性，而且要把它变作心灵和精神的属性。"又说："一个人欲臻于纯洁，必须超出于爱憎迎拒的逆流之上，并在言语上，思想上，行为上都绝无欲念。"第二他对世界也是有办法。他主张以善消恶，以恕代恨，以慈爱悲悯代替残杀。他从达达海的教授，实行"英雄式的忍耐主义"于政治生活，这即是说要用爱来征服罪恶，而不是以罪恶征服罪恶。他说："我要培养一种敢死而戒杀的静的勇气，我终相信非暴力远胜于暴力，恕比罚为更豪侠。"他要印度无畏地来实行不暴动，打倒欧西的文明。

早饭后，约研究部同学于师谦、许莹琏、李竞西、段继李同往第四乡学去。刚巧那天南遂庄有集，该乡实习同学就利用集期，一面买东西，一面到乡学开会，大家商讨各村工作的进行与联络。到了乡学，我们见同学非常欢喜。同学见我们亦是欢喜。喝开水，大家随便坐下来闲谈。一会儿，该乡辅导员孙蛟峰先生来邀我和各位同学出席乡学纪念周。金步墀先生并介绍我们向大家讲演。在座的什九都是小学生，我们讲什么好呢？先是由我讲：人类生活彼此互依的道理。次由李竞西同学讲，他是云南人。就和大家讲云南的地势，交通，出产和人民生活。讲话时间太久了，怕小学生听得不耐乏，就由金先生指挥这些小学生中之做导友的二人导唱《共学歌》，《小先生歌》各一遍。礼成。

我们回到办公室，工作讨论会就开始。金先生主席。平原，北逯，南逯，北禾，见埠各村实习的同学，相继报告这十天来的工作经过，并提出所遇的困难和问题。听了大家的工作报告和问题讨论，使我知道他们在第四乡：（一）与当地教师能合作。（二）导友制已开始实行。（三）各村儿童大会在酝酿。（四）同学在指导小学生自编读物，其中有一课是："冬天来了，雪花飘飘！人们都把棉袄穿好，小鸟冻得缩头不叫。"（五）各村成年学班组织劝学队。入学成年自动劝导邻里伙伴来上学。（六）妇女班亦有成立的。（七）有的村庄已经举行村民大会，宣传妇女放足，少壮上学。（八）有些村庄的失学儿童绝迹了。原有的，都受小学生的感化，来受共学处的教育。（九）他们亦有些难题如：学生程度不齐，教材供应难！学生年龄不齐，管理态度难！乡农忙闲不等，教学时间支配难！村学责任繁重，教师胜任难！村中绅耆不和，公务进行难！村民对于村学的意义全不明白，乡村建设的理想实现难！我们自己不懂农事，指导农业改良难！对于当地社会情形全是隔膜，高谈农村问题难！对于人生经验不足，认识甚浅，教学精神陶炼，启示人生行谊更是难中难！好在，大家都是青年，根本不畏难。会中同学要我讲话。我就向他们报告各乡实习同学在乡工作奋勉的情形，并提醒他们注意：（一）引发合作组织；（二）保障儿童健康；（三）凡村中有争讼的应使自己在中立地位，尽其调节之责，不作左右；（四）爱护各村原有教师的名誉及其地位，使我们的理想和事业得由他们的继续努力而维持以至发扬光大；不致人亡政息，使大家空劳一场。

会毕，大家的肚子饿了。我请金先生买几块烧地瓜来共啖。饥者易为食，这应时野餐的情趣比之普通热闹场中的西餐更觉津津有味咧。在金先生的房中看见《第四乡实习乡建历》，我认为很好，特请储志同学抄录一份，转告给大家。

第四乡实习乡建历

第一旬

A 进行事项：1. 与当地领袖接洽，随即说明民众班学的意义和办法，并请他们指导及协助。2. 招生。3. 整理校舍。4. 举行开学式。5. 拟定生活表。6. 职务分配。7. 课程分配。

B 筹备事项：1. 设计收集民间文学资料。2. 拟定本乡乡建历。3. 开第四次实习讨论会。4. 开小组研究会。5. 试用报时钟。

第二旬

A 进行事项：1. 开实习讨论会。2. 开小组研究会。3. 拟导友制试验计划。4. 拟全村儿童大会计划。5. 办壁报。

B 筹备事项：1. 设计教材编辑方法。2. 筹设露天共学处。3. 拟各村单位农闲成人教育设计。

第三旬

A 进行事项：1. 试行导友制。2. 举行全村儿童大会。3. 举行五村学众总朝会。

B 筹备事项：1. 村容整理。2. 公布本村公约。3. 新制活动月份牌。4. 卫生运动。5. 开实习讨论会。6. 开小组研究会。

第四旬

A 进行事项：1. 放足宣传。2. 农业推广。3. 农业合作提倡。

B 筹备事项：1. 设计举行全村青年大会。2. 设计成立乡贤会。3. 开实习讨论会。4. 开小组研究会。

第五旬

A 进行事项：1. 劝诫早婚。2. 话剧团开始。3. 音乐团开始。4. 母亲会。

B 筹备事项：1. 筹备新年同乐会。2. 举行本乡小学教员会议。3. 举行全村总朝会。4. 开实习讨论会。5. 开小组研究会。

第六旬

A 进行事项：1. 举行新年同乐会。2. 举行游唱观摩会。3. 举行村庄长谈话会。4. 注意政治教育。

B 筹备事项：1. 举行实习工作参观。2. 开实习讨论会。3. 开小组研究会。

第七句

A 进行事项：1. 户口调查宣传开始。

B 筹备事项：1. 协助户口调查。2. 开实习讨论会。

第八句

A 进行事项：1. 协助户口调查。2. 善后准备。3. 重申公约。4. 村民团集大会。

B 筹备事项：1. 整理实习报告。2. 提出在乡工作难题继续研究。

有这样的一个行事历，在一乡实习工作的进行上，实在是好的。各组同学依据这个全乡的行事历及个人所在村庄的当地情形可以拟订一个村单位的实习行事历。如此，则大家在乡从首到尾，都有相当的事情可做，不致一时太忙，一时又太闲。而且各种活动的进行，如此预先安排停当，事与事可以有联络，村与村可以相呼应，不至于杂乱无章，亦不至于孤掌难鸣。

午饭是储同学亲手料理的。饭罢，我与研究部同学于、许、李、段四位，就由见埠村到第五乡学去。在见埠村，我们参观了它的三处儿童部，每处都有学生三十名上下。各处的教师与我都是认识的。每到一处我都请小学生出来，站队，开步，唱歌，晒晒阳光，呼吸点新鲜的空气。同时，又向小朋友谈谈话：

"你们知道我是谁？"

甲："唔……"

乙："你是杨科长！"

丙："你是杨老师！"

我的手指着丙："这位小朋友说对了。我姓杨，我是你们老师的朋友，你们可以叫我杨老师，不要叫我杨科长。谁会写'杨'字的，请举手……你们就在地上用指头写写看。"

举手的小学生在地上写字。

"好！你们都会写！很不错！你们看，今天到此地参观的，一共有几位？"

"五位！"

"那四位先生姓什么？哪里人？你们知道不知道？"

"不知道。"

"你们愿意知道吗？"

"愿意！"

"愿意，你们怎么才能知道这四位呢？"

"请杨老师告诉我们！"

"我不能告诉你们，你们得自己想办法！"

"唔……"

"你们之中，谁能向他们有礼貌地一一问个明白呢？"

甲生向于同学行礼，礼毕问："先生！贵姓？"

于答："敝姓于，干钩于。"

我向大众说："这位老师姓于，干钩于，于老师的'于'字大家会写吗？"

大家在地上写"于"字。

甲生问："于老师府上是那儿？"

于答："我的家在本省安邱县。"

乙生向许同学行礼，礼毕，问："先生，贵姓？"

许答："我姓许，言午许。"

我向大众说："这位老师姓许，言午许，同学中有没有和他同姓的？这'许'字大家会写吗？"

大众说："这庄也有姓许的。"同时在地上写"许"字。

乙生问："许老师，你的家在哪里？请你告诉我。"

许答："我的家在湖北省。"

我："大家知道湖北省吗？湖北省在哪一方呢？"

甲生："湖北武昌是革命军起义的地方，在西南方。"

我："对了！大家有不知道的，回教室时看看地图。"

丙生向段同学行礼，礼毕，问："老师，你姓什么？"

段答："我姓段，一段两段的段。"

丙生不懂，请段同学教他写"段"字。段同学教他会了以后去转教旁的小朋友。丙生再问："段老师，家住哪儿？"

段："我与许老师是老乡，你知道我家在那省？"

丙："许老师段老师都是湖北省人。"

丁生向李同学鞠躬，毕，乃问："老师，贵姓？"

李："我姓李，木子李，你会写这个'李'字吗？"

丁："我会写这'李'字。"他就在地上写"李"字。写罢又问："李老师，你的家在哪儿？"

李："我的家离此地很远，我是云南人。你知道云南吗？"

丁："不知道。"

村学教师："云南起义的云南，你不知道吗？大家知道否？"

"唔……"

我："请大家注意，这是于老师，他是本省安邱人。这是李老师，他是云南省人。这是许老师，这是段老师，他俩都是湖北省人。我是浙江省。等一会，大家回教室，看看地图，找寻这些地名在哪方？好不好？"

"好！"

"你们今天唱歌很好听！唱得好！今天大家共总唱过几个歌？"

"共唱六个歌。"

"唱的什么歌？"

"《农夫歌》，《早会歌》，《爱惜光阴歌》，《缠足苦》，《种树歌》，《苏武牧羊》都唱了。"

"这些歌，谁能抄写呢？"

大家不懂我的话，经教师解释了后才明白。有的小学生举手，表示他能抄写这些歌。

"你们说，小学生会唱歌好不好？"

"小学生会唱歌是好的。"

"不错，小学生会唱歌是好的！现在你们自己会唱歌，你们家里的爷爷，奶奶，爹，娘，哥，嫂，姊，妹是不是会唱歌呢？"

"他们不会唱！"

"你回家去把《农夫歌》、《种树歌》教给爹和哥哥；把《缠足苦》教给娘，嫂和姊妹；把《早会歌》、《爱惜光阴歌》教给兄弟。好不好？你们去教他们唱歌，并教他们识字。如果能够这样，才算好学生！现在请大家把两手举起。"

小学生举手。我说："看！哪个小朋友的手顶洁净？"

小学生各自看手掌并看旁人的手掌。临时有用口水洗擦手掌的。

"再请大家反过掌来看看自己的指甲长不长？"

小学生看指甲。

"我们的指甲，长的好，还是短的好？"

"长的不好！"

"长的指甲有什么不好呢？"

"指甲长的做事不方便，指甲里面容易藏垢污，不卫生。"

"指甲长了，该怎样？"

"该用剪刀绞它短来。"

"你们自己看看谁的指甲太长了，回家绞去，明天，再请老师看。"

大家静默。

"小朋友！我的话要完了。今天，我告诉你们该做的三件事，你们记得否？第一，到教室，看地图，看看山东安邱县，湖北省，云南省，浙江省在哪儿。第二，回家去教爹娘兄姊识字唱歌。第三，指甲太长的，回家绞去。这三件事如果都能够做到，就可算是好小儿，好学生。"

这村里还有三处成年部，一处妇女部，听说学众都不少，多者每晚竟达五十多个人。两位实习同学住在第一儿童部，可是他俩每晚在各处巡回施教不分厚薄。原有教师也都很努力，彼此很合作。各位学董彼此间虽有些隔阂，但大家对于教育事业都很热心的，各人只愁自己所经管的成年学班不发达，极力找学生。他们对于实习的同学也都有好感，觉得同学们在该村纯尽义务，如此辛勤是很可感激的。我于此很欢喜。顺便我们到黑龙潭去一看，黑龙潭别名海眼，在月河上游。潭水很深，也很清，为自然泉水，冬夏无枯竭之时。月河的水就是由此下注的。

到第五乡学，会见学长王慎三，理事纪海鹏，教师殷乙三，和实习同学王成文。我们大家进去，看看学生的课室，寝室和图书室。我见教室里有许多新鲜的博物挂图，就劝该乡理事纪海鹏把这些挂图在本乡各村学校来轮换使用。辅助各村学校的进步原是乡学的责任。乡学的图表老在乡学里面挂着，习而不见，对于乡学学生是不能再多价值的。如把它们移在各村学校轮换挂着，对于各村学众倒有新开眼界的好处。乡学学生（狭义的）不过四十人，给这四十人看了两年，何如轮给全乡万众看它一回呢！到这时候，日落西山，天已经黄昏了。我们就回城。我到家门，安儿、蓉儿、平儿都欢叫欢跃起来，安儿要我帮忙腾跳，蓉儿要我看她打筋斗，平儿最小，伸着手来，想我抱。吃罢晚饭，照例安儿、蓉儿要我讲故事。他们说："我们在家里，天天有事做，吃了晚饭，听爸爸讲故事。一会儿，安儿睡着了。蓉儿在跟她的母亲学识字。"

九点半钟，我也就寝了。愿一夜无梦，心神安息，准备明朝起来，再好好地干！

二十三、十二、十三日补写

五 致路永源先生书

——不要轻易离开乡村小朋友

永源先生：

读来书，百感交集。虽然我们是未曾谋面，但是你的信说得很亲切，使我很感动！

此间训练部已在济宁，东昌，临沂三处分招鲁西南四十一县的青壮学生，七月四日报名截止，五六两日考试，共招学生二百八十名，这都是秉承省政府命令行事的。

对于外省青年，有附学的办法，手续是首先报名，经过考试。但他们在校膳食衣服等费是要自给，不能与本省学生一律优待。对于贫苦学生，也没特殊的办法。你要进院求学，想学什么呢？此间在自然科学方面是非常缺乏的，在这一点，也许会使你失望。

此间办学宗旨，在乡村建设一点是与崂山相似的。但其设施办法及活动精神则相殊绝大，我亦常因此纳闷，"究竟谁个对呢？"兹寄《设立旨趣及办法概要》一册希细阅。

我想你不宜离开吴兴，匆遽北上。

"教育之一事，应当一面在事实上不离开现社会而一面在精神上要领导现社会，此谓教育，在许多事实上愈接近愈符顺现社会愈好。而精神上则宜有度越现社会者。"（梁漱溟先生语）关门式的教育固障碍儿童的发展，必须设法改革。而你云："环境所逼，不得不如此"则吾不信。首先，你且尽力教导儿童取得父老们的信仰，此后，当然，你要开门，给儿童直接自然，呼吸自由空气。父老们也会听从你的。这是我十分自信而盼望你忍耐试验的。

寻常的人，对于中国乡村往往是看错了的。有的人以为乡间人士十分愚昧，并无任何力量及识见，可以由我们自己随意主张一些办法来改造他。有的人又以为乡村人民异常顽固，不可理喻，只能用一种强硬的非和平的手段来挟制他：……将来一切党团以及粗心大意从事农民运动，或乡村运动者的必归失败，也是毕由于此。罗马不是一天建筑起来，乡村建设也不是一朝一夕所可见效。因此，我们才得从事乡村教育。如果贴几张标语，喊几声口号，骤然间乡村便好了，中国便得救，则我们应当去做"政客"，从事"政治"，复何必再在乡间做教师？乡村教师决不如沙场战将，政府要人一般能够树立炎炎之势，赫赫之功的！

而且，如今从事革新乡教，必须要碰钉子，软的硬的必须得砸。既是必须砸的，则碰着了，即无所谓冤枉或不冤枉。你所谓"冤枉的钉子"也许就是吾人最好的教师！

如果我有魔力即想立刻飞来与你会面，谈谈这院里的情形并看看你在吴兴办学的状况，顺便商酌：你在求学，还是继续服务的好？工学在此处是做不到。

此刻，在我想，你应当不离开吴兴。轻易离开乡村小学，对于小朋友是一种罪恶啊！祝你安好！

杨效春二十一年七月三日

六　函金晓晚兄

——要青年回到乡间，再造中国

晓晚兄：

六月二十六日信收到。

乡师毕业生能做代数之人少，在弟看是不足忧；他们不会做繁难统计，弟亦以为不足忧。惟他们结业以后，仍多跑入都市谋生，不入民建办学，对乡教缺少信心，实可忧虑。盖如此，乡师便算失败。

此间——邹平研究院对于此事尚不发生问题。因一、学生在学膳宿等费，概由公家供给，并每年发给单棉制服各一套，公家对他可以规定有应入乡村服务之义务。二、学生结业即由省府分派，或本院发交给各本县服务，即公家为他们谋出路，他们亦自愿听公家指挥。三、学生结业后，并有巡回导师四人在二十七县内（第一期学生服务之地）巡视他们的服务情形并指示其工作——此事弟认为在师范教育上极关重要。四、在学时期中在思想上、态度上、习惯上皆引发其爱好乡村生活，乐与农人为伍，并使之认识乡村建设与中国民族前途，世界问题等之深切关系，自动地欢喜乡村。青年都有"宁为鸡口，毋为牛后"或"爱怜农民，不乐仕商"之心理，他们在乡间常为农民所信仰敬爱；入都市则易于流离失业或奔走钻营为富贵人士所冷视，吾人亦可在此等处，注意，感发，训导。

这四件事情之中，最后一件是吾人责无旁贷之事，吾人办学必宜致最大努力于此。其前三件则请与晓沧师、布青师及省教育当局熟计之。

乡村破坏，匪患滋蔓，民生日困，国计日蹙。吾人认定今日之大学及一般中学将无补于时艰。且上下师生群皆习于虚浮骄侈，又必将此民族之不景气现象推其波而助其澜。因此，吾人办学不宜再多犹豫。吾人应以万分坚决之辞气，对全国青年说：青年同志！来！回到乡间，与农民打拼在一起齐心合力来做广义的乡村教育工作。只有这条路，才能再造新中国，开辟新世界，创育新文明，实现新生命！

义中之环境有可为理想的乡村中学之可能，惜以主持匪人，不能发展，至为可叹。

浙江自治专修学校校长马巽伯先生，导师汪志青先生，对于乡村建设，均抱热心，他日相见务希注意是幸。兄与他俩所事，名虽不同，实则归一，彼此间自当互相联络也。

芷生先生在义中服务，颇得学生信仰，能教教育算学，他今在杭州，如有所需，请注意及之。

今后贵校有什么刊物及印刷品，如可能，统请寄我一份。此间的我亦当逐一寄你，使彼此得相切磋，共图进步。祝健！

弟杨效春二十一年七月六日

七 给张石方弟信

——引导农民，共设校舍

石方吾弟：

今天田校长说："石方无论到哪里去，都是行的。现在高级部学生数少，可不能怪咱。"我听了这话，真是非常欢喜。因为你们已经取得乡中长老的信任了。就从这句话里，我深信二区乡校的前途是光明的。

新建校舍的事，我们应当郑重考虑，参加意见。会堂如何构造？寝室如何建筑？要合用，要坚固，要省钱，这事情是太不容易啊！三百元的建筑费，依常情论是不够的。但是我们实不忍再要农人增加负担。校舍是定议要修了。三百元钱也不可再加了，事情能办吗？我想是"能"的。

土坯已经做了，可以不说。日后抬石，购木，运材，挖土，平基，垒墙，粉壁，架梁，竖柱等事，我想统可由乡校师生，共同设计，共同工作。学生从事工作者，一面学到建筑上的知识与本领；一面练习公共服务，一面可给他们以相当的报酬。还有一面可为他们制匾永留纪念。实在如此办，就是乡村建设，也就是生活教育呀！你们且注意试试看。如其我们的理想有实现的可能，建筑工忙的时候，我决前来坊子助作粗工三天咧。

这事，你先同田校长讲讲，并同赵区长等讲讲，要求得他们的同意与赞助，事情才容易办好的。祝好！

田老校长前希代问候。

效春二十一年十一月十六日

八　给张疏洸、曹殿甲两弟
——让利并让名

疏洸、殿甲两弟：

二区山西十八庄本来是团结一致的。如果我们的乡校成立以后，各庄人士倒生出意见来了，那就是我们的大失败！

乡村建设的事自始至终，都得由我们与乡村人士拼在一起干，才是正办。我们对于乡村父老士绅，千万莫存一时利用的心。目前我们要事乡建，须得借重乡村父老，将来，我们能事乡建，永远是得借重乡村父老的。乡村父老兄弟和我们离开了，真正的靠得住的乡村建设叫谁干？又何从干啊？

要与乡村父老士绅合作，第一要我们能让名——对农民要让利，对士绅并要让名；第二要尊重他们原有在乡村社会的地位；第三要我们于隐微之中引发其所长而避去其所短。

日后，校中有事，你们可先自商酌一番，有不能解决的可商之校长；再不能解决的，可商之校董或区长；又不能解决的可请区长召集乡镇长会议商处理之。莫轻易告诸县长。县长事繁，权重，县长面过问乡校内部诸事太多了，则区长校长等将不肯为力，亦不能为力也。

鼎辰弟因家庭有事不能来，兹请次乾同学前来帮你们的忙。

祝你们一切顺利！

效春二十一年十一月十六日

九　函邹平第十二乡学长李北辰先生

——要农民尽量用力，尽量省钱

北辰先生会鉴：

　　此次第十二乡学举行乡民同乐大会于农闲娱乐之际，聚全乡父老子弟于一堂，融成一气，以培养全乡休戚相关，彼此互依之精神。是盛会也。贯由先生与佩三先生等领导之，甚为钦佩！惟事有利，往往有弊，谨于举会之前，贡其刍见，希先生指正之。春想，我国乡农，无分南北东西，在经济上大致都是缺钱；在精神上，大家则皆有力。是以吾人在乡，引导农人，进行各种活动，各项事业，皆须注意启发大众甘心用力；同时又须注意要大家为公为己都得省钱。用力则民勤，省钱则民俭，民勤则向上学好，民俭则家给人足。我国乡运必如是进行庶可利多而弊少，未悉先生以为然否？如以为然，春意此次大会，大家应尽量用力，同时又应尽量省钱。春在徽州办学，曾以一元钱，开个恳亲会，规模亦不小。此事又由弟甚知之。为公家省钱，谁也不得因此说我是吝啬。以咸菜窝头，招待与民同乐的官员及外来参观的宾客，在这民穷财尽的时候，绝不是非礼。很愿第十二乡学在这次大会里试试看，为全国乡村运动开个新纪元。临颖神驰，惟先生裁决是幸。专肃，顺请台绥！

　　佩三先生、晶波弟、会堂弟等均此。

晚杨效春谨上二十三年十二月四日

十　与周文山弟书

——晓庄与邹平不同

文山弟鉴：

你们在乡间工作干得很起劲，很热闹，我一面很欢喜，一面也很恐惧。凡事须从大处远处着眼，不要因为事情小小顺利，就自得意；小小挫败，就自灰心。小胜即骄，小挫即懈的人都是没有深心大志的小器之人啊。

会堂沉着干练，晶波热忱怛直，都是我所敬爱的。他俩都是良好的青年导师。他俩对你也都是很好。关于邹平的事业，我现在所怕的只是大家不齐心。邹平与晓庄不同，晓庄是时势太坏（她出世太早。一面社会对她，不易了解；一面她自己亦不免蛮撞。陶师常说："摸黑路"就是为此。那时代青年的思想态度亦是太兴奋，欠沉着）。环境亦太坏（太靠近首都，交通太方便，参观的人太多。招待忙，使大家不能细心培养青年）。邹平则是时地都系太好的。因为太好，所以今日院县上下情形，以大体论，都见松懈与散浸。如漱溟先生般肯拼命干的人真是太少！走遍各乡，我认为第十二乡学最有希望。我对于她最抱乐观。就是因为她自学长以下，乡理事，各学董，辅导员及各教师都很要好，很齐心，不分彼此，不闹意见。我对你说这些话，你应当能够明白我的心。你在第十二乡学是不能久居的。一个半月以后，你就得回院。其余的人如北辰先生、佩三先生、晶波弟、会堂弟等是得长久在一起工作的。不在一处生活的人，意见不投是不打紧的；但在一处工作的人实最需要感情融洽，意志符合，步调一致啊！说到这里，你应明白：现今你在第十二乡学最应当留意的是什么事情了。

你在乡指导实习同学是颇得力的。这真使我欢喜。当那大家动员，你与同学初到乡间工作的时候，我真担心：你们年龄太轻，经验不足，怕不易得到北方乡村成年农人的信仰。如今你们在第十二乡竟为大众所说爱护，乃至钦佩，实在是可喜贺的。前天，我到第四乡学去听第四乡实习同学的工作报告，并看步墀弟所订的全乡实习工作的行事历及其他设施，也觉很满意，你如得闲，可往第四乡去一看。大家做事，彼此观摩，互相取益是要紧的。祝健！

效春二十三年十二月五日

当代齐鲁文库·20世纪"乡村建设运动"文库

The Library of Contemporary Shandong

Selected Works of Rural Construction Campaign of the 20th Century

山东社会科学院 编纂

/24

杨效春 著

杨效春乡村教育文集（下）

中国社会科学出版社

下　　卷

乡农教育论文集

安徽黄鹿乡村师范学校

目 录

自 序	(285)
乡农教育释义	(287)
谁是学生	(292)
乡农学校的课程编造	(300)
乡农学校的学团编制	(307)
乡农学校的活动	(314)
乡农学校的教育法	(322)
乡农教育服务指导大纲	(332)
邹平县乡村教育普及方案	(339)
邹平教育之路	(344)
我们的教育（一）	(353)
社会化的教育	(358)
社会改造与同情（上）	(360)
农人教育与中国前途	(362)
怎样着手解决中国农民教育问题	(369)
行将一岁的南京试验乡村师范	(377)
乡村教育与乡村社会	(397)
乡村教育改进法	(401)
中国前途与乡村建设	(418)
劳作教育的理论和实施	(422)
从乡村教育的观点看看山东乡村建设研究院	(428)
第二区乡农教育实施报告	(455)
乡农导师十要	(460)

和乡农谈谈农村经济	（462）
对农家妇女的对话	（466）
我们的教育（二）	（469）
山东乡村建设研究院	（476）
讨论邹平生活教育	（481）
邹平县乡村教育普及方案	（483）
中国农村复兴与教育改造	（488）
从晓庄到邹平	（495）
乡村教育与乡村建设	（515）
山东乡村建设研究院	（517）
讨论乡村建设问题函	（521）
儿童教育健康第一	（523）
谁能做乡农大众的良好领袖	（529）
普及农村教育的困难和我们的做法	（531）
推广农村教育十年经验谈	（537）

附　录：

安徽省立黄麓乡村师范设立农村学校通则	（546）
安徽省立黄麓乡村师范夏令青年生活团办法大纲	（548）

自　　序

　　这些论文都是我在山东邹平工作的时期写的。为了人生，为了中国，我不能不工作；也不能不奋勉自己和朋友们一同来工作。我们认为中国问题的重心在乡村，在农民。乡村社会没办法，农民生活没办法，中国问题是不得解决的。我生在农村，长在农村，近十年来大部分工作的时间，也都是在农村。我是从事教育的。当然，我不能不注意乡村农民大众的教育。

　　乡农教育，在我看，就是乡村农民大众的生活指导。

　　我干乡农教育，我不能不时常想想乡农教育的目标在哪里？对象是谁人？材料用什么？方法该怎样？我和许多朋友许多学生一同干乡农教育，我也不能不有时设法使自己所想关于乡农教育的目标对象，课程及实施方法等种种意见告诉给他们，请他们一同想想看；慢慢求我们自家在乡村工作上意见的接近，态度的一致，步调的整齐，以增进工作的效率。这些论文就是这样一回一回慢慢写成的。实在，我已经没有时间为作文而作文，我是要为作工而作文的了。

　　新近，我到安徽黄麓，试办安徽省立黄麓简易乡村师范学校，我们想在这里以简易乡师为实施人生教育，推动农村建设的试验。我们认定乡村农民大众的生活指导，在我们的试验工作里是异常重要的，我们已在黄麓附近各村设立许多农村学校——特约的两所，新创的七所，计划拟推展到二十所。本校《设立农村学校通则》详见附录。——今年秋收以后，我们又拟与本地人士联合试办一回严正的农村公民训练，这事在昨天黄麓实验区筹备委员会第二次大会已经决议了。我们的教育，目标在哪里？对象为谁人？材料用什么？方法该怎样？这等等问题又待和大家商酌讨论啦。就为这个缘故，这些论文就从《农村建设旬刊》和《中华教育界》搜集拢来，稍加修订，一并在此付印了。

这里，我很感谢山东邹平，安徽黄麓的同事和同学，没有他们和我一同在乡生活，在乡工作，是不会有这点东西的。我也很感谢我妻何伯宏，给我阅读初稿。

廿四年六月廿九日杨效春

乡农教育释义

"乡农学校"现依山东省政府令改名"民众学校"。有的地方则起名为"乡民学校"。如广东新造乡民学校是。也有人主张名它为"乡人学校",表示此种学校之所欲教养者是平凡的乡人,不是冥冥的乡民。但是,在我细想起来,仍不如名为"乡农学校",比较能够表现它自身的意义。

乡农学校是为乡村各种程度,各种职业,各种年龄的人而敷设的学校式和社会式的各种需要的教育的组织。这里请大家注意:乡农学校是一种教育的组织;它的教育对象是乡村的人,是乡村各种职业,各种程度,各种年龄的人;它的教育方式是学校式兼社会式;它的教育内容是满足乡人的各种需要。如此讲,乡农学校是与一般乡村民众学校同其意义的,但是我们的学校,确有它自己的特点,自己的个性。

第一,它的主要的教育对象是乡间的成年农人,不是泛泛的乡人或乡村民众。

第二,它的主要的教育旨趣是在推动整个的乡村社会,不在仅仅教导个别的农民。

从第一义,我们的学校改名"乡村民众学校"颇不合适;从第二义则换名为"农民学校"亦不合适。比较合适的仍不如名为"乡农学校",因为这名词,比较能够表白这事件自身原有的意义。

为求大家对这观念更易明确了解起见,我想还不如另给它起一名称:"乡农学团"或"乡农学园"而不名为"乡农学校"。因为我们的教育方式,固不仅为学校式,并为社会式。我们的教育设施,从一面看,是乡村民众学校;从一面看,是农民教育馆;从其他方面看,它又是一个乡村改进会,或一种农村合作社。总之,它是一种教育组织,也是一种政治组织,经济组织。如果有人看它仅仅是一个学校,或仅仅是一种狭义的教育组织，那便是大错的。

乡农学校办在乡间，为乡农所组成，由乡农所供给，即用以教育乡村农人再造乡村社会的。这里大家自必明白，在今日而言，"再造乡村"其意义必不仅限于再造乡村。这件事，依吾人的愿望，影响所及，小言之，是要再造中国；大言之，是要再造人类文明。

乡农学校的地点在乡村。校舍由乡农修葺。校款由乡农供给。校董由乡农选举。校长导师由乡农聘任。教育的对象是乡农。教育的活动与目标都不能不顾及乡农。因此，我们可以为乡农教育得一定义：乡农教育是乡间农人共有共治共享的生活教育。或则竟说：乡农教育是中国生产大众共有共治共享的生活教育，也无不可。中国的生产大众，无疑地，是散处全国各乡区的农人。他们人数最多；需要教育亦最切；并且他们所需要的教育种类又至为繁复。从事乡农教育者就是要针对着这些难题，向前迈进的。

上面所说，系从正面说明什么是乡农教育。下面要来讲什么不是乡农教育。

一、乡农教育不是乡村小学教育——小学教育的对象是学龄儿童。乡农学校的对象是十八岁以上的少年，壮年，或老年，正是现今所谓超过学龄的一切乡人。因此，这两种教育的内容、方法和作用都有很多的不同。

二、乡农教育不是农业教育——农业教育是一种职业教育，而且它是因于诸多职业中之某一种职业，即农业。乡农学校要教农业，但也教合作，教自卫，教机织，教凿井，教史地，教国文国语，教农村问题，精神陶炼等。这便是说乡农教育不是单教农业，并也不是单教职业。而且农业教育所注目的是农产，是经济，是乡农的生计。它只是乡农学校生计教育中之一事而已。乡农教育的活动内容有生计教育，也有公民教育，精神教育，语文教育，健康教育，休闲教育。一句话说完，乡农教育所指望的，对于乡农是整个的人生教育，对于乡村是整个的社会再造。

三、乡农教育不是农民教育——农民教育专教农民，而且它的活动仅及注意于个别的农民，而不及全体的乡村社会。我们的乡农学校因为是设在乡间，其主要的教育对象自是成年的农人；但它不是仅教农人，乡间的一切民众，凡在学区以内的统是它所宜教导的。我们的教育是全民教育。我们要把教育的机会，均等地给一切的乡人。而且乡农学校的主要旨趣，如前面所说，是在推动社会，组织乡村，不是在仅仅教导个别的农人。这样说，这两种教育的对象与旨趣，皆是判然有别的。

四、乡农教育不是乡村社会教育——乡村社会教育是指乡间学校教育以外的一切教育设施而言；例如识字运动，通俗讲演，农民教育馆，乡村图书馆，乡民体育场及戏剧，电影，鼓词等皆是。我们的乡农教育则与此有所不同：（一）它的教育活动不仅有社会式，并且有学校式；（二）它在乡村社会生活里，不仅是一种教育组织，并且是一种政治组织，经济组织。

五、乡农教育不是农民补习教育——农民补习教育是为已受教育而程度太低的农人而设施的教育。它的旨趣是在补充他们的知识与技能。这样看来，农民补习教育的对象仅是已教育而程度又低的少数农人。未受教育的农人不能受农民补习教育；已受教育而程度不低的农人又不必再受农民补习教育的。但我们是认定：教育为人生所必需。从人群讲，实人人需要教育；从个人讲，亦时时需要教育。这便是说：已受教育的农人固然该有教育，未受教育的农人尤其该有教育；［程］度太低的农人固不能不要教育，程度已高的老农老圃乃至大学院里的农业教授，也不能不继续需要教育的，因此，我们的教育对象乃是一切乡农，不是某一部分的少数乡农。乡农学校的学生：有未曾受过一点国民教育的，我们应给他基本教育的机会；有仅受一点国民教育而未曾完了的，我们应给他补习教育的机会；有受了畸形教育如私塾教育或不良的学校教育的，我们应给他改正教育的机会；还有志在深造，不甘故步自封的，我们就应给他高深的或专门的教育机会。而且，我们心目中所重视的，不是个人智能的补充乃是整个乡村社会的建设。从此，农民补习教育与乡农教育不同的地处在哪里，大家就可以了然了。

六、乡农教育不是扩充教育——扩充教育是大学的校长或教授想把大学的精神产业与物质产业如大学的人才、学术、校舍、图书、实验室和其他种种设备，"扩充"或"推广"其效用到大众身上去，给脱离了学校，正在农、工、商、教、各界服务的成年大众也有向上求智的机会。这种教育通常是叫做"扩充教育"或"推广教育"。如农学院为附近农人添设棉作班，工学院为附近人民添设家庭工艺传习所，教育学院为附近小学教师办理假期教育讲习会等均是。这里请大家注意：一、必先有大学而后才有她所设施的扩充教育。没有大学,绝没有所谓扩充教育的。二、有大学亦未必有扩充教育。大学校长和教授的意见,往往以为他们的本务是在教导大学生,不是在教导校外的大众。因此,他们教授之余宁肯去寻花问柳,呼龙喊凤,不愿来教导勤苦好学的亿万群众。中国大学虽多,但是乡间农人能受大学教授们所施扩充教育的余历者实在是极少的!乡农学校是乡农所设,也为乡农而设。既有乡农即可设立乡农学校,不问它那儿有没有大学。既立乡农学校即以教导乡农为本务,为教师者,绝不能随意旷误,对于乡农放弃教育的责任!总之扩充教育是以大学为出发点,乡农教育是以乡村社会为出发点。这两种教育根本的区别就是在这里。

七、乡农教育不是通俗教育——通俗教育是一种极普通,极浅近,极易明白了解的教育。它的对象只在教导一般失学或程度甚低的民众。它的敷教区域,或在乡村,或在都市;是不限定在乡村的。乡农教育的敷教区域是定在乡村,这样看它的范围是比通俗教育为狭的,但从它的教育内容与对象看来,又是统比通俗教育为广大。乡农教育的内容有普通、浅近的部分,也有专门、高深的部分。它的对象有目不识丁的农民,也有曾在高小毕业,初中毕业,或前清附生出身的乡绅。是以乡农学校的课程有相当于小学程度的,有相当于中学程度的,也有相当于大学或专门学校的程度的。单纯的通俗教育绝不能适应各色乡农学子的复杂的需要。

八、乡农教育不是乡村平民教育——平民教育的对象是"平民"。乡间的士绅如中小学生毕业生、乡镇长、小学教师及党部人员等凡不甘以平民自居的,统不肯入平民学校授平民教育。乡农学校以内是各种职业,各种程度,各种社会的人统有的。有种庄稼的,有做买卖的,也有做手艺的;有小学生,也有乡村教师;有徒弟,也有他们的师父;有安分守己的农人,也有号令一方的乡镇长,我们要大家来学,我们要教育万众。同时,我们自己也时刻注意向万众有所学取,以万众为导师,受万众的教育。"学"是万众光荣的人权,不是平民的卑屈的不能逃免的苦差。我们要使万众乐于教育他人,并乐于教育自己。如是,乡农学校便是乡人互相教学的文化组织。如是,整个的乡村社会也便是大家共生活,相教育的乡农学校了。

九、乡农教育不是乡村贫民教育——贫民学校是给没钱人的子弟进的,它免去学生的一切费用,含有慈善的性质。乡农学校也以免征学生的费用为原则，但这只是为便于大家来学，不是为我们自己要行善做好事。乡农学校是公开的，贫农可以进，富农也是可以进。"不问贫富，不问贵贱，不问男女，不问贤愚，不问社会阶级，凡要上学的，统到我们的学校来!"这是我的朋友们常向农人反复验说的警句！事实，我们的学生也有家境充裕的，亦有衣食不足自给的，还有那为人放羊的牧人，更有那单靠针术营生的孀妇，又有那沿门乞食的叫化（花），逢巷叫卖的小贩，这些人是不易进一般学校的大门的，我们却衷诚地欢迎着他们。但这也不是因为我们要行善，只是因为我们确信：教育是万众的人权！

话是说多了。我不知道大家究竟明了我在这里所反复说明的意思没有呢？如果还不明白，那么，一半应当怪我，因为我不善申说。其他一半就是因为这事件本是很新，其性质与意义，均是未曾十分确定。

"乡农教育""乡农学校"统是新鲜的名词，因为它代表一种新鲜的事件。"乡农学校"在中国的教育辞典中是没有的；即便在《大英百科全书》，或世界教育辞林中也还是没有。留英留美的学生固不知有"乡农学校"；留俄留日的学生也不知有"乡农学校"。因为这名词是中国乡间的土产，这事件也只是中国乡间的土产。

这事件，自去年起才由我们的意想渐渐演为事实。而且这里面的事实到如今还是正在萌芽，正在生长，正在创化演变的。因此，我们大家要为这事件的名词，下个确切的定义，确是异常繁杂。这里，我也只好说："要为乡农教育下个精确的科学的定义，最好等到乡农教育事业更为发达的时候；因为只有事业发达了，我们才能根据事实，确定它的性质。"朋友！请用你的手脑，到乡间来，努力发展这乡农教育的事业。别再在这里咬文嚼字，解释名词了。而且我告诉你：不会参加这种事业的人断不能深切明了这事业这名词的意义的深长与伟大！

邹平
二十一年十月二十六日

谁是学生

　　谁是乡农学校的学生？谁皆可以做我们的乡农学校的学生。我们的学校要"让大家来学！"我们要把教育的机会，普遍地给一切的人。

　　可是，因为我们的学校是乡村，是由乡农所组织，并赖乡农的供给，而我们的教育旨趣，又在推动社会，组织乡村。我们的学生，自然地大半是乡人不是市民；是农人不是工商；是成人不是儿童；是忙人不是游民。一句话说完，乡农学校里绝大部分的学生，就是乡间忙活的成年农人。在我看来，他们是最需要教育，也是最缺乏教育的。乡农教育的运动就是因应着这种迫切需求产生的。我们想：中国如有指望，全世界五分之一的男女，即三万万四千万的同胞如有指望，这运动的前途是必当扩大，也必然会扩大的！

　　我们的朋友专心在教乡人，不教市民，并不是由于我们认为市民不可教；乃是由于我们的学校是在乡间萌芽，乡间生长，乡间发展呀。

　　我们的朋友专心在教农人，不教工商，也不是由于我们轻视工商，以为做工经商的人统是不可教的或不屑教的，乃是由于我们认定在今日乡间生活的人什么是农人。我亦知道：我们的学生有放牛羊的，有做买卖的，有学瓦匠木匠的，也有做教师，做医生，做乡镇长的。但是大家该当明白：他们的家庭主业还是农耕啊。因为这个缘故，我们的教育活动，即不能不向农人致力。现在，我们在教合作，在教自卫，在教造林，在教机织，凿井，蚕桑，自治组织，养蜂养猪诸事，这不能说我们有意把我们的学生，变成工商，变成军士，变成政客，乃是由于我们必当设法增进农家的生产充实农村的生活而已。

　　我们的朋友在教成人，不教儿童，也不是由于我们特别轻忽儿童教育，乃是由于我们不能不关心现今学制上所忽略的失学成年的教育。学龄儿童进小学去吧！十八岁以上的少年，壮丁以及老农老妇，如要求学，能进什么学校呢？乡农学校就是要解答这个难题的。因此，它的办法，即不免与一般的学校有些异点：

一、乡农学校没有入学年龄的限制。依今日学制上之所规定，各级学校学生的入学年龄，多少是有些限制的。七岁入小学，十三岁入初中，十六岁入高中，十九岁入大学，二十三岁入研究院，大致总是如是吧。倘有二十三岁的壮农感幼年之失学，生活的苦痛，从新悔悟，要想入校求学，这些定式的教育机关，统是不能许他进去的。"苏老泉，二十七，始发愤，读书籍。"这样的韵事，自定式的学校制度来到中国以后，已不能再在中国乡村发现了。我们的学校是没有入学年龄的限制的。试看下表：

邹平各区乡农学校学生数及年龄统计表（二十一年二月）

区别	学校数 高级部	学校数 普通部	学生数	五十岁以上学生数	平均年龄	备注
二区	二	一二	七八六	一一	二二	年逾七十者一人
三区	三	九	七一八		二六	外蚕桑一班计卅人
四区	二	一五	六九四	一八	二九	年逾七十者四人
五区	一	九	三四七	三	二三	
六区	三	一一	六二四	二五	二七	
七区	三	一四	五九六	一七	二四	年逾七十者一人
特区	一	五	二三一	一六	二六	外儿童班两班共计二十八人
总计	一六	七五	三九九六	九六		

观上表，九十一校之中，年逾五十岁的学生竟有九十六人之多。如四区韩家店高级部学生黄魁斌，竟是七十九岁，韩立功亦有七十八岁。可见乡村之中，老而好学者常有其人。只可恨今日的一般学校从来不曾想给年长失学者以适当的教育机会。平常的人总以为学习是儿童的事情，不是成人的事情。他们以为成人是不便学习，不必学习，亦且不能学习的了。哪里知道成人对于学习需要更切，认识更清，能力亦每每是更大的啊！即便说年老的人，精力已衰，脑筋已昏，眼已花，耳已聋，一切感觉都已迟钝，不便学习。但是他们还有求生之意，向上之心，好学之愿，为此，他们欲想踏入所谓"新时代"的校门，朋友！你敢于拒绝他们吗？

二、乡农学校没有修业期限的限制。寻常的学校，小学六年，初中三年，高中三年，大学四年或五年，通常皆有修业期间的限制。在各校规定的修业时限以内，学生一经入校，是不能自由伸缩的。例如初中修业期限，规定是三年，大家就得三年，少不可以，多亦不能，仅学两年半的固属不行，要学三年半的也是不许。所可许的只是中途休学，或留级，就是算"非常""例外"的事情了。然而我们的乡农学校是没有这些不必要的限制的。我们想：少则一点一刻，多则一生一世，都是生活，都是教育。是以农友们如果肯来到我们的面前，听一刻钟的讲演，做半点钟的工作，我们是欢迎的；如果他们愿意年年季季都与我们在一处做工作，学本领，度生活，为朋友，我们也还是欢迎的。

三、乡农学校没有"结业""毕业"等期限的规定。小学、中学、大学，他们的学生修了一定的学程，满了一定的年限，到时候，都会有所谓"毕业"或"结业"这回事情的。乡农学校里是没有这一回事情。她不知道有所谓"毕业"。她相信，凡是人都是活到老，做到老，学到老的。朋友！凭你纵观古今，横览中外，亦曾见一个健全的人光是"活"着，没点事情要"做"，也没点东西要"学"呢？为求易于明白起见，特将一般学校之定式教育与乡农教育作一比较表如下：

乡农教育	年龄	定式教育
学到老、做到老、活到老	27	
乡农教育无结业时期	26	定式教育完结
	25	研究院
	24	
	23	
	22	大学教育
	21	
	20	
	19	

续表

乡农教育	年龄	定式教育
乡农教育开始	18	
	17	中学教育
	16	
	15	
	14	
	13	
	12	小学教育
	11	
	10	
	9	
	8	
	7	定式教育开始

总之，寻常的学校教育有限制，我们的乡农教育无限制；寻常的学校教育有止境，我们的乡农教育无止境；寻常的学校教育有固定的形式，我们的乡农教育无固定的形式。自然，我们的干法，比较繁难而费力；他们的干法，比较简易而省神。但是我要请问大家：人生的教育究竟该当是怎样的呢？

还有，我们的朋友是在专心致志教导忙人哩，他们对于游手无事的闲人倒不甚在意。这也许是我们乡农学校与一般学校一个大不相同之点吧。不见以前寻常学校的大门，往往牌告："学校重地，闲人免进"吗？实则他们的校内尽是闲人，没有忙人啰！忙人是不能进一般的学校啊！我想把那样的牌告，略为改窜，说："学校仙地，忙人免进"，不是更为恰当吗？一般的学校，一天上课六七时，一周上课六七天，一年上课八九月。而且一般学校上课的时间，就是一般农家干活的时间。无论谁人，要入校上课即不能在家干活；要在家干活即不能入校听课的。我们知道：上学是青年所需要的，干活也是青年所需要的。无奈今日的农村青年对于这两件事，一般说，是不得兼而有之。取其一即不能不舍其他。这给我们青年多少阻碍，多少丧失，多少烦恼苦闷呀！

今日的社会与学校制度统是要使一部分的人以全部的时间精力来求学，另使其他大部分的人以全部的时间精力去干活。前者是学生，后者是农工；前者用脑，后者用手；前者用心，后者劳力；前者是知识阶级；后者是劳动阶级；彼此划分，有如鸿沟，这是要把整个的人类分成两大壁垒的！作一图来表之如下：

人 学生（完全求智的人）	（阶级教育）
类 农工（完全干活的人）	（教育与劳动分家）

今日的社会与学校的制度又是要使一个人的儿童时期以全部的精力时间来求学；使他的成年时期以全部的精力时间去干活。这是要把整个的人生分成两大阶段的。儿童时间是完全求学的阶段，成年时间是完全干活的阶段。另作一表，表示如下：

成年时期	儿童时期	（片断教育）
人（完全干活）	生（完全求智）	（教育与生活隔离）

我们的学校，对于人类是要普及劳动，普及教育，不分阶级。图表如下：

人	人人干活	（全民教育）
类	人人求智	（教育与劳动合一）

对于人生，是要活到老，做到老，亦即学到老，没有阶段。图表如下：

人	活到老 做到老 学到老	生	（全人教育）
			（生活教育）

大家知道：教育是人人生来通有的权利。大家知道：教育应是人生赓续不断的历程。大家知道：心与力不能分割，脑与手必须连贯，手的工作常须脑的活动的指导。脑的活动亦常须有创造力量的手来校正来启悟。大家知道：吾人生活一天，即有一天的需要待满足，一天的难题待解答。从前的学识不能适应现在的需要；现在的学识亦不能必可适应日后的需要。人是事事须学，处处须学，时时须学的。讲到这里，我要请问大家：今日一般学校的干法是不是对呢？如说不对，今日我们自己办学，又该当怎样干？

下列有几个实际的问题，还请你试为解答：

问一：贺家庄乡农学校当初成立的时候，学生非常踊跃。后来一天天减少了。该校的试导员来问我："可有什么办法？"我问他："学生日渐减少的原因在哪里？"他的说明是这样：本庄靠山，农人在冬日，多去推石头以助家计。推得一车石头到邹平城或其他乡庄去，可得洋约五角。每天自早到晚，快则可推三车，慢则两车，得洋一元五角或一元不等。全庄有车约六十辆，听说该庄在这时季，每天通有八九十元进庄的。因此，该庄家给人足，大家的生活都还过得好。推石头赚钱就是他们的一大宗收入。可是推石头的人，往往起得很早。同时，也须睡得很早。乡农学校的晚班，现在自下午六点半至九点半，一连三小时。在晚班授课的人，回去睡觉就是较晏了。推石头的人是不能这样睡晏的。睡晏就不能早起，不早起就不能一天推三车，多赚钱，有点妨害他们的生计。因此，推石头的人都渐渐不来上学了。你看，该怎办？

问二：成庄的农家，很多以做挂面为副业。成庄乡农学校成立了，有一家，它的儿子要上学，这儿子也是二十一岁的壮丁了。他是不识字。现在想学字，所以来入校。可是他的母亲极力反对咧。母亲的反对也是有理由，因为她的儿子来上学就没有时间在家包挂面。做挂面就是他们全家所赖以生活的。儿子的上学是妨害全家生计的！母亲以为儿子不懂事，想读书，是躲懒。儿子认为娘是太不爱他了，读书识字是好事，娘如爱我怎不许我早年上学呢？怎不许我如今上学呢？因此，母亲骂儿子，儿子怪母亲，最后那儿子竟要逃奔在外，不肯回家见娘了。乡农学校一时就成了他们母子间的祸根！这时候，试导员某又问我了："这里面，谁是比较有理呢？我们该怎样才能使之两全？"

问三：自去年冬至今年春，我是在郭庄乡农学校教学的。那校里设有高级部。高级部里有几个学生，常常是迟到或缺课。考究他们所以迟到缺课的原因都是由于他们家里有事忙。例如说石宗一全家只有两口子——老祖母和他自己，祖母是老了，全家事务都得由他自己一人料理的。有时候他要早起走十五里路去赶集。又折回五里到学校来听课，贺连诚也是个家主，他每天都得早起挑几担水，当一回牛马，照料几个儿女的起居饮食，然后来上学。这样的学生，如有迟到或缺课，你忍心责备他们吗？还是设法鼓励他们呢？

问四：前后石门的乡农，背着柳条筐，手拿铁粪钗，成群结队地到学校来听讲。你想：该怎样招待他们才是好？

这里，我应告诉读者，我们并无秘诀。我们只是有心要使我们的学校，一切设施，能给忙碌的乡农以求学的便利而已。一般的学校告大家说："有事者莫上学，上学者莫干事。"而我们则要大家："有事做事，无事上学。""忙则治其粟米麻丝，暇则修其孝弟忠信。"一般的学校告学生说："好学生！按时到校。"而我们则告诉教师："好学校！因时敷教。"总而言之，一般的学校，要学生就教育；而我们的学校则要教育就学生。朋友！你想：教育能就学生，谁个乡农不能享有教育呢？

乡农学校的学生是谁呢？如前面所说，其中大部分是乡人不是市民；是农人不是工商；是成人不是儿童；是忙人不是游民。现在请进一步，再把这些学生加以分析，就可发现下列的事实：

（一）以年龄论，有十三四岁的童男女（因事实的需求，各校常设儿童班或少年班以教导他们），也有六七十岁的老农老圃，而大多数则为二十以上三十以下的壮健农人。

（二）以性别论，大部分是男人，但亦有女子。

（三）以程度论，有目不识丁的，有上私塾一年二年以至十余年的。有在小学肄业一二年或初小毕业，高小毕业的。有中学毕业生，亦有前清的秀才。

（四）以职业论，有放羊的，有推石的，有教书的，大部则为种庄稼的农人。

（五）以家境论，是有贫富之分。

（六）以资禀论，亦有智愚之别。

还有他们的经验不同,他们的能量不一,他们的志趣与欲求亦参差不等。总之,我们的学生真可谓形形色色的都有,种种类类皆齐。就因为这点缘故,乡农教育的内容就见庞广,乡农教育的工作就见繁杂,亦因为这点缘故,乡农教育的事业就值有志有识有才力的青年同志来使劲干啊!

邹平

二十一年十月二十八日

乡农学校的课程编造

"乡农学校"是一个新的名词，因为它是一件新的事情。乡农学校的意义是什么，它要教什么人，要做什么事，作者在拙著《何谓乡农教育》（见《乡村建设旬刊》第一卷第三十期《乡农学校专号》）文内已有所叙述，恕不在此细说。这里作者只求大家明白乡农学校是一件新的事情。

乡农学校的本身是没有前例的。它的课程是怎样，也是没有前例的。这些统是要我们自己来探寻，来创造，来从新编制。但是为一种新的学校，编制一个新的课程，谈何容易啊！该怎样创造呢？该怎样编制呢？头一步，我们得怎样下手呢？现在我们都是初次来在这人地生疏的乡农教育领域内探寻路程的。同时农民大众似乎在望着我们做他们的向导。我们不能坐着，也不能站着。立刻就要"即步走""向前行"，我们自己已经有了审慎考虑以后所采取的路向没有呢？

从人生教育的见地看来，乡农教育的课程即是乡农的生活，每个乡农，学习的历程该与他自己生活的历程一致的。现在我们来到乡间，与乡农共生活相教育，这个课程该怎样安排？这里面的生活程序，该怎样安排？当然这是个繁难的问题，并是个永久的问题，但它也是个马上紧待解答的问题！工作已在开始。那工作的计划程序和方针是得拿出来的。朋友！为了这件事你们所计议的，已经怎样呢？

这里，我有个粗疏的图案。这个图案确是只有点轮廓，异常粗疏的。但是我想它也许可以做我们大家在这新鲜的乡农教育领域内初次探险的时候一种参考或做一种暗示。

编造乡农学校的课程，我想，必须依据下列的原则：

一、要明白乡农生活的意义与价值。人是要生，也是要长。前者是要生命的延续，后者是要生命的扩张。乡农亦人，他们生活的本质也是要生要长与常人无殊。故乡农学校的教育设施必须利他们的生，不能害他们至死；必须引他们向上长，不能阻碍他们长进与发展。

二、要明白乡农教育的意义与目的。先知道乡农教育，是什么，为什么，而后可以编造乡农教育实施的方案是什么。没有目的，则一切工作，统是徒劳。有如"无的放矢"，从或用尽平生气力，也难得一点可喜的效果。有了目的，则如蜂采蜜，万方飞去，百花丛里，都自有他的收获。故我们为乡农决定学科，选取教材，必先明白乡农教育的意义目的。吾人要引万众共登彼岸，则所谓"彼岸"果为何地，我们自己不可不知道，也不可不使万众都知道。现在我们认定乡农教育的根本旨趣是"推动社会，组织乡村"。那么，它的实施方案该怎样？当然该与这种旨趣紧接起来的。

三、要明白教育与人生的关系。人生必须继续适应生活的环境，即必须继续改造自己的经验。教育是人生所必需。它在人生里进行，取人生的资料，用人生的方法，即以指导人生，满足人生，改进人生。教育与人生不能分离。因此乡农学校的教材教法必处处含有人性，含有人味，我们要使农友们对于乡农学校的一切设施，都明了它的社会的关系，发生人性的感觉。

四、要明白人生的活动，如健康活动，职业活动，公民活动，精神活动，休闲活动等皆必须指导而后他的活动，对人对己，对事对物，始能为聪明，有效，合理的适应。采取人类的经验，自然的资料，以为教材，其抉择去取，当视其能否正当的左右活动，感化行为为标准。

五、要明白人生的活动，分开说，虽有健康的，职业的，公民的，精神的，休闲的等活动底区别；实在呢，只是一个整全的人生活动而已。人只是一个人，人生只是一个人生，人生活动亦只是一个或一组的人生活动。故吾人编造课程当注意于引发乡农的整全活动，不宜使之支离灭裂成为车裂的教育。今日的学校，陈老师教国文，李老师教英语，赵老师教算术，贾老师教党义，刁老师教历史地理，周程张朱各位老师也各教他们自己擅长的学科。诸位老师在同一级学生面前教课，大家各教各的，不相为谋，不相联络。而且每个教师都觉得他自己所教的功课非常重要，都想极力引重（起）学生的注意。各科内容，时有重复；教师意见，亦多冲突。于是学生之愚钝者如在五里雾中，莫知适从；其聪颖者亦觉山阴道上，应接不暇。结局是大家手忙脚乱，头昏眼花，行动不能一贯，心思不能专注，这就是车裂的教育。这种办法，在乡农学校里断断不可再拿来沿用的。

六、要明白各项活动因时因地因人因生活的需要，任何一项都可为我们一时教育活动的中心。但是时移了，地换了，或则被教育的人变了，我们教育活动的中心也就不能不随着推移。这便是说，我们的教育不能标出任何一项活动作为实施教育经久的中心。因为那样办，便会使教育与生活相不应，也会使被教育者的生长偏于那一个方向去。现在从事民众教育，或农民教育的朋友还有人在争论，或主张以生计教育为中心，或主张以公民教育为中心，或竟主张以休闲教育为中心。在我看，这种争论是大可不必的。教育必须与人生相呼应。人生不止体健，不止职业，不止休闲，不止精神，不止公民性，而这些又都是参互错综，如环无端，无有主从。大家认清了这一点，无谓的争辩，就会停止了。平教会在定县采行十年工作计划，分为三期，第一期三年，主要实验工作为识字教育，第二期三年，主要实验工作为生计教育，第三期四年，主要工作为公民教育，惟卫生教育，则在此三期之中与各部主要工作连锁并重，同时进行（晏阳初：《最近一年之定县平民教育》）；江苏教育学院之各实验区亦各就中心事业分别，如政治教育之黄巷，生计教育之高长岸，休闲教育之崇安寺民众茶园，图书教育之江阴巷民众园，健康教育之实验卫生模范区，语文教育之惠山实验民众学校。在我看都是不甚合适的。

七、要明白同一活动，同一教材，均可以获得多种不同的教育效果，常人的见解总以为我们乡农学校的课程；历史地理是教人知识；造林挖井，是教人技术；精神陶炼是教人品评事物价值的鉴赏能力；就因为他们不晓得各种学科都有这数种的功用，每种学科都能达到许多不同的教育目标的缘故。请以与乡农组织林业合作社从事造林为例。在这事情里，我们可以教乡农知识，也可以教他们技术，还可以教他们品评事物的欣赏能力的。换句话说，这事情可以算做生计教育，亦可以算做公民教育，精神教育，健康教育，休闲教育的。

八、要明白人类经验，自然资料，所具变化乡农行动的力量，大小各异。故吾人选取教材宜视其比较价值为何如，书籍万万卷，事物万万种，如果没有比较价值的观念，不分皂白地来教学，那么，我们的乡农教育岂不成了一种太烦琐，太无聊，太苦恼的事情吗？图学，史地，精神陶炼，自然科学，农业常识，乡村问题，都要列入乡农学校的课程。各科的分量多少该怎样？每科内容的取舍标准又怎样？这都是有待审慎考究的。

九、要明白教育所以教人不是教书，故教材之选择，组织与运用，概须以乡农生活的经验与需要为基础，不宜削足适履，强勉进行，以致减杀其兴趣，阻抑其生机，换句话说，任何设施，皆当激刺乡农，引发乡农，使他们能以最高的努力反应，求获最好最大的生长与发展。

十、要明白乡农学校课程的出发点是乡农生活，不是书本文字，也不是办学者的高远理想。一切教学的计划凡与乡农的经验兴趣远隔者，我们都应当设法使它从乡农生活的切近处起首，逐渐引发至较远较高的目的。所谓"行远自迩，登高自卑"，就是这个道理。教育是生长，是一个历程。它里面的事情，无论是知识，是技能，是理想，是欣赏之力，统都是逐渐发展与扩张起来的。它的进行决不能躐等，不能飞渡。它有如接木，必须与学生的生机（即学生的经验与兴趣）接得头起，总能生出新的嫩芽。否则好比插花瓶中，栽树石上，岂有生理！

十一、要明白乡农年龄不齐（我们当初规定的是十八岁以上四十五岁以下，实际则十二三岁的童年，七十八岁的老翁，都有来乡农学校就学的），程度不同（以认字论，低者一字不识，高者则旧的有前清附生，新的有高小或初中毕业生），智慧不等，志望不一，故教材内容须能伸缩，编制也须活动，以期适应各不相同的需要。

十二、要明白乡农教育不是小学教育，小学教育，是普通的教育，不是专门的教育。小学课程应具有适切一般社会生活的普通价值。其他关于男女的，专业的，社会的特殊事情是可以不必列入课程的。今日中国的乡农教育一面须尽普通教育的职能，一面还须兼任专门教育的工作。举例说，教认字，教公民常识，那是普通教育的事情；教农业改良，教合作，教自卫，教农村问题，又都是专门教育的工夫了。因此在乡农学校课程里，有小学所用的材料，有中学所用的材料，也有大学所用的材料。学生的程度是高高低低不齐，教材的内容，也深深浅浅不一，而且小学教育的对象是儿童，儿童不识文字，也缺少人生实际的经验。乡农教育的对象是成年农人，成年农人虽多不识文字，却是都有些人生的经验——好的或坏的。因此小学课程的内容不能不浅近，而乡农学校的课程则当有浅近的，亦有高深的。小学里，比较地，只须着意扩张儿童的经验；乡农学校里则一面须扩张乡农的经验，一面还得矫正他们所固有的坏经验。

十三、要明白乡农学校对于乡农的一生的问题，是无从一一预先解答的。十年二十年后的事情，我们是无从一一准备停当，教导他们的。因此我们在乡农的实际活动上必须注意引发乡农的生机（增进知识，激励精神，补益技能，发展组织，都着意在引发生机），不要仅仅注意增加他们的字汇。大家不要为了言语文字的缘故，用力太多，反把其他重要工作忘记了。换言之，乡农教育是要增进乡农个人的和团体的适应力，不是要乡农多读几本教科书，或多习几种学习的工具。乡农学校里应注意教师与学生，学生与学生，人生经验的交换，不可仅仅要乡农死板板的多识几个字，多记几句文章。

十四、要明白本国民族的特殊精神和文化是什么？设法引导乡农了解它，欣赏它，并使他们能够参加这种精神和文化的生活，使它发扬而光大。举例说：孝弟勤俭是我国民族固有的精神，也即是乡农教育应有的精神。孝弟使人与人能和气；勤俭使人于物能宰御。前者是要社会组织人本化，后者是要生计事业科学化，从事乡农教育的人决不能把这种民族的宝贵遗产，弃如敝屣的。

十五、要明白此地是什么地方，此时是什么时候，我们一面要尊重自己，尊重中华民族，做个健全的中国人，同时也须引导乡农在此时此地，在新时代大社会里做个健全的分子。

十六、要明白乡农及教育学校所在地的特殊环境，优点何在？缺点又何在？实际的困难何在？紧逼的需要又何在？凡一切教学活动，教材选取，皆须针对此种特殊环境，最为有效最合理的适应。比方，在多荒山的地方提倡造林，在多土匪的地方注意自卫就是。

十七、要明白乡农身心发展的详，情有何种长处应加培养？何种短处应加改正？并且研究培养它，或改正它，须会用什么材料，取什么方法？克伯屈说得好："编制课程有两个要点：一是要了解学者固有的原始的或后获的兴趣；一是要了解如何能刺激它，引导它，指示它，使能生长。"大家要乡农教育必须了解乡农。

十八、要明白乡农教育成绩的高下，当以培养本地人士自学自强自治自助的能力大小为尺度。故一切教学活动，吾人应自己处于顾问咨议般的宾的地位。我们要引发他们自己动，推进他们自己动，样样事情都要他们自己做主动。不要由我们一推一动,再推再动,不推不动。这里,大家千万不要性急,不要以为乡农是绝对消极,永不发动的。我们知道:人的本性就是活动。健康的人没有不渴求机会,接受刺激,喜做种种活动的。而且我们必须注意,在乡村建设的长远工作中"用官不如用民,用民不如民自用"这句话,到如今,依旧是真理。

十九、要明白我们的教育是要教乡农做人中人,不是要教他们做人上人,亦不是要教他们甘做人下人。我们要使乡农在他自己的社群里,能有共同合作的活动,并使每个人都作一部分的贡献,负一部分的责任,从此使得他们深切了解;他自己便是这社群里共同生活的分子;并了解:他自己是尊严的,他的朋友们也尽是尊严的。我们编造乡农学校的课程,必须悉心规划,引导乡农了解而且信奉:自立立人,自达达人,自治治人,自助助人的崇高理想。我们要有贤明,健康,富裕的乡农;也要有贤明,健康,富裕的乡村社会。如果我们的教育只能教学生独善其身,独强其身,独富其身,而不能与人为善,与人为强,与人为富,那宁算是我们的失败,不是成功!

二十、要明白乡农学校的课程,不宜但满足乡农一己暂时的需要,并应引导他,使他注意大众生活久远的价值,这种价值就是人类的现实生活所赖以维持,将来进步所资以促成的。

二十一、要明白乡农教育的范围不能囿于学校的围墙以内。举凡乡农生活所在的家庭,邻里,宗族,帮会以及其他社会组织,统是我们的教育活动的场所。多数乡人每年入校不过数月,每日就学不过数时,校内教育的力量,对于他们是极为微弱的,要有恒久而巨大的教育效力,大家不可不注意整个的乡村建设。而且在我们看来,乡村建设就是乡农教育,也才是乡农教育。乡农教育如果没有乡村建设,是没有内容,也没有目的的。我们的校地是整个学区,我们的师生是全体村民,我们的活动是要指导全区村民生活的进行与改善。

二十二、要明白乡农学校教材的组织,必须含有下列的三个要点:(一)是生动的疑难和问题;(二)是当于暗示的适切的实施计划;(三)是精要的概括的论断和说明。比方,土匪蜂起,大家不能安居乐业,生活上有大问题。这是第一点。匪来,逃避不是办法;欢迎亦非办法;请兵保护不是办法;听天由命亦非办法;然则该当怎样?思虑的结果,决计办团自卫。乡团如何组织？如何训练？款如何筹？枪如何备？这些统须参酌前人的经验，观摩他处的成法，以厘订适切我们自己应用的最好的计划，这是第二点。乡村自卫的基本理由是什么？办乡村自卫所应注意的要点该怎样？这里也须为扼要概括的说明，这就是第三点。当然，这样的教材组织，是要教师善为活用，不能呆板的。

二十三、要明白学校课程是活的。社会需要变，或学科本身变，皆足变更学校课程的内容。课程的变动不居实有必然的趋势。是以，我们编造乡农学校的课程须时时刻刻在试验与改造之中。教材常常为某一校或某一教师的新鲜的出产品。富有活力的教师，自当时时注意寻出教材不适当的处所而自行改正的。

二十四、要明白学校课程的改组，须以渐，不可骤；须继续逐项修订，不可剧然全部更张。这里，大家须得审慎考虑对于各项教材，每一小点的去留，皆应估量其价值，而定其对于全部课程与乡农需要的关系；切不可专骛新奇，随意更动，致乡农生活陷于虚浮迷乱的状态。

总之，乡农学校的课程，就是引导一乡农友圆满生活的历程，它以当地农友生活的资料为资料，问题为问题。它也即以当地农友生活的方法为入手的方法。它是乡农生活的经验继续扩张，继续改造的历程。它是引导乡农继续适应生活环境，改造生活环境的历程。它的机能是在"推动社会，组织乡村"，它的目的就在"培养乡农生活的力"！朋友！请您听取这一点，不然，您的教育设施也会与通常的学校教育一般，迷了途或竟是忘了本的！

邹平
二十一年双十节，山东

乡农学校的学团编制

"学级"是一般学校的教育辞典里通有的名词。我们的学校对于学生的编制只有许多有定或无定的各种部,各种团,各种会,或各种组合,而不必有所谓"学级"。"学级"这名词在我们的教育辞典里是可以不用的。我们的学校没有什么一年级,二年级,三年级,也没有所谓低年级,中年级,高年级。因为我们的学校根本没有修业期限的规定,亦没有"始业"和"毕业"期间的限制。而且她是根本只准备给大家做事情,学本领,谋生活,不准备给任何人以资格与文凭。我们的学校究竟该当怎样编制呢?这个问题的解答,依我想,大家该先注意下列的几件事:第一是"谁教"?谁是乡农的导师?我想,除开乡村运动者为当然导师外,校长、校董、学校所在地的县长、区长、乡镇长、士绅乃至外来参观的人士,都可以做我们乡农的导师。乡农和乡农也尽可互相教学,互为导师的。

第二是"教谁"?这个在我们的学校里,严格地讲,该当是乡闲忙活的成年农人。可是目前各校因事业及事实上之需求,我们的教育对象已经是各校学区内的全体人士了。我们可以这样讲吧:乡农学校有狭义的学生,就是报名入学的成年农人;还有广义的学生,就是校区内的全体人士,连县长、区长、乡镇长、校长、校董,及乡校运动者自身都在内。

第三是"为什么教"?直截了当的回答是"推动社会,组织乡村"。这便是说我们的教育主旨从一面看是整个的人生再造;从另一面看就是整个的社会建设。

第四是"教什么"?简单地回答,就是要教关于乡村建设的各方面的事项。比方说:经济的建设,政治的建设,教育或文化的建设。

第五是"怎样教"?我们的答案是:教的法子要依据学的法子,学的法子要依据做的法子。事情怎样做,就怎样学。怎样学就怎样教。教与学都要做为中心。

这样讲，乡农学校的学组，或学专宜如何编制，确是很难解答的问题了。我们大家来到乡间与成百成千及成万的乡人在一处，共生活，相教育，而我们又想以此种教育的力量推动，辅助并指导大家进行村建设的各项事业。这里面人与人，事与事，人与事的编配组合，当然是很繁难，又很繁杂。但是这里面并不是绝对没有办法。现在请进一步和大家谈谈我们的学校在学团或学组的编制上可以采用的几种办法。

一、我们知道，教育是一个人生来便有的权利。乡间的女人与男人一样需要人生的教育。乡间农家妇女要求入学，我们是没有理由拒绝的。我们知道，乡村社会的基本单位是家庭。而健全的家庭组织须有良好的男人也须有良好的女子。我们为求乡村社会的组织健全起见，亦不能不设法教育农家的妇女，而且经验告诉我们：乡间妇女并不是不喜欢求学的。北方乡间的风俗也不是绝对不许妇女入学的。我们初次在邹平各乡区试办乡农学校的时候，几乎每个学校的教室门外都有妇女要求旁听的。我们在郭庄，夏正元宵前后，那庄的妇人们还要求我们特别给她们几回讲演咧。郭庄坊子各校的妇女班开学的时候统有许多女人来上学。贺家庄的妇女讲习会开会的晚上也有不少的女人来听讲。因此我们的学团编制，就学生的性别说，可以分设下列两股：

（甲）男子教育股。

（乙）妇女教育股。

乡间成年男女的教育，一般说，是可以分别设施的。例如男子学军操，女子学看护；男子学凿井，女子学养蚕；男子学改良农作，女子学养儿，烹调，缝纫等家事。即便如识字，卫生，机织等事虽属男女同可以学，统应当学；而我们为应乡村社会的习俗，概为分别教学，也比较妥当的。其在儿童部男女同学实较为便利。

二、我们校里学生的年龄，在招生的时候虽会规定为十八岁以上四十五岁以下的壮健农人，可是除今年各处自卫班的学生年龄适如原有规定外，各校实有的学生的年龄是参差不齐，差别很大的。上次邹平各校的学生有十三四岁的童男，也有七八十岁的老翁，而且郭庄，成庄，贺家庄，鲁家泉，下娄庄，南石庄等处都添设儿童部，那里面是有五六岁的小孩的。原来我们的计划是单教壮丁，不教儿童。凡是儿童都盼望他们进小学去。可是事实，各处失学的儿童叩门而入，我们苟是"余勇可贾"或则"有法可想"，亦何忍听他们"乘兴而来，扫兴而去"？尤其出乎我们意料之外，各处乡庄尽有许多"耄而好学"的老先生，天天要来随班听讲哩！教育是没有年龄限制的。乡村建设的事业也须得大大小小，老老少少的各式乡人来进行来维持，来继续推展。因此，我们的学生有老翁，有壮丁，有青年，有儿童。我们校里的编制也就可依学生的年龄的老少而分立以下各部：

（甲）儿童部如托儿所，儿童生活园，儿童健康比赛会等。

（乙）少年部如少年补习班，青年励志会等。

（丙）成年部如自卫班，凿井班，农余补习班等。

（丁）耄老部如特别班，耄老会等。

三、乡农学校的学生程度不齐。有目不识丁的，有略识之无的，亦有文理通顺，学识优良，已受完小学或中学教育的。普通的学校教育有限制，有止境，我们的教育无限制、无止境。目不识丁的农人来入学，我们固然是欢迎；假使程度已高，本领已好的大学生，博士，硕士，认为我们也有些地方可以教他而来入学，我们力所能及，也还是欢迎的。因此，我们的编制，依学生程度的高下，就粗分为二部：

（甲）高级部暂定小学毕业程度之乡农入之。

（乙）普通部未完国民教育之人乡入之。可是目前第二区民众学校普通部自卫班中的学生还有上次郭庄民校高级部的学生咧。他在军事训练或乡村自卫组织的工作上要从头学起，我们就不能不如此办理的。

有的学校仅设普通部，有的学校则兼设高级普通两部。这均是规模较小，人数较少的学校适用的编制。若在规模宏大，学生众多，而程度更是参差不齐的学校，则宜有更为精细的分组。比方说，高级部甲组，高级部乙组，高级部丙组。普通部亦类此。这里请大家注意二事：（一）即所谓"高级部""普通部"，并不是有鸿沟为界，截然可划的。（二）即各部各组教育活动，有时候还是可以打并在一起，不必一一尽是分别或隔开进行的。例如二区民校新建校舍的时候，全校师生确是一同参加帮工的。而学校培植纪念林的时候，无论播种栽培或灌水，统是两部师生共同参与的。总之这两部有分开教学的时候，亦有合并工作的时候。

四、我们的学生来历不同：有全未受学的乡人；有曾经入学未完国民教育的学生，有曾受私塾教育两年三年乃至八年九年或曾中"秀才"的士子；有已受新式教育，有志深造，无力升学的青年；有农夫，有商贩，有牧人，有石工，有塾师，有乡镇长，有小学教员。这里请大家注意：他们之中不仅有所学程度的不同，而且有所学事物的殊异。人的教育必须因材施教。我们的学校对于履历如此不同的学生必欲一一尽其适当有效的教育职能，则此中编制可以分设下列各股：

（甲）基本教育股是为完全失学的人设立的。

（乙）补习教育股是为曾经入学而智能低浅的人给以补充学识及技能的机会而设的。

（丙）改正教育股是为曾受畸形教育的私塾生徒而设的。

（丁）高等教育股是为农村好学不厌有志深造的人士设立的，如科学讲座，国学研究会，图书馆等。

五、我们的学生家境不同，执业不一，其各人闲暇时间之多寡也参差不齐，有能整天来校的；有能在每天之上午或下午来校的；亦有在一天之中仅能来校一点半点乃至一刻钟，且何时来校又不一定的。乡村社会没有像都市里工厂的汽笛，有一定的时间吹汽，叫大家上工或下工。乡间农人每天的生活是没有刻板规律的。有的农人，正业以外还有副业，农事以外还有"家事""公事"。他们一年到头，一天到晚，总是很忙，没有什么闲暇的时间，但亦不是绝对没有闲暇的。这样忙活的乡农要进一般定式的学校上课求学是不可能的。可是我们大家都得明白：支持乡村社会生活乃至乡农学校的就是他们。而我们大家要想改良农业，增进生产，推动社会，组织乡村，做这种种工夫也就得向着他们瞄准的。这便是说：乡间忙活的乡农才是最需要教育，也是最值得教育的。因此，定式的教育要学生就学校，而我们的乡农教育则是以学校就学生。我们的学校，为就各种学生求学时间的便利，可以采用下列各种的编制：

（甲）全日制如农间学级，自卫班初期训练。

（乙）半日制如少年补习班。

（丙）钟点制如早会，夜班。

（丁）不定时间制，随到随教，如问事处，问字处，代笔处。

六、农家的生活是有季节性的。从事乡村建设，指导乡农生活的教育就得适应季节的推移而有因时制宜的设施。我们的教育，主要的事情，是要教人做事，不是要教人识字。在我们看来，做事与识字在人生教育上的地位做事是主，识字是助；做事第一，识字第二。因此我们主张某项事情应在什么时季做，即应在什么时季来教学。我们的编制即可因时季而不同：

（甲）春季学组如造林运动，农业推广运动及蚕桑班。

（乙）夏季学组如卫生运动及稻作班。

（丙）秋季学组如农村合作运动（运销合作及合作仓库等）及园艺班。

（丁）冬季学组如识字运动，清乡运动及自卫班。

七、乡农学校的活动有宜在白天举行的，亦有宜在夜间举行的。是以我们的编制就日夜论，可以分为二种：

（甲）宜在白天的活动组合如儿童班，妇女班，运动会，全区校董会议，各区自卫班大检阅，特约农田的就地指导。

（乙）宜在夜间的活动组合如成年夜班，电影，幻灯，音乐会，明月会，巡逻打更。

八、乡农学校的工作有宜天天连续学习，不可间断的；亦有可以间天，间周或间一月一年举行一回而毋须终年不断，连天举行的。是以我们的编制，因工作性质的需要连续与否可分为二：

（甲）连续时间性的活动组合如识字班，珠算班，国术团等，大家最好是天天按时学习不宜中断。

（乙）间断时间性的活动组合如造林运动，机织合作，运销合作及农品展览会等集会或每周一次，或每月一次，或两月三月一次，或每年一次，不必长年之中，天天举行。

九、乡农学校的活动有为一般乡人所宜共同参加的；亦有为某时某地某部分人士所宜参加而不必一般乡人全体参加的。前者在教育上为乡农社会尽其统一的作用；后者在教育上为乡农个人尽其鉴别的作用。因此，我们的编制以活动事项之差异，参加人士之不同而分为普通的组合与特殊的组合两种：

（甲）普通的组合如卫生运动，公民运动，抗日救国运动，新年同乐会等。这些活动统是应当盼望学区以内的全体人士参加的。

（乙）特殊的组合如在匪区设自卫班，区内壮丁应加入受军事训练；在蚕区设蚕事班，区内妇女应加入学习；在山区设森林班，林业合作社之社员应加入学习；在棉区设棉作班及棉花运销合作社，植棉之家应当加入；在城市附近之乡区设国艺班，有园地的农人应当加入。此种组合不必处处遍设，亦不必时时常设，更不必人人统是加入工作的。

十、乡农学校一面须有固定的地址，一面亦须有流动的设施。有固定的地址则我们的食宿，工作，休息，概有一定的场所；各处乡人要与我们集议接洽，或有所咨询，亦有一定的地点，而我们要以学校式教育训练后生或作较精细的统计，分析，研究等工（功）夫都比较便利；有流动的设施，则我们的工作力量才能够推广，才能够深入民间，也才能够遍及全学区内的各村庄，而各项建设事业亦不致囿于一隅，乃至囿于校内的少数学生的教学事务。我们大家对于校内的学生是得好好教导的。但大家的眼光不宜仅仅注意校内学生的教导。大家必须记得，区立乡农学校是全区乡人所办，也为全区乡人而办。它的经费是全区乡人供给的。它的任务是在推动全区的各项建设事业。目前所谓"全区"，如邹平县例，每区可有六七十个村庄，三万至四万的人口，而每区乡校，普通仅有一座。这一座乡校只能设立在一庄，直接教导数十乃至数百的乡人。如果乡校导师即乡村运动者的眼光仅仅注意于学校以内少数学生的教学事务，那实在可以说他们是"知其一不知其二""见其小未见其大"的。我们的校内学生，在乡村建设事业上，对于我们是后继者，对于一般民众是宣传者，对于事业本身又是实行者。他们的教导是要紧的。可是全区乡村社会事业的推动，辅助和指导是尤为紧要啊！因此，乡农导师一面须能尽心教导校内的学生，一面并能尽力策励全区的人士。乡农学校一面须有定着的组织，一面也须有流动的设施，这两件事在乡村建设全部事业上，确是相成相助，各有其用，而不可偏缺的。是以乡农学校的编制，又可分为固定的组合与流动的组合两种：

（甲）固定的组合如少年补习班，合作社，医院，图书馆等。

（乙）流动的组合如巡回文库，巡回医生，及各项专科巡回指导员（例如农事指导员，凿井指导员，机织指导员，合作组织指导员）等。

十一、乡农学校的教育就是人生的教育。它不像普通学校一般，教师和学生统只是在"书上见，心上想，口上说，纸上写"做功夫。乡农学校的师生要在"山上造林，地上种麦，机上织布，河上架桥"，做这种种实务工作的。它是以生活为教育，业务为教材，社会为学校，天地为教室。

它的使命是整个乡村社会的改造。它的活动自然不能囿于学校教室以内了。事情宜在什么地方做，就宜在什么地方学，也就宜在什么地方教。它的教育是有宜在室内举行的，亦有宜在户外举行的，因此，它的编制依教育活动地点之所宜，亦可分二种：

（甲）室内的活动组合如养蚕，机织，家事等。

（乙）户外的活动组合如造林，凿井，凿泉，野操，耕种等。

十二、乡农学校的编制依施教的方式不同又可分为两种：

（甲）学校式的组合如少年补习班。

（乙）社会式的组合如林业合作社，运销，信用，消费等合作社，及各项运动等。

十三、乡农学校的活动有恒久或长期性质的，亦有临时或短期性质的。因为有的事情不做则已，一做必得继续进行一年二年乃至十年二十年才可奏效。有的事情本是偶然发生，不是常有的。事情来了不能不设法处理。时过境迁事情就完了，为那事情而有的组织，自即可以撤销。因此，我们的编制亦分设恒久的组合与临时的组合二种。

（甲）恒久的组合：林业公会，机织合作社等。

（乙）临时的组合：防疫委员会，战时妇孺救济会等。

末了，还有几句话要在这里说明：

第一，乡农学校的各种编制，都只为增进教育效率，不是为翻花样，闹玄虚，博取参观者惊异。我们要求实效，不要求虚名。

第二，乡农学校的各种编制，都只是学校全部构造的一面。每种分组都须与全部构造为有机性的联络，不宜使之分裂或散乱。

第三，各校的编制应依各校的情境而定。各校处境不同，时间不同，或因参与教学的人不同，其中编制都宜随之伸缩或变通。

第四，乡农导师必宜时刻注意使自己和众人，在此种编制中，有最善的努力，获最大的效果。换句话说，他须善于安排众人，安排众事，并安排自己的时间和精力。

第五，乡农学校的事业，可以有实而无名，不可有名而无实。有若干事业即可用乡农学校的名义去进行。不必另立许多名目，添置许多机关，以惊新奇，炫世俗。

乡农学校的活动

乡农教育,从一面看,是整个的人生教育;从他面看,也就是整个的乡村建设。乡农学校的活动也就是人生教育的活动,也就是乡村建设的活动。

人生教育的活动,大别可分为六项:即健康教育,生计教育,公民教育,精神教育,休闲教育,及语文教育是。乡村建设的活动可分为三大方面,就是经济一面,政治一面,文化一面。在我们看来,这两件事——乡农学校的人生教育与乡村建设——实际就是一回事:是一而二,二而一的。它俩彼此不能分离,不能割开的。强为分开就会失去这回事自身原来的根本意义。我们的教育就是我们的建设,我们的建设也就是我们的教育。我们认为教育没有建设,是没有内容的;建设没有教育也没有生机。大家可以这样说吧;我们是在建设上实施教育,从教育里推动建设,试作一图来表明这回事的双得关系:

这里,请大家注意图上:生计教育与经济建设间线,公民教育与政治建设间线,精神教育与文化建设间线,这三条线是实践。其他各项教育与各项建设间之线,统是虚线。这是表明目前我们的经济建设特别重视生计教育,政治建设特别重视公民教育,文化建设特别重视精神教育。

现在,请进一步,依据人生教育的体系,说明我们的乡农学校各项活动的旨趣和方法:

(甲)健康教育活动,是以引导乡人注意个人及公共卫生(知识及习惯)同登寿康之域为主旨,它的活动方法可有下列各种:

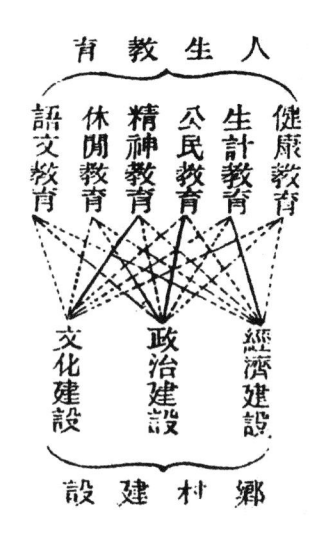

```
            人 生 教 育
    健  生  公  精  休  語
    康  計  民  教  閒  文
    教  教  教  育  教  教
    育  育  育      育  育
         \  |  /  \  |  /
          \ | /    \ | /
           \|/      \|/
         文化    政治    經濟
         建設    建設    建設
            鄉 村 建 設
```

1. 卫生运动：卫生比赛，防疫运动。

2. 健康比赛：体格检查，沙眼检查。

3. 模范家庭：家庭卫生检查。

4. 大扫除：改良厕所，整理垃圾堆，肃清道路及沟渠。

5. 放足运动。

6. 拒毒运动：用联保法禁种，禁售，禁吸。

7. 减蝇灭蚊运动。

8. 国术团：山东乡间尚武之风未绝，稍加提倡，即可复振，吾人主张儒侠合一，于此等处。最宜注意。

9. 乡村医院。

10. 定期巡回医生：其日期可依各乡镇之赶集日期为准。

11. 定期卫生宣讲：如于立夏前后讲"夏季卫生"，仲春及仲秋讲"种痘，防天花"。主讲者为教师或医生，此种宣讲，亦可与卫生运动、防疫运动等联合举行。

12. 保婴会，儿童幸福会，婴儿健康比赛会：山东各乡镇重男轻女之风甚盛，对于女婴，每加虐杀，或贱视。吾人宜设法劝导，变更此种风习。

13. 健足团：旅行名胜古迹，或上山猎取野兽。

14. 农间运动大会：竞走，跳高，跳远，角力，比拳，打靶，玩石锁，打石担，龙虎斗，推车赛快，长距离赛跑等。

（乙）生计教育，或称生产教育，或称职业教育。名称虽是不同，它们的意义，实际是大同小异的。我们叫它"生计教育"。因为这名词，比较能够涵盖我们在这方面的教育设施所有的意义。我们的生计教育与我们的经济建设实际是异名同实的一件事。它的活动是以提倡合作，推广科学农业，增进农村生产，改善农人生计为主旨。它的做法是：

1. 提倡各种合作社。现在邹平已有机织合作，造林合作，梁邹美棉合作，养蚕催青合作，烘茧售丝合作，看坡合作等组织。信用合作，就是附设在各项生产合作事业里面的。第二区民众学校新在规划缝纫合作，水利合作及仓库合作等。缝纫合作社一面是欲代销各机织合作社所织的布匹，一面是可代制各校师生的制服或各乡人民的便服；水利合作社的重要工作是（A）凿井，（B）凿泉，（C）濬治黛溪河杏花沟及其支流，（D）开发浒山泊。仓库合作社是要调剂农村的粮食与金融。

2. 造林运动。邹平二区多山，自去年（民国二十一年）起已成立林业公会八处，今年新近又添四处。我们盼望沿山各庄遍立林业公会。未立者设法创立起来，已立者设法充实并扩大林场。"十年树木"，我们必使我们的同志足迹所至，原有的荒山一起长成森林！

3. 纺织运动。我们是想用这个运动使乡村社会能够和都市争人口并争金融的平衡的。工厂制崛起以后，家庭工业毁坏了。结果便是农村人口的逃亡与农村金融的枯竭，农村的家庭一一破坏，乡村建设是无从做起来的。以合作的方式使农家固有的纺织事业健全起来。实在是我们的一种紧要工作。邹平现有机织合作社两处，成败参半，揆其失败者之原因，或因世界经济恐慌，外货倾销；或因社员对于合作意义尚未明白，不善经营之故。不能因此就说机织合作的事在农村是绝对难以成功的。

4. 农业改良。如猪种改良，鸡种改良，蚕种改良，棉种麦种改良，农具改良，土质改良等。

5. 农业推广。如推广波支猪种，寿光鸡种及梁邹美棉是。

6. 农事表证场。

7. 特约农家。本院在邹平推广梁邹美棉即先以产棉区域内民众学校之学生为特约农家，逐渐推及一般农人。

8. 农品展览会（详见《乡村建设旬刊》第一第二两届农品展览会两

大专号）。

9. 农品或农具陈列室。

10. 农业补习班。

11. 农家副业指导所。

12. 农业或家庭工艺指导员。本院在邹平各乡区造林，凿井，机织，蚕桑，棉作诸事均有专员巡视指导。

13. 农村青年学艺所，如木工，金工，机织，缝纫，编席，编筐，制草帽，制磁瓦等。

14. 农业讲座。

15. 农业改进会。

（丙）公民教育亦可名为政治教育。它的活动是以引导乡人治理家庭，协和乡族，逐渐推广使能留意政治，爱护国家为主旨。我们的朋友曾有人主张乡农学校完全依据古来的乡约来办理。我以为乡约只是我们的公民教育之一面而不是全体；而且乡约只可以为我们的公民教育的基底，绝不能说我们的公民教育前途事业就尽于此。要乡人整理家庭，协和乡族是乡约之所事事，要他们留意政治，爱护国家就不是乡约所能为力了。我们的公民教育要乡人能够爱家庭爱乡里，也要乡人能够爱祖国爱民族，这是大家应得注意的。乡农学校公民教育的做法可以有下列的诸种设施：1. 家庭教育研究会。2. 家庭问题讨论会。3. 家事展览会。4. 息讼会（调解委员会）。5. 联庄会（自卫训练）。6. 消防会（救火会）。7. 禁烟会。8. 禁赌运动。9. 修路委员会。10. 清乡运动。11. 国庆纪念会。12. 国耻纪念会。13. 御侮救国会。14. 公民教育运动。15. 政法研究会。16. 时事报告及讨论会。17. 史地教学。

（丁）精神教育亦可称为文化教育，以引发乡人自立立人，自达达人，自助助人，自治治人之志趣，发扬民族精神，促进世界文化为主旨。这里我们认取三个要点：第一，我们确认人类是有精神生活。我们以为人类因有精神生活，人生才有意义，教育才有意义，一切建设活动事业，亦才有意义。我们不是唯物论者。第二，我们确认中国民族依然是世界上一种优秀的民族。孝、弟、忠、恕、勤、俭、凡吾民族所固有的美德，依然有为其他民族所不及之处。而吾国乡间民俗的重理性爱和平的精神也不是逞强尚争斗的东西洋人所能企及的。请大家不必因为我们一时军事或外交上的失败，就以为我们自己是劣败的民族，丧失民族的自信心。未来世界的改造与进步有待吾中国民族的贡献的处所真是多着啊！第三，我们确认精神教育或精神修养的事不是少数士绅或圣贤豪杰专有的奇迹，乃是平凡大众日常生活所必需的共同须有的事情。农人生活不只要吃饭活着，并要求明白他们自己所以活着的意义与价值。换句话说，他们也要求他们自己所以安身立命的道理的。这正如孔子所说："民无信不立"。我们的乡农学校十分重视精神教育，这是大家所不宜忽略的，精神教育的作（做）法，我想可有：

1. 精神陶炼，于早会或晚会行之最好。

2. 中华民族故事讲演。

3. 少年励志会，青年生活团。

4. 忠义社，急公好义，生死一致，借以开通风气，刷新乡俗。

5. 进德会。

6. 日新会，会员约定每人每日须作一定功课，无故一日不作者一日不食。

7. 风俗改良会，如婚丧中之陋习，废时耗财又不近情理者须相约革去。

8. 乡村礼俗研究会，古今中外之乡间礼俗有何不同？为何不同？并探究其得失利弊而与革之。

9. 破除迷信运动。

10. 赈灾运动。

11. 河堤抢险工作。

12. 匪患期中之守望相助工作。

13. 国难期中之救国运动。

14. 战区人士之妇孺救济及伤兵医护工作。

（戊）休闲教育，亦称娱乐教育。人生需要休闲，需要娱乐，这是无待说明的。休闲娱乐，需要教育指导，庶可使之无弊害，或竟有裨益，这也是无待说明的。我在这里要请大家注意的是：（一）乡间农人与都市人士一般需求适当的娱乐。（二）中国乡俗旧有季节如端午，中秋，重九，清明，在农民生活上有重大意义。农民每逢此种节期热烈参加各种活动，主要的作用是休闲娱乐，不是佞佛迷神。（三）乡农的休闲娱乐，亦往往需用时间与金钱，但我们不能因此就禁止他们的娱乐。都市人士的听戏，跳舞，看电影下至看赛狗，其废时耗钱比乡农一生所耗废的，普通论，当有过之无不及，全国上下，到如今是未闻加以禁阻的。（四）乡间的娱乐，取土产旧有的加以选择，改良，成补充，也仅可使得。它们是较能适合乡农之脾胃的。不一定硬要搬运洋把戏过来，才算是文明。乡农学校休闲教育的主旨是在引导乡人摒绝有害的娱乐习惯，运用正当的消遣方法，并培养他们能够活用休闲时间与众同乐的兴趣。它的做法是有：1. 农民同乐会。2. 新年团拜。3. 元宵玩灯。4. 清明踏清（青），放风筝。5. 端午赛船。6. 六月六大扫除，休沐。7. 七月七纳凉会。8. 中秋赏月。9. 重阳登高，观赏秋色。10. 双十国庆。11. 秋收后，演剧酬神（实际是酬忙劳多时的农人），并开农品展览会。12. 冬暇试枪习武。13. 除夕围炉，团聚。14. 音乐会，弹词，道情，昆曲，京戏。15. 游艺会，歌谣，双簧，戏剧，科学表演。16. 留声机。17. 电影，幻灯。18. 西洋镜。19. 谈心会。20. 中心茶园，说书，下棋，大鼓，谜语，笑话，台球，口技。

（己）语文教育，语言与文字的活动不是人生基本的活动，可是它们已经成为人生非常重要的工具，人类越见进步，文化越见繁杂，语言文字的教育也就越见重要。我们的乡农学校不是以教文字除文盲为主要的工作，可是我们为应农人生活之便利需要，亦不能不以语文教育为一种重要的工作。语文教育的主旨是在引导乡人了解普通语言，扩充常用字汇，并能运用语言文字，与人交换观念，便利日常社会生活。它的做法有：1. 农间学级。2. 农人识字处，日揭新字若干，并为注音注解。3. 农人问字处。4. 代笔处。5. 壁报。6. 阅报室。7. 阅书室。8. 流通图书处。9. 演说会。10. 谈话会。11. 辩论会。

末了，还请大家注意：

一、各项教育活动实际只是一件大事情的各方面活动。分开说是六项活动，实在只是一件事。而且这六项活动彼此之间不是截然界分的。举例说：拒毒运动自禁烟卫生之意义言，可视为健康教育；自戒绝恶习之意义言，可视为精神教育；自节省滥费之意义言，可视为生计教育；自国家名誉，国际地位之意义言，亦可视为公民教育。再如军事训练，自锻炼体格上讲，可视作健康教育；自团结自卫上讲可视作精神教育或政治教育。其他活动类此，不必一一枚举。

二、各项活动的促兴，应先注意引发当地人士自觉其需要，要他们自己能够做主动。乡村教师可加以辅助或指导，但绝不可代庖！

三、促兴一种事业宜注意唤起乡农奉公好义之心，不宜轻用利害观念来引诱。缩衣节食以赈灾，躬冒矢石以御匪，全赖大家一团忠义之气之鼓荡。斤斤计较利害祸福的教师只能教乡人有利与福则相聚而争，见祸与害则各作鸟兽散，企图幸免而已。

四、凡事不能全是有利而无弊，亦不能全是有成而无败，乡农导师要促兴一事，须先把其事之成败利弊，审虑一番。并以自己预见所及，一一据实告知乡农：如何是利？如何是弊？如何可成？如何将败？使乡农事先亦能通晓其事之成败利弊，而毅然赴之，不致中途偶有挫折，即垂头丧气，怨天尤人。造林，凿井，机织，垦荒诸事皆值得提倡。但大家提倡这些事情，一面宜大胆，一面也宜小心。乡村建设的事情不宜以欢喜之情，浮动之气，急功近利之念来干的。

五、各项设施须适应当地的环境，如邹平二区多山，宜于造林；三区多桑，宜于养蚕；六区产棉，宜于推广美棉；五区七区曾受匪患较深，宜于倡导联庄自卫。

六、各项设施须适合原有的社会组织，如在生计教育上，提倡合作，改良农具诸事须与原有的产业组织相适合（大农具不适用于小农场）。在政治教育上，划分乡区，编制闾邻诸事须与原有的社群组织相适合（冤家不可强使对面，有高山大河为间隔的乡镇不宜强并为一区）。在健康教育上，提倡卫生，养成习惯诸事，亦须与原有的生活情况相适合（画饼不能充饥，说衣不能御寒，与饥寒交迫的人讲衣食的卫生，易使听者视为迂阔之谈）。在休闲教育上，勉强要乡农废止旧有的节日，代以例假或寒暑假；废止旧有的玩龙斗虎，锣鼓，高腔等廉价的，无害的娱乐习惯，代以新式的电影，跳舞，赛马，赛狗等高贵的，稀罕的消遣方法，也只是表示作此主张者之太不识乡俗，不近人情而已。

七、各项设施须适合农人生活的需要，农人要防旱，故教以凿泉凿井；要防涝，故教以筑堤濬河；要借款生产，故教以信用合作；要种好庄稼，故教以农业改良；要防匪防贼，故教以团结自卫；要安居乐业，过太平日子，故教以留意政治，爱护国家。农人要什么，我们就教什么。我们的所教必须与农人的所要紧接起来。我们的教育是须与农人生活的韵节和谐的。

八、推进各项活动宜注意与其他社会机关去联络。如与当地医院或良好医生联络，推进健康教育；与农场，农学院，或农民银行联络推进生计教育；与县政府区乡公所联络推进公民教育；与民众教育馆，图书馆联络推进语文教育等是。乡村建设的事不能包办，包办必办不了，也办不好。

九、乡农学校的活动，不是囿于学校围墙以内。学校须尽社会指导的作用。志在乡村建设的导师在乡办学，决不会关着校门，不问世事的。

十、最后，大家应切记在心，常常提醒自己：乡农学校之在乡村社会，不只是一座学校，而且似一座区公所或乡公所；它不只是一个教育的组织，而且是政治的并经济的组织；它不只干教育的事，也干政治的事、经济的事。

二十二年三月十五，晓庄六周岁纪念日

乡农学校的教育法
——教学做合一

乡农学校活动所宜采用的教育法不是教授法，也不是教学法，乃是生活法。生活法就是教学做合一。

什么叫做生活法？生活法就是人怎样生活就怎样教育。教育从生活出发，就在生活里进行。取生活为资料，以生活为课程。并即以生活的合理向上为目的的教育方法。

什么叫做教学做合一？教学做合一的简单解释，是事情怎样做就怎样学，怎样学就怎样教。教的法子根据学的法子，学的法子根据做的法子。教师不能空教，须在做上教；学生不能空学，须在做上学。教与学都以做为起点，并皆以做为中心。

为什么我们的学校须用生活法？为什么我们的教育活动须是教学做合一？这里我该当向大家陈说我们所以如是主张的理由：

一、我们知道：专家的教授不能启发众人向前探索的思想，不能激励学生继续学习的兴趣。言者津津，听者藐藐，乃是一般小学，中学和民众学校班上通有的现象。因为所谓"教授"：教师只管教，不管学生学不学，也就不管学生能不能学，愿不愿学的。教授的班上是容易看见教师讲授的活动，不容易看见学生学习的活动。学生在这样的班上是没有自由，没有责任的。

二、我们知道：书本的教学只能给人书本的知识；善于讲话的教师只能教成许多善于讲话的学生。学校里的教学，如果大家仅在书本文字或口头言语上用功夫，结果统会空疏无用，迂腐不切事情的。不论大家所采用的教育法是《道尔顿制》，是《文纳特卡制》，或是设计教学法，假如大家心目中还是以讲读书本为主，其结果对于乡农生活，仍归空疏无用，则是一样的。

三、我们知道：成功的练习才是最好的学习。无论儿童或成人，要有所学习必须有所练习。一种行为曾经练习的，遇相当机会就能发生或原发生类此的行为。曾经骑马的人见马就想骑，也就能骑。曾经军事训练的人见匪就想自卫也就能自卫。曾经练习木工的人，见家具坏了，就想自行修理，也就能自行修理。我们要教乡农，或凿井，或造林，或养蚕，或机织，或组织各项合作事业，皆须有实际练习的机会。如此教才算真教，如此学才算真学。

四、我们知道：行与知的关系，在本原上，是"先行后知"，不是"先知后行"；是"行为知之始"，不是"知为行之始"。王阳明先生曾说："知是行之始，行是知之成。"他这个话，照我们看是不对的。大家都是知道：尝而后知味，嗅而后知气，闻而后知声，视而后知色，"物格而后知致"，这便是证明"行而后知"的道理。大家也都知道：未有农事学已有人干耕稼的事；未有教育学已有人干教养的事；未有政治学已有人干管理众人的事；未有经济学已有人干生产、消费及分配的事；未有工程学已有人干造桥梁、建楼台的事；如此类例，不胜枚举，这便是证行（明）"不知亦可行"的道理。不行不知，即行即知，因此，我们要教乡农知，先教他们行；既教他们明，也就教他们知了以行求知，以知助行之不已，知亦不已。如是乡农所学：知为真知，行是真行，行知合一，知行相长。他们的学识才能深澈（彻）透入他们的日常生活与行为。

五、我们知道：知有三种，就是亲知，问知与说知（思虑而得之知）。但闻知，说知的根基是亲知。没有亲知做基础则除外种种之知，犹如树无根，楼无基，总是幻树蜃楼，不是实在的。例如，闻知马者不真知马；说知日者不真知日。秦皇认鹿为马，瞽者以盘为日，何以故？是由于他们没有马或日之亲知故。又如"深掘，浅栽；结实扎，松松盖"，这是种树的歌诀。对于曾经种树或正在种树的农人说明这个歌诀的意义，他们就会了解的。若对生长都市，未经种树的青年解说这个歌诀，他们才能说得，念得，背诵得乃至默写得这歌诀，他们对于这歌诀的意义总不会完全明白，深切了解的。何以故？因为那些农人有种树的亲知，而这些青年没有故。

六、我们知道：人生教育的学习，就是要求学者学习适应未知的变化的实际生活的情境，不是要求他们学习古今已定的答案，这便是说人生教育是要教人会思想，不是要教人会记诵。记诵书本，咬文嚼字，堆积脑中的学识，每每阻碍其人思想的进行，正如堆积地上的垃圾，妨害土地的使用为耕植或建筑一般。大家要使用土地必须扫除垃圾；同理，要使用脑想，也得肃清记诵的繁琐，无用的学识才行。大家平日常见所谓书呆子，迂夫子与腐儒等等，试问他们之所以"呆"所以"迂"与所以"腐"的原因在哪里？就是因为他们深中了书本教育的毒！教他们会记诵而不会思想，能博览古籍而不识世务的缘故。

七、我们知道：思想的起点是行动。行动生疑问，疑问生思想。没有行动，就没有疑问，也就没有思想的。瓦特如果不是自己在烧水，对于水沸冲起壶盖，就不生疑问，就不会发明蒸汽机。而且思想发生以后，大家就得去观察，去设臆，去试验，去证实，去求其解决。而此"观察""设臆""试验""实证""解决"等事，处处都须有行动。我们可以说：没有行动的想是梦想，是幻想，是玄想，是空想。

八、我们知道：古代甚至现今的学术界中发生问题，往往用辩论的方法或专家的权威来解决它。实则真能解决问题的只有实验世界一切发明一切进步都是由实验来的。太阳体内有没有斑点？一轻一重的两个球，从高处下落是不是同时着地？伽利略的实验已经代替亚里士多德大著的权威与古来无数俗士的呶呶争辩。

九、我们知道：人生不可不学，但为学不必用书，更不必读书。伏羲，轩辕，唐尧，虞舜，夏禹，契，弃，之时无书可读，他们亦皆不会读书，然而他们都是我们古代的圣贤。伊尹，傅说，刘邦，项羽，李世民，赵匡胤，朱元璋，之徒皆非状元，亦非博士，然而他们都是气盖群雄，才冠一世的人杰。大家说："不学无术"。我则说："书生亦无术"。从来状元、进士、博士、硕士不知已有几千万人了。试问他们对于国家，对于世界的贡献在哪里？就是乡间，我亦常见博闻强记的学者统成明哲保身的乡愿；而不识文字但知人事的乡镇长，能为乡人排难解纷为国家奉公守法的，偏是所在多有。你看，我们的乡农学校对于学生，是要培养他们成为那样的学者呢？还是成为这样的乡镇长呢？（如果他们有一天会被举为乡镇长的时候。）

十、我们知道：学校与社会不能分离，教育与生活必须相符。乡农学校必须成为乡间农人真实生活的场所，如是则学校对于乡农才能尽其指导人生的责任；对于乡村才能尽其推动社会的作用。教育生活化才能化生活；学校社会化才能化社会。总之，学校教育与社会生活，愈是接近，愈为佳妙；愈是分离，就愈会失掉教育的意义和价值！

讲到这里，想必大家可以明白，我们的学校为什么要用生活法？为什么要采取教学做合一的教育法？现在请进一步和大家谈谈我们对于这种教育在乡农学校的活动里是如何实施？或宜如何实施？

首先从人这面说。参与乡农学校活动的人，一是地方人士公举的校董，二是校董会聘请的校长，三是乡村运动者即导师，四是学区内各乡镇长，五是日常入校的学生，六是学区内的一般乡农。乡村运动者不仅教学生，教乡农，而且他需时刻注意，利用机会转变校董校长及乡镇长的态度与思想。同时他自身亦随时随地向校董校长乡镇长乃至学生及一般乡农有所咨询，有所请教的。我们主张以己之长，补人之短；因己之短，学人之长。自己会的，拿来教人；自己不会的，就向人请教。因为我们知道：导师不是全知全能的上帝，绝不能专去教人而不向人学。乡村人士，无论老幼男女各人都有他自己的经验，自己的本领，即他自己特有的长处，如关于农事常识，乡村礼俗，民间歌谣，以及地方经济，文化，组织，民情，事变等事都是乡村运动者所宜随时关心须向乡间人士请教的。我们认为乡村社会生活的导师是乡村运动者，乡村运动者的导师是乡村人士。好的乡村运动者就是最肯，而且最能向乡村人士多所学取的人。这便是说：我们的学校里没有专管教授的教师，亦没有专事学问的学生。我们与乡人是互相教，互相学。记起上一回，曾经和大家谈"我们与乡农共生活，相教育"就是这个意思。

其次从行政组织这面说，因为我们的学校，不仅有普通学校所有的教务事务等事情，而且有类似普通学校所有的推广事业，扩充教育等事情。这里所谓"类似"，不是"就是"！普通的学校对于社会活动，往往认为可有可无，可以干，亦可以不干。而我们的学校对于社会活动是非常重视的，除特殊情形外是非干不可的。不干即丧失或亏损她自身创立的意义。乡农学校的根本意义是"推动社会，组织乡村。"简单地讲就是要干社会活动。因此，我们的学校，在行政组织上有学务课和事务课；而此学务课所理的学务，事务课所理的事务，不仅为校内的学务与事务，并有校外的学务与事务。如有必要，我们于学务事务两课之外可另设社会课。总之乡农学校的导师不仅须干校内教学的事情，并且须干社会指导的事情。

再次从教育活动的时间这面讲。我们的学校每天的活动是怎样？每周的活动（在乡间，你要不用星期而代以与乡事极关重要的二十四节日，在我看是很可以的）是怎样？每月或全年的活动又是怎样呢？自然呀，我们的办法和施行班级教学的一般学校，大大不同的。我们是教人，不是教书；是教事，不是教字；是以生活为课程，不是以课本为课程。我们的学校可以废去一般学校照例通有而且异常重视的每周上课时间表。代替它的是校内外团体或个人的种种工作的计划。这些计划就规订（不是规定）我们大家日常生活及工作的时间之支配与使用。我们大家，无论团体或个人，对于自身的工作和生活，一年须有一年的计划，一月须有一月的计划，一周一日也均须有其计划。兹略加说明如次：

（甲）我们团体的工作计划

一、全学区乡村建设的计划（全年的，及每月的，工作计划）

二、某某庄建设计划（全年的，及每月的，工作计划）

三、某种会社的工作计划（同前）

四、乡校各部课的工作计划（同前）

（乙）我们个人的工作或生活计划

一、各校董的生活计划（全年，每月，每周，及每日的）

二、校长的生活计划（同前）

三、各乡镇长的生活计划（同前）

四、各导师的生活计划（同前）

五、各学生的生活计划（同前）

六、各会社组成人员的生活计划（同前）

各人的事各人自己做，大家的事大家合力做，一庄一乡的事，就由一庄一乡的人共同设法下手做。这里面，团体与团体，团体与个人，个人与个人，分工合作统是必要的。因此，这些工作，或生活计划就成必要了。假使没有这些计划，大家的生活就会前后杂乱，左右龃龉的。因为我们所注目的是生活，是事情，我们就得参酌事情该在什么时候做，就在什么时候学，也就在什么时候教。如种树做学教宜在清明前后，蚕事做学教宜在养蚕时期，自卫做学教，如时无匪警，宜在农暇之日。显然的，我们的学校不能像一般学校样，有什么暑假，寒假，春假，例假了。人生的活动是没有间断的；指导人生的学校是没有假期的；在乡村，干乡农教育或民众教育的人，如不为养病，是不会想及往西山，往青岛，或北戴河游暑消夏的。大家须知：说农忙时间，学校停课，乡村教师就没有事情可做的人，不是懒惰汉，便是书呆子！

又次，从教育活动的地处这面讲。我们的学校可以没教室，我们的教育活动的场所，是不限定在学校围墙以内的。事情当在哪儿做，就在哪儿学，也就在哪儿教。例如游泳须在水里游，就在水里学，也就在水里教；造林须在山上造，就在山上学，也就在山上教；耕地须在园野耕，就在园野学，也就在园野教；烹调食物须在厨房做，就在厨房学，也就在厨房教。宇宙之中，六合之内，随处是人生，亦随处是人生教育的场所。我已经屡次向大家说了："我们的学校须以天地为教室。"为什么到如今，大家还是终年四季，老躲在斗室里，强迫学生，咬文嚼字，丢开人生活路不干呢！

最后，从我们教育活动里所用的材料（教材）这面来说。前面说过："我们的教育取生活为资料，依生活为课程。"这便显示：我们的学校所用的材料是生活，是人事，是种种建设活动的自身，绝不是书本文字为欲处理人事，我们是得认识文字。绝不能因为认识文字，竟是牺牲人事，丢开不理的。我们要用书，但不要读书。"用书"与"读书"不同。用书是人为主，书为工具；读书则书为主，而人反为书所奴役了。我们要造林，所以要用《中国造林学》；我们要凿井，所以要用《凿井浅说》，我们要自卫，所以要用《农村自卫研究》。而我们在从事造林，凿井，或自卫等等工作的时候，绝不是单用这种种书本就可成事的。造林还得用锄锹；凿井还得用铁锥；自卫还得用刀，枪炮，弹及碉楼。做什么事情用什么工具。书是一种工具；人生须做，其所须用的工具除书以外还是多着啊！

现在，且举邹平第二区民众学校造林运动为例，来说明我们的学校在教学做上进行某一个单元的实际情形：

造林的人，是民众学校的校董，校长，导师，学生和各林业合作社的社员。

组织韩家坊总校，青阳镇分校，均有导师一人常用在外与各乡镇人士接洽，充实旧有的林场成新开林场。扣至今日止，我知道该区的林业合作社：

旧有的，即自去年乡农学校倡导成立的凡五处：

1. 南马山林业合作社。南石家庄等处乡农组织之，林场在南马山。

2. 印台山林业合作社。抱印庄等处乡农组织之，林场散为五处，均在印台山。

3. 石鲁林业合作社。鲁家泉，西石庄乡农组织之，林场在会仙山东面。

4. 凤凰山林业合作社。韩家坊乡农数人组织之，林场在凤凰山。

5. 韩家坊林业合作社。韩家坊乡长领导组织之，林场在坊子东南。

今年新设的凡九处：

6. 乡农教育纪念林。二区总校师生组织之，林场在凤凰山。

7. 青阳镇分校同学会纪念林。分校同学会与董家庄乡农组织之。林场在董家庄左近憩谷。

8. 鹗窝庄林业合作社。西窝陀乡农组织之，地点在盘龙山。

9. 范文正公纪念林。电范文正公祠理事领导组织之，林场在囊堂岭。

10. 青龙山林业合作社。由韩家坊乡长领导组织之。林场在青龙山北首。

11. 贺家庄林业合作社。由伏三贺家庄乡农组织之。林场在姜家洞左近兴隆山。

12. 义和林业合作社。由碑楼庄郭庄乡农组织之。林场在相公山。

13. 大李家庄林业合作社。由大李家庄乡长领导组织之，林场在青龙山东面。

14. 醴泉寺林业合作社。由西韦庄乡人组织之。林场在醴泉寺。

造林运动的时期，最活跃的是今年三月起。实际的酝酿和组织，是从去年十一月间就已开始的。那时候就已有人提倡在旧有林场播种橡子和杏子；在没有林业合作的村庄，添起组织来。在乡农学校的班上，导师也随时唤起学生对于造林事业的兴趣和注意。每逢乡镇长集合的处所，我们也时常提出"荒山造林""家家种树"的主张，要求大家的同情和赞助。到今天二区的山东山西，山南山北，各村庄里"造林！""种树！"的呼声已经是轰动一时了。但事情的开端，并不是从今天始！现在造林的事情正在进行着，亦不是说到了今天就可停止。树种的采集，树苗的养育，树林的保护，以及造林以后各庄马牛羊放牧的如何安排，将来由此造林运动引起的事情还是很多的。不过就一般情形论，造林运动最活跃的时期该是每年三月里。

造林的地处，即我们造林教学做活动的场所，当然就是荒山旷谷了。植树节里，不应当只是一天，更不应当只是上山走一躺（趟），撅了一影就完事的一刹那时光，学校的教师和学生，大家放下笔杆，拿起锄锨，离去教室，走上田坡，如是掘土，如是挑水，如是剪枝，如是安根，如是分工合作，做的在这里，学的在这里，教的亦是在这里。一株又一株，一天又一天，慢慢地种起树来，造起林来。你以为指导人生的教育不应当如是吗？

造林教学做所用的资料是锄头，铁锨，扁担，水桶，树苗和林场。当然，这时候，我们亦要用书本——《中国造林学》（梁劼恒先生著），《识字明理乙集》（作者编，内有关于造林的课），《造林合作歌及种树歌》（均作者试编以应一时急需的）等。可是大家千万不要忘记：造林教学做决不能单用书本就可济事的。

这几天，二区乡校在进行造林运动。她的高级部在造林；少年班在造林；即便联庄会会员训练班于军事训练的功课以外也是在造林。而且她的结业学生亦都约期集合，来关两处纪念林——总校同学在凤凰山创立"乡农教育纪念林"，分校同学在董家庄创立"同学会纪念林"。大家想必知道我们乡校的功课有国学，史地，精神陶炼，自然研究，及农村问题等门类，这几天，二区校乡的各门功课，可以说都是以造林为中心。你看；

国学——用《中国造林学》（摘要读阅）

学会《造林合作歌》。

学会《种树歌》。

每日工作日记。

精神陶练：在造林工作里指明尽己之谓"忠"，行而宜之之为"义"，以及"合作""互助""劳动神圣""社会服务""开关精神""有志竟成"等观念，并培养其工作的兴趣态度。

自然研究：树的生长。

树的种类及鉴别。

土壤的研究。

本区山谷最宜种哪几种树？

史地：世界的森林和各国林业。

东北的林场。

从中国海关报告上谈林业。

农村问题：二区的山，为什么老是荒着？

造林有什么困难？如何解决？

造林在农村经济上有何利何害？

造林与放牧的冲突如何解决？

造林为什么须合作？

林业合作社怎样组织？

我们要创造富的社会，在造林运动里宜如何实施？

他们的导师，前面说过，总有一人常用在外巡视，指导并鼓励各庄林业合作社工作的进行。其余的导师就领着学生上山去种树，大家工作疲乏的时候就在山头围坐石上，讲故事，问自然，作时事报告，精神谈话，或则引吭高歌，与高山流水大地之声相应和。兹录《造林合作歌》及《种树歌》两首歌词如后，因为这是我们的学生即乡农，一般都轻易会唱的了：

造林合作歌　　4/4

劳动神圣，劳动神圣；来种树，来种树。

要把荒山成林，要把荒山成林，须合作，须合作。

种树歌　　4/4

朋友，这是甚时候？九尽杨花开，春光最可爱，拿锄锨，上山崖，快把树来栽。深深掘开土，浅浅将根埋，底下结实砸，上面轻松盖。荒山造林，有志竟成，大家一齐来。

邹平的二区是适于造林的处所，每年的三月是宜于种树的时期，这时期，这处所，我们的学校就干造林的运动，我们的师生就做造林的工作。大家试想这样的教育与一般学校按时上课，照书讲读的办法究竟有些什么不同呢？

我们的学校所以试行教学做合一的教育法，理由已经说明了。如何实施的大概情形，也经举例说明了。末后愿在这里，郑重向大家声明：教学做合一是一种有力的利器。用了它，可以：

G调 造林合作歌

| 1 2 3 1 | 1 2 3 1 | 3 4 5 — | 3 4 5 — |
| 劳动神圣， | 劳动神圣； | 来种树， | 来种树。 |

| 5 6 5 4 3 1 | 5 6 5 4 3 1 | 3 5 1 — | 3 5 1 — |
| 要把荒山成林， | 要把荒山成林， | 须合作， | 须合作。 |

F调 种树歌

| 5 1 | 2 5 4 2 1 — | 1 2 1 6 5 — | 4 2 4 6 5 — |
| 朋 友， | 这是甚时候？ | 九盏桃花开， | 春光最可爱。 |

| 1 6 5 4 6 5 | 2 5 4 2 1 — | 2 2 2 6 5 | 2 1 6 5 6 1 - |
| 拿锄头,上山崖, | 快把树来栽。 | 深深掘开土， | 浅浅将根埋， |

| 5 5 6 1 3 — | 5 3 2 3 5 1 | 1·2 4 4 2 4 2 1 | 6 1 2 4 — |
| 底下结实砸， | 上面轻松盖。 | 荒山造林，有志竟成， | 大家一齐来。 |

一、打破书本的教育，建设人本的教育！

二、打破洋化的教育，建设中国的教育！

三、打破阶级的教育，建设全民的教育！

四、打破片段的教育，建设全人的教育！

五、打破泥古的教育，建设革新的教育！

六、打破空谈的教育，建设实干的教育！

七、打破玄想的教育，建设科学的教育！

八、打破人上人的教育，建设人中人的教育！

大家对于这等话语，如有不甚明白之处，请参阅拙作《我们的教育》一文，恕不在此再加细说了。

二十二年三月二十八日视察二区民校造林以后

乡农教育服务指导大纲

为山东乡村建设研究院训练部第一届行将结业的学生写

一、旨趣 实验乡村民众教育，推进乡村建设。

二、目标（一）对于一般民众以提倡民族固有精神，契合民众心理，获得信仰，扫除猜疑，共图乡村生活之向上改进为目标；（二）对于当地自然领袖，以使其晓然有悟乡村建设之意义，变更其消极心理，肯与负责，俾乡村建设之生机渐启为目标；（三）对于教育设施以考察乡村社会实况，民众生活需要，规订方案，认真实验，随时求乡村建设学理及技能之修正进步为目标。

三、组织（一）设校董会，校董由当地热心公益，乡望素孚之人士任之。其人数多寡及产生方法，视各地情形而定。校董会之职责如次：（甲）推选常务校董；（乙）选聘校长；（丙）通过预算决算；（丁）建议本校重大兴革事项；（戊）统率各乡镇人民促成乡村建设。（二）设常务校董一人或二人，其责职为（甲）代表校董会，执行校董会决议案件；（乙）办理本校总务事宜。（三）设校长一人，由校董会选聘，主持全校学务。（四）导师若干人，由校长聘请，协助校长，分任各项学校。其组织系统如下页表。

四、教育设施 吾人应外察社会需要，内审本校人力财力，奋吾人最大之努力，细心与忍耐，联络各方人士，进行下列诸般设施：

（甲）关于语文教育者可用农间学级，农民问字处，农民阅报处，农民演讲会，及识字运动等设施。总以引导乡人，能使用语文，交换经验，增进知识为主旨。

（乙）关于精神教育者可用精神陶炼，励志会，进德会，风俗改良会等设施，总以引发乡人自立立人，自达达人，自助助人，自治治人之高尚

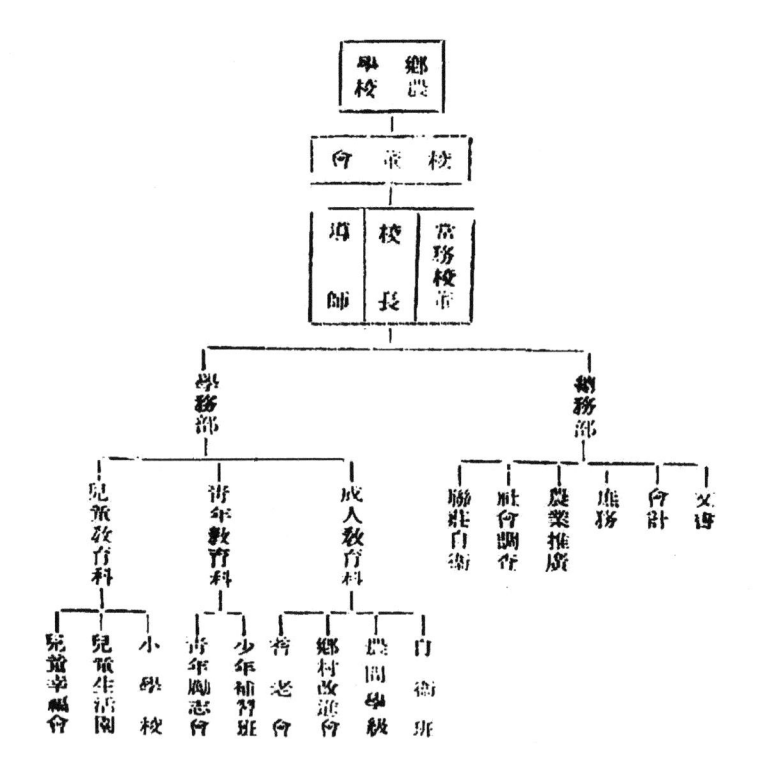

```
                    ┌─────────┐
                    │ 鄉農學校 │
                    └────┬────┘
                    ┌────┴────┐
                    │  學 校  │
                    └────┬────┘
           ┌─────────────┼─────────────┐
        導師          校長         常務校董
           └─────────────┼─────────────┘
                ┌────────┴────────┐
             學務部              經務部
                │                  │
   ┌────────┬───┴──┐      ┌───┬───┬───┬───┬───┐
 兒童   青年   成人    聯莊  社會  農業  庶  會  文
 教育   教育   教育    自衛  調作  推廣  務  計  書
  科     科     科
  │      │      │
┌─┼─┐  ┌─┼─┐  ┌─┼─┐
兒 兒 小 青 少 宣 鄉 農 門
童 童 學 年 年 老 村 間 衛
幸 生 校 勵 補 會 改 學 班
福 活         志 習     進 級
會 團         會 班     會
```

志趣为主旨。

（丙）关于生计教育者可用农业推广，农品展览会，造林、凿井、合作事业等设施，总以提倡合作，推广科学农业，增进农业生产，改善乡人生计为主旨。

（丁）关于公民教育者可用家庭改良设计会，农村改进会，国庆纪念，国耻纪念，史地教学，时事报告，及公民教育运动周等设施。总以引导乡人整理家庭，协和乡族，关心政治，爱护国家为主旨。

（戊）关于健康教育者可用国术团，军事训练，少年义勇队，卫生展览会，清洁运动，拒毒运动，放足运动等设施。总以引导乡人注意个人及公共卫生。共登寿良之域为主旨。

（己）关于休闲教育者可用农民同乐会，明月会，音乐会，少年旅行团，谈心会，游艺会等设施。总以引导乡人能善用闲暇，与众同乐，摒绝一切有害之娱乐习惯为主旨。

（说明）此等设施，统不过是举例而已，各校对此，不必一一举办。

各校对于此等设施应办几件，能办几件，须视各该校实际情形而定，大家不宜巧立许多机关名目，致工作散漫，内容空虚，而作用不显。

五、学级编制：乡农学校学级之编制，因其教育对象，精言之，是乡间的成年农民；粗言之，是乡间的全体人民；学者年龄不齐，程度不等，智慧不同，志趣不一，又以个人职业，贫富及家庭境况之差别，故其学级编制至为繁复困难。且乡农就学，往往流动不居；而吾人敷教，亦无拘泥"通常学校的格式"之必要。故各学各校之编制学级，宜活动可变通，而无取于划一与呆板。兹举若干编制之方式如次，惟希大家之善于活用而已。

（甲）就学生之性别而论，可分：一、男子部，二、女子部。

（乙）就学生之程度而论，可分：一、普通部，二、高级部，或分为六段或十段，称第一段，第二段……第十段。

（丙）就学生之年龄而论，可分：一、儿童部，如小学校，托儿所，儿童生活园等属之；二、青年部，如少年补习班，青年农艺竞进团等属之；三、成年部，如农间学级，国术会，乡村改进会等属之；四、老年部，如耄老会，特别班等属之。

（丁）就敷教之地点而论，可分：一、室内教学；二、露天教学；三、巡回教学。

（戊）就教学之时间而论，可分：一、全日制；二、间日制；三、半日制；四、钟点制。

（己）就开学之季节而论，可分：一、通常学校；二、春季学校；三、夏季学校；四、秋季学校；五、冬季学校。

（庚）就日夜而论，可分：一、日班；二、夜班。

（辛）就学习之科目而论，可分：一、普通班；二、麦作班；三、蚕桑班；四、畜牧班；五、森林班；六、园艺班；七、其他。

（壬）就学习之方法而论，可分：一、讲授学校；二、函授学校；三、劳作学校。

六、课程：乡农学校之课程可分恒常的及特殊的两类。恒常的课程所以启发精神，补充常智常能如精神陶炼，国语文，史地，党义，歌乐，国术等。特殊的课程所以按照当地的问题而谋其适当解决，如凿井，造林，蚕桑，自卫，合作等。总之，教育所以教人不是教书。故乡农学校教材之选择，组织与运用，一面须以乡农生活之经验与需要为基础；一面则以乡农生活所在之环境实况为背景。

七、教育方法须根据"教学做合一"之原则，运用"大单元设计"之中心教材，注意于导师与乡农，乡农与乡农，彼此经验之接触与影响；而非注重在书文字之授受。故其教育活动，无论为讲演，为问答，为讨论，为视察，为实验，为研究，为实习工作，要常本此方向进行，不宜零乱及模糊。

八、筹办步骤

（一）选取敷教区域。

（二）拟订办学计划。

（三）接洽当地人士，说明吾人办学旨趣，以亲切，坦白，热诚而不急进之态度，征询其意见，并恳其同情与赞助。

（四）组织校董会。

（五）分配办事人员工作及组织。

（六）与校董会商定初期敷教区域及学校地点。

（七）筹划经费。

（八）编制预算。大家在此须注意：（1）出入相抵，勿相差过巨。（2）预算与事业计划相呼应。（3）生活费，事业费等之支配适当。兹拟标准如下：薪工50％，事业费30％，办公费15％，预备费5％。

（九）修葺校舍。

（十）购置或借用校具及教学用品。

（十一）编制课程及教材。

（十二）招生。其方法可酌用下列各种：（1）由校董劝导。（2）托当地父老及明达事理者劝导。（3）由校董或当地父老邀集乡农集合宣讲劝学。（4）亲自挨户劝学。（5）请已报名，或已入学学生辗转劝说。（6）张贴招生广告，或其他宣传品。（7）由各小学教师及学生宣传各家长及左右邻人。

（十三）开学。

（十四）拟订第一年度第一学期办事历。

（十五）向本院及地方长官报告学校成立经过情形，学校概况及学生名册，并请予指导备案。

九、实验乡农教育（即乡村民众教育）为一种新事业，标准缺乏，成法殊少，故其一切设施皆在试验创造之中。目以其学生分子复杂，事业范围广泛，而其成败利钝又与乡村建设之推行，影响至为密切。故吾人于此，实不能不随时注意实验，以求其工作合理，敏捷与进步。实验项止，举其紧要者如次：

1. 关于乡农教育之组织及行政。
2. 关于乡农教育之材料与方法。
3. 关于乡农教育与乡村建设之联合进行方法。
4. 关于普及一区或一县乡农教育之方法。
5. 关于乡农教育与小学教育之联合进行问题。
6. 关于乡农教育上之艺友问题。
7. 关于乡农精神教育。
8. 关于乡农语文教育。
9. 关于乡农生计教育。
10. 关于乡农政治教育。
11. 关于乡农健康教育。
12. 关于乡农休闲教育。

十、联络我们的事，在一面看是乡农教育；在另一方面看就是整个的乡村建设。这事情的关系方面很多，很需要社会上方方面面许许多多的人士的合作，而后做得有成效，我们对于乡村教育、乡村建设都不能包办。包办决办不了，决办不好，我们要有大的力量，成就大的事业；必须要有大的联合。因此我们必须切实注意：

（一）与当地父老联络，变化他们的消极心理，尊重他们的老成经验，共图乡村事业之推展。

（二）与当地小学教师联络，共谋乡村的教育之普及与改进。

（三）与当地农人联络，使吾人之农业学识与农人之农业经验携手，共谋农业之改进。

（四）与当地人士之有所专长者联络，如甲长于国术，乙长于园艺，丙长于烹调，丁长于缝纫，乡农学校即可特约甲为国术指导员，乙为园艺指导员，丙为烹调指导员，丁为缝纫指导员。

（五）与附近农学院或农事试验场联络而为其农业推广之传达及介绍

机关。

（六）与附近银行及金融机关联络，以举办合作事业，救济乡村经济。

（七）与附近大学或其他学术机关联络，举办本乡社会调查，学术讲演，教育测验等事。

（八）与医院或其他卫生机关联络，改良乡村卫生。

（九）与道路及交通机关联络，便利农产之运输，及消息之灵通。

（十）与附近图书馆联络，以便乡农借阅。

（十一）与附近苗圃或林场联络，以利造林运动。

（十二）与本县民众教育机关联络，共策全县民众教育之协作进行。

（十三）与本院联络，使母校与结业同学常通消息，达声气，期本院的教育事业，结业同学之工作均能增加效率，减少错误。

（十四）与各县各乡服务同学联络，交换办学经验及方法，并相鼓励督促，共图全般乡村建设之日新。

十一、注意要项

（一）办事要有计划，要有步骤，并要有组织。

（二）用钱要清白，并要恰当。清白是不舞弊，恰当是不滥费。我们要用最少的金钱办最好的教育：第一要不舞弊，第二还要不滥费。

（三）乡间父老或一般农人如怀疑你或反对你的时候，你要反省，要忍耐。不可愤怒，亦不可灰心。你自省有错的地方改掉它；自省不错的地方坚持着。但仍然镇默着，慢慢求大家的了解。

（四）你要做事，不宜懒惰，亦不宜急躁。

（五）你莫怀疑同你日夕相处的朋友，他是和你同做一件事情的，你纵有天大的本领，不能把一切乡村建设的事业由你一人办好。你要与朋友合作，要信任朋友，并要深信他确有他的长处为你所不及。

（六）你莫轻视乡农。纵然他是愚蠢，顽固，或者蛮横。乡农都是我们的朋友，不是我们的仇敌。

（七）乡农能学，乡农教师亦能学。你不要因为自己做了教师，便放弃了人生学习的权利。

（八）你教乡农要从乡农的实际生活出发，不要从书本文字出发。你是在教人，不是在教书。

（九）你要教乡农做"人中人"，不要教他们做"人上人"，亦不要教他们甘做"人下人"。

（十）你要引发乡农自学，自强，自治，自助，自己往上长的能力和志趣。

（十一）你要培养乡农自立立人，自达达人，自治治人，自助助人的高尚理想。如果我们只能教乡农独善其身，独强其身，独富其身，而不能教他们与人为善，与人为强，与人为富，那宁算是我们教育的失败，不是成功。

（十二）你知道："教学做合一"是最好的教育法。在你所办的学校里，试试看。

（十三）你须知道：生活就是教育。吾人生活的历程，就是教育的历程。人的教育是在生活之中进行，不是在生活以外办理。

（十四）你须知道：社会即学校。人生处处都是教育的场所。教育的场所不是囿于学校围墙以内。

（十五）你须知道：学校是社会所有，社会所办，也为社会而办。乡农学校办在乡村社会之中，同时，它就做乡村社会改造之中心。

（十六）劳作与教育合一的生活才是吾人合理的生活。我们不要教乡村之中，一部分人专有教育，不干劳作；另教其他的人专干劳作，没有教育。

（十七）你须知道：乡农教育与乡村建设是一不是二。

（十八）你须知道：乡农教育是科学，也是艺术。

（十九）你要爱乡农，要爱教育，要爱中国民族，这样你便认识乡村建设之意义，也便认识人生之意义。

（二十）世界与人生都是向前进步。你不要站住。你如站住，你手下的事情也会站住。继续创造继续革新，是人生的真处也即是教育的真处。

（二十一）"淡泊明志，宁静致远"，你要以乡村建设为终身事业，便须有此种精神。

（二十二）化民成俗，救国救世，都要从乡村建设干起！

（二十三）孝弟（悌）勤俭是中华民族固有的精神，也就是乡村建设应有的精神。孝弟（悌）则人与人能知气，勤俭则人于物能宰御。

（二十四）教育乡农，建设乡村，是我们对于同胞，对于中国，对于人类的一种高尚义务。

（二十五）什么是困难，用你的心和手打破它！

邹平县乡村教育普及方案

——为邹平全县乡村教育工作人员写

一、我们认定人生必需教育。本县各乡各村人民无论男女老幼必与教育发生关系，而后大家才能共同的向上，好好过日子。

二、我们认定教育必须普及。教育应如春风风人，夏雨雨人，普及众生，无分彼此。

三、我们认定生活即是教育。教育即从生活出发，在生活里进行，亦即以生活之向上学好为旨归。教育与生活合一。离开生活便无教育。

四、我们认定社会就是学校。学校是社会办，由社会办，为社会办，也就在社会里办。关门办学不仅不能指导社会，并亦不能教导学生。

五、我们认定一乡便是一个乡学，一村便是一个村学。一乡的乡民更是这个乡学的学众，一村的村民便是这个村学的学众。乡学不能照顾全乡的乡民，村学不能照顾全村的村民，便是意犹未尽，情有未妥。

六、我们认定人与人相处，言语行动互相影响便是互相教育。甲乙相处，不是甲教乙好，便是乙教甲坏，有如风之相遇，一是东风压倒西风，便是西风压倒东风。

七、我们认定大人能教小孩，小孩能教大人。孟子说："所谓大人者不失其赤子之心者也。"如何保持赤子之心，最好的办法，就是与赤子为伍。这便说大人有不如小孩的处，所以也得跟小孩学。

八、我们认定老师能教学生，学生亦能教学生。有时候学生教学生的力量且比老师教学生的力量更为深厚伟大。因此今后的教师应当自己教学生，还应当教学生去转教旁人。

九、我们认定人生应当活到老，做到老，学到老。个人学好，行健不息，人之所以为人者，就在于此。跟人学好是人生的大道，不是呆耻的事。

十、我们认定知者有教人的义务，能者有传人的义务，善者有诲人的义务。一人有知，教之众人；一人有能，传之众人；一人有善，诲之众人。人人皆知皆能皆善，则社会进步，民族繁荣，人生之乐，莫大于此。自立立人，自达达人，自觉觉人，是人生最高尚的道德，也就是吾民族最伟大的精神。

十一、我们认定邹平人民，对县，对邻，对村，在教育上负担已不为轻。在这民穷财尽，农村凋敝的时期，我们不宜再以任何名义增加人民的负担。同时我又认定邹平的学校，数目已经不少。但全县人民十万四千中受教育者，上年统计，不过八千九百零五人；今年统计：亦不过一万四千八百七十三人。这便是说现在邹平教育距普及的程度尚远。此时此地，大家要想普及教育，必须全县全学校的校董教师和学生共同发愿，采用"即知即传人"的办法，为全县大众结成生活教育之纲。

十二、我们认定教学做合一是最有意义的生活法，亦即是最有意义的教育法。即做即学即教，学者从此真得进步，教者亦从此真得进步；学者亦从此真觉人生愉快，教育亦从此真觉人生愉快。

十三、我们认定乡村建设与大众教育必须联合进行。乡村建设必需大众教育才得推进；大众教育必需乡村建设才有意义。

十四、我们认定人须共生，即须共学。你跟我学，我跟你学；彼此相学，彼此相长，进步无穷，乐亦无穷。

十五、我们认定人皆好学。人人皆知学是好事。人之所以不学，必有其困难或障碍，如把他的困难障碍除去减少，他亦能与常人一样是好学的。

办　　法

一、由各乡村学董教师及其他人士，自动发起组织一乡或一村普及教育委员会，从事各该乡村普及教育之规划研究督察及指导。

二、由各村学董村长和管理督励本村人士，除疯狂白痴及六岁以下之婴儿外，皆须发愤求学，能签自己姓名，能识一二千字，能注意时事，并能组织或加入一种合作社。

三、由各乡村学校教师鼓励指导现在入学的学生，每人每日课程后须教导家中或邻居学众二人读书唱歌一小时以上。

四、由各校学生担任"教生"，学董教师负辅助指导考核之责。各校日常功课中加入"怎样做教生"一项，训练学生教导大众，并鼓舞兴趣，解决其困难。

五、由各村学长，村长，学董，管理，教师随时向人解说：（1）普及教育之意义和必要；（2）以学生思转教大众，在大众为初学，在学生为温习，教学相长，彼此受益——以祛群疑，并化各方之阻力为助力。

六、举办一村一乡或全县户口调查（注意各村之各级学校毕业生文盲及有专长学识技能之人）。

七、教学，其方法，时间，地点及材料等……大略规定如次：

（甲）方法分下列两种：

1. 个别教学，每日课余由各教生任之。

2. 集合教学，每周或每旬举行一次，由各校教师任之。

（乙）时间：

1. 个别教学，于每日早晨，午后或夜晚，不必拘定一律，由各教生与其学众商订。

2. 集合教学，由各校教师斟酌时地人事之宜定之，公告于众周知。能于校中设一警钟，到时击钟为号更好。

（丙）地点：

1. 个别教学，家中，店里，街头，监狱，野外，林间，无不相宜；由各教生与其学众随时约定可也。

2. 集合教学，由各校教师酌定，先期公告于众周知。可以在室内，亦可以在户外或林间。

（丁）材料：

1. 语文：儿童用《小学国语读本》，成年用《识字明理》。

2. 歌曲：由文化团体选辑编印。其歌词内容当激发民族精神，欣赏农村生活，鼓舞乡人志气，指示大众生活途径，而其编制则必须适合时令地宜，及学者程度。

3. 体育：对于儿童注意团体游戏，对于成年注意国术。

4. 常识：自然，历史，地理，及时事报告，故事讲演，由各校教师随时选择供给。

八、学众编制：

（甲）学员三人为一学组，设学组长，担负本组学员共同向上，继续学好之责。由本组学员，共推教导学众，勤劳卓著之学员一人任之。

（乙）三学组为一学群，设学群长，担负本群学员共同向上，继续学好之责，由本群学员，共推教导学众，勤劳卓著之学组长一人任之。

（丙）三学群为一学联，设学联长，担负本联学员共同向上，继续学好之责。由本联学员，共推教导学众，勤劳卓著之学群长一人任之。

（丁）三学联为一学团，设学团长，担负本团学员共同向上，继续学好之责。由本团学员，共推教导学众，勤劳卓著之学联长一人任之。

（戊）团以上直属于各村学或村立学校，村之大者成立若干学团即以第一、第二等次第名之。

九、督教及指导：

（甲）督教。在乡以各该乡学长，为一乡督教；在村以各该村长为一村督教。

（乙）指导。在乡以该乡学教师为一乡巡回指导员，在村以各该村学或村立学校教师为一村巡回指导员，指导分个别指导，集合指导三种。因时地人事之相宜，得敦请农夫，工匠，或其他各项专家，参加指导工作。

十、补助及奖励：

（甲）我们认为此种工作，县政府宜居监督及补助地位，宜加奖励补助，不宜过于干涉，或强制执行。

（乙）我们认为各学校董教师参加此项工作，纯系自告奋勇尽其对国对乡对家人父子邻里朋友之义务，是以不论大家成绩好坏，不用赏亦不用罚。惟于青年儿童担任教生，能教学众二人认字一千以上者，宜由县（或文化团体）发蓝色证章一枚；能教学众五人认字一千以上者，由县（或文化团体）发红色证章一枚；能教学众十人，认字一千以上者，由县（或文化团体）发黄色证章一枚；能教学众二十人，认字一千以上者，发绿色证章一枚，以资纪念。

（丙）各学校办此项工作，灯油，茶水，纸张，所费必多，事先应呈报县府，县府得斟酌情形，与以补助；其补助多寡应视县中及各村财力如何而定。

（丁）举办此项工作之时，其初步教材宜多用歌曲，此项歌曲应由文化团体编印，酌收印刷费。其学众多，经济困难之村学及村立学校，得酌予减价或免费。

邹平教育之路

——为邹平全县教育工作人员写

从今后，这一年内，我们邹平的教育界该怎样进行呢？方向是什么？路线在哪里？步骤又该怎么办？这事我想了，我深深地想了。现在我想把我（或可说是我们）平日所想着的意思写出来，告诉给大家。请大家也来想想看，给邹平的教育界谋一个出路，求一点进步。我想：

第一，我们应认清我们的教育目标：（一）是要求量的扩充，即要把我们现有学校的一切设施开放于大众，使学校的活动与全县大众的生活发生良好关系。在我们的教育辞典里，民众与学生是没有分别。民众就是学生，学生就是民众。梁先生给它起一个名词叫"学众"很是适当的。我们的村学村校应照顾全村的学众。我们的乡学应照顾全乡的学众，我们的县学如今之县立师范及实验学校应照顾全县的学众。不论贫富贵贱，男女老幼，大家的生活，一样地需要指导需要学习的。这便是说，大家都需要教育。因此，单教儿童不教成年，单教男人不教妇女，单都富人不教穷儿。单教闲人不教闲人不教忙人的教育是我们所不能满意的。我们应当把教育的机会普遍地给全县的大众。这就叫做"教育的大众化"。（二）是要求质的改良，即要把我们的一切教育设施，不问是教材的选择，课程的编制，时间的支配，教法的运用，教具的置备，学众的组合，及教师的活动等等都合于道理。要合于什么道理呢？浅言之，要合于教育的道理；深言之，就是要合于人生的道理。我们认为：所谓教育就是人的生活的教育。教育应从生活出发；即在生活里进行，也即以生活的向上改善为旨归。（这里所谓生活，不是仅仅指"活着"而言，并含有"生长"的意思。所谓人的生活，一面是要生，一面是要长，要生是求生命之延续，要长是求生命之开大。）这便是说教育的起点，历程与目标统是以生活为中心。教育与生活不能离开；离开生活便无教育。教育的道理只是生活的道理。违反生活的道理便是违反教育的道理。这就叫做"教育生活化"（详见拙著《生活教育》）。我们要求邹平教育：一作量的扩充，即要"教育大众化"；二作质的改良，即要"教育生活化"。这是时代的要求，中国的要求，也就是我们对于邹平教育的要求。

第二，我们应引发组织，推动组织，并养成组织。徒有"要求"，纵有"目标"是不能成事的。达到"目标"，适应"要求"，我们应当有所凭借。我们凭借什么呢？单凭我们自己一个一个的个人力量也是不成的。个人的力量一则不能大，二则不能久。个人不是三头六臂，能力统是有限。而且大家到了一定的时候都是要死，或是要去的。因此我们大家要想邹平教育继续扩充，继续进步，必须引发邹平社会的组织，推动邹平社会的组织，并养成邹平社会的组织。一个社会有了适当的组织，她就会有一种能动的力量使自己的生命继续扩充，继续进步；换句话说，她就能够使自己的教育事业继续扩充，继续进步。是以：

（一）我们对于县立师范（原称县学师范部）及实验学校期望它们为全县教育界尽两种主要的社会作用：（1）培养最近未来的乡村社会的生活导师（即乡学村学教师）。（2）站在全县教育的前线，为全县教育实施上探讨路程，指示方向，并贡献常新的可用的材料和办法。

（二）我们对于乡学期望着它们各在所在之乡尽其"推动社会，组织乡村"的作用。因此，我们必须注意：（1）学董会的健全。（2）乡学教师的融洽和进修。（3）每个乡学对于一乡社会的政治，经济及文化各面都有她自己的愿望，自己的目的，和自己的进行计划。梁先生说："在这一年内我要咬定牙龈，除自卫一事外，决不用政治力量命令各乡做各色各种的好事情。各乡自己要做好事情时，我可给大家供给材料和方法。我的要诀就是一个缓字。"我想，这话是对的。在今日中国农村要引动乡村建设，宜于"缓"不宜于"急"；宜于多用教育的方式来引发，不宜于滥用政治的方式来督迫。一句话说，我们要政治消极，即不能不要教化积极。我们的乡学在这一年内是应当特别注意：要有它自己积极进行的计划啊。如果自己漫无计划，上面又不加督促，光阴如箭，一年易过，结果许会在自己则年华虚度，在社会则停滞不进。

（三）我们对于村学期望着它们各在所在之村尽其"推动社会组织乡

村"的作用。往深处说，现在邹平的乡学是比较更难得到健全自然的进展的。原因是在乡学正常形态的根基就是该乡所属各村的村学。必有村而后有乡，亦必有健全的村学而后有健全的乡学。是以村学在我们今日乡村工作的地位上是最为重要的。[荷（菏）泽实验县的工作是重视各乡的乡农学校，邹平实验县的工作，依理说，是重视各乡所属各村的村学。]大家对于邹平各村的村学目下该注意什么呢？我想是：（1）该注意发挥学董会在一村社会组织里的作用。（2）该注意各村学教师的联络，进修，精神陶炼及生活保障。（3）该注意引发各村人士对于本村文化，政治，经济各面为有计划的革新运动。（4）该注意引导本村各色人士对于村学发生兴趣及信仰。（5）该注意以组织的力量为本村兴利除弊，使大众相信组织的作用，并渐渐入于组织。

（四）我们对于村立学校期望着它们能够演进转变为村学，渐渐能够在它所在之村尽其"推动社会组织乡村"的作用。大家应当思辨：邹平的村立学校与原有的初级小学，民众学校均不同的；与现有的村学也是不同。这些组织的如何不同，我不能在此细说。这里我要请大家注意的是：依据政教合一的道理，邹平各村的学校是皆当化为村学的。但在今日，一来限于事实，有些村庄未能适当地组织起来，她所办的学校只是学校而已，未可称为村学。二来因为我们大家该当慎于用名，不应将"村学"的名滥用起来，反使大家对于村学的意义和作用，误会迷惑而不得其解。如何使我们的村立学校实际上，一一进步，逐渐发挥它的社会指导的作用，转变为村学？这实在是我们全邹平教育界的当务之急。因此我们必须注意：（1）使村立学校教师的思想，态度及习惯转变，由单纯的小学教员变为整个乡村社会的生活导师；（2）使村立学校的管理员明白学校应为一村社会改造的中心，不是仅仅教管几个儿童就算完事的；（3）使各村的学众明白学校是村民所有，村民所办，也是为全体村民而办的，学校是一村社会的中心，教师是一村学众的朋友。

我是深信要想推动邹平教育必须推动邹平社会组织。有了组织，邹平社会才是有了能动的力量。上次邹平乡村工作讨论会里，我曾向大家说："我们大家在乡工作的，依我品评，以能运用组织，表着乡学村学的意义者为上等。以能自己努力引导旁人共同努力者为中等；惟有自己努力，亦见成绩者为下等。其他不努力，不要好，不向上求进步者根本不配为乡村运动的同志，就不列等了。"运用组织是乡村工作的要着。我们须怎样来运用组织呢？就请进一步来讨论：

第三，组织作用之表现和发挥：组织作用从何表现？如何发挥？我的意思是：

（一）扩大教育机会：教育大众化是我们工作的目标，同时也可以说这亦是我们工作的方法。我们要引发乡村组织，推动乡村建设，即不可不注意使我们的乡学村学的活动与乡村大众的生活发生适切的关系。这就须尽量地扩大我们的教育活动，把教育的机会给一切的乡人。这种主张在旁处做或许是做梦，在邹平是不难做到的。我们是如何做起去呢？

1. 试行导生制，活动分团制，时间制，露天教学及综合教学。

a. 导生制是解决师资问题的。普及中国乡村教育，如必全待师范毕业生做教师，那真是"俟河之清"不知要到什么时候了。我们的办法是用学生教大众，用大众教大众。上次，我们训练联庄会员的时候就曾试用这个办法的。第二期的联庄会员，不识字者凡一百七十余人，这一百七十余个文盲会员，我们就用县学师范部的学生（第二学期的）来教的。共分十二组，每组就有师范生一人，或二人来做他们的指导员。这师范生，我们就叫他"导生"。因为他原来是学生，现在来担负指导大众识字，唱歌，明道理的责任。这就是用学生教大家。我们教联庄会员的课本是《识字明理》，我们要教大众五个能，即能读，能写，能讲，能唱（把课文配上谱，可以唱的），并能转教旁人。在师范生教了一阵以后，每组学员总有些聪明的已经学会了，旁的愚拙点则尚未学会。这时候，我们就叫那已经学会的转教那未曾学会的。这就是用大众教大众。大众边学边教，学多少就教多少。如是则学者越多，教者亦越多。我们的教育要求扩充与普及就有可能了。

b. 活动分团制是用以解决学业编制的问题。一村之众，男女老幼诸式不同，贫富智愚亦各不一。定式的班级教学是很难适应大众生活的需要。是以活动分团制之采用殊为必要。详细办法请阅拙著《乡农学校的学团编制》。

c. 时间制是用来解决教学时间的问题。学众有能全日在校者是为全日制；有能在学半日者是为半日制；有每日仅能来校一时或两时者是为时间制；有可隔日来校一次者是为隔日制；有可每周来校一次者是为周会制；

有可每月来校一次者是为月会制（或月课制，如各乡学之乡射典礼，学董会议）。乡村之中，大众境遇不同，忙闲不同。定式学校大家成天在校，天天在校的办法，在乡间是不甚能够通用的，那样的办法只能适用于少数闲人和农闲时期。我们为应乡间大众生活的需要，在教学时间上当以采用时间制为经，而临时活用其他的制度为纬。

　　d. 露天教学是用来解决教学场所的问题。教育本来不一定要在学校之中教室里面才能进行的。邹平乡村学校的教室大半是采光不足，通气不便的。在冬季，窗户紧闭，煤火方炽时的空气尤为有害。依我想，像这样的教室，即便仅够可以容纳所有的学众，而为学众的健康起见，仍宜多用户外教学。野外活动才是道理啊。一村之众，大家来学，教室是成问题的。于此我们必须采用露天教学的办法。上次，一百七十余名壮丁学习识字的时候，就是采用这种办法的。他们上课就不在教室内，亦不在大礼堂内，而在操场上或野外，山麓，河边举行的。他们共分十余组，每组要一教室，我们就没有这多教室。采用露天教学这就不成问题，而且很方便。他们——不论教师和学生每人带一册课本，一个纸折和一支铅笔就够了。课本是用以讲读的，纸折和铅笔则用以学习书写。有时，他们就用树枝在大地上学写生字，如是大地为纸，树枝为笔，脚鞋就成为黑板擦。既省钱复省事，又免得教师吃粉笔屑啊。这不是较为合理吗？我想大家要在乡间教育大众，露天教学的办法是必得学取的。

　　e. 综合教学是用来解决教材法的问题。我们在乡间教学，不宜用分科教学，亦不宜仅以讲解书本为事的。我们的教学应有个灵活的中心。中心在哪里是不宜固定的。大众生活的需要所在就是我们的教育活动的中心所在。教学的方法也须看生活的方法。怎样生活就怎样教育。"生活设计法"或"综合教育法"在乡村大众教育上就是这样成为必要的（详另述）。

　　2. 农闲期的成年教育总动员：自十月下旬至明年三月这期间内为邹平农人闲暇的时候，中间是废历年关，前后一个月较为忙碌。其余时间，农人都是可以很有时间来到一处谈谈笑笑，说说理，识识字，学学算，习习拳的。民国二十年冬我们曾利用这期间，在邹平各村办过一回乡农学校，推广成年农民教育。我想这样的事，无论为农民想，为学生想，为教师想，为各方人士想，为乡村建设运动想，都是很有意义，很有价值。时机又来了，我们准备再干。而且要干是比前次更有计划，有准备，有组织；

规模更大，效率也更高。

这件事大致的规划是：

A. 时期是三个月——今年十月下旬至明年一月下旬。

B. 地点是各乡学各村学及各较大之村立学校——自卫班在各乡学，普通班在各村学及村立学校。

C. 功课是：（甲）精神陶炼（包含《中华民族故事》，早会精神讲话，乡学村学须知，诗歌）；（乙）公民常识（包含党义，史地，国耻痛史，法律常识，人事登记，乡土志）；（丙）农村问题（包含合作，农业改良，风俗改良）；（丁）识字明理（包含语文训练及珠算心算，自然常识）；（戊）军事训练（包含操练及军事内堂）。

D. 工作人员是：（甲）研究院的教师和学生；（乙）县政府主管各科局的工作人员；（丙）县立师范的教师和学生；（丁）全县征训队及联庄会员动员；（戊）全县各乡学，村学，村立学校学长，学董，管理员，教师，和学生总动员。

E. 教育对象主要的是成年农民兼及儿童，妇女。

F. 中心活动题目是：（甲）各乡村自卫及训练及组织；（乙）农业改良及合作组织（农业改良主要的为棉种猪种改良，合作组织主要的为棉花运销，造林及仓库）；（丙）风俗改良（提振大众生活向上学好之意志，劝戒：早婚，买卖婚姻，缠足，赌博，争讼及吸毒品等恶习，指导农闲正当娱乐）；（丁）扫除文盲并教大家明白乡学村学之意义及其与乡村大众生活之关系。

（二）提倡合作事业并设法使学校与现有各种合作事业联络进行：乡人必须实际生活上有事情要合作，才能容易引进他们入于组织。组织亦须有实际的事情活动起来才得进步开展。在乡村提倡农业合作以引发组织，推动组织，实在是必要的。因此，我们要求：

1. 尚没有合作组织的乡村引发一点合作的事业。

2. 已经有了合作组织的乡村，则须使它与学校密切联络，发生有机的关系。教育与经济不能分离，学校与合作社也以联合进行为最合于道理。以学校引发合作社，推动合作社；同时亦即以合作社保障学校，开展学校。合作社与学校合一在乡村社会生活迈步前进的途中是必要的。是以，我们目前该常注意：

A. 求行政及设计机关之联络。

（甲）实验县设计委员会建设组，合作组，教育组之联络。

（乙）实验县县政府第四、五两科工作之联络。

B. 乡村学校与各该乡村合作事业活动之联络沟通。

（甲）活动时期上之联络：如春季为林业合作社活动时期，夏秋两季为棉花产销合作及农业仓库合作活动时期，冬季为农村信用及农村消费合作活动时期，各乡村学校的课程都宜因时宜，与大众以适当之指导与鼓励。

（乙）应用材料上之联络：各乡村合作事业之现状、问题及计划等，都列入学校课程讨论。《合作社讯》及其他印刷品都可供各校师生参考。

（丙）指导人才上的联络：合作常识由各学校教师教导学生及大众。其专门的较为高深的学识技术，则由合作指导员指示社中干部人员及各乡学学生。

（丁）设备上之联络：有些图表书报为各乡学所有的，可用以指导各合作社社员并许其借阅；亦有些器具设备如轧花机，榨油机等为各合作社所有的，可用以指示各学校学生见习或实习。

（三）促进全县保健运动：

1. 对于儿童，继续施种牛痘，或创立幼儿保健会，幼儿健康比赛会。

2. 对于少壮妇女，继续放足运动并宣传妇女卫生。

3. 对于少壮农人，提倡国术，技击，打靶及冬猎。

4. 对于产妇，注意助产并训练收生婆。

5. 对于瘾民，继续戒烟运动（戒烟放足等工作，都以卫生教育的观点来做）。

6. 对于一般人民，宣传县立医院之历史，地点及用意，并宣传公共卫生常识。

（四）注意各乡村学董会，教师会，国术团，乡射会及种种集合；我们相信大众有意义的集合，便是有意义的教育活动。

（五）继续推广优良棉种猪种及鸡种。

（六）农闲娱乐及乡村礼俗的研究改良。

1. 关于农闲娱乐：上次贺家村学一面禁止肘鼓小戏，一面就教导学众扮演新剧来代替它，这是很对的。邹平乡间没有电影场，没有跳舞场，没有运动场，游戏场，也没有茶园。农人在闲暇的时候，到哪儿去？去玩什么？真是问题。我们须想法给大家的精神生活有个出路，有点欢乐的机会。提倡音乐会，新剧团，国术团，角力会等实为必需。

2. 关于乡村礼俗：今年冬季，我们应普遍地劝导大众勿早婚，并改革买卖婚姻的风习。这种事让政府用政治的力量来做便会有许多毛病。用教化的意思来做，则是有益无害的。

我们大家为什么要干这，干那呢？总归的意思是要引发多数人对于团体生活的注意力和活动力，使乡学村学真正发生社会指导，社会组织的作用。我们认为中国乡村建设的工作须由此进行，中国今后政治习惯的培养也须由此致力啊！谁在进行？谁在致力呢？人的问题，在乡村工作里，毕竟是最为紧要的。因此，下面就谈谈：

第四，乡村工作人员的联络，辅导，协助和修进机会。

（一）续办乡村教师假期讲习会。

（二）举办乡学工作实施讨论会。

（三）举办全县教师检定——详细办法另拟。

（四）组织教育参观团。

（五）组织各乡教育研究会，或各乡教师读书会：乡之大者得分组举行，各组每周一会，全乡每月一会。或提出实际问题讨论，或报告阅书心得，实验结果。彼此切磋鼓励，得益必多。

（六）组织全县乡村教师互助社：本县现任乡村教师有疾病者社中予以救济，有死亡者社中予以抚恤。此种款项来源，一面宜由现任教师摊纳或捐助，一面可请由县款补助。此种互助社即由县教育会代办亦可。

（七）县设奖金：奖给各乡村优良学校教师。

（八）教师任期：初聘者订期一年为试验期，续聘者订期三年。总期大家安心教学，不致时常更换。

（九）教师待遇：宜依服务成绩及学术程度分别甲、乙、丙、丁四等。各等教师每年最低薪金若干，宜由县中规定，公布施行。

（十）各校宜订购日报一份，以便"教师阅览，转告大众"。其经济困窘之学校，可联络邻校两所或三所合订一份。

（十一）发挥《乡村建设旬刊》及《实验县公报》的作用——指导乡村工作之方针及办法。

（十二）注意乡村工作通信——问题讨论及消息介绍。

（十三）充实县图书馆，并发展其流通巡回事业。

（十四）编审乡村民众及儿童读物，陆续供给前方需要。

（十五）辅导员转移视线，重视村学及村立学校的活动，每月须巡视各学校一次，或两三次并予以指导及辅助。

（十六）各乡学村学每月宜有工作报告呈报县府。报告里宜说明各该乡村的社会改造活动的经过事实和困难问题。

（十七）教育设计委员下乡巡视，求知前方情况。

临了，我再把我自己近来对一般社会改造事业的一点经验向大家说明：我们大家不要怕没有力量，应当怕自己的力量用错了方向；不要怕自己没有成绩，没得众人赞美，叫好，应当怕自己没理想，没明确的理想。请问大家：你使劲，你忙着，你使劲忙着，你的理想是什么？方向在哪里？理想有了，我们怎样使它实现呢？方向对了，我们又怎样一步一步前进呢？我们大家都是在这中华民族复兴与人类文化转变的旅途一同中旅行的人，自然我们该当努力前进，我们更该当看清楚后或细心探索着努力前进啊！

民国廿三年九月一日之翌晨，邹平

我们的教育（一）

今天在这里，我想谈谈"我们的教育"。从前乃至现在的教育界有许多的缺陷，许多的不合理。想必大家急于要问，合理的教育该是怎么样？

后面所说的是我的意见，如果你也同意，那就成为我们共有的教育主张了。

我想：

一、我们的教育是全民教育不是阶级教育。不问贫富贵贱，男女老幼，凡来入学的我们都要有教育机会给他。英美的学校偏教士绅，苏俄的学校偏教劳工，我们的学校是要教大众。现在我们在乡办学，办乡农学校，所教的是乡间的成年农人。我们实际是在教乡人，未教市民；教农人未教商民；教成年不甚注意教育儿童；并不是因为我们想市民商民乃至儿童不可教，不屑教；乃是因为乡间的成年农人急待教，而没有什么人去教他们啊！孟子说："得天下之英才而教育之，一乐也"，都市的大学校教授可以这样想。我们呢，则是深信得天下之万众而尽教育之，才是人生之至乐。我们要把我们所在的地处，大家都有教育的机会。即是盗匪，娼妓，要来受学，教育者是不能拒绝的。教育是一切人的人权。我们要"让大家来学"，这就是教育的普遍性。

二、我们的教育是全人教育，不是片段教育。一个人自生至死，自幼至老，生活一天就得教育一天。教育是没有阶段不能中止的。学校有结业的时期，教育是没有结业的，我们不能说儿童时期青年时期受教育，成年时期老年时期就做工，就不受教育了。人生都应活到老、做到老、学到老，教育不是专给儿童享受的。七八十岁的老农老妇，在生活上有困难、有问题、有需要、有受学的迫切欲求，统都可以入学的。古人说"少壮不努力，老大徒伤悲"，我们想，老大不足悲，惟老大而不努力求学才是可以伤悲的。我们以为一个人儿时须学，少壮须学，老大的时期也须学。在我们看来，整个人生的时期，统是教育的时期。不仅如此，所谓全人教育是要教人，身体康健，情感富厚，志趣高尚，习惯良好，信仰正当，思想精密，不是仅仅教他知识充实，学问渊博而已。换些话说：全人教育要教人对个己、对家庭、对邻居、对朋友、对国家乃至对世界都有合理的反应，不是仅仅教他成一"博大的辞林"，或"有效的算机"而已。这便是说：我们的教育要培养社性上的完人，个性上的全人。总而言之，全人教育的含义，对于每个人的教育，纵的看，是要他时时刻刻都有教育；横的看，是要他方方面面都有教育。前者就是教育的继续性；后者，就是教育的圆整性。

三、我们的教育是人本教育，不是书本教育，亦不是物本教育。人本教育，以人为主体；书教教育，以书为主体；物本教育，以物为主体。现在有的人办学，是太过重视书籍，教师教书，学生学书，上课课书，自修修书，考试考书，那就是书本的教育。有的人则太过重视物质，以为学校的重心是建筑，是经济，是图书，仪器，标本的物质的设备，而不是教师和学生。我们看，有了教师和学生，就发生教育的关系，就成为学校；而他们则以为没校具，没物理仪器等设备是不成学校的。那就是物本的教育。书本教育的结果是复古，是古代文化的再演；物本教育的结果是死板，是人类文明的覆灭。它们决不能使人类的文化生动而进步。能使人类文化生动进步的教育是人本教育，不是书本教育，也不是物本教育。我们要用书，不要读书；我们为解决人生的疑难，有时要参考书籍；绝不是为猎取功名禄位，来记诵书籍的。用书是人为主，读书则人为书所奴役了。我们办学，须有物质的设备。但是这些物质的设备只是资助我们实施教育的工具，而非就是我们实施教育的主体。简明地说，我们办学要用物资，但不是教育即为物质。总而言之，我们的教育不可忘记：是人教，教人，也是为人。从开端到归结，统是以人为本。

四、我们教育是"人中人"或"社会人"的教育。这个一面表示我们的教育不是养成人上人的贵族教育，也不是养成人下人的奴婢教育；另一面是表示我们的教育不是个人本位教育，也不是社会本位的教育。一般的学校，一边是教少数人做贵族，做人上人，做统治他人的士大夫；另一边是教大众做奴婢，做人下人，做被人统治的勤苦群众。我们的学校呢，要大家莫做人上人，亦莫甘做人下人。我们要大家都做人中人。我们深知：合理的人只是人中人。一般的学校，有的信奉个人主义，知有个人而不知有社会，知注意个性的发展而不知注意团体生活的纪律与制裁。有的信奉社会主义，知有社会而不知有个人，知注意社会效能的增进，而不知注意个性的发展与尊重。实在是各有所偏，不尽合理的。我们的教育，从社会言，所要建设的是"人的社会"，从个人言，所要培养的是"社会的人"。

五、我们的教育是科学的教育，不是玄学的教育也不是宗教的教育。玄学的教育不实在；宗教的教育太执着；实在而不太执着，最适宜于更新进步的是科学的教育。关于厘定学制，决（抉）择目标，编制课程，选取教材，运用教法，考查成绩，建筑校舍，添置校具，以及处理日常学校教育行政事务，皆能采取科学的态度，运用科学的方法者，就是科学的教育（参看郑宗海译：《教育之科学的研究》）。

六、我们的教育是现代的再新教育，不是古代的复演教育。也不是未来的梦幻教育。这便是说，我们办学该当问问：现在是什么时候？二十世纪的生活，不同于十八世纪，亦必不同于二十二三世纪的。引导人类向上生活的教育，自不能把二百年前的办法照样复演一回，亦不能把未来的二百年后的办法，先自杜撰起来，早为一一准备停当的。我们知道"现代"不是凭空而来，亦不是无端而去，它的来路是与"古代"有关，它的去向也会与"未来"有关。我们知道"现代"不是孤立，不是停留，它是在流动，是在生长，是在与无穷的前后，发生关系。但是这只说明：我们的教育也得流动，生长，与无穷的前后发生关系。我们在教育上该作现代的再新功夫，不是要作古代的复演功夫，或未来的梦幻功夫啊！有了金鸡纳霜，害疟疾的人不必复演古人求神拜佛以求疗病的把戏；同时，我们也无须为恐二百年后的子孙染着疟疾，就由我们自己大吃金鸡纳霜，先为预防的。如今办学的人，有的在这民主国家，民权未伸的时代，还教人独善其身，莫问国事，做个安分守己的顺民，这显然是不识时务；也有在这列国对立，弱肉强食的时候，就做国际和平世界大同的甜梦，这亦是看错了时代啊。我们办学要认清时代，我们生在现代，长在现代。而且现代是在生长，是在再新。我们的教育，就是要使得现代有个更合理更顺利的生长，或再新的教育。

七、我们的教育是中国本土生长出来的教育，不是由英美，乃至由丹麦苏俄移植过来的教育，亦不是"中学为体，西学为用"的杂交教育。这便是说：我们办学该当问问：我们自己是在什么样的国家，什么样的地处办学？我国自有新教育，最初是主张中西合璧，设法调和。逐渐知道调和不能成功，乃转变而为摹拟他人。先是摹拟日本，其次摹拟美国，摹拟英法。现在又有人想摹拟苏俄，摹拟丹麦的了。我们知道：摹拟的结果也是失败。为什么调和与摹拟都不能成功呢？大家该明白：教育是必须适应人生需要的。各处地方的人生需要不同，那么所以适应他们的需要的教育也必是不同。我们知道，各国的文化成绩是不同的，各国的国民性也不同的。各国的现势，或强或弱，或贫，或富，或以农业立国，或以商工立国，也是不同的。各国国民有各别的问题，各别的信念，各别的抱负，形形色色，也都是不相同。美国的平民主义，英国的白人责任，法国的自由平等博爱，德国的日耳曼文化，日本的大和魂，苏俄的赤色国际，各国国民所用以勉自期许，欣然向往的民族精神，也各不一致。教育须以社会的现象为背景，并须以儿童的经验为基础。现在请问大家：我们中国的社会现象同于哪一国呢？我们中国的儿童经验又同于哪一国的呢？英人学英语，法人学法语，日人学日语，俄人学俄语，我们硬要中国的儿童不学中国语，不明中国文，不识中国史，不知中国的种切，转要他去摹拟英美，摹拟苏俄，摹拟日本，这统是极其荒谬的啊！比方甲、乙、丙三人统害病，但他们所害的病都不同，后来，他们都吃了对症的药方，各人的病都好了，都回复了健康。如今某丁也病了，丁害的又是一种病，与甲不同，与乙不同，与丙又不同，如今丁抄袭甲的药方，乙的药方，或丙的药方，来疗自己的病，固然他的病不得好；假使丁把甲乙丙三人的药方调和起来，以疗他自己的病，他的病也仍是不得好的。丁害的是另一种病，疗治他就得用另一种药方。同样的道理，我国国民所遭际的困难与问题，与其他各国国民所遭际者统统是不一样；所以适切我们解除困难的教育，也自与旁的国家不能一样的。你想：产业落后，交通不便，民穷财尽，匪炽兵横，国势散弱的国家，她的教育制度，教育内容，以及教育设施方法等等，可以一一学取产业发达，交通便利，国富民裕，秩序安定，国势强盛的国家吗？是以，在我们看来，我们中国的教育制度，教育精神，教育内容，乃至教育的实施方法，都待我们大家来创造。今日我们对于中国教育界的主要工作是创造，不是摹拟，亦不是调和。

我们应当做中国新教育苗圃的园丁。

八、我们的教育是行知合一的教育，不是空谈的教育，也不是盲干的教育。寻常的人总以为劳心与劳力可以分家，知识与行动不能合一。他们要一部分人去劳心，求知识；另要其他大部分的人去劳力，做工作。前者是学生，后者是农夫工人。其结果是学生知而不行，农夫工人行而不知。知而不行则所知成为空谈；行而不知，则所行成为盲干。现在社会上有许多盲干的农工，也有许多空谈的学生，而缺乏真知实行的健全国民，那就是由于行知对立，手脑分家，半身不遂的教育设施助长而成的。我们知道：真知必是可行，真行必是可知。行与知到得真处，必归一致。即行即知，即知即行；行以启知，知以导行；相生相长，相因相成；互相终始揉（糅）合，而无法分离。因此我们在教育上乃主张做学教合一。寻常的学校，教师教清洁卫生，学生学清洁卫生，校工才来做清洁卫生，洒扫庭除等工作。这教者不是真的，学者做者也统不是真的。做学教一旦分了家，同时也就统都成了假。打破假的教育，当从行知合一的做起。

总起来说，我们的教育就是人的生活的教育。它合于教育的道理，也即合于人生的道理。它在人生里进行，取人生的资料，用人生的方法，即以指导人生改进人生。它要解决人生的困难，适应人生的需要，追求人生的意义，实现人生的价值。

社会化的教育[*]

改良社会可以从以下三方面入手：（一）从生物学的方面，就是遗传方面。选择社会上遗传的分子，好的留存起来，不好的去掉它。（二）从社会组织方面，就是改良社会的环境。借群众——包含国家、国际联盟及一切团体——的权力，来改良社会和经济上的情形。（三）从个人品性方面，就是教育个人，使他能够适应社会生活。

第一个方法，就是社会进化最劣等的方法。很粗鲁的，很不完全的，不是现在所能适用。第二个方法，借政治、法律和权力，来改良社会和经济上的缺点。固然可以使社会上的罪恶，大大减少。但是从人的天性，和人类社会上看来，犯罪的行为依然可以存在于公正的、完美的社会组织，及实业组织底里边。而且这种外铄的方法，不过能用之于比较低下的适应。所以可称它是次等的社会进化底方法。最后的方法，就是社会进化最好最高最健全的方法。因为社会上的分子，如果个个能够适应社会生活，能够对于社会有正当的态度，社会上的问题，就可算是大半解决了。并且第一和第二两个方法，倘没有得着教育的帮助，决不能发生什么效力。所以社会改造和进化的事，就是教育的事。

教育是社会进化最紧要的工具，但是教育是一把刀，可以杀坏人，也可以杀好人。教育弄得好，可以使社会进步，弄得不好也可以为害社会，使社会退化。不是什么教育都可以改良社会，使社会进化的。能够使社会进化的教育是什么？就是"社会化的教育"。

十九世纪的教育，是发展个人的知识、技能，使个人能够成功为目的。注重职业——包含劳心劳力一切的职业——只要受教育的人，能够在

---

[*] 此文原载于《解放与改造》，第二卷第七号（1920年4月）。

职业界上，占一个位置就是。高等教育格外如此。这种"商业化""个人化"的教育，所以养成现在实业界里边的许多"斯文强盗"！所以引起各国的过激党、劳动革命！所以产生国际上许多急功好利，诡谲奸诈，不顾公理，不恤杀人流血的政治家、军事家、外交家。

现在大家慢慢地觉悟了。知道教育是社会的主宰，学校是社会化的机关。知道从前的教育制度和方针，应当从头到尾，大大地改革，来适应二十世纪文明的繁复的社会生活。于是所谓"社会化的教育"好像一轮红日，鲜明洁白，从海面上滚将出来。

怎样叫做"社会化的教育"呢？简单说来就是以培养社会上有用的分子为目的的教育。换句话讲，教育的主要目的，不是单在培养律师、医生、水手、银行总理、工程师，和各种职业界的人才；是在培养社会上良好的公民。是要训练个人的性质、习惯、才智、能力；使他能够做贤夫、贤妇、良父、良母，好的邻居，好的会友。这种训练，比教他做工，教他谋生，还紧要些。社会化的教育，固不能轻视职业的训练。因为职业也是人生对于社会生活所必需的东西。但是我们应该注意的：是人与人的关系比人与物的关系格外重要。职业训练所注重的，不过是人与物质和天然势力的关系。这不过是公民训练的一部分的事情。

公民训练所最注重的是人与人的关系。它是要社会上的各个分子有社会的观念、社会的动机、社会的同情、社会的思想知识，是要使他们明白他自己对于社会的关系、地位和责任，使他能够适应社会生活，参与社会生活，还替社会加增许多事物，使生活格外丰富，格外圆满。总而言之，公民训练，就是要社会的分子能够社会服务，还要能够有"智慧的社会服务"Intelligent Social Service，服务地最正当，最有效力——社会化的教育，除此之外没有别的目的。二十世纪社会的平民主义时代，除此以外，没有旁的教育。

因为这个缘故，所以现在我们的学校，都应该有社会科学 Social Science 的课程。高等教育、师范教育，培养社会领袖的地方，格外要紧。有社会知识的人，方能做适应社会的生活的公民！对于社会进化的原理、法则和社会情形很明白很清楚的人，方配谈改造！破坏！建设！

我这篇文字多从 Ellwood-Sociology and Modern Social Problem, Chap XM. 抽译而来，阅者可拿原书参看。（效春附注）

社会改造与同情（上）*

同情是人类结合社会的——差不多是惟一的——要素。若有人痛苦，漠不关心；我有忧患，他也置之不理。各人相处，若鱼之聚于江湖。所谓乌合之众，还成什么社会？同情对于社会，犹神经对于人身。人的身体，一部分得着快感，全身都觉得适意，一部分受着痛苦，全身就觉得不安。譬如左手手指上生了一个毒疮，右手就不时去摸他，抚他，痛得厉害的时候，口也不要吃了，足也不高兴走出去玩耍了。全身各种器官的动作，都不很如意。这是靠着神经的作用。若神经失掉作用，便是麻木不仁的人了。社会没有同情，便是麻木不仁的社会。

科学发明以后，铁路、邮船、飞艇、电车、电报，种种制造；把从前天阔地远，不相往来的民族，可以日夕相接。从形式上表面上看，人类似乎一天一天亲密起来，但种族的界限、国家的界限、宗教的界限、和贫富、智愚、男女的界限，都未曾打破。彼此之间，精神方面，心理方面，还有太平洋似的天堑，隔乎其中，互相猜疑，互相嫉妒。接触愈多，冲突愈频，危险的程度且愈增愈烈。

欧战期中，我们都以为从此之后，各国创巨痛深，惩前毖后，野心可以稍戢。战局一终，公理、正义、人道，就可以涌现世上，慈光普照，使各色人种，都可雍容悦睦，携手谈心，共享和平之福。到了今天，匆匆将二年了。前事俱成梦想。国际间又各抱怀疑态度，互用阴谋，在在可发生危机。社会方面资产问题、平民政治问题、劳动问题等，又闹个不休。我以为这都是因为人类的同情没有发达的缘故。且举几个例来说明：

资本家自己要吃，要着，要适意，若同时能够体谅劳工也要吃，要

---

* 此文原载于《少年社会》半月刊，第二卷第五期（1920年）。

着，要适意，合理的增加工资，减少工作时间，给工人的肉体生活、精神生活，都能满足。什么五一运动，什么同盟罢工，从何发生？日本人爱虚荣，爱独立，爱做东亚的主人翁，若同时能把中国和高丽人的心理、欲望、意志、需要，想一想，何致阴险凶狠，急急地要攫我山东，歼杀彼高丽的义士？社会上其他的种种冲突、种种罪恶，也多是由没有同情产生出来。我亦不必细举了。

所以我要说：要改造社会，必得将社会上分子的同情培养，发展起来，若各个分子只知道自私自利，不管他人痛痒，则人类终必相疑，相忌，相残食；决不能组成真正的社会。同房子住的人，可以互相仇视。相隔千里，情投意洽的人，可以成为至友。万人共聚，面面相接，未可算做社会；舟车往来，交通便利，未必就可组成真正的社会。真正的社会是有公共的目的，其中分子都能明白了解这个目的底意义与价值；又能够通力合作，求这个目的底实现的。

"憎恶"是使人类分散，一切罪恶之源。"爱"是使人类结合，一切道德之源。人为什么要憎恶他人？因为自己缺少同情。人怎么能够爱人？须得先有同情。有同情的人，只会爱人，不知道什么憎恶。我们的理想社会是"爱的社会"，不是"憎恶的社会"。换句话讲：就是"同情之精神随处充满的社会"。现在的社会，还未达到这个地步。但人类进化，终是向着这一方向跑的。

农人教育与中国前途[*]

民众不需要革命，则革命无从发生，民众不赞助革命，则革命无由完成，民众而不了解革命的意义，接受革命的理论，参加革命的工作，则革命的进行必极滞缓，而其结果亦必是极不彻底的。"唤醒民众"实在是革命进程中一件顶为重要的工作，中国的青年，中国的志士，为着中国的缘故，不要革命便罢，如要革命，请先注意"唤醒民众"。中国的民众，农人占最大多数，中国农人约计占全国人口百分之八十以上，这便是说全国四万万同胞，其中约有三万万二千万是农人，中国的青年，中国的志士，为着中国的缘故，而注意唤醒民众，当然是会注意农人教育的。

中国是民主国，民主国是人民所有，人民所享，并且是人民所治的，我们且闭目一想四万万同胞有几人知道参与国事，有几人能够参与国事？又有几人愿意参与国事？现在国内，野心的军人，妄欲"武力统一"，浮夸的政客，妄欲"一党专政"，他们有同样的错误，就是忘却二十世纪已经是全民政治的时代，他们有同样的罪恶，就是阻挡中国向全民政治。进行的大路，但是这些野心的军人，浮夸的政客所以敢于如此，都是由于大多数的国民之不知道，不能够，或不愿意参与国事之故。国民不参与国事，故武人、政客妄敢包办国事了。中国的青年，中国的志士为着中国的缘故，想望中国早日达到全民政治的理想，当然，他亦会由注意"唤醒民众"而注意农人教育。

中国以农立国，全国税收，直接间接出自农人者占百分之八十以上，而对外贸易输出货品亦以农产物如豆、棉、麻、丝、茶等为大宗。中国拥有肥沃的土地，温暖的气候，亦极便以谋农业之发展。目前中国内部渐有

---

[*] 此文原载于《醒狮》，第一五二至一五七期（1927年10—11月）。

人口过剩，食物不足之虞。但苟能提高农民知识，应用科学方法，改良土壤，改良种子，改良农具，改良灌溉、种植方法等等，如欧西、丹麦、荷兰、比利时、法兰西诸国农人之所为，则全国农产必大激增。中国的青年，中国的志士，为着中国的缘故，而欲裕国计，利民生，来发展农业，亦不能不注意农人教育。

回想十八世纪以后，英法诸国实业革命进行的时期之中，农业渐渐失势，工商业起而代之，在社会上占重要的地位，当时银行经理、工厂股东，势力极大，而农人因失去自己的耕地，流而为工钱劳动者，遂失去独立自主的地位。其中惨痛不可尽述。这样的景象，已经开始来到中国了，实业革命的潮流是不可避免的。中国农人是不是必须经历各国农人所经历的苦痛，这是关心民生问题者所必须预计而先为防卫的，我们想中国的农业随新式工商业而革新而发展。我们也想中国的农人在这实业革命的历程中，其地位并不因之堕落，反而因之提高；其生计并不因之加苦，反而因之得到更多的幸福。但是这个必须农人有远大的见解与团结的实力而后可以得到。换言之，必须农人先受了良好的教育。我们今日须准备欢迎工业文明的来到，我们尤须注意企图农业文明的发扬与光大。因为我们深信伟大的工业文明必须建筑在伟大的农业文明之上，其基础始为稳固，其前途是始得远大。

中国的土地占全世界十二分之一。中国的人口占全世界四分之一。故我们与其说中国地大物博，不如说中国人口繁庶，不错，中国至今尚有未辟之地，未开之矿，未采之林，但是我们尤应当注意中国有未尽应用的极巨量的人的精力。这是中国巨大的宝藏，怎样方能开发出来应用呢？当然，大家会想到教育的紧要吧。农人教育便是来开发农人的精神上的宝藏的。农人的精力是旺盛的，体魄是健壮的，性质是强毅的，气概是豪爽的，这些都是振兴中国挽救中国所必要的宝品。但是惟有与农人以良好的教育才可实现出来。

讲到这里大家可以明白：（一）促成全民革命；（二）实现全民政治；（三）发展农业；（四）提高农人地位；（五）运用农人力量以振兴中国，都不能不注意农人教育。而且我们要想反抗列强，打倒军阀，消灭赤党，铲除贪官污吏、土豪劣绅，要靠什么力量呢？当然，该应用最大多数的农人中即农人的力量。无知识的农人是没有力量的，农人如何才能得到知识呢？农人如何才肯团结呢？首先亦当有农人教育。

上述农人教育与中国前途关系之重大，兹请进而论列农人教育如何设施方可与中国前途有利而无害。教育可以救国，亦可以亡国。教育可以指导人生，使人向生长的路上走，亦可以迷惑人生，使人向死灭的路上走。何种农人教育始可以救国，而不害国，可以利人而不害人。此则吾人于设施教育之初，不可不首先加以谨慎详密的考虑。

在中国目前而言农人教育，依吾人之见地，认为有下列数事必须注意：

（甲）在目标上第一，宜注意培养爱国的观念——目前中国境内有殖民教育，有教会教育，有糊涂教育。殖民教育，侵略主义之教育也。教会教育，宗教主义之教育也。糊涂教育，混饭主义之教育也。此种教育名虽不同，质亦有异，而其间有一同处，即不顾国家是也。……大家为挽救中国而设施农人教育，则其必须注意培养爱国观念，实不容疑。而且我国农人因久受专制思想、封建制度之遗毒，往往只知有己，有家，有族而不知有国。他们对于国家除完粮纳税以外，几不知有什么义务，更不知有什么权利，因此举国政权，常为少数野心家所操纵，国占从此败坏，人民因之痛苦。使农人知有国，能爱国，实为当今中国农人教育中必须注意之事，否则农人教育虽普及，亦不足以救国。

第二，注重政治训练——我国农人受贪官污吏的欺陵，土豪劣绅的压逼，……土匪暴兵的蹂躏，其痛苦实极深，而他们仍不知抵抗，不能抵抗，何以故？即因平日缺乏政治训练故。他们无政治的常识，亦无政治的组织，因此他们对于自己的权利，不能保障，对于自己的痛苦，亦无法解除，我们要农人爱国，爱国不仅要有知识，要有感情，并且要有力量，农人如何才有力量，必须组织起来才有力量，农人如何才能组织起来呢，这也非在农人教育中注重政治训练不可。

第三，增进生产能力——教育是要使人人适于生存，并不要使人失其生存，所以，不能适应人生的教育，不是好教育。危害人生的教育就是恶教育，人生要衣，要住，要住。要行与乐，教育就应设法使人生日用所需的衣食住行乐种种的生产加多起来，我国墨守陈法，以致农事不振，农业不增，若丝若茶原能在世界市场占优势的，而今也渐渐落于人后，我国农人可算是勤劳耐苦，无以复加的，农事之不振，农产之不增决不能说是由于他们懒惰，实在是由于他们缺乏科学知识，不知如何改良种子，改良土地，并改良农具，及农田制度而已。如何启发农人的科学知识以增进他们的生产能力，在民穷财匮的中国农人社会里是极其紧要的。

第四，讲究卫生清洁——这件事许多人不曾注意，也或不肯注意，他们以为这只是改进农人生活的枝节之事，目前中国，年年有战，处处是兵，农人逃死不暇，哪能注意到此，而且农人经济不曾充裕以前，空谈讲究清洁卫生也无益处，此种论调，即所谓其一而不知其二者是。清洁卫生之讲求，有的须在人人经济充裕以后，亦有不必等待经济充裕即可实行的，这是由于农人之缺乏卫生的知识。粪溺充巷，蚊蝇盈庭，中国农人因此得病，而衰弱，而死亡，而破家荡产者不知凡几，吃坏物，喝生水，吸浊气，中国农人因此而病而贫而死者亦不知凡几。这些灾难大多数是由于农人的愚昧与疏忽而生，都可用教育的力量使之减少或至灭绝的。

第五，改正娱乐习惯——我国农人大多数是一天忙到晚，一年忙到头，很少休闲的时间。他们的休闲只在过年过节的日子，在这些日子，他们往往做各种消遣以为娱乐，不过习俗相沿，其中消遣方法，有为害甚大，无足取乐者，这我们应当设法为之改善。只有劳苦而无娱乐，只有工作而无消遣，非人生所能堪，亦非人生所愿堪，农人要有娱乐，要有正当的娱乐；要有消遣，要有无害的消遣。

（乙）在方法上农人教育的目标大致既定，故其设施方法自可按此进行，兹复条列如下，并略为说明。

（一）设立乡村幼稚园——农人妇女忙，不比城中妇女之悠闲，故乡村之需要幼稚园实比城市为急切。只因目前之办幼稚教育者太不明了国情，靡费太多，又不体察农人苦痛，未肯与农人深表同情。是以中国之乡村幼稚教育事业至今尚在幼稚之中，幼稚园的保姆我们盼望她：①有看护的身手；②有慈母的心肠；③能做儿童的伴侣；④能做乡村妇女的导师。

（二）设立乡村中心小学——小学以中心名，因此种小学兼为乡村社会之中心故。中国乡村大多无教会，亦无自治机关，其可为社会中心者惟有学校，这种学校的导师，我们盼望他：①有农人的身手；②科学的头脑；与③社会改造的精神。创办这种学校可利用庙宇，不必新建校舍。其组织与设备有须特别致意者：①打破班级教学，极力应用个别教学；②使生活与课程致一起来，勿使二者分离；③学生不纳费，其贫寒者并由学校供以书籍纸墨及种种文具；④小学办在乡间，可以无操场，因乡间随处可作操场；亦可无校园，因乡间处处都是花园，但不可无农场或园地，因小学生在园地上栽种各种作物，可从此练习互助、勤劳、秩序、守时、坚忍，及留心观察生物等美德。其于教育价值非常伟大，必非寻常学生只是吃吃饭，上上课，听听讲，睡睡觉的所可及；⑤一切教材教具，均宜尽量采取本校四周自然界中可以取得的东西。

（三）设立成年夜学——这是为成年不识字的农人设立的。每晚教学一小时至二小时，内容分公民、国语教学可已。成年农人在乡村社会中都是已经占有势力的，他们受了教育以后，则其效果更易显现。救国运动中，我们不可不注意此者。

（四）设立信用合作社及消费合作社——前者所以制盘剥重利的财主，后者所以制从中渔利之市侩，要皆于农人生计有益，并可从此提高农人地位，增进农人自治力量也。我国农人如长此不能团结，不谋合作，则其地位必日益陷于穷困之境，有可断言。将来大地主兼并小地主，工商业侵逼农业，农人失地失业者必日益加大。此种趋势，吾人切盼以国家的力量为之调剂，一面使全国资本得以顺序发展，一面使全国农人亦得自由出头之地，但如今国事未定，民权未张，此种以国家力量扶助农之事，一时尚难做到。吾人于此，惟有设法使农人自行联合，赶办种种合作事业以灭除目前的痛苦，并谋将来出头之地步而已。

（五）创设乡村医院——我国农人每有疾病，往往为庸医及僧巫所误，以致小病变成大病，易治之病，变成致命之疾，这是由于他们自己知识程度幼稚，亦由于乡村无良医，无医院故。乡村之中如能够办医院，复得良好的医士为之主持，就诊方便，取资又廉，如此则农人之病者必受惠不少，久而久之，医院与医士必得农人之信仰，而后利用时机向农人宣传防疫、卫生，讲究清洁，及破除迷信等事易奏效，乡村医院在农人教育之中之效能极大，这是大家不宜忽视的。

（六）组织自卫团体——这是农人自治乡村事业的机关，亦是农人练习治省、国的政治训练的学校，乡村事业如学校、卫生、道路、堤防、水利及合作社等事均有待于众擎而后易举，一二人之力不易办也，此种事业亦概与农人有切身之利害，若有人谓之提倡、辅导，亦易得农人之助力，农人在此乡村事业中可以明了自治的意义，亲受自治的实益，获得自治的知识与艺能，这便可以为他们他日运用民权，主持国家大事的基础。自治事业由大家会议决定，办事人员由村民大会选出，选出以后有不称职者由大会中过半数之同意罢免之，农人获得这种政治训练以后，他对于国家，自然就成为健全的公民了，而且我们想，农人要制止土豪劣绅、贪官污吏……的欺压愚弄，必须农人自己觉悟，能自行组织自治的团体起来而后可以成事，否则，由他人越俎代谋。代谋者未必尽忠于农人，纵能尽忠，而其经验阅历亦未曾受农人身受痛苦，对于农人始终是不会十分同情的，农人须自治，我们亦只须辅导农人自治，我们相信农人能够自治的时候，一切农人之敌如军阀、贪官、污吏、土豪、劣绅、地痞以及水旱虫灾都不能为患。

（七）训练农人自卫团——每村青年农人组织起来，用军队编制，每日操练武艺一小时，讲究战术半小时，再由村与村联络，乡与乡联络，以至全县的农人自卫团联合，如此农人近可以保卫自己的家乡，土匪乱兵不能滋扰，远可以捍卫国家，军阀与列强都可从此敛其凶焰。农人辛勤耕种本来是为着自己可以有饭吃，而今农人耕种所得，匪要来抢，兵要来劫，绅豪要来强夺，官吏要来刮取，农人自己还要挨饿。农人因此，有的再不高兴去耕种了。他们也去学坏，学那不劳而获的人做社会上的败类，人类中的蟊贼！我们处此，应当一面鼓励农人仍事生产事业，一面则要指示他们有保持自己的权利的力量与方法，这便是要指导他们办理农人自卫团，人人有工作，人人有饭吃，国家便可太平，有不劳而获的人，亦有劳而不获的人，都是国家致乱之道。

（八）改良庙会及茶馆——为改良农人娱乐计，我们在平时宜设法改良乡村的茶馆，在临时可利用庙会，略变其性质而演为农人娱乐大会。乡村茶馆常为农人聚居之所，其不良者每为流氓、赌徒、烟鬼淫乐之地，倘能设法加以改良，其与农人身心之修养均为有益。亦农人教育绝好之机会，非仅可矫正其娱乐习惯而已也。通常庙会，本多含有崇祀神灵的宗教性质，从事农人运动者不必故与之争，以此种庙会实为农人仅有的大同娱乐会也。大家如能利用之，逐渐改正之，使农人于此等集会有娱乐之趣味，并得教育之价值，这岂不是最好的事情吗？

末了，请与大家谈谈从事农人教育的人应有的性格，以事在人为，有良好的理想与计划，不得其人以行之，则其事人仍不可成。谁是最适当的去做农人教育的事业呢？我们想：（一）他必具有爱国的热诚，教育是清苦事业，农人教育尤其清苦。而其收效又常在数十年后，非具有爱国的崇高的理想者不能胜任。（二）他必与农人能表深切的同情——农人是贫苦的，是粗野的，是吝啬的，是顽固的。这些都是农民通有的缺点。但是，这些只是缺点，不是罪恶，农人因为工作忙而且费力，常常满身汗臭泥臭而无暇洗涤，这亦是我们应对以敬意至少宜加以同情，总之，我们应该出力帮助天下最需他人辅助，而又值得帮助的人即农人，不肯与农人以同情者宜速退出农人运动的场来。（三）勤劳。（四）俭朴。不然，你要接近农人，农人也不敢同你接近的。因为他来同你接近，便容易学坏了。（五）淡泊。（六）坚忍。因为农人教育的事业上必无赫赫之功可言，而其成效又常在数十年后，功利之念太富太急者不必来干此事。（七）进取——农人社会有一大缺陷就是偏于保守，在农人社会久居的人，每易与之同化。苟与同化，则吾人以农人教育来改造农人社会的企图仍归无望。因此，他非有十分坚实的进取向上的雄心不可。

怎样着手解决中国农民教育问题[*]

（一）

这次问题，是"农工教育问题"，而我今天想和大家谈的，只是农民教育问题。

（二）

中国农民教育何以成为问题？这里面却有许多原因。

第一，中国农民的生计，因帝国主义的侵略榨取，格外陷于穷困的地步。中国是个地大物博的国家，历代相传，又以重农著名于世。但是近十年来大多数的国民，尤其是农民，都是"年丰而妻啼饥，冬温而儿号寒"，不能过适意的生活。生计困难，日甚一日。自易促起农民的觉醒。

第二，科学方法进步。因此吾人在思想上不受古来传说的束缚。吾人对于任何主义、任何学说、任何风习，都要问个事实何在，理由如何，不肯盲从，亦不肯盲拒，孔子、释迦、耶稣之语，亦不足以维系人心，使人视为天经地义。在生活上，因种种机械之发明，若电若风皆可以人力招致。而信天拜祖之念自易失其权威。农民虽云持重守旧，而人类究竟是理性的动物。事实摆在他们的面前，理由已给他们证实清楚了。他们毕竟是要觉悟的。

第三，辛亥革命，把满清帝制推翻了。改建中华民国。民国毕竟是要为民所有，为民所享，为民所治的。而中华民国，只是换汤不换药。而国家大事常为少数军阀所把持，政客所拨弄，人民未能行使主权。民权思想

---

[*] 此文原载于《中华教育界》，第十七卷第一期（1928年1月）。

的激荡，自易使人想及四万万国民之中三万万四千万的农民不觉醒，全民政治是无从实行的。于是大家就不能不想法如何觉醒农民？

第四，中国的国际地位太危急了。八十年来，全国人民迭受列强之武力侵略、政治侵略、经济侵略、主义侵略，辗转于不平等条约之下，过次殖民地的人民之痛苦生活，至今仍未得完全解脱。而英日诸国眼见吾国革命势力日益发展，行将不利于己，竟敢大冒不韪，横加干涉。凡吾国民对于此种非理举动，莫不欲极力反抗，加以惩创，以完成中国之自由独立。但是这个非大家先来唤醒极大多数的农民群众是不行的。

政治的混乱，经济的穷困，以及国际地位的危险，在足使吾人有觉醒全国农民，即教育全国农民之必要。而科学发明。交通利便，又给予农民许多新思想新信仰。旧宗教、旧伦理不足完全支配他们的行动了。因此，农民亦渐渐自动要求教育他们自己的机会。

（三）

农民教育究竟如何实施？第一，该有确当切实的方针，第二，当用国家的力量，才可大规模地发展起来，第三，便须关心农民教育的乡村教师随时随地设法努力了。

先论中国农民教育的方针。这事作者曾有下列主张：

一、力求推广，谋农民教育之普及。

二、重视勤劳，以保持我国农民固有的美德。

三、奖励科学，以节省农民劳力，增加农民生产。

四、注重政治训练，使农民完成健全的公民资格。对于国家大事，能自为明决地判断，热忱地参加。

五、提倡军事训练，使农民武装团结起来，自卫卫国。

次论国家的农民教育设施。农民教育要为大规模的发展，自有赖于政府当局肯用国家的力量，科学的眼光，通盘筹划，按步进行，方可易于奏效。

为应急需计，首先当设立中央劳农大学，以训练农民运动的中级领袖人才。此等人才毕业以后就可往各省县办理劳农学校，一面训练农民社会的领袖人才，一面就在学校附近推广农民教育。苟其办理得当，而所培养者全为有用之人。则国内五十户以上百户以下的乡村，教育可以普及，农民可以团结。国民革命的基础也便可以益形稳固了。我想全国农民觉醒之时，方为国民革命成功之日。如何推行农民教育，是值得当轴的人与以更大的注意的。

政府的提倡与设施，可使全国农民教育为大规模的发展。但中国农民教育苟欲推行尽致，切实进行，仍须国内学术团体或热心教育人才为之奔走努力！读者，您大概是从事教育的人吧！您大概已经深深知道中国三万万四千万的农民教育问题是极其重要，值得聪明才智的人士为之努力吧。您是不是有意准备牺牲自己的一生，来到乡间，与农民为伍，设法推广农民教育以完成国民革命的最后工作呢？（我这样想，农民觉醒才是国民革命的基础稳固）如其是的，我愿在您的面前，继续谈谈目前我们个人可以为农民教育努力的下手之处。

（一）组织"农民教育同志会"，或加入"乡村教育同志会"。"乡村教育同志会"就是国内留心乡村教育的人士，为欲应付乡村教育的困难，解决乡村教育的问题，以力谋中国乡村教育的普及而组织的特殊教育团体。她欢迎一切热心中国乡村教育的同志加入。你如果愿意加入，可通函南京斗鸡闸四号赵叔愚先生接洽可也。不然，你可以在本乡、本县或本省，认识您你自己的朋友，凡关心于乡村教育者自行组织起来。总之推广农民教育不是一手一足可能为力，一个人的能力究竟有限，而且生命又很短促，凡事要求其大且久者，须有伟大的永续的团体而后可成。

（二）你如果已经受了普通教育，如中学毕业生、普通师范毕业生或小学校的教师而未曾经过农民教育，你如果愿意，可来南京进试验乡村师范学校。这学校的目的是在培养乡村学校的教师，与农民的良好伴侣。她心目中的良好教师只要有：①农人的身手；②科学的头脑；③社会改造的领袖。她的课程就是实际生活，她的方法就是教学做合一，兹将她第四月每星期中的教学做转录在下面。这可以表明她的教学做与平常学校的功课表是大大不同。留心乡村教育的人，自不肯不加以注意：

试验乡村师范第四月每周生活教学做：

一、武术。每周七次，每次一小时，于每天早晨举行。

二、寅会。每天一次，每次十分钟。于晨间举行。取"一日之计在于寅"之义。

三、农村单级小学课本编辑。每周两次，每次二小时。

四、乡教丛讯编辑。每周一次，每次二小时。

五、三民主义千字课编辑。每周两次，每次二小时。

六、绘画统计图表。每周一次，每次两小时。

七、合作社组织。每周一次，每次约二三小时。

八、生物采集及标本制造。每周二次，每次四小时。

九、"到民间去"。每周规定至少一次，每次二三小时。

十、民情报告及农村运动设计会。每周一次，约一小时至二小时，在"到民间去"后之晚上。

十一、晓庄小学课程设计会。每周一次，每次二小时。

十二、简单仪器制造。每周二次，每次二小时。

十三、农事。每周三次，每次约二三小时。

十四、筑路。每周二次，每次一小时。

十五、共同生活委员会议一次。于每星期六晚上举行。

十六、中心小学活动教学做。分三期实习。第一期在单级小学。第二期在复式小学。第三期在单式小学。本期即在单级小学里。每人轮值一星期。

十七、晓庄夜校教学做。此学校亦单级。亦每人轮值一星期。

十八、医药卫生教学做。于乡村医院临诊时举行。驱除蚊蝇则另定时间举行。

十九、阅览书籍，由指导员先期指定，分甲、乙、丙三种。甲为初中程度。乙当高中程度。丙合大学程度。各人可自由选定。亦可某种科目为丙种、乙种，而其他各科取甲种的。指定书目由各人选定后，自由阅览，于月终交读书笔记，或受考试。

二十、日记。于每晚记载，九时半完稿，息（熄）灯入睡。

二十一、院务教学做。归共同生活分任委员会主持。包含文牍、会计、审美、秩序、烹饪、娱乐、书记、图书、卫生、贩卖及校具保管。

这是教育上的一个试验，亦是教育上的一个探险。探险的前途，试验的结果，成败如何，我们都未敢先事预定。但是我们都很热烈盼望这前面或由广大新奇可以给人类教育更为进步的途径。青年教育者，您愿来试度这新鲜有趣的生活吗？细听！这是晓庄学校开校时的一片歌声：

```
1 3 3 3 | 1 5 5 5 | 1 6 6 6 | 6 6 i i |
曉莊學校  辦在鄉郊  辦在鄉郊  風景多好
i 6 5 5 | 6 5 3 3 | 3 5 2 2 | 3 2 1 1 |
鳥兒叫叫  魚兒躍躍  雲飄雨飛  水秀山高
```

（三）"到民间去"。这在试验乡村师范竟列入每周生活表中，当作寻常学校中的一种课程了。我们现在规定二人一组。每组担任一个乡村，或两三个邻近的小乡村。他俩课暇当常往自己所担任的乡村，探访农民，以农民为朋友，帮助农民解决困难，代农民写信、记账；教农民识字读书；与农民谈谈地方情形、国家大事，并及世界大事。农民间倘有争执，设法为之排解；引导农民作正当娱乐，以代赌博烟酒。辅助农民自动组织起来。试验乡村师范现只有二十余人。共分十一组。学校附近三里以内的乡村，都常常有他们学生与指导员的足迹了。农村学校的教师，你须记得你是来推广农民教育，并不是单单教这校内的十数学童而已。不入校的学龄儿童与成年男女，只要你愿意，他们都很肯受你的领导的。乡间的农民似乎已经热切向青年教师表示："请您不吝玉趾，常常带些新鲜精神到我们闭塞的乡村里来！"你何必裹足不前呢！

（四）夜学校。穷与忙，使得许多青年农民未曾受学，甚至七八岁的农民子女，亦有因为牧牛，看鸡，看管婴儿，购买零星物件等家常小事；或赚点点工资（儿童在机坊打丝，每天约十二枚铜元而吃自家的饭）为人工作的缘故而牺牲一生必需教育机会。吾人日夕所与接触的人，大大小小男男女女，尽是睁开眼睛的瞎子。他们有目若盲，有耳若聋，有嘴若哑，有手足若痉挛，不能看书，不能写信，不能记账，甚至不能念出自己的姓名，这是何等可惊可怕并可痛心的事！民主国家应当为民所享，为民所有，为民所治的。如今全国民治，未能发展。农民之未曾觉醒，实为最大原因。这里我们不能不怪前人之不能未雨绸缪，亦不能不急切盼望今日青年志士之肯亡羊补牢的。青年导师，你开放你的学校吧！晚间，开放教室之门，招致村民来，教他们识字读书，明白时事、国势，训练他们俨然做个健全的公民。青年志士，你如果有心救国，少一点时间在都市，多一点时间用在乡村吧。这不是说都市的社会事业不紧要。实在说：目前有用青年太多拥挤在繁华都市了。南京、上海、北京的旅馆与客寓之中尽多赋闲的英俊少年、爱国志士，抑郁无聊，穷愁度日。其实他们应当想一想：都市之中，人浮于事；乡村之中，事浮于人。才智之士果欲为国尽力，为民宣劳，则乡间农民之急待有人指导，有人辅助，并有人为之组织训练，该比都市之中胜似万倍呀！您来！来！来为农民办理夜学何如呢？每天一小时与天真烂漫，纯朴正直的农民作亲切的谈话，真正的交际，亦是人间极荣幸，极快乐的一件事。

（五）中心小学。割鸡可用牛刀，大才不妨小用。以你的聪明才智来乡间办小学，收效必很可观。中国乡村很少组织，乏中心。苟有小学而办理得当，取得农民的信仰，则这小学便可成为附近乡村社会的惟一的中心。到处林立的基督教会、福音堂之假面具已被国人揭破！乡间固有的绅董，亦良莠不齐，死灭无常，不宜永为乡村社会的中心。以目前的情形讲，中国乡村社会惟一的中心只有乡村小学。乡村小学的教师，你须明白，你是学校附近农民社会的天然领袖，责任实在不小！运用你的地位，磨炼你的才智，以你所主持的学校为改造乡村社会的中心吧！

（六）平民问字处及阅书处。这是可附设在小学校内的。农民每逢记账、写信、看报、看书有不认得的字，即可来校中询问。阅书处中须备日报外，宜备浅近言文书籍、杂志、新旧小说。这些书籍要平民看得懂，而且发生兴趣，得着实益。即三字经、千字文、百家姓、杂字、四书、五经之属，亦可以略备几本。这并非专为迎和社会心理。这些东西在农民社会之中自亦有它自己的用处。只要看大家如何运用它们就是。比方："勤有功，嬉无益"便可以当作平民夜校的校训；"赵钱孙李"也使平民认识自己与友朋的姓氏，并可由此明了中国社会的构造情形。

（七）改良私塾。在我们所办的学校附近，如果有了私塾，则我们除尽力设法整顿自己所办的学校外，当首先设法与私塾先生来往，联络，渐渐使他信任我们，敬爱我们，肯听我们的劝告与暗示：（至好的友谊关系）自动地将他自己的私塾改良起来。借私塾先生现有的地位，与孤苦守馆的精神，以改良乡村社会，普及农民教育，这是再好没有的事，是为上策。其次，私塾先生，如若顽固不能刷新，懒惰不肯负责，对他希望改良私塾是无济于事的，我们可极力设法招致私塾的学童及其家族来参观游览，使得他们明了学校的内容，以及学校胜过私塾的种种优点。人漠不关心他自己以及其儿女的利害。如果他们明白进学校是比进私塾利益较多的，则他们对于学校自然趋之若鹜，沛然莫之能御。读者，我告诉你们：晓庄小学的附近的松营等也是有私塾。私塾学童原来不知有晓庄小学（因正式开放尚不及十天），有一天我们到私塾去参观，适逢它的先生不在馆。就和在馆学童谈了一阵。看看他们读的书，写的字，并对他们说了几声好。离别时就邀他们课暇可来晓庄小学去游玩，我们是很欢迎的。我们离馆之后，再在村中和几个农民攀谈（第一次去，村民亦有不很愿意与我们谈话的。这由于他们不明白我们的来意。亦未明白我们究竟是怎样的人。或则由于他们自己有正经事忙。怕谈话妨碍了工作。）回校时，早见十余个学童来在校前了，细看尽是由那个私塾中来的。我们怎样招待这些学童呢？请他们坐一坐，喝喝开水，每人给一小皮球，在广场上玩了一阵。随即将球收回来，与他们讲故事："秦始皇时的十兄弟"。自此以后，他们每日自馆散学以后，总要来我们校中游玩听讲了。有的散学回家，匆忙吃了一些冷饭，径来我们处游戏听讲，直至夜校散学的时候（晚上十时）才回去。读者，这给我们何等欣喜而且荣幸呢！我们愿尽力课外帮助私塾儿童身心的发展，但是不愿严厉取缔他们所在的私塾先生。感化私塾的学童及其家属，使他们信仰学校，不信仰顽固陈腐的私塾。渐渐地战胜私塾，使私塾无形解散。这可以说是中策。至于借用政治的力量，在自己所办的学校未取得社会的信用以前，就严厉取缔私塾，使私塾学童断了识字的机会，而增加学校与社会的恶感与隔阂，是可谓之下策，我们不必如此地干。

（八）特约茶馆。茶馆常为乡村农民闲暇聚居之地，为其消遣娱乐之场的，也几乎是乡村社会的中心。乡村之中每有争执常在茶馆讲和论直；每有兴革亦常在茶馆会议应付的。茶馆在乡村社会的影响是不可忽视的。要推广农民教育，乡村的茶馆是有急加改良之必要。茶馆中每有赌博情事，应设法劝导感化制止。至于严厉禁赌乃是警察的职务。学校教育只能设法劝导感化。特约茶馆就是学校当局设法改良茶馆的程序之中可以采取的手段。特约茶馆怎样办呢？先规定选取特约茶馆的资格条例。如：①注意清洁卫生。②不摆设赌场烟灯。③营业有规定时间。茶馆约定以后，学校中人及其亲友苟有过往即在所约定的茶馆饮茶，随时加以辅导。帮他种些花草，好为陈设。亦可以于馆中演放影片，开留声机，讲演故事或下棋、弹琴、吹笛等事。培养农民要有正当的娱乐，可先注意乡村茶馆之改革起。

（九）乡村医院。村民不易病，一病即不得了。因为村中缺乏医生，上城求医，交通不便，取资又太贵。有时小小的病如跌伤、刀伤、蛇咬、虫咬之类，有医本可以略事诊治就可痊愈的，村民竟会由此致于要命。求神问卜，亦不知误杀村民多少了。乡间如有良好的医院实在可以救得农民不少。病人最易听从医生之忠告，如此要打破迷信，讲求卫生，也就可由医生的口中先事宣传到村间家户内去，由此农民的教育之推行，效用亦极大！

读者，我已经说得不少了。但是千言万语，总须实行而后可以见效。你愿意脱去长衫，穿上草鞋，来到乡间做农民的伴侣，与农民同甘苦，共患难，过生活吗？来，我们当极诚热烈欢迎！

行将一岁的南京试验乡村师范[*]

光阴荏苒，时间过得真快。南京试验乡村师范自去年三月十五日开校至今，匆匆将是一周年了。在这短暂的时间中，她在自己诚没有什么成绩；对于社会更没有什么贡献，但是她这乡村师范以"试验"冠其名。我们知道试验的事可以成功，亦可以失败，试验而成功，可以为人类建设新事业；如其失败，亦可以使人类鉴于前车之覆，增长些新经验。我们在这行将一年的时期中，试验乡村师范的试验经历，究竟如何呢？想来读者必很愿意知道。而且我们在这学校初创之时，就认定这个乡村师范，直接的，切近的目标是在培养乡村人民、儿童所敬爱的导师；间接的，远大的目标就是要：（一）打倒死的教育，创造活的教育；（二）打倒虚伪的教育，创造真实的教育；（三）打倒贵族式的教育，创造民众化的教育；（四）打倒不切实用的教育，创造适应实际生活需要的教育。为着这些缘故，试验乡村师范，在她的主张上，组织上，设施上以及一切活动上都与寻常学校之主张之组织之设施之日常活动有极多的差异。我们不敢自是，不敢以为这个师范的主张、组织、设施以及一切活动就是善的，合理的。我们都是些探险的人，我们的前程究竟是大新世界，或是穷途绝境，我们是不知道的。但是，我们对于过去以至目前的一般旧式学校真的是失望极了。失望之余，我们不能不另找路径。另找路径也许仍是不可通的，但也许是可通的。我们走临悬崖绝壁，只有另找路径，才有寻着生路的希望。教育界的同志呀，来！我们对于过去以及目前的一般学校教育，来树起反叛之旗，爆发炸弹之声吧！试验乡村师范就是这全国教育革命队里的一名小卒。她已经在这革命阵里左冲右突将近一年了，在这三百五十余天之

---

[*] 此文原载于《中华教育界》，第十七卷第五期（1928年5月）。

中，她这左冲右突的经历如何？最近实况又是如何？想来，有许多教育界的同志，是很关心的。现在我愿意竭尽所知，将试验乡师诞生至今，重大的要紧的事情，约略叙述，并稍加说明，以就正于教育界同志之前。同志不怕麻烦，肯惠加以批评和指导，则是作者竭诚盼望的。

教育目标

试验乡村师范的教育目标，上面已经说了，在培养乡村人民、儿童所敬爱的导师。这里务请读者注意：这师范所要培养的不仅是乡村儿童所敬爱的导师，而且要培养他们兼能做乡村人民所敬爱的导师。换句话说，我们盼望师范生出校以后，一面能做乡村小学的好导师，一面又能做乡村社会改造的好领袖。"我们深信乡村学校应当做改造乡村生活的中心""我们深信乡村教师应当做乡村社会改造的灵魂"，我们就不能不注意培养乡村师范学生能够做乡村人民所敬爱的导师。乡村人民所敬爱的人，他的言论，才更容易令人信仰；乡村人民所敬爱的人，他的人格，才更容易与人亲近。"培养乡村人民儿童所敬爱的导师"乃是试验乡村师范全校的总目标。现在全校共分二院：一是小学师范院，二是幼稚师范院。小学师范院是要培养小学教育人才的，幼稚师范院是要培养幼稚园教育人才的。小学与幼稚园职能有异，其所教养之儿童，亦有差别。因此，我们为乡村小学而办的小学师范院，与为乡村幼稚园而办的幼稚师范院，其教育目标亦不能不有些分歧。现在，我们认定小学师范院的分目标是：（一）培养农人的身手；（二）培养科学的头脑；（三）培养社会改造的精神。幼稚师范院的分目标是：（一）培养看护的身手；（二）培养科学的头脑；（三）培养儿童的伴侣；（四）培养乡村妇女运动的领袖。

现有事业

（一）小学师范院。目的在培养乡村小学的教育人才，男女兼收，现有正式学生四十二名，试读生四名，他们的程度是不齐的。有大学两三年级的程度，有高中毕业生的程度，也有初中三年级生的程度。

（二）幼稚师范院。目的在培养乡村幼稚园的教育人才，专收女生，现有正式生一名，初中二三年级生程度，试读生三名，高小毕业生程度，特别生三名，亦高小毕业程度。

（三）中心小学。现有三校：即晓庄小学、尧化门小学及燕子矶小学是。这三个小学的学级编制和社会环境各不相同。晓庄小学是单级小学，她的社会环境是散漫的村落。尧化门小学是复式小学，她的社会环境是集合的农村。燕子矶小学是单式小学，她的社会环境是农商杂凑的乡镇。这三个小学，一面是为试验乡村师范试行小学教学做的中心，一面又为各该校所在地乡村社会改造的中心，所以统名做中心小学。新近，我们又拟在学校附近如大象房、黑马营、嘉善寺、四棵柳、神策门诸地各添设一所小学，每校议定开办费四十元，经常费每月六元。如其我们的事一切进行都顺利的，江宁县北固乡、江乘乡一带的国民教育也许于三五年内就可普及咧。在乡村添设小学，的确有种种障碍。如经济的穷绌，人才的缺乏，绅豪的阻难，乡民的怀疑，以及儿童父母的漠视教育。他们说："你们要办的是洋学堂，不是私塾；是要教小孩识洋字，读洋书，做洋人的奴才的；你们不知道教小孩读本国的文字。"他们说："你们是要来和我们本地人做对的，你们要拆毁我们的庙殿，打破我们的神佛。"他们说："洋学堂收学费太贵了，读圣经，念耶稣，我们更是不赞成。"从这些谈话里面，我们可以知道外人在华办学传教的害毒，也可以知道我们今后要在乡间办学的困难。但是事在人为，"我们既深信教育是国家万年根本大计"，点点困难与障碍，是不足灰心短气的。

（四）中心幼稚园。现有三所：即鼓楼幼稚园、燕子矶幼稚园及晓庄幼稚园是。皆为本校幼稚师范院实施幼稚园教学做的中心。这里，我要告诉读者一件有趣的故事：晓庄幼稚园就是由晓庄小学的幼稚生组织而成的。晓庄小学在去年初开办的第一天、第二天，一个学生也没有！那时候，教员只是在那破庙内（拾儿冈的长生殿就是晓庄小学最初的校舍）打扫墙地，开通沟渠，或则自己看看书籍报章。直至第三天才有三个学童来上学咧。经过七八天竟得学童一十三人。但至今年正月啊，学生大大小小，男男女女，骤增为五十四人。单级小学的惟一大教室已是不能容了。于是乃将其中的幼稚生另设一班，就成为晓庄幼稚园。晓庄幼稚园与晓庄小学本来只是一气的，地址又近在一处。我们现在就在这里面实验幼稚园教育与小学教育之沟通、联接。我们想它俩的课程，它俩的设施，它俩的一切活动都不必有鸿沟横阻其间的。我们想是如此，其在事实，二者之间，究宜如何联接，如何沟通，尚有待今后的实验与验证。

（五）晓庄乡村医院。乡村的人，因为空气清新，饮水净洁，人烟稀少，比之久居城市的人自多较为健壮。但在乡间，缺乏良医，乡人一有病苦，惟有乞灵于庸医、诈巫或神灵仙鬼之前。他们是惯会杀人而不见血的。是以乡人生活，不病实为幸事，不幸而病，往往些微之病竟成致命之疾。乡人因为爱惜金钱，爱惜时间，很少舁其病人往向城中医士求治。这是关心农人生活者不可不兼为注意的。寻常学校之于医药卫生，类多聘一教师，拿着书本，在教室内讲解而已。纸上空谈，安有实用！我们以为大家不欲注意医药卫生就罢，如欲注意医药卫生，必须是教者学者实际试过如何诊病，如何配药，如何医治而后可。晓庄乡村医院就是为着这两大原因产生的。她现在一面可为附近农民解除病苦，做乡村卫生运动的枢机，一面亦可为本校师友实施医药卫生教学做的中心。从创办到了现今，所医治的已不下一千余起。全院设备及药品，共达三百五十元左右，医院的院长就是本校的医药卫生指导员。新近，复添助理兼看护一人，艺友一人，均是女士。

（六）试验民众学校。这校原名晓庄民众学校，自受第四中山大学扩充教育部委托办理后乃改今名。每月经常费十五元，由第四中大津贴。而学校的编制如何，课程如何，以及教学方法如何，须待一一细心研究，是则本校师友要负责任的。现在夜校的科目凡分国文、算术及常识三项。就学的学生，则成人与儿童合计，已有四十人上下了。

（七）民众教育研究会。普及儿童的国民教育困难，普及成人的国民教育尤难。成人教育的极大障碍甚多：一是穷，二是忙，三是惰，四是缺少相当的学校，五是从事成人教育者不得其人。（无热忱，无毅力，无教学经验，不能获得受教者的信仰，不能唤引受教者的兴趣。）但是中国的民众教育呀，实在就是国家存亡社会兴衰的枢机。我们为求中国的自由，为求全民的福利，必须唤起民众，共同努力。如何唤起民众？贴标语，散传单，喊口号，只是一时之计。欲图文并茂久远，非竭力推广民众教育不可。晓庄民众教育研究会就是为着适应这种急需而产生的。她的宗旨是在研究民众教育的问题，并促成民众教育的实现。现在这会会员所办理的学校有试验民众夜校、尧化门民众夜校；所编辑的刊物，已经出版的有《三民主义千字课》《军人千字课》。正在编辑的有《农民千字课》《工人千字课》《商人千字课》《妇女千字课》及《晓庄笑话》等。中心茶园之中，不是有我们的说书人，民房农户之前，亦常见我们的访友队。（晓庄师范师友每周必往他们的农友家访问，至少一次。列在各人的每周生活日程表，称为"会朋友"。）大概是由于大家觉着民众教育的紧要才发生出来的行动。

（八）农艺陈列所。正在动工建筑，我们盼望在本校周年纪念的时候，这座意义深厚，风景优美的农艺陈列所就能落成啊。建筑费由中华职业教育社捐助千元。内分农人生活、农事历程、农场管理、农具改良及农产制造五项。要以宣传科学农艺，增进农人生活为宗旨。

（九）中心木匠店。设在拾儿冈长生殿旧址。是本校与中华职业教育社合办的。她的宗旨是在依据生利主义及教学做合一办法造就木工人才。她的课程除木工外，兼教以人生所必需的常识。先招艺徒一名，一月后逐渐增加。本店开办费约一百一十元，经常费约三百五十元。本店现在所注意的事是职业分析，以为他日改良木工的基础。我是这样盼望，我们还可添办一所铁匠店，两店合作，以谋中国农具的改良。

（十）晓庄商店。这个商店是为本校师友购买什物用品便利而设。本校处在乡间，距神策门约六里，是以全校师友均感入城购物，异常不方便。去年十一月间少数师友发起集股，创办斯店。每股一元，初次即得股银百元，今年二月间再加扩充，股银已增至百五十元。店中经理及办事员都是由各股东公推的。这也许就是晓庄消费合作社的母亲啊！

（十一）中心茶园。设在拾儿冈，自神策门至燕子矶大路的旁边，也是本校与中华职业教育社合办的。中心茶园的功能是什么呢？我们曾经有一副对联赠她，说明此意："为农民教育之枢纽，是乡村社会的中心。"晓庄小学亦赠她一联说："多谢你来帮助，少了我也不行。"她对农民又是怎样呢？"嘻嘻哈哈喝茶，叽叽咕咕谈心。"我们又在这茶园里添设乒乓、围棋、象棋、胡琴等玩具。每日下午三时及晚间七时均有试验乡村师范的指导员和学生前往说书。三国啊，岳传啊，水浒啊，卫生常识啊，公民常识啊，各地风俗啊，以及最近发生的时事啊。言者津津，听者亦不藐藐，我们并不想在这个茶园里赚钱；我们就不想在这个茶园里联络农友的情感，开发农友的知识，唤起农友的热忱，来努力改造中国的乡村社会吗？

（十二）乡教丛讯。这是本校与中国乡村教育同志会合办的刊物。每月出版两次。它的目的是在沟通乡村教育的消息，研究乡村教育的问题，探讨乡村教育的理论,并促进乡村教育的普及与改造。只恨南京印奇贵,而会中经费支绌,不能按期出版。

(十三)乡村教育先锋团。这是本校全体师生共同生活上一个极重要的组织。校长就是团长,两院的院长就为副团长。指导员合组指导部。有指导部会议计划全校教学做事项。全体学生共选总队长一人。每队队员七人,各队互选队长一人。全团有团务会议。全团人员不论是团长也好,副团长也好,指导员也好,总队长或队长也好,统受团中规约及团会议的制裁。有萧纪部,维持全团纪律。在平时团长有指导全团行动之职权。但每周有团务会议。团务会议实操全团最高权。他的组织系统图如下:

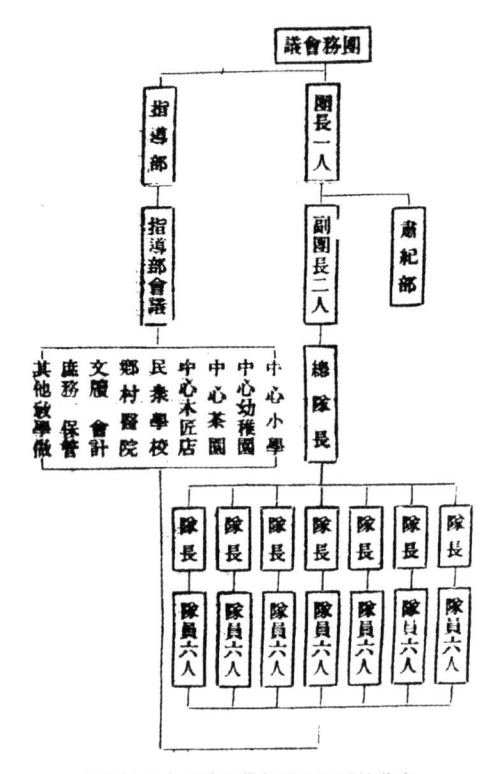

```
                    團務會議
                       │
        ┌──────────────┼──────────┐
     指導部          團長一人      │
        │               │      蕭紀部
     指導部會議      副團長二人
        │               │
        │            總隊長
   ┌────┼────┐          │
  其 庶 文 鄉 民 中 中 中   ┌──┬──┬──┬──┬──┬──┐
  他 務 牘 村 眾 心 心 心  隊 隊 隊 隊 隊 隊 隊
  教 保 會 醫 學 木 茶 幼  長 長 長 長 長 長 長
  學 管 計 院 校 匠 園 稚   │  │  │  │  │  │  │
  做             店    園  隊 隊 隊 隊 隊 隊 隊
                           員 員 員 員 員 員 員
                           六 六 六 六 六 六 六
                           人 人 人 人 人 人 人
```

(附注)这个系统图是新近改组后的草案

先锋团的前身是清洁卫生委员会,和共同生活分任委员会。她的组织是由简单而复杂,她的纪律是由松懈而严密。在最初,晓庄学校宿舍尚未建筑完成,本校全体师友尚在燕子矶头度日的时候,共同生活之中,我们首先觉着清洁卫生的事不可不有专人负责进行。于是我们全校师友共同会议成立清洁卫生委员会，董理全校清洁卫生事项。不过两三天，我们就觉着共同生活之中不仅清洁卫生的事要有专人负责，其他的事如烹饪啦，文牍啦，缮写啦，印刷啦，招待啦，会计啦，购置啦，娱乐啦，民众教育啦，编辑啦，纪律啦，都得有人负专责，才可以供全体生活，有系统，有头绪，并有效率。于是清洁卫生委员会，遂改组而为共同生活分任委员会，学校生活之中，一切事情，约可分为三类：一是个人的事宜由各人自己干的如阅书、日记、写信等。一是公众的事，宜由大家轮流干的，如烹饪、编辑、文书、会计，及招待等决不能由全体同志同日干的，惟有大家依次轮流干。一是公众的事，宜由大家一起干的如洒扫（每日全校大扫除，全体动手，共费十五分钟）、娱乐会等。共同生活分任委员会就是为处理本校公共的事——无论是宜于轮流干或一齐干的事——而组织起来的。再过两三个月，我们又觉着这样的组织欠严密，纪律欠振刷，全体生活的行动仍是太过濡滞迂缓，无甚效率的。大家会议了后乃决定改为军队化的组织——乡村教育先锋团是这样诞生的。她在本校师友共同生活上有深长的意识，她对一般学校的训育制度、管理制度，及学生会组织等事竟不能发生丝微的影响吗？"我们深信教师应当以身作则"，"我们深信师生共生活，共甘苦，是最好的教育"。我们也要求应自由的地方便绝端自由，该服从的地方便绝端服从。不过我们所有的自由，是师生共有的自由；我们所有的服从亦是师生共需的服从。我们要禁止学生吸烟，便必须禁止指导员吸烟。我们要希求学校（生）准时到会，便必须需求指导员亦准时到会。（本校现在规定任何集会，无论是指导员或学生必须于集会钟响二分钟内到会，迟到者进自省室。）任何指导员，任何学生，在我们乡村教育先锋团的旗帜之下，是没有特殊自由的权利，亦没有特殊服从的义务。

教学做合一

"教学做合一"一语，可表示本校对于教育方法的主张。"我们深信教法学法做法合一。"教的法子应该根据学的法子，学的法子应该根据做的法子。事情怎样做就怎样学。怎样学就怎样教。比方，种菜是要在园里种的，学者就在园里学，教者就在园里教。又例，游泳是在水中做，学者就在水中学，教者就在水中教。我们相信只有这样的教学，才是最有效率；

亦只有这样学得的知识，才是最为真实。如其不然，种菜与游泳都是在教室里，讲文字，听讲话就为完事，简便则简便矣，实则讲的听的都是徒劳罢了，何功之有。我们现在是在农场上学种麦，学割稻，学耕田，学耙地；在山坡上学割柴，学栽树，学猎获野兽；在厨房里学煮饭，学治菜，学烧豆腐、萝卜；在手工室中学做箱做架，做各种仪器及文具；在小学里学小学教学法、小学组织及行政。我们不甚信任书本，我们不甚信任讲解，我们亦不甚需要普通适于讲授的教室。老实告诉读者吧，南京试验乡村师范是没有普通学校所谓教室的。如果大家必以为学校须有教室，无教室则不是学校。我们所办的事业不是教育；所有的组织不是教育；那么我们是无可奈何的。"谁说非学校就算非学校"，是我们对于目前官气十足死气沉沉的教育界挑战的口号。我们在办民众学校上研究民众教育；在幼稚园里研究幼稚教育；在中心茶园和新年团拜场中研究农民娱乐；在团部会议及寅会里讲究开会规则、提案程序；在合作社及商社中研究乡村合作组织；在筹备乡村自治里研究乡村自治。在国语大运动里学习国语；在每日打扫整理的事上培养爱整洁的习惯。在招待来宾的事上学习应对的礼仪。本校的文牍、会计、教务是学生干的；本校的购置、保管、庶务是学生干的；本校的图书管理、来宾招待、校工教导也全是学生干的。对这些院务，皆是学生轮流负责地干，各指导员分任从旁指导。因此本校的指导员和学生是在事业上、实际生活上发生关系；并不像寻常学校的样师生之间尽在书本上、语言文字上发生关系为能事的。本校全部教学做皆以生活为中心。我们深信生活与课程不能分离。所以本校的教学做，就是本校的课程，也就是本校的生活。现在为着指导实施便利起见，将全部教学做分为下列三十四项：（一）国语教学做；（二）公民教学做；（三）历史地理教学做；（四）数学算术教学做；（五）自然教学做；（六）园艺农事教学做；（七）体育游戏教学做；（八）艺术教学做；（九）童子军；（十）小学统计图表教学做；（十一）整理校舍教学做；（十二）布置校景教学做；（十三）设备教学做；（十四）教务教学做；（十五）经济教学做；（十六）文牍教学做；（十七）统计图表教学做；（十八）会计教学做；（十九）庶务教学做；（二十）清洁教学做；（二十一）招待教学做；（二十二）编辑教学做；（二十三）管理图书教学做；（二十四）学校建筑教学做；（二十五）科学的农艺教学做；（二十六）手工教学做；（二十七）医药卫生教学做；（二十八）村自治教学做；（二十九）民众教育教学做；（三十）乡村合作组织教学做；（三十一）社会调查教学做；（三十二）农民娱乐教学做；（三十三）武术教学做；（三十四）烹饪教学做。（详见本校第一院教学做草案。）兹举一例以示一斑：本校医药卫生教学做中有种痘一项。在这"种痘教学做"中我们是如何进行的。先由乡村医院院长说明：（一）天花之原因及其危险；（二）布种牛痘之必要及其利害；（三）痘苗之来源及其鉴别法；（四）如何种痘，酒精棉花之摩擦，用刀法，点痘苗法，扎绷带法等；次即由该医院院长实施布种牛痘儿童三四人，一面布种，一面即对学生解释。这三四人种完以后，其余儿童就由学生逐次试种，其有失当之处，立由医师为之指正。现在本学校第一期的学生个个会种牛痘了。其余治癞、治□、治沙眼，治蛇咬、刀伤等都是这样重实验，重临诊，不敢徒尚纸上空谈。我们以为只有这样的医药卫生教学做是可以收得实效的。"对于教学做合一"的主张，有的人或者误解以为教学做三者本是三件事，其实这三者只是一件事，因观点不同故说法不同而已。比方，我与某友担任研究室的洒扫整理事宜。在洒水，扫地，拂尘，擦玻璃等细事之上，竟获得些新经验、新知识。研究室靠近是会客室。担任会客室的洒扫整理的人，看见我们研究室里的地面比他们的干净，玻璃比他们的清洁，什物布置比他们的更为齐整。他们受着这样这种刺激、这种影响，也急起直追，力求会客室的整齐与清洁。这里请大家注意，我们洒扫，拂拭是做事，因洒扫拂拭而得些新经验便是学，因我们的洒扫拂拭，刺激得他人也急起设法，力求整齐，便是教。所以教学做只是一事。对事而言谓之做；对己而言谓之学；对人发生社会的影响而言谓之教。寻常学校，往往以为教师是教的，学生是学的，事务员及校工是做的；或者以为师范生在校之日是学的，毕业以后往小学校服务才是教是做，都是极大的错误。

师范生的日常生活

这里，先请大家考察考察寻常师范或中学的学生生活，再来观察试验乡村师范的日常生活，两相比较，必会更感兴趣。试验乡村师范在现今二三月间是上午六时起身，盥洗，六时一刻开寅会。凡十五分钟。（寅会中有五分钟精神演讲，十分钟讨论日常工作要干的事。）六时半至七时一刻武术，七时半早餐。八时，大扫除十五分钟，十二时午餐，下午六时晚饭，九时作日记，十时就寝。十时一刻熄灯。这是全体同学每天共有的生活历程。此外每周有农事三次，每次二小时；手工二次，每次二小时；医药卫生一次，二小时；会朋友一次，二至三小时；团务会议一次，二至三小时；娱乐会一次，二小时；小学活动设计会一次，四至五小时；纪念周一次，二小时。全周例假半天；这也是全体同学通有的。除此以外，他们五十余人之中，再没有两个人完全相同的生活日程了。或往中心小学实习去，或在有幼稚园试教，或任文牍，或任缮写，或任印刷，或在医院，或办民众夜校，或在中心茶园，或任职业分析的研究，或任购置，或任会计，或任保管，或在农艺室，或在商店，或任图书馆管理及登记，或为农友开留声机片，或自种菜，或往修路，或整理校园，或建筑房舍，或洗碗，或烹饪，或缝纫，或制芦帘，或打洋袜，或写信，或看书，或编辑刊物……依各人自己的便利，支配自己的时间。本校并没有全级一律的繁重的上课时间表，但有各人自编的每月活动计划表。兹录活动计划表式样如下：

一天的计划

上午		下午	
五—六		一二—一	午餐 看报
六—七	起身 盥洗 寅会	一—二	手工或农事
七—八	武术 早餐	二—三	手工或农事
八—九	洒扫	三—四	工读
九—一〇	阅书	四—五	工读
一〇—一一	阅书	五—六	整理图书
一一—一二	阅书	六—七	晚餐 游息
		七—八	图书或练习表演
		八—九	阅书或写信
		九—十	日记

全月的计划

要做的事	要看的书
1. 整理图书	1. 明日之学校
2. 练习表演	2. 乡村教育经验谈
3. 种树	3. 短篇小说
4. 学打洋袜	4. 熟读诗词五首
5. 做简单仪器四件	5. 阅高中历史课本
6.	6. 东方及教育界

实得的效果

已做的事	已看的书
1.	1.
2.	2.
3.	3.
4.	4.
5.	5.
6.	6.

这种表，每月填制一次。每人填写两张。一张交教务处，一张自己保存。每月活动计划，各人自己制成以后，交指导员审核指正。这种表实为三个表，第一第二两表是在月初预算用的，第三表是在月终考绩用的。各人月初自行预定在这个月里要做什么事，要看什么书，全月之中依所预定，勉力实行。直至月底自行考核，原定要做的事做了几多；原定要看的书看了几多；未定要做的事做了什么；未定要看的书看了什么；一一可记在第三表上。这便可以看出各人在这个月里进步的成绩几何。这种办法，我们不敢自信以为极对。但比平常学校不问学生程度及兴趣之差别如何，一律施以同样的科目、同样的课程、同样的教法，自是胜过万倍。寻常学校的学生一天到晚，听讲，看书，游戏，吃饭，以外几不复知道人间实际生活的事，实在是要使我们十二万分惊疑的。大家如果不肯深深反省一番，痛改一番，请莫再空谈什么"教育就是生活""生活就是教育的中心"种种高论吧！

寅会在本校日常生活上有重大的意义。每日早晨开会，不论春夏，不问寒暑，亦不论例假或节假与否。一年三百六十五天，除寒假三星期外，是每个早晨总是有会的。寅会之名实取"一日之计在于寅"之意。会中有精神讲演五分钟，讨论本日生活事项十分钟，天未明，磬声响。全校师友，齐集于锄宫之中，锄宫东向。俄而"太阳起山燉燉"，天所以与吾人之启示也至深至切。自有寅会至今，每天开会总有记录。我们日常看看我们自己每天寅会的记录，必也感愧交并，奋勉前进而不能自已的。

"我们深信健康是生活的出发点，也就是教育的出发点。"我们的学校办在乡间，我们即得住在乡间，吃的是新鲜的菜蔬，喝的是净洁的泉水，呼吸的是养而无害的空气。我们看书之后可以爬山，工作之余可以游憩，我们的环境，我们的活动确是可以使我们得到健康的。但是为着多难的中国，为着受苦的同胞，不可不更加奋发，锻炼自己及自己的朋友。本同志，不论新旧，不问男女，每天必各操练武术，（女生每月可自由缺课五至七天）也就为此。

无论是校长，是指导员，是男女学生，每人每天必须耗费十五分钟的宝贵时光来做那洒水、扫地、拭几、擦玻璃，与整排笔墨书砚等琐碎的小事，也许有人以为这是太不经济的了。但是我们知道贵族式的奢侈的偷懒的教育不能普及，亦不易普及；我们知道中国的乡村学校，如其民众化，是不必雇佣校工。中国的乡村教师是应当能自干劳役。"我们既深信教师应当以身作则"，乡村教师的教师——即乡村师范的教师和指导员就不应当以身作则吗？纵退一步说，区区十五分钟，能使得偌大学校清洁、整齐而卫生，岂不是值得的事吗？

本校的指导员和学生每人必有日记，每晚必作日记，这是平常学校罕见的事实。作日记可以练习作文，可以增长识见，可以陶淑性情，可以砥砺品格。指导员的日记可给学生看，学生的日记亦给指导员看。指导员与指导员，学生与学生，他们的日记，亦可以互相借看。这里面有极重大的教育意义的。

我们常常听着来校参观的人发这样的疑问："你们的学生，平日要干这许多的课外活动，不是要与正课，或书本的学习上有些妨碍吗？"这里须请大家注意：（一）我们的教育辞典里是没有所谓课外活动。我们认为有教育意义的活动就是课程，课程就是有教育意义的活动。（二）书本上的学识不尽是可靠的。知识犹之钞票有真有假。真的钞票可以兑现，假的钞票，不能兑现。真的知识合于事实，假的知识不符事实。"尽信书则不如无书"，孟子已为我们道破了。（三）经验是不能传递的。书本的记载，教师的讲解，不能给学生以真切的经验。我们尤其不可忽视的是（四）平常学校之所谓正课，教师每不能顾各个学生之程度差别如何，智力高下如何，其于教学，教材是同样的，教法是同样的，时间之长短，试验之多寡，亦均是同样的。在这样的情景之下，大家精力及时间之滥费极多。教师讲得慢讲得浅则聪明的学生不高兴；讲得快讲得深则愚拙的学生不能理会，此其一。教师因每日上课必须三四次，每次上课必须讲说，舌弊唇焦，竟有时不免敷衍钟点，此其二。学生终日上课少则五时，多则七时八时，每次上课，总是坐而听讲，罕有例外。其听神经必因劳顿过甚而疲倦，此其三。教师有学识甚丰，而口齿不清者，因上课必讲，是谓用其所短，此其四。学生有自修能力极高，兴趣极浓者，而为校规所拘，教师所误，终日精力尽耗于上课听讲之中，此其五。教室之中有打瞌睡者，有看闲书者，有与人耳语或掷纸圈者。少数人如此，众人受其影响。此其六。小小的一册教科书，中材学生两三天内可以阅读完毕的，而今教师讲解，竟历一个学期而不能完！此其七。依我们的观察，照目前学校的办法，以教学生区区书本上的知识，也是极不经济，极不效率的事。当代的教育家不应该觉悟吗？我们对于此间的师范生并不盼望他们过于重视书本的知识。但他们阅书的欲望极炽。我曾经审阅许多同学自己预定在这一年以内要看的书目，与过去半年之间已看的书籍，不禁大大吃惊，拍案叫绝："这是我自己从前在中学时代的能力所不可及的。"讲到这里，谨郑重向大家明白地说说：学校教育的主要功能不在传授书本的知识。要学生获得书本的知识，单靠教师讲解也是不行的。

我们上工，开会，必须准时齐集；就食起居，必须共守纪律；每星期中从星期五的下午为例假外，连星期日，及各种纪念节也是要做各种有教育意义的活动。这样也许有人以为我们的生活是太过紧张，太少自由了，然而事实不然。我们的生活之鹄的是处处有自由，亦处处有纪律，我们为求个人的发展，社会的进步，不能不要自由；为求公众的安平，社会的效率，不能不要纪律。自由所以谋个性的发展，纪律所以谋群性的发展。社会没有自由就不进步；没有纪律，就成纷乱。健全的社会必有自由，亦必有纪律。试验乡村师范的日常生活是准对着这种鹄的进行的。全校师生，每天各有他或她自由支配，自由使用的时间。他们每周的星期五且有娱乐会咧。娱乐会中当然是有笑话，有故事，有猜谜，有魔术，有唱歌，有舞蹈，有双簧，有种种游戏。我们曾作脚踏车比赛，曾作踢毽子比赛，亦曾作人的体操即挑柴、挑水等事的比赛。记得脚踏车第一者为马总司令（马绍季先生，曾任北京童子军总司令，故名）。踢毽子第一者为陈恬若女士。挑水第一者是校工高之科。挑柴第一者是黄君志成。以后我们还要乒乓比赛咧，还要篮球比赛咧，还要耕田耙地比赛咧。

读者看了上面"活动计划表"，在"一天的计划"里载有"工读"一项，也许不甚明白。我在这里加以说明。本校有勤工俭学会，是家境清寒的学生组织而成的。本校收费不多，除每月杂费一元，膳费约五元外，其余学费、住宿费、实验费等，一概没有的。

学生在校就学，亦可以不购参考书籍及教科书。本校不用教科书，而规定学生必看的书籍，如《医药常识》《乡村教育经验谈》《明日之学校》《世界史纲》《设计组织小学课程论》等，每种校中都备了许多部，或五部，或八部，或十余部，列在阅览室中，大家随时可以取阅。其他参考用书，购置亦已不少。因此经济困难的学生竟可以终年不费一钱于购买书报。但是每月约六元的杂费与膳费是必须缴纳的，这在贫寒学生也很为难。本校乃奖励勤工俭学办法，规定学生为校工作，不论男女，每小时酬大洋一角。这样则清寒学生每天工作二三小时，即可维持其在校求学费用了。这在社会经济制度未加改正，国家教育经费未能充裕以前，我们视为比较可行的办法，并希大家注意。勤工俭学会所欲从事的工作是：土木、修路、缮写、印刷、洗衣、缝纫、割柴、畜牧等等。至今他们已经为学校建筑了牛舍与火油房，修平了校路，开辟成一个校园了。缮写、印刷等事所成尤多。在这勤工俭学的事情上，我们以为可以使从事者：（一）获得工作的经验；（二）学成生活的常能（有人说学生要有丰富的常识，作者说学生亦要有丰富的常能）；（三）养成自立的性格；（四）了解人生的意义（不工作的人是不会了解人生的）；（五）真实明白劳动的神圣而尊重劳动，并同情于劳动者。

此外，我们的师友在赤日炎炎的时候耕过田，在雷雨淫淫的时候搭过篷，在狂风拂拂的时候收过麦，在炮声隆隆的时候种过稻。去年腊月呀，散兵为患，枪声闻，我们又曾经轮流值业，自行防卫。这些在当时颇以为苦，而今追思，每也倍感兴趣，视为不可易得的教育机会。到今日，茶余饭后，我们偶与新来同志谈及往事，常经津津不能自已。这里恕不一一细赘了。

小学与师范

谈到小学与师范的关系，又觉此地的学校组织颇与他处的不甚相同。寻常的师范与小学，是以师范为主体，以小学为附属。故其小学，名为附属小学。此地呢，则以小学为中心，而师范辅之，故其小学，名为中心小学。这些性质好像是这样的：寻常学校是先有师范而后有小学，为着师范生的实习便利起见才创设小学。学校之主体是师范，小学可有可无，而师范决不因之而存亡。试验乡村则先有小学而后设师范，师范之设实为改进小学，培养小学教师。教育的主体在小学，不在师范。这个师范离去小学就不能存立的。此可注意者一。以师范生实习的历程而论，寻常师范生则先读了些儿童心理、教育原理、小学教学法、小学行政及组织等教科书以后，才往小学实习的。我们呢，则师范生进校之初就要在小学里去观教。试教，去实际任教。比之各项匠师之带徒弟，就在做事上学得种种的学识与技能。当然师范生的实习不能牺牲小学生的学习。不能国语者不可担任小学的国语；不能唱歌者不可担任小学的唱歌。不能农艺者不可担任小学的农艺。教育以儿童为本位，儿童是小学的主体。师范生在小学实习的时候，决不能以小学生做试验品的。此可注意者二。本校学生，在今年二年（月）间，在晓庄小学实习者五人，在尧门小学实习者二人，在燕子矶小学实习者一人。将来大象房、黑马营、神策门、四棵柳、嘉善寺诸小学次第成立，每校亦必须有师范学生一人或二人前去实习。这可使本校学生多得实际教育经验，亦可使本校附近乡村教育易于普及。现在有小学活动设计会，这是本校全体师生和各中心小学的校长、教师共同参加的。每周开会一次，每次开会除讨论小学实际问题，计议小学具体进行方针外，尚有专家的讲演。而所讲演的内容必与当日所讨论的问题有关。这样则讨论不成空谈，讲演有所根据。而同力共事之人，各本实际的经验，发为切当的议论，相切磋，相观摩，其得益自亦不少。此可注意者三。兹录本校所作《中国师范教育建设图》于后，以明本校小学与师范的亲密关系。

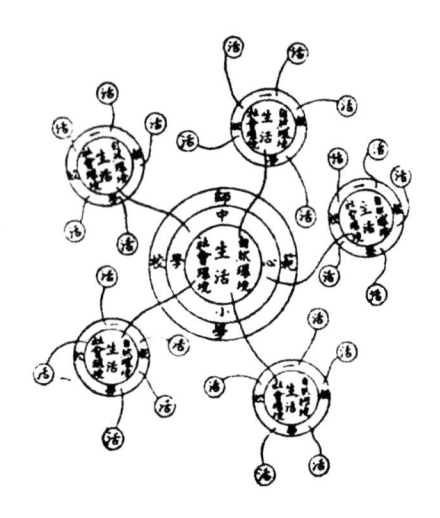

指导员与学生

"师严而后道尊。"乃是古人思想错误了后的说法。现在的教师除了上课以外就不肯和学生接近,乃是他们偷安或自身有恶癖而形成的恶习。我们要教育青年,必须了解青年,师生共生活,共甘苦,所以成为最好的教育。比利时之新学校的创始者主张教师与学生,有时接近,有时隔绝。为有定期的共甘苦之生活,在我们看是太不彻底的。我们现在师生的饮食是同席的,寝睡是同室的,工作是同场的,所有游戏阅报也是同一地所,指导员虽无特殊的权利,学生亦无特殊的义务。虽其在校职能不同,所事有异,但他们的地位与机会是均等的。校中的规约与纪律,也是全校师生共守共行。学生不许吸烟,指导员亦不许吸烟;学生要按时到会,指导员亦必须按时到会;借阅校中参考书籍,勿阅时就须归还原处,不得搁置在私人的阅书桌上,违者进自省室;学生犯规要进自省室,指导员犯规亦是要进自省室。我们每天要做洒扫的事一刻钟,是师生同干的;我们每学期要轮值煮饭一天,煮菜一天。(新生初学煮饭煮菜各须三天)亦是师生同干的。以校长事务之忙,职责之重,而亦须躬亲洒扫烹饪的事。或者不免说我们是矫枉过正。而在我们深信此中有极多教育意味的,不特如此。本校的指导员与学生的关系,亦不是固定的。我们主张自己会的教人,不会的向人学。我们的指导员可以指导学生,亦可以指导同事。我们的学生可以指导同学,并可以指导指导员。本校的武术,和农事指导员,均不仅指导学生,而且常指导同事的。去年本校的烹饪指导为方与岩君。他在烹饪一事，不仅指导全校同学，而且指导全校指导员。我们亦常向农民学插秧，向漆匠学油漆，向木工学制造，向瓦匠学做坯。向牧童樵女学田歌，而农人、漆工、木匠、瓦匠亦可向我们有所学。古人说："圣人无常师。"今日呢，我们的师生关系，亦是无常。"我们深信教师必须学而不厌，才能诲人不倦。"我们亦相信教学相长。天下做教师的，必须自视为全知全能，教人学而不复自学，诲人而不复诲于人，才是正理吗？

学校与社会

"乡村学校应当做改造乡村生活的中心"，"乡村教师应当做改造乡村生活的灵魂"。我们的学校办在乡间，我们就是乡村教师，我们就不能不实地努力改造乡村社会的事业。本校小学师范院的目标之一是"培养社会改造的精神"，幼稚师范院的目标之一是"培养乡村妇女运动的领袖"。惟有实地从事社会改造的事业，而后可以培养社会改造的精神。亦惟有实地从事乡村的妇女运动而后可以养成乡村妇女运动的领袖之资格。这样看，则我们为着实现本校的教育目标，亦不能不实地努力改造乡村社会的事业。"普及乡村教育"，"发展乡村交通"，"增进农民生产"，"解除农人痛苦"，"改良乡村组织"，"实行乡村自治"，谈何容易！如果全国乡村教师对于乡村社会改造事业还是袖手旁观，不相闻问，则乡村社会的改造，总是濡滞莫展的。是则我们为着国家的安全，民治的发展，又不可不实地努力乡村社会改造的事业。自开校以迄现在，试验乡村师范究竟在社会改造的事业，有些什么建树？想必是大家所急欲发问的。说来惭愧，三百五十余天，时间虽不可谓短促，而我们的社会事业呀，所成就或正在进行的，真是微乎其微。谨尽所知，为全国乡村教育界的同志告：

一、创设晓庄乡村医院，以解除村民痛苦。

二、创办晓庄民众夜校（今改为试验民众夜校），以提高农民知识。

三、设中心木匠店，以研究改良村民日常所需的用具及农具。

四、办中心花园，以为附近农友正当消遣的场所。

五、建筑农艺陈列室，以资农民互相观摩，对于农业有所改进。

这些在上面，都已经说过了。此外还有：

六、散布改良麦种、蚕种，以增进附近乡村麦与蚕的生产。

七、举行蔬菜展览大会。如黄芽菜、萝卜、山芋之属，以提倡改良菜种及其栽培方法。

八、召集附校（近）三十余村长会议，进行乡村自治，练习民权。

九、合组北固乡修路委员会，先谋修筑自神策门经迈皋桥，香塘街至燕子矶的大路，以逐渐改良乡村道路。

十、扩大小学活动设计会议，请附近乡村小学老师一体参加，共谋乡村教育之改进与普及。

十一、筹办消防队以防火警。

十二、筹设信用合作社及消费合作社，以减轻农民经济上之痛苦。

十三、利用国庆日及各种纪念日举行农民娱乐大会，以培养农民的正当娱乐与公民常识。

十四、举行防疫运动。这事在去年夏秋之间。当时南京城内虎列拉疫疠盛行，先由本校医药卫生指导员向全体师友讲演：（1）虎列拉之病症及其危险。（2）病疫发生的原因及其预防法。（3）诊治虎疫之方法及药食。（4）夏日卫生宜注意的事项。次则全校师友分队前往附近各村讲演。警告村民注意。我们借此可以灌输卫生的知识，借此可以破除瘟神的迷信，亦从此亦可以获取农友的同情而赞助学校教育事业的发展。

还有一件事，要向读者说明的，就是"到民间去"或称"会朋友"。已经列在我们全校师友人人的生活日程表中了。这件事的办法是这样的：全校师友共分八队，每队约七人。于每星期四之下午，各队同时出发分往指定的村落。他们去干什么呢？和农人谈话，联络农友的感情，了解农友的生活，访问农友的家庭，征询农友对于学校的意见，调查乡村社会的实际状况。各队回校以后，在晚间，共同集会，各队有"民情报告"，报告完了以后，就继续为"农村社会改造设计"的会议。"民众夜校""农民娱乐""防疫运动""合作组织"等事皆是由这个设计会中产生出来的。"到民间去"本是晚近社会改造上的一个口号。而我们今在此地试行的。现在我们的师友以我们就是村民，我们所处的就是民间，"到民间去"这个口号，在本校不甚适用。不如改名此种种活动"为会朋友"，因为"我们的信条"有"我们深信教师应当做人民的朋友"，一则我们的全部教学做中又有"农人朋友教学做"一项。名虽不同，其事则一。总之，这件事是可以看作乡村教育先锋团试行乡村社会改造的总宣传作用的。

总而言之，教师与农人不宜隔阂，学校与社会不能分离。教师必须为人民的朋友，学校必须为社会的中心。如其不然，五千年古国之要出头，是未可遽作乐观的。真的，真的！我们急切希望在最近的将来，就养成一百万名乡村教师，创设一百万所乡村学校，改造一百万个乡村社会。那时候，那时候，幸福的、公道的而且进步的少年中国不是就实现了吗？朋友呀，中国乡村教育界的同志呀，你们的学校已成乡村社会的中心吗？你已经是乡村人民所敬所信所亲所爱的伴侣吗？

入学考试与修业年限

试验乡村师范的入学考试是这样进行的。考试科目：（一）为作国文一篇；（二）为常识测验包含历史、地理、物理、化学、矿物、生物、卫生、数学及政治、经济。惟不及英文或任何外国语；（三）为智力测验；（四）为口试及演说。演说题目是先一日公布的，凡二三十题。演说前五分钟由被试者自行抽定一题，再行准备五分钟后即上台演说。凡五分钟。听讲者为评判员，指导员、本校同学，应试新生及附校的农夫农妇；（五）为农事操作，男生凡四小时，女生凡三小时。或垦荒，或锄地，或修路，或施肥。今年二月间招生，正是大雪时候。积雪盈尺，农事不可试，乃改为扫学校中大路的积雪。各人约半小时。这是很奇怪的，凡来试师应试，和已试师受学的青年学生，都是耐得勤劳，亦且爱好勤劳。那天考试的时光啊，雪呀纷飞，风呀紧刮，天呀阴沉，气呀寒冷，鸟呀匿藏，人呀瑟缩，而中国的青年学生来到乡间，脱下长袍，手拿大帚，在漫漫广野，迢迢大路上扫，扫，扫，扫雪哩！那时候，我见着，我想着，我呆着，我不禁狂笑，我不禁下泪。少年中国的青年学生必须这样吗？少年中国的青年学生，为什么必须这样呢，此外本校入学考试尚须经过体格检查。

我们怎样选取新生呢？一是省查那人是不是愿为乡村教育努力。一是省查那人是不是能为乡村教育努力。一是看那人的志愿，一是看那人的能力。教育是清苦的事业，非甘淡泊者不愿干。教育是有关国家万年大计的事业，非有相当才学者不能干。莺犹求友，蚁自成群。我们当然盼望中国乡村教育界添些多才多艺的真实同志。但是我们亦要求"小名士、书呆子、文凭迷最好不来！"

说到本校的修业年限，现在规定的第一期学生一年半，第二第三两期学生二年。但这是章程上暂定如此，事实则各人尽可自由伸缩的。我想每个学生在每个学校之中究须修业若干时间：第一当看他本人的需要与能量。第二当看那学校之所能供给的。学者需要多而能量大的，可多些年月；学者需要多能量大而其所需求者学校不能供给，则亦无须多耗年月。因此，本校的修业年限，章程上虽暂定是一年半或二年。而实际则学者与学校之间可商为半年，为一年，为三年，或为两个月。学校所应当告诉学者的只是（一）乡村学校的良好教师应具备什么条件？（二）本校所能辅助学者之修养的是什么事情？寻常学校，必须规定三年四年而后毕业，既经三年四年亦不得不毕业。这是于教育全无根据的，我们不敢赞同。师范生修业若干年月以后，离校办事（我们不说他是毕业，亦不给他什么毕业文凭），本校对于他们并不是推出校门，就置不理的。我们想设一巡回指导员，聘对于乡村小学教育有经验有心得者任之。他去指导初初离校办事的学生，鼓励他们的兴趣，解决他们的困难，答复他们的疑问，安慰他们的寂寞。总之是辅导他们每人做一个成功的乡村教师，办一个优良的乡村学校。

结 论

我们的同学说："我们的学校好像一枚炸弹。我们便是这枚炸弹爆发的粉屑，每一粉屑的我们，他日都应该炸毁一所旧的学校！我们的学校又好像一轮初升的红日，我们便是这轮红日四射的光芒，每一光芒的我们，他日都应该照彻一所新的学校，照彻新的社会、新的中国、新的世界！"不仅是他，我们大家对于这个学校的期许都是非常深厚的。现在我已经叙说过去将近一年的试验乡村师范的经历如此如此。宇宙进化的公例是后后胜于前前。再过一年、十年、百年、千年、万年、万万年后的南京试验乡村师范是如何呢？我们言念及此，不能不惕惧奋勉。尚希全国乡村教育界的同志，时赐我们以指针。

十七年三月八日脱稿浙江义乌

乡村教育与乡村社会[*]

我在研究乡村教育，诸位先生都是从事教育的，其中想必有正在研究乡村教育的。我现在想和大家谈谈。村学校和乡村社会的关系，兹分开几层讲：

（一）学校是社会的。学校是社会的学校，不是社会以外的学校。经费是哪里来的，是由社会生产出来的。学校的建筑设备是哪里来的，也是社会供给的。学校里的教师，也是社会栽培出来的人士。学校单是有了经费设备和教师等，倘若没有学生，依旧不成学校，学生是哪里来的，也是社会的子女。所以说学校是社会的。

（二）学校是为社会办的。从前老先生教书是传道，是教做八股，中科举的。教徒办学校是帮助帝国主义来作文化侵略的。工厂里办学校是培植工人增加生产效能的。我们办学校是要发达社会。办了学校，社会因之进步。这就是学校的成绩。假使社会没有进步，就是学校没有成绩。现在学校造就的子弟，将来做成了贪官污吏、土豪劣绅、高等流氓、书呆子，其他类似这样人物这都是学校的不是处。学校的责任是要培养人才去铲除恶势力，建设新国家，做成一个健全的公民。

（三）学校要做改造社会的中心。国家临时发生事情，乡村最不易宣传，因为宣传的人，事前没有和农人合作过。其实乡村的事情比城市好办得多，只要和农人多接触，得到他们的信仰，晓庄师范办了一年多，开了八所中心小学、四所幼稚园、三所民众学校，还有其他的各种机关，大都是由学校与农人合作才办起来的。怎样可以得到农民的信仰，达到做改造社会的中心，要注意下列几点：

---

[*] 此文原载于《太仓教育》，第六期（1928年）。

（1）改造教员的思想及行为。教师往往自恃其智与能，瞧农人不起，其实农人也有他的特长，甚至大学教授犹有不及农人的时候。譬如犁田、种菜，就要请教他了。做乡村教师的，第一要把轻视农人的态度改掉。农人叫我们先生，我们也应该叫他们做先生。这不是降低自己人格。教师应当和农人相敬相爱，和他们做朋友。其次，我们还该当改造我们自己的行为习惯。农人可以吃的，教师也能够吃。农民可以看的，教师也能够看。农人可以做的，教师都应该做。使农人看教师没有什么特别，不是人上人。最坏的是喜欢做人上人，人上人是怪物，人应该做人中人的人。教师的行为习惯要改造得和农人一样，那么可以做农民的朋友。

　　办学校最困难是社会上不信任学校，不了解学校，不来帮助学校。有时用一些力量成效很显著，有时用十分力量反而没有一些结果。晓庄师范初开的时候，农人都认为是来传教的，是来招兵的，要办一只中心小学，十分困难。今年三月里一个月中开了五个中心小学，四月里一个月中办了两只民众学校，这就是和农民做了朋友后得到他们帮助的结果。所以学校要做改造社会的中心，先要得他们的信任。要他们信任先要改造教师自己的思想和习惯。

　　（2）学校须开放。从前校门上往往挂一对虎头牌"学校重地闲人莫入"，把学校和社会隔绝。现在大学校前面还有站岗的警士。一方面提倡民众教育，一方面隔绝民众，不是很矛盾的事情吗？学校和社会是合一的，应当把学校完全开放，在教学的时候，也可顺便讲给农民听。晓庄师范里常有农民来要我们开机器戏（农人把留声机叫做机器戏），农民工作之余，来校游憩，亦有就在藤椅上睡觉的，我们也断不去惊扰他。

　　（3）到民间去。欢迎农民不来，只有设法到民间去找他们。我校里规定每人须要认识两个农人。女的找女的，男的找男的。倘若学生不能照办，就要不能毕业。要在农村做事必须和农民做朋友。这俩（两）天一共分了八大队往乡村里去，由指导员指导给农民种牛痘，并宣传灭蝇杀蚊，种种方法。同时也就可调查社会上经济宗教政治的大概状况。顺便探听农民对于学校的批评究竟怎样，有哪几点不到的地方应当改良。

　　（四）实地和人做事。空口说白话他们是不相信的，一定要实在地去做。做了以后的确有成效，那么各处都可逐渐推行。晓庄有几件事情正在和农人一同进行：

a. 救火会。救火是非常重要的事情。全体师生和农人合组。倘有火灾则全体去扑灭。在开会的时候就教导农人会议时应守的规则，不可以随便讲话，一一实地指导，空口教他们是不容易懂的。

b. 乡村医院。农民体格强健，不容易害病，但是不病则已，一病往往变成重病，甚至一病不起。我们学校里的卫生指导员就是一位医士。设立了晓庄医院，农人害了病就替他们医治。医生的言语之于病人，犹之父母教子女，是完全会听从的。那时候叫他们平日怎样卫生自然完全可以照行了。凡做乡村教师都要有医学常识，像医治蛇啄狗咬种牛痘均须练习。种牛痘医生要银一元，成本只需五六十文，倘若收一角二分，也不以为多。趁此可以联络感情了。

c. 中心茶社。农人没有相当娱乐的场所，小茶馆就是农人聚会的中心，也是万恶的制造所，俗话叫小茶馆做剥皮亭，非赶快去改良不可。晓庄开设中心茶社，中间有说书，有时说说《水浒》《三国志》，有时讲讲外国习俗，和其他偶发事项。还有乒乓球、棋子等，农人和师生一起游玩，他们都认以为很荣耀的。

d. 木匠店。从此可以改良农具和桌椅等。

e. 农艺陈列馆。把附近农产物搜集陈列借供研究。

f. 国术会。青年喜欢武术，都可入会研究，练习拳术。

g. 运动会。教师学生不分男女全体参加，每人须有两项运动。并有附近十八个村庄加入竞赛。运动的项目是锄头舞、插秧舞，蓑衣舞，此外还有挑水、割菜、挑粪、跑山等比赛。

h. 代笔处。师生常代农人书写信件。

i. 消费合作社。进了三四月还没有成功。

j. 修路会。因经费困难不易着手，现在正在进行。再停两月神策门到燕子矶可以有八尺宽的好路。上星期为了这事北固乡二百多村庄曾开联席会议。

k. 政治法律讨论会。农民最怕见官，所谓苛政猛于虎。现在我们想，农民间倘有争执就请他们到校里随便谈谈劝告他们息争。如其强梁不肯服从公意就声言公众是要去帮助他的对方了，这样实可以解决许多小纠纷。日前拉夫的时候替他们请求五里之内不得拉夫。并且常对他们说明：官是公仆，国民是主人。

l. 改良种子研究处。随时宣传麦种、蚕种等选择的方法。

m. 村民自治会。自治会是混一的从事各事的委员会会合起来组成的。预备将来开国民会议农民也得去参加。我们现在就当提倡民权、复决权、选举权、罢免权、创制权，还须一一先事实地练习。

总之我们要求中国的自由和独立，要建设快乐公道进步的新社会，不是少数英雄可以做得到，应当四万万人民一齐起来，共策进行。农民有三万万四千万，办教育应该注重量的发展，所以应该注重乡村教育。从经济方面说国税百分之八十，是从乡村产生出来的，教育也应该注重些乡村。

少年的中国，当在工商业上出头，农业上安根。一个国家，如其工商发达，而农业无法振兴，如日本、意大利、英吉利等国就容易变成帝国主义。

农民有许多特别优点比较的最有希望。体格健全、态度光明、精神充满，气概豪爽，所以我希望各位先生都要特别注意乡村教育。

乡村教育改进法[*]

引言

要普及教育，当然要注意乡村教育。中国的民众，百分之八十以上在乡村，乡村教育不注意，便说不上普及教育的。现在国内乡村教育的动，随着普及教育的呼，引起许多教育界人士的注意，提倡，实验，这是一种很好的现象，但中国乡村教育在量的方面，固要求推广，在质的方面，也要求革新。中国的乡村教育，如何推广？如何革新？这是我们大家都要注意的。此次讲演就想对于"浙江的乡村教育之推广与改进"这个大题目，有些贡献。今天先讲：

一 今日乡村教育之病象及其改造

甲、病象

今日之乡村教育，简直是非人的，也可以说是害人的。论其病象，约可分析为六点：

（一）太注重书本。试观目今各校，自上午八时至下午四时，无非上课读书写字，大有"书中自有颜如玉，书中自有黄金屋"之概。虽然，书本亦非尽坏。但读死事，究有何益。因为书本之知识，有真，有假，假的知识，是等于不兑换之纸钞，即使真的，亦属不正确。例如老师讲马，有四足，是动物，步行甚快，能供乘骑。一日儿童遇见老虎，心想这是动物，这也有四足，这步行也快，遂以为马，欲骑之，那可遇险了。这不是

---

[*] 此文原载于《市政月刊》，民国十八年第四期（1929年4月）。此文为杨效春演讲，朱一清记录。

书本教育的贻害吗？

（二）复古的。现在的教育大多是保守的，是反革命的。把不合时代背景之经验与事实，硬来教学生，即使教学效率十分好，亦不过成了一个古人的留声机，现代落伍者。

（三）不是以儿童篇本位的。例如基督徒之以传教为目的，顽固派之以传续道统为目的，投机派之以迎合参观人之心理为目的。

（四）只为少数人着想。现在教育之计划与设备，全是违反普及教育之原则：是不劳动的，是不生利的。例如农人之子，一经读书，即不肯耕田，洗衣之妇女，一经读书，即不肯洗衣。又如一般教师们，设使手提便桶，就觉羞耻。那么岂不是教育幸亏不普及，不然则无人种田，无人做工，我们何从而得食。说一句笑话，受教育者不屑提便桶，则教育普及以后，人人受了教育，即人人不屑提便桶，杭州便桶，杭州便可以成臭杭州，人的社会，也就成臭的社会了。

（五）养成不劳而获的人。现在读书之目的，是不入世的，是超然的，好像读书之后，即可不劳而获。洋房人人要住，而森林无人肯垦；白米人人要吃，而田亩无人肯种。一若非不劳而获，即是不光荣的。

（六）养成领袖欲的人上人。现在教育之目的，均希望学生能为人上人，而不能养成有人中人的观念，其实，世上之人，只应为人中人，断没有人上人的；有之，即是鬼，做怪物，不是教育破产的现象吗？

乙、影响

近今教育，病象既如上述，其影响与社会和个人很大，兹分述于下：

（一）社会方面

A. 教育不能普及，只得供少数闲暇人士的享受，其理由已如上述。

B. 不生利的是减少生产的。有良好教育，始能改良农业。现在教育与农人，离而不携手，结果形成教育是劳心的，农工是劳力的。以如此"隔岸观火"之教育，要想改良农业，正是南辕北辙，故此种教育，不能加生产，反而妨害生产。

C. 使社会扰乱。社会扰乱之原因，虽不一，而教育之不良，要占其一。其故有三："子"劳心者不了解劳力者之苦痛，致成隔膜，往往利害冲突。"丑"劳心者日多，"僧多粥少"，势必互相竞争。"寅"人人欲为人上人，扰扰攘攘，遂无宁日。

（二）个人方面

A. 制造官僚式的学而无用的人。

B. 是不民众化，是减低青年实力的。

C. 是引起人们的虚矫，提高人们的欲望的。其结果，人人愿为政治工作，不愿为乡村工作。使有为之青年堕落，殊堪浩叹。所以现在要打倒贪官污吏，必须先要打倒这等培植贪官污吏的教育。

丙、原因

现在教育之影响，于社会和个人，已如上述。我们要起来改造，自当先知其病因，分述如下：

甲、皇帝愚民政策之遗毒。因受此遗毒，故人人多抱读书做官之梦想，而群趋势于学仕，自绝于农工。

乙、孔孟谬说之遗传。论语云："樊迟请学稼，子曰吾不如老农，请学为圃，曰吾不如老圃，樊迟出，子曰，小人哉！樊须也！"又云："子张学干禄，子曰……言寡尤，行寡悔，禄在其中矣。"又孟子云："上士倍中士，中士倍下士，下士与庶人在官者同禄，禄足以代其耕也。"此种学说，均使一般人轻农重士。

丙、程颢、朱熹、周敦颐辈之正心诚意说，亦使人们麻醉于书本上用死工夫。

丁、升官发财思想之发展。现在人们不以实在能力本领，只问能不能做官，能不能发财，便算本事，至其官如何钻营而来，财如何搜刮而来，不问矣；所以人人不能实际工作。现在除非要把"吃得苦中苦，方为人上人"来改做"吃得苦上苦，做个人中人"，才可把这种妨碍人的教育打倒。

戊、好逸恶劳的本性。读书比较安逸，农作比较劳顿，所以人多不肯做际工作。现在之教育，既然是使农人之子，变书呆子，住屋不造森林，吃米不种田，变健康为衰弱，变生利为不生利，变勤勉为不劳动，我们既知现在教育是死路，那么我们向哪里去寻生路？依我看来有下列几点必须注意：

甲、教育之目的方法和设备当以生活为中心，离开生活，不必谈教育。（怎样以生活为中心，详见第八节。）

乙、要以儿童为主体。现在的教育，多以办学人之心理为主体，今后处处当以儿童之环境及心理着想；教材教具等，要皆以儿童化为原则。

丙、不要模仿古代的要进步的。世界和人类均是进化的，那么我们教育也当进步的。不可模仿古代"亦步亦趋"似的，要晓得做古人的漏斗是不行的。

丁、要革命化的要民众化的。

戊、要教学做合一。才可不致养成一般学而无用的人。

己、要社会化的。要使儿童备具真实的品格和学问，做一个社会中的健全分子，不要做一个人上人。

二 乡村教师

乡村教育之改造，虽然政治经济，各方面均有关系，但最重要的，还是人的问题，即教师问题，教师不是人人能做，而乡村教师，亦非个个教师都能担任的。现在把怎样可做乡村教师的条件，举述于下：

甲、要具备农人身手的普通教师，已经非常劳苦，而乡村教师，又多系单级，预备功课，料理杂务，忙碌更甚。所以乡村教师，必须要强健能耐苦劳，要勤敏能做粗事。换句话说，他要能过农人的生活，并要能做农人的工作。一般教师，身着西装，脚穿皮鞋，食必肥脂，出必车马，怎样能有成就呢？

乙、要有科学的头脑。有了科学的头脑，做事才有计划，有系统，有效力，自然人人信仰。怎样可算有科学的头脑呢？就是以最少的时间和经济，来做很多的事业，有极大的效力。尤其要注意下列各点：一、不勇气用事。二、不守旧。三、不趋新。四、能分别事之缓急轻重，一一应付。五、能分析事理。六、能了解儿童心理。七、能知道社会需要。

丙、要有艺术的兴趣。做乡村教师，要能以苦恼中找快活，遇任何困难环境，均能乐观，能改造，能进取，能"自慰慰人"，这样呢，就随时随事，尽是快乐之花了。因为儿童好比是活的雕刻，我们有了兴趣，就是见脏孩子，丑孩子，也觉得他心灵活泼，啼笑均感有趣。虽然社会往往不完全，也有不合乎正理，不能澈我们主第的地方，那也不必悲观，因为社会组织，设如十分完全，那么我们同人，岂不是英雄无用武之地了。所以遇到困难，不必悲观，更当努力。诸位裁缝能用布，制成美的衣服，石匠能用石，刻则成美的偶像，木匠能用木，造成美的房屋，教师竟不能用儿童，教成美的人士吗？

丁、要有改造社会的精神。就是根据第一节所述的，要社会化，要民众化，我们要把乡村社会来改造，先要自己有改造的精神，就是应当：

（一）与农民同甘苦。不同甘苦，是只知学校中心不知社会中心的，不可以做乡村教师。要对农人"担忧先忧，享乐后乐"，才行。

（二）要能进取能造的。教师应该站在世界潮流之前，不要做一个落伍者。自求进步要快；因进步不快，如人力车之不及马车，马车之不及汽车，所以进步而不加紧速度，也是落伍之流。

（三）要战胜困难。什么事都有困难，困难就是我们努力奋斗的机会。怎样能战胜困难呢？就是要"细心想""大胆做""失败了再起来"。好比打仗，屡战屡败，我们要改过来屡败屡战。

（四）要和人合作。例如要改造儿童，必须和家庭合作，改造社会，要和乡人合作。因为事业是永久的，能合作，则所有事业，可寄托与民众。怎样能与人合作呢？现在乡村干事最困难的，就是"没经济"，"没组织"，所以我们要想合作，第一要诚恳，不用手段。你用手段，人怕没有手段吗？第二要负责，和乡人合作，你如不负责，根本失了信仰，也可以说就是失败之机。第三不要骄傲，不要妒忌，一存骄傲和妒忌，便没人和你合作，所以必须要存一种"没有我不行""没有他也不行"的思想。切不应你挤我轧，互相争自己的好。须知乡村教育，如果只有你一人好，一校好，能成功吗？总之：做乡村教师的，对事应当存"敬其所长，恕其所短"的观念。

上面所说的四个条件，是乡村教师必须具有的德性。教育是人的事业，徒有经济和设备，而无良好教师，断不能好。倘使教师是好，虽则无设备，亦有精彩。因为教师，是学校的灵魂，所以要良好的乡村学校，固应当有良好的教师，要良好的乡村，也应当有良好的乡村教师才行。诸位同人大多来是（自）乡间，希望诸位听了，不仅仅晓得就了，或是信仰就了，还要去行动，就是听了就去做，如有困难，不妨提出来作一个精密的评论。

三 "教学做合一"的理论与实施

今天讲乡村学校的教育方法，自来教育方法，大致可分三种方式：

甲、教授法。这个方法，教师只管教，学生只管受教；教的是不是生活所需，都不问的。

乙、教学法。这个方法，是主张教的方法，要根据学的方法。

丙、生活法。这个方法，就是"教学做合一"。就是怎样生活，要怎样教育，教的法子，要根据学的法子，学的法子，要根据做的法子。

上面说的三个方法，教授法是"教者谆谆，听者藐藐"，不是根据学者的心理，不顾到学者的困难的，教学法，又是学而不能行，所得的知识，常是死的，常是假的，可以说是教"洋八股"的方法，这两种方法都是不好，好的方法"教学做合一"，"教学做合一"，并不是希（稀）奇的理论，很妙的方法，它只是由"教学合一""学做合一"的主张推演而来的。大家知道教者不能瞎教，要看学者能不能理会，能不能领受，便是说如何教要看如何学，这便是主张"教学合一"。大家又知道"行以求之"，在做事上求学问，这便是主张"学做合一"。王阳明说："知为行之始。"其实是"行是知之始"。总理说："行易知难。"便可证明了。例如灼火知热，嚼糖知甜，又如要使儿童知开会的规律，就当设计开会，予以规律的知识，这不是行是知之始吗？

所以最好方法，就是要把教学合一学做合一，联续使用，便成功教学做合一。

教学做合一，怎样实施呢？就是教的要根据学者所需要的，学的要起来就做，譬如种田这件事，是要在田做，便须在田里学，在田里教，游泳也是如此，所以教学做合一，消极方面，能避除书本教育的大病，积极方面，能造成有生活能力的学生，这才是活的教育，人的教育。

现在再来讲教学做的关系，当教师的应当在做事上教，不要空教，学的在做事上学，不要空学，处处多以生活为中心，他的知识，才是真知识。教学做是一个活动，不是三件事，我们要在做上教，在做上学，在做上教的是先生，在做上学的便是学生。总之对人便是教，对己便是学，对事便是做，不然教学做离婚，便不成其为教学做合一了！

教学做合一的场所，先生与学生，也没有严格的区别。凡人小能，全知全能，所以教师一方要会教人，一方要会跟人学，过去有许多师范生的落伍，便是只会教人，不会跟人学，例乡村教师，不会耕田，好教农人教。又如老农能预测气候，什么"青蛙打鼓"一定要雨，这一类的农谚他们多很有经验，我们可跟他学，如同我们校里——晓庄师范——对于入校新生,必问其有何特别技能,有善养蜂的便请他指导养蜂,有善编篮的,便请指导编篮,都不摆起先生的架子,只问能不能做。

总之,"教学做合一"的教育,是能说能行的,有力量的。现在,非"教学做合一"的教师,他叫学生不可吃烟,他自己偏要吃烟,这种教师特别做坏事的权利,是哪里来的呢!又如教师,自以为是有老资格,每逢开会不准时到,差几分,也不要紧。噢,资格老,就可做坏事吗?唉!教师们,说了做不到的,宁可不说,说了反而骗人,骗人的教育,你对得起青年吗?

四 乡村学校与乡村社会的改造

大讲乡村学校,怎样来改造乡村社会,要解决这问题,必先明白现在乡村的缺陷。分述于下:

甲、乡村的缺陷:

(一)文化落后:我国因素来不注重乡村教育,所以乡村与城市的文化比较,是落后得多了。

(二)谋生艰难:这因为乡村的经济组织,不及城市,更因为农人的知识和技能欠缺,所以谋生不易。

(三)生活枯燥:因乡村多无娱乐场所。

(四)交通阻碍:如通信等均非常困难。

(五)卫生不计:乡间空气清新,饮水净洁,天然的卫生虽好,但是人为的卫生之设施,则谈不到了。

(六)组织散漫:乡人的亲密,多是情的,不是法的。感情的结合未能扩大,不如理智的、规律的,收获来得大。

乡村有了这些缺陷,改造的责任是谁负呢?靠行政方面吗?靠宗教方面吗?在我们看,这实任该由我们乡村教师去负的呢。原来乡村学校,是乡村社会的中心,乡村教师,则一方为村之导师,一方则为校之灵魂。更有下列五点,足以证明乡村学校实应为改造社会的中心:

(一)乡村缺乏其他组织。

(二)学校有广大的场面及设备,便于公众集会。

(三)教师的学问才具经验适当。

(四)教师的责任,原来不仅改造学校,更当改造社会。

（五）社会改造，同时学校亦有连带利益。

乙、改造的方法

乡村有缺陷，乡村教师应当负改造社会责任，那么怎样改造呢？怎样可以做一个改造社的中心呢？依我想有下列的三种方法：

A. 学校公开。过去学校之有虎头牌，现在学校之有围墙有门房，甚至还要有门岗，唉，用了这许多隔离社会的工具，以拒绝民众，还要说学校要社会化，要民众化，真不知从哪里说起。是不是庙宇有山门，有神堂，我们学校也要有门房，有门岗，模仿那威严的样子吗？更可笑的，平时对于民众，这样的隔绝，一到了如同五三惨案等事件发生，就忙得了不得：什么贴标语，宣传队，尽力去找民众。我们晓庄师范，是不用门房，是不用岗警，亦永不挂谢绝参观的牌子的。学校绝对公开，懂得参观的，我们欢迎他批评；不懂得参观的，我们欢迎他，使他了解学校的内容。就是他要求开留声机，我们亦开给他听。他在校中的椅上睡，也就让他睡。这样，农友与学校接近，学校才可谋与他们合作，以改造社会。

B. 会朋友去。学校公开是欢迎他们来，他们再不来，我们用什么方法去接近他呢？就用"会朋友去"的方法！我们晓庄师范，每逢星期二，将全校学生和指导员，分队，出发各乡会朋友去。它的用意是：一、认识农人，二、和农人谈话，可明了其苦痛。而且定好每一学生必须有农友二人，否则就不能毕业，以养成他们肯与农人接近的习惯与兴趣。

C. 替农友做有利益的事。所做的事，可分临时、永久两种，现在我把各举例说明。

甲、临时的：一、元旦团拜，二、赠送春联，三、利用节日及纪念日做盛大的纪念会，四、开乡村运动会——我们晓庄师范曾经实行过，由农友和学生联合起来，运动的节目，要农民化的，如蓑衣舞、锄头舞、栽秧舞、跑山比赛、挑柴竞走等。奖品要合乎实用的，如毛巾、肥皂等。五、恳亲会，六、展览会，七、音乐会，八、农产展览会，九、防疫运动，十、灭蝇运动，十一、开欢迎会，如全国教育会议的代表来我校参观，校中与农友合作开了一个欢迎会，同时请农人之女做主席，这样可以增加农人的自尊心，十二、民众讲演会，十三、开幻灯及影片，十四、改良蚕种。

乙、永久的：一、救火会经费由校代筹，事前先去宣传的筹备完竣，须开成立会。在开会的时候，就可教演开会的规则，懂了规则，就可使用民权，如通过规则，就是行使否决权，增加条文，就是创制权，推举职员，就是选举权，委员不好，主张不要他做，就是罢免权，会开完了，就可定期练习比赛。这样农友们晓得学校是替他们谋利益的，是没有旁的作用的。二、乡村医院，灌输浅近医学卫生的知识。三、组织修路委员会。四、组织消费合作社。五、组织联村政治法律讨论会，这项很重要，因农友不明法律，常被土劣利用，设了此会，可以增加法律知识，更可运用农人团结的力量来打倒土劣。六、乡村武术会。七、中心茶园。八、民众学校。九、改良成衣店。十、改良木作社，专制改良农具。十一、问字处。十二、阅书会。十三、妇女协会。十四、村政会议。十五、乡村运动场。十六、农品陈列室。临时和永久的事项，已举了许多，但是进行集会的时候，应注意下列各事：一、要有计划和准备。二、要利用学生宣传。三、要尽量使农友参加，不要自存领袖欲。四、各种全要含有教育性质。五、要有娱乐。六、要准时进行。七、仪式要变化，更应含有农民化的意味。八、会不要多开。九、开会时间不要太长。十、开会应在农暇的时候。

乡村的缺陷，改造好了，我们同时要把它固有的优点，发扬起来。什么？一、饮料清洁，二、空气清洁，三、观感自由，四、本性忠实，五、感情亲密。乡村经过改造，有了新气象，这些优点，又非城市所能及，那么这时候的乡村，不是成了极乐世界吗？当乡村教师和农友不是多成了活神仙吗？同志们：起来！干！干！

五　家庭与学校

家庭与学校，都是训练儿童的机关，改造社会的中心，只靠学校是单方面的；如同学生在校，不得吐痰，他到家中，便可吐痰，家庭与学校，不联络，则学生之好习惯，就不易成。家庭与学校怎样联络呢？现在我举几样办法如下：

甲、招待家属来校参观。乘此时机，便可告知：一、学校之宗旨及办法，二、本校新近之设施及将来之计划，三、训导儿童之办法，四、征询对于学校之意见及批评。

乙、约家属来校谈话。比方某儿到校不守时刻，我们要约他的家属谈话，但谈的时候，不可直言其子之过。应设法婉转，以免家属之不高兴；

又约他来谈话的时候，要"勿违农时"，"勿违人事"。

丙、讯问家庭，最好在散学时和学生同去，但应注意下列五点：

（一）要有计划的。就是去访问，要访问哪一个，最好先新生，再将毕业的学生，再有问题的学生，再普通的学生，还要经济时间。

（二）要普及的。因设如常至一家，不至那家，势必酿起家属非议，所以我愿意诸位"做春风"，不要做"电扇"，就是不问贫富好坏，都应去访问的。

（三）要明了地方风俗习惯。例如养蚕之家，就不能去。

（四）要友谊的要含有教育意味的。

（五）访问的目的，不但要晓得儿童状况，更要同化家庭。

丁、开恳亲会，这可以和家属多接近，更可增加家属社交及娱乐机会。

戊、开教师家属联合会，这可使家属对于学校发生兴趣，及组织改造社会团体之可能，更可计论训导儿童实施之办法。

上面说许多方法，或许不能行吧，也或许行了有阻力吧。那我们该认识什么事，多有阻力，有了阻力，我们该用教育力量去打破。第一步只叫他们同情，由同情而赞助，由赞助而合作，才行。总之我们积极的要扩大助力，消极的要消减阻力，那么什么事都不怕不成功了。

六　由儿童失学讲到家庭设计

这是普及教育的重要问题。原来失学有二种：一、是过学龄而不入学的，二、是虽入学而常缺课的。我们现在当想什么办法可使儿童都入学，使入学的不缺课呢？第一种的失学，我们当然是要行使强迫教育，但是实行强迫教育，虽然不收费，家庭因儿童入学，不能赚钱，以致终不能入学，这我们当教员的，当扩大眼光，就是没有人报告入学的，也可遇到机会去教他。原来真教育者，是不限于人，亦不限于时与地的。我们觉得，人人可教，时时可教，处处可教的，现在讲儿童失学的救济，及家庭设计办法：

（一）儿童失学的救济

甲、学校要变做儿童乐园。原来缺席有因家庭关系的，但是儿童本身，也有重大关系的。使学校成为乐园就是使儿童欢喜入学校。

乙、要调查儿童缺席的原因。因为乡间事务，需要儿童者很多，尤其是农忙的时候。如看门，看牛，看瓜等，我们要先令邻近学生去调查，或讯问附近农友。

丙、劝学，这方法第一步，可利用同学去劝，第二步再教师和他通信，如"某某某，快快来上学，做个好学生"这一类含有鼓励性质的话。还有去叫的时候，要说校中师友很挂念你，校中事务很需要你帮忙，他觉得有人爱他，重视他，就会高兴上学了。

丁、巡行教师。在家看门或看牛看瓜的儿童身子不能走，其实他多是空的。我们教师可带了工作，到他家里分配给他做，教师好比是游击队一般的样子。

戊、一小时的校。无论怎么忙，要抽出一小时，那总可以，不过我们教的时候，要有计划，要很经济，并要指定工作，给他带回去做。如能在校中备一钢条，钢条声响，人家来校上课，一小时后，就可回去。

（二）家庭设计的办法。例如学校有缝纫，家庭也有缝纫，那么家庭要做衣，我们就可利用作为家庭设计，不过施行的时候，有几个要点：

甲、要儿童做有目的的活动，如为吃蛋则养鸡，穿衣则做衣，吃桃则种桃子。

乙、要家庭环境有自然的需要。

丙、要教师家庭学生两方面合作的。

丁、要有计划，要有教育的意味。

戊、要有指导及监督的，不是玩弄的，不是冲动的。

己、家庭设计要和学校工作联络。

上面有了这许多办法，我们怎样做呢？那我们第一要信仰，这是可能的。更要认识凡是增进经验及改造经验多是教育的真义，更要了解家庭就是学校，田间就是课堂，万物就是课本，工作就是课程，生活就是教育，农夫就是教师，凡是书本的知识，都是第二步的，都是旧的，只有由万物得来的知识才是最新的。

现在失学救济，家庭设计，都讲过了，我再来讲家庭设计的价值，也把它分项说明。

甲、可能救济儿童的缺课。

乙、能引起儿童责任心和创造力。

丙、可兼教父母。

丁、可救济学校设备之不足。

戊、可亲师合作。

己、学校的课程，可生活化，更可实际与生活接近。

庚、增加生产。这骤视之，觉得不可能，但是我可举几个例子。如一九二〇年美国东亚中之都各省，举行家庭设计，四九〇六人参加，结果赚得美金二〇三七〇〇元。又一九一六年印第亚省举行庭设计，一九〇〇人参加，结果赚得美金四二八七〇〇元。又有一个农学院十个学生，年龄二十岁——二十四岁，共同举行家庭设计，结果赚得美金二〇〇〇元。所以家庭设计，不但可给予新的知识，且可增加生产。

又如一九一八年欧洲大战，美威尔逊致函国务卿特告教育部通令各小学，参加家庭花园军，专养各种鸡羊植物，一至收获，便可送往前线，统计有儿童七〇〇〇〇〇〇人，能有五〇〇〇〇〇〇儿童参加，所以他们欧战虽延三年，但是给养不虞缺少，终能战胜德国。我有儿童八〇〇〇〇〇〇，如有儿童六〇〇〇〇〇〇加入，例如人人养鸡，其鸡蛋的生产增加，便很可观了。

家庭设计的价值，这样伟大，我希望同人们，都起来做一个试验者。

七 生活与课程

怎样叫课程呢？根据各种学说，有三种解释：

甲、各种课业预定的一个大纲。

乙、实行一个学校在一定时期内一定事业的组织程序。

丙、使就教者校内一定时期内得着各种应得知识和技能的精密的计划。

所以乡村学校的课程就是乡村儿童在一定其内得着各种应得的知识和技能的精密的计划。

依我想上面这些说法，课程还是死的。原来学校课程就是生活，断不能离开生活，所以乡村学校的课程，就是乡村儿童在乡村学校过良好生活的过程。现今学校有课内作业课外作业之分，这是大违背课程即生活的原则。

乡村学校怎样来编课程？当然要顾到生活的活动，生活的活动可分三：一、全体的活动，二、轮流的活动，三、个人的活动。第一，应当规定时间。第二，要轮流地做。第三，绝对自由的。现在再把定课课程的原则来讲给大家听：

甲、要有时间性，要不背时代，不背时令；如讲四书五经，就是背时代；讲声光化电，就是合时代。又如夏日编制课程，就当用游泳、种稻、雷电、纳凉等类。

乙、要顾到地方，中国是民主，日本是君主，公民训练，当然不同。又如城乡不同，职业区域不同，其课程亦各有别。

丙、要根据人的，有些事情，大人很以为有意义，儿童反以为没趣；又职业不同，性别不同，智愚不同，课程均不能不随之而异。

所以编制课程要顾到三方面生活的不同而不同。兹再进一步研究把人的活动概括的总纳于下，以可作编制课程的参考：

甲、公民活动

乙、健康活动

丙、职业活动

丁、娱乐活动

上面活动的分类，是美国包必脱主张的，而班适尔又主张加上语言活动，但是还是包必脱主张得对。

例如七月间各种活动，可例如下：

"公民"国府成立，马厂起义，夏禹治水，热带人的生活。

"健康"卫生，出汗，蚊蝇，痢疾，发痧。

"职业"种瓜，捕虫，稻之研究，雷雨。

"娱乐"纳凉，欣赏夏之美，星光，夏日诗歌。

所以最好如上例，编制儿童生活历，依据此历来编课最好。

八　乡村学校的农艺教学做

我国以农业立国，虽然将来的发展，应在工商业出头，但是必须在农业上安根，不振兴工商，则全国经济落伍，被人侵略；重工商而不重农，则制造缺乏原料，要找原料，必找殖民地，要找殖民地，就变了帝国主义，如英之印度，日之台湾朝鲜，我国农民，占百分之八十，这便是说全国有三万万四千万的同胞，以农业为主，但重农是不是就在课程上加了一二小时算了吗？这是自欺欺人的，所以必须根本改造。换言之，就是乡村教育，要革命，怎样革命呢？就是要乡村学校实施农艺教学做，否则便是乡村教育路上的反革命，至于农艺教学做合一的价值和范围，兹分述于下：

甲、农艺教学做的价值：

一、普及农艺知识。

二、经济方面有帮助。

三、可以引起研究自然。

四、可养成勤劳习惯。

五、可养成坚忍忍耐性格。

六、养成强健体格。

七、在农事内可养成俭朴习惯。

八、可正当消遣。

九、可美化学校校景。

十、可帮助农业革命。

乙、种作把一校的学生，不论大小，男女，人人参加种植，种好了，共同吃，这就叫"公种"，"公育"。或把一部分地作公种，另一部分地划作若干区，每人一块，以可引起其比较心。这样各个耕种，就可引起学生的求知心，互助心，合作心，以及勤劳习惯，科学头脑，正不仅是培养儿童农事的身手，况且自种自吃，下籽望它发芽，发芽望他开花，开花望它结果，儿童们的快乐，正非艺术大家所能形容。

尤其农艺的范围，要以自然界为对象，这才是真科学家，达尔文之成生物学家，门德尔之研究遗传性，均非从书本上得来，是从观察农艺的生养过程得来的，倘仅仅是从书本着力，我以为他不是科学家，是"科举客"，犹之一般政治舞台上的人，没有主张的，只可称他为政客，不当称他为政治家的。

一、学校农艺该种什么？依我想有下面几个标准：

（一）容易种不致死的。

（二）时期短的。

（三）花形大而美的。

（四）实在有用的。

二、采集标本。农艺除开种，更可采集标本，兹再分述其工作如下：

（一）秋天树叶各色不同，把它采下来，用物压平，更作蜡擦，各式制成，是很美观的。

（二）各种花子和树子可用瓶储藏。

（三）做标本。

（四）率领儿童观察实物。

三、其他事实：

（一）畜牧。

（二）看有益农业的书。

上面所说，这些工作，实施方法，就是教学做合一，至于设备也不甚费的，大约有十五元就能［把］耙、锄头、水桶、镰刀、簸箕、四齿耙，都买齐了。

九　怎样创办乡村学校

我国农人三万万四千万，他们是散居在近一百万的乡村，要普及乡村教育，就当设立一百万个乡村学校，除原有学校扩充外，必须新倡，要新倡学校，校址是第一个问题，找校址必须在人口稠密，地点适合的地方，其次就是：

甲、校舍

一、借用的。借用的第一要利用庙宇及公共场所，怎样找庙宇呢？那有一个秘诀，就是常跟和尚跑，和尚总有庙舍，且多较有田地，可以向他租。

二、新创的。新创的学校，建造要合乎坚固，省钱，合用，美观的原则，如晓庄小学的校舍，其建设的费，只有三〇〇元。其校舍建筑图如下页图。

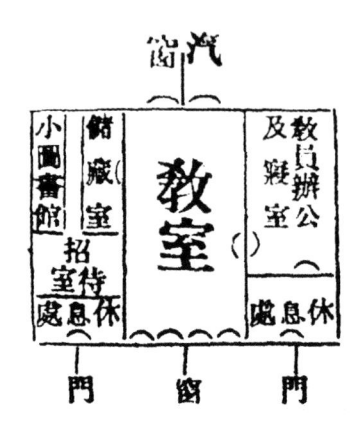

```
        汽窗
┌────┬────┬──────┬──────┐
│小圖│儲藏│      │教員辦公│
│書館│室  │ 教室 │及寢室  │
│    │招待│      │        │
│休息│室  │      │休息處  │
│處  │    │      │        │
└────┴────┴──────┴──────┘
  門        窗       門
```

其余吉祥庵、三元庵、万寿庵、迈皋桥等各校，多是同人去找，去收入，去整理，去接洽的。

乙、招生

一、接近当地人士。招生最重要的，就要接近当地人士，当地人士对于学校的态度约可分三种：一种是赞成，一种是反对，一种是先反对而后赞成，反对的大半是无智乡绅，因为他恐怕没有领袖做，又有私塾塾师因生计问题也必反对，我们当要用教育力量去感化，不可用官厅力量去征服，就是要用王道，不可用霸道。

二、教材当顺应环境。例如乡人喜读三字经，我们就不妨编新三字经，如马牛羊，鸡犬豕，蚕吐丝，蜂酿蜜，那乡人自然也欢迎，也渐了解了。

三、招生当采募化式的。我们自己一家一家去探问，可有学童上学，请他报告，如有就地人士同去最好。

四、开校的日子。应当适应旧俗当拣吉日。

五、开学日，请当地人参观，更可在仪式下加试教一节，以表示教者的才能。

丙、经费。乡村学校筹划经费的原则，是要自筹自给，用钱要省，我们晓庄师范那边今年三月间，开办了五所小学，每校开办费只有四十元，免（勉）强也就开学了。

丁、教员。教员要能镇守，要有做母亲、园丁、死囚的资格才可做，更须一面自己振作精神，一面要联络同志，最好有夫妇创办夫妇学校，更要训练艺友。

十　小学教师的路

小学教师责任最重，物质生活也很苦痛，诸位试想，到了老年，还配谈教育吗？又没有养老金，到死又没有抚恤金，大学教师所费的时间经济很少，得钱很多，而小学教师之所得，子女一多，连生活都很困难，有的因自己去做教师，连自己子女多没功夫教。唉！这样"舍己耘人"，小学教师的前途，真可叹呢！

但是我们都是中国人，现在的中国人除了少数的军人、政客、资本家以外，大家都很痛苦。痛苦的社会变成快乐的社会，这要大家努力。我们要知道，人生就是奋斗，存在不是人生，空空的虚度和偷懒，不能算为人生的过程。所以我们应当发展，创造，建设，和工作。大家起来，努力创造一个快活社会！这里有三个要件：

甲、信。信仰乡村教育成功，民众才有幸福，国家才有希望。

乙、爱。认清农友和儿童，是我们惟一的爱人。

丙、希望个个乡村，变成天堂，个个农人，做了活神仙。

敬祝

诸位健康，并努力，致乡村教育革命敬礼！

中国前途与乡村建设*

今日有机会与诸位谈话，是很荣幸的，不过由教育学院到这儿来，在仓促中，没有准备，要各位耗费可贵的自习时间，甚为抱歉，兄弟生长在乡村，做的事是青草绿波的事，今天所要讲的，也不外乎几句于青草绿波的话，我是研究教育的，我很希望研究教育的青年注意教育上的问题，今天所讲的题目：

中国前途与乡村建设——本来这个问题很大，并非寥寥数语可以讲完，谈到中国问题甚多，亦非一时讲得完，约而言之，归纳四点。

1. 帝国主义问题
2. 土匪问题
3. 政治问题
4. 农村破产问题

今日中国一切问题，都与农村破产问题有关，我们知道土匪的产生，大半是农村经济破产。失业的游民增多，才产生许多抢劫的事件，我觉得这种事件的产生，不是本身的问题，乃是乡村建设的问题，以上几种问题，不过是附带的条件罢了。究竟建设的问题是什么呢？就是乡村教育的问题，这种乡村教育的问题，乃是真正的中心问题。因为中国向来学校集中于城市，教育仅偏重都市一方面，至现在有些教育家觉悟到乡村教育有重于城市教育之必要，于是指派许多青年深入农村，建立学校，改良农村，由这种种事实看来，现在乡村教育之趋势，已成重要的问题了。

我们知道中国是以农立国，经济的本位都建筑在乡村里，农村不改

---

* 此文原载于（武昌）《中华季刊》，第二卷第一期（1932年）。此文为杨效春演讲稿，周智记录。

良，农村经济破产，而影响于政治上各种问题，自不待言，所以中国政治问题，都建筑在乡村问题之上，如果乡村无办法，中国的问题，当然亦无办法，这是无可疑义的，就中国版图内看来，都市有多少呢？不过三十多都市罢了，然而在三十多都市里的人口有多少呢？可以说是寥寥无几，而中国的人口大部分散布在乡村，所以对于这个乡村教育的努力，是刻不容缓的工作，今日的山东省对于这种工作，实有良好的发展，可为他省的模范，我希望其他的省份如同山东一样的发展，在不久的将来能趋于整个一片的形势。

我现在要问一问中国病症的根源究竟在哪里？简单一句，就是受帝国主义者侵略之下而产生出来的，追溯中国海禁未开以前，政治时兴时替，时盛时衰，盛时故有衰替之虞，衰时而有复苏之望，兴替乃成常态，但是现在与以前的国情大不相同，从前仅有内讧，而现在有了外患，所以国势危亡，即无复兴之希望与挽救之可能。

再谈到军阀的产生，解答这个问题，以我看来有两种原因，一方面因为中国固有的风俗习惯、道德崩溃，而新的风俗习惯道德未得产生，所以在这种青黄不接的时代，易产生军阀，在另一方面，因为海禁开后，帝国主义者欲抓着有力的爪牙，既以遂其侵略之野心，而军阀欲满足其无尽之欲望，亦愿献媚于帝国主义者，因此两相利用，狼狈为奸，在这种情况下，军阀有武力为其工具，帝国主义者为其后盾，我们在武力方面无打倒他的可能，必须要从消极主面，想个制服他的方法。

未谈到制服的方法之先，须知中国致弱的原因，在民族性上有三种弱点。

一、民族无宗教的信仰——因为中国人素尚仁义道德，自认为理想高尚的民族，自大自弃，遗风所及，以致成一盘散沙，无中心信仰之寄托，而养成自信力甚强之民族性，质言之，即无宗教之信仰，而缺乏共信力，所以易与其他民族同化，我从前有位朋友，他信佛教，又信耶稣基督，我问他的原因，他说他相信的是真理，在这点看来，中国人都坏在这种毛病，中国不能统一的原因亦即在此，这种不能统一的责任，大部分应归咎于政府，而不在人民，倘若政府能够统一，不患人民之不统一，譬如四川这次的内讧，就是个例子，其弊端在不能团结，对内既不能团结，对外就无力可以制外侮，这种现象归根溯源，就是无中心宗教信仰之寄托，人民失掉了共信力。

二、消极的政治——中国人素好和平，希望天下太平无事，所谓"无为而治，无拱而治""日出而作，日入而息"以及薄赋税，息诉讼、忠君敬上等理想，政府也只希望人民忠君敬上就够了。如果在政治上演成一种消极的政治，可是到现在门户开放，列强竞争的寰宇里，素持消极政治的中国，就变成一种柔弱无能的政治，衰颓失神的民气，这种影响乃消极政治之所赐。

三、太多自由——这种多自由的产生，就是无共信的原因，凡属任何民族有了共信，就能团结，譬如回教，它有共同的信仰——回教，所以就能团结，我们汉族无团结力，以致时常被他族克服，本来回人的理智并不高超于汉人，因为缺乏共信力，所以易为他族破坏。中国向来的统一，是一种豆腐式的统一，外侮一来，即被摧残，同时因为武力分散，而易产生军阀，须知统治权之后盾需要武力，武力兼有统治权，则中国的军人无法可以制止不变成军阀，就是因为有了相当的权威和地盘，可以任所欲为，如同孟子所说："上无道揆，下无法守"。在现代的中国，可将这话倒用过来，"上无法守，下无道揆"因为军阀欲握大权，非保全势力不可，欲保全势力，非扩充武力不为功，欲扩充武力，必剥削民众脂膏，此乃定论。再看中国现代的思想界里，有主张共产主义的，有主张无政府主义的，有主张国家主义的，党派分歧，国势危如累卵，但是这种种分裂的现象，不是武力可统一的，袁世凯曾用过武力统一，终致失败。由此看来，在中国这种武力分散的局势之下，欲用武力来克服武力，结果仍变成一种新式的武力，所以"前门拒虎，后门进狼"，这是以暴易暴，所以用武力来解决武力，终非彻底的办法，欲得彻底的办法，非从乡村建设着手不可，欲建设乡村非由一般博士硕士亲自下乡做乡村的领导不为功，须知现在乡村整个破产，农民的心理是一种动的状态，但是这种动态是盲从的，乱动的，始终不能想出好的办法来，所以非知识分子下乡与农民打成一片不可，这样一来，政治修明，才有希望。

我对于乡村建设的办法有几点：

1. 组织乡村自救运动——希望一般知识分子深入农村，组织乡农学校，视区域之大小与农民共同联合组织之，招收十八岁入学的青年，教以识字以及普通科目与特别科目两种，普通科目就是农民与农事所需要的一些知识，特别科目，须酌地方情形而定，例如在土匪区内，须教民众明了军事的知识，而组织自卫团，此项组织虽属军事，然与军队之性质略有不同。

2. 增加农民生产——组织农业合作社，如此商人则不易剥削农民，像这样组织起来，以分散的力量，联络合成整个的势力，则农运前途，大有乐观。

中国的政治向来是分途去干的，如同省政府之下，分有教育厅，民政厅，财政厅，建设厅等机关，各分职务，结果政务流入空洞不能联络之弊，纵有能者，亦孤掌难鸣，终致失败，所以干乡村建设的事，须要联络合作去办，一县联络一县，一省联合一省，不久的将来就普遍了全国，总之，今后乡村教育之发展，是刻不容缓的事，而负发展的责任，全赖研究教育者，人人都能向乡村去努力，尝试农民的生活而建设之，改良之，使农人有自卫共信的能力，则国不强而自强，民不裕而自裕，而百病随之铲除，庶民众得以安居乐业，倘民众衣食住行得以满足，其中国一切问题，自迎刃而解矣，但发展乡村教育，非一二日可立功效，须赖研究教育者及办理教育者与农民打成一片，共图乡村之建设，庶中国有复苏之一日。

劳作教育的理论和实施*

我想，从今天起，我们乡间的学校，就应当一律从"学习学校"变为"劳作学校"。这并不是说：我们乡人和子女只配永生世世，做粗蠢的筋肉劳作；也不是说：现在我们乡间太贫乏了，大家要想生财，就非从学校里兼营生产的营利的业务不行。我们要重视劳作教育，其意义乃别有在：

智育

真的智育不是仅教书本，要学生记诵着，或把问题给学生，叫他们去思考就完事；乃是要学生自己去做筋肉的劳作，在劳作中间，学习种种事物的。权然后知轻重，度然后知长短，视然后知色，听然后知声，尝然后知味，临阵然后知兵凶战危，耕种然后知稼穑艰难。总之，人必有所行而后有所知，有所劳作而后有所认识。人的知识不是凭空发生，乃是在他自己日常生活劳作之中体验，经历得来的。吾人所谓"知识在经验里安根，学问从事业上出发"就是这个意思。卢骚说："儿童一时间的劳作比一整天的说明更为进步。"这句名言，凡是小学教师，都会发生同感的。

德育

劳作是智慧之本，也是仁慈之源。真的德育不是单单写些天经地义的规条，或仅仅举些躬行实践的模范，叫儿童们照着去做可以成功的；乃是要儿童在共同生活或共同作业中间，得着体验道德的机会。身体的劳作就是吾人自立之路，救世之门；也是吾人涵养"勤敬""诚实""俭朴""互助""尊重劳动"及"人类同情"等德性最简捷的途径。大家要教学生讲

---

* 此文原载于《中华教育界》，第二十卷第三期（1932年9月）。

道德，说仁义，不如导学生行道德，习仁义。因为这道德仁义不是仅仅讲说的事。仅仅讲说则一切等于空谈，其于实际人生无益。而且饱食终日无所事事，游惰的本身就是罪恶，也就是诸种罪恶的根源。是以，大家教育儿童，如欲注重德育而不提倡劳作，结果一定会像中古时代的修道院，终于宣告失败的。

体育

纳特尔朴教授说："人类的精神与筋肉劳作的关系恰似夫妇的关系：夫妇是灵肉一元的结合体，劳作与精神也是灵肉一元的结合体。"这个话是很有意味的。这就指示我们教育儿童，要注意精神陶冶，即不可不注意劳作训练。可是今日的学校，对于学生统是头脑的教育多，筋肉的教育少，的确是一种偏枯的教育。譬之如鸟，仅有一翼；譬之如车，仅有双轮。今日的学生往往有肺病，眼疾，贫血，失眠诸症。他们的身体较弱，他们的精神也就萎靡。这是，双轮教育害了他们的。救济他们的正当的教育方法，就是在学校里多多供给劳作的机会。叫他们用心，也要用力；用头脑，也要用筋肉；用思考记忆，也要用工作体验。我们应当知道：适当的劳作就是适当的体育。引学生扫一回地，锄一回草，打一回钟，摇一回铃，这都是小学生的劳作，也都就是小学生的体育。劳作的本身就是滋长儿童身心发展的体育。这里，我要请求大家明白：小学校里没有劳作，是不能完成儿童的美满身心的。

美育

小学校的美育除了教师引导儿童劳作以外没有方法能够实施的。乡村小学场地的整洁，室景的布置，校园的繁华，以及一般美的创造和设施，都要乡村教师伴同小朋友们出力劳作，而后可以得到的。没有劳作，即没有美的创造，也即没有美的设施。地有垃圾，桌有灰尘，墙有蛛丝，窗有污泥，室无字画，园无花木。学校的设备非常简陋，而仅此简陋的物品双复零乱无章，污秽不堪。这，我们一看，就可知道它是一个丑的学校；同时，也可证明它是一个懒的学校。穷中国，穷乡村里的穷小学怎样实施美育呢？这没有别的办法，只有靠小学教师能够引导儿童来设计，来创造，来劳作。

劳作之于教育，其关系之重要，即此可以想见。而吾人从事教育之所以重视劳作，其意义犹不仅此。儿童的本性是爱劳作的。他们爱玩竹马，爱拉小车，爱把污泥捻成圆又弄成方，爱移桌凳到这里又搬回去。吾人教导儿童正宜利用这种本性要他们能够理解劳作，娴习劳作。给他们从种种的劳作里深切明了人生的意义，得着身体和精神的真正愉快。劳作教育是有儿童心理的基础的。但吾人在教育上，必须重视劳作，其意义犹复不仅在此。劳作为今日社会生活的原动力。没有劳作，没有今日社会的文明；没有劳作，亦即没有今后社会的进步。从来把筋肉的劳作完全视为卑污下贱的被支配者的业务，这是十分不对的观念。健全的社会必须人人有用脑的机会，同时亦须人人有用手的机会。我们要大家能劳心，也要大家能劳力；要大家欢喜思索，欢喜设计，也要大家欢喜实行，欢喜做身体的劳作。劳作教育的目的是要培养完全的人类，实现理想的社会。

总之，美满的教育必有劳作。没有劳作是不能完成美满的"人的教育"亦不能实现社会的理想主义。

朋友！我们在乡村，办学校，有什么劳作事情可教学生们来做呢？我们的乡村学校要实施劳作教育，变成劳作学校，该怎样办理呢？这些问题，你已经深深想了没有？这里，我们来把这些问题讨论一番。先谈乡村学校有什么劳作可教学生做？

一、按照规定时间，摇铃打钟。

二、扫地，抹桌，揩窗户，拭黑板，拂尘埃，倒垃圾，清洁痰盂，以求全校之整洁。

三、莳花，种菜，植树，编织，经营学校园。

四、饲养鸡、鸭、鸽子、兔子、羊、蜜蜂、蚕等小动物。

五、搬泥沙，挫石块，修道路，平操场。

六、保管图书，杂志，报章。

七、保管校具：农具，木工用具，泥水用具，烹饪用具，体育用具，理化仪器，博物标本等。

八、采集本地动植矿物，采为标本。

九、缝纫，刺绣，编织，织袜，织巾，织布。

十、洗涤衣服。

十一、雕刻，木刻，竹刻，石刻。

十二、油漆桌椅箱柜及门窗等。

十三、粉刷墙壁，装置门窗玻璃或纱纸。

十四、编制竹篮、箩筐及字纸篓等。

十五、制作校具，玩具及体育用具如校牌，名牌，书架，报夹，沙袋，豆囊，纸球，排球架，篮球架等。

十六、修理椅、桌、凳、床及其他校具。

十七、烹饪，烧火，煮饭，蒸馍馍，做菜，做各色点心。

十八、看护病人。

十九、招待来宾。

二十、传递信件。

二十一、购买教师、同学或学校应用零星物品。

二十二、抄写及油印。

二十三、装订书报及笔记本、写字本等。

二十四、记载学级日记、学校日记。

二十五、编制学校统计图表。

二十六、布置会客室，作业室及大会堂等。

二十七、教导幼小学生。

二十八、劝导孤儿入学。

二十九、扫除街道，扑灭蛇蝇，参加卫生运动。

三十、练习救火。

三十一、助理家庭工作，推行家庭设计。

这些工作、经验告诉我，统是乡村学生可以做得的。而且，只要分配得当，引导得法，也是他们乐意去做的。实在，乡村儿童能够做得乐意去做的劳作，还不止限于此数。他们的小手所有的本领多着哩！朋友！你不相信这话吗？你以为你的前前后后的许多学生从来未曾干过这些事情吗？你想吧！这是由于你对于你的学生未曾供给劳作的机会，鼓励劳作的兴趣，引导劳作的方法，设备种种劳作应用的原料和工具的缘故呀！

现在，就请你到外面来看别地方的学校：

第一，汉堡的公共学校：儿童须自己修缮窗玻璃；须在他的裁缝室修缮窗帘；须在他的订书室装订他的笔记及书物；须制作其他种种的必需品。他能以自己制造的物品赠予卒业生；又能以劳作收入的物质的剩余，扩张实验室并设幻灯室或添建学校新开印刷所。他们的教师，意思是说：现在的学校，偏用智育，没有实现"业务"的观念，是不对的。教育不可不使与人生相近。我们办学，必须使学校成为意义充实的勤劳场所。

第二，布鲁加之巴古里学校：这里面的学生统是残疾人。但是他们的创造的思想和能力，要比一般健全的儿童为多哩。驼背的小孩任意给画长椅垫上的图案；仅存三个指头的小女孩随手雕刻老虎钳上的木盒；无手的学生已是售货处的商业经理；只有一双无用的脚的儿童成了木工场的手艺司务；一个手臂很短而手掌和手指又非常长的孩子去学石印，居然成为一个石印专家，技术之巧妙，远过于一般普通的工人。夏季营里，这些残疾的儿童和一般小学生共营生活的时候，哈尼生女士见到发起做木偶戏的人就是这些残疾者。编剧本的是他们，雕木偶的是他们，修饰木偶的又是他们；发起办报的是他们，实行这设计的是他们，编辑是他们，印刷也是他们。这究竟是一回什么事？巴古里究竟怎样教育他的儿童呢？开头，他自己制造一些学校的用具。当他工作的时候，他叫一个一个的残疾儿来帮助。后来，他们的帮助一天多一天，他们的本领也就一天高一天。到了他们学到会用工具的时候，巴古里把一件事开了工，便丢给他们去完工，而自己去做另一件事。这样地过去，一日复一日，一周复一周，他们既不上课，也不研究什么，所有的时间通通用在做东西上面。——就是这样开始的，巴古里就把残疾儿童训练成为一班健全的人了。

第三，来比锡的试行学校：试行学校是想把教学及训练都以儿童自己的试行，体验为基础的学校。它觉得儿童的记忆；显然是发源于感觉；儿童的思考是以直观的事物为对象；儿童的智育是必须与他实际的兴味相提携；儿童的德育是必须使他们自己在真实的社会关系之间去行动，去迎接，去体验而后可以涵养得起来的。总之，它对于儿童的思想、意志及品性的陶冶，统是主张在"行"字上做工作。它完全废除初年级的读法与书法；它尽力减少小学校的上课时间；它彻底变革以"传达"获得知识的方法，使一切的学习都以实地工作，实际经验为主眼。它又把从来各项科目分离的大缺陷铲除了，用综合教学来代替。我们可以说：试行学校确是一座想完成人的陶冶的新式学校。

第四，南京的晓庄学校：它是国内倡导"做学教合一"最先而且最力的学校。它主张教者不能空教，要在做上教；学者不能空学，要在做上学。在做上教的才是真教；在做上学的才是真学。例如，耕田要在田里做，就在田里学，也就在田里教；又如行船要在水里行，就在水里学，也就在水里教。它要学生"行知合一"，它要学生"手脑并用"。它要学生在"生活"里求知识，学本领，养品性，以完成"人的教育"。晓庄的小朋友们会扫地，会抹窗，会栽花，会种菜，会饲鸡饲鸭，会养蜂养蚕，会烹理饮食，会洗涤衣服，会经营买卖，会招待来宾及家属，还会做许多木工竹工及泥工。朋友！你以为晓庄这样办，就会荒废功课，妨害学业吗？不，而且正是相反，以实际生活为中心的试验学校，比诸以"言语""文字"为主的从来的"学习学校"，显然是更其能够开拓人的心胸的，滋长人的能力的。

二十一年一月，作于山东邹平乡村建设研究院

从乡村教育的观点
看看山东乡村建设研究院[①]

注意乡村教育的朋友，也许记得本志——《中华教育界》第十六卷第十期乡村教育专号之中作者曾为大家介绍过南京晓庄的试验乡村师范学校。晓庄学校中途曾受了打击，但是，无论怎样，她在中国乡村教育界中毕竟已是掀起巨大的浪涛。她以万物为导师，宇宙为教室，生活为课程；她要打消教育与生活的分离；荡平学校与社会的围墙；破除教师与学生的界限；她的主张已经激动了全国各地从事乡村教育者的心弦，无论他们是赞成或是反对。

今天我要为本志的读者介绍另一座乡村教育的机关，不，乃是全部乡村建设事业的研究机关，即山东乡村建设研究院，因为她是值得介绍的。想来关心乡村教育，关心乡村建设乃至关心中国民族前途问题种种的人都会欢喜注意这以发扬中国民族固有精神（人伦道德）为基干；以启发乡农智能，增殖乡间物资，促进乡村组织为手段；以培起乡村力量，辟造正常形态的人类文明为职志的学术机关的活动和设施。

山东乡村建设研究院为山东省立，直隶于山东省政府。她的宗旨是在研究乡村自治及一切乡村建设问题，并培养乡村自治及乡村服务人才，以期指导本省乡村建设之完成。院内现设乡村建设研究及乡村服务人员训练两部，并由省政府指定邹平一县为试验县区。院址即在邹平县东关。

从胶济铁路，到周村车站下来，换用周青长途汽车或人力车到邹平研究院来，汽车一小时，人力车三小时，就可到了。如果你是壮健而所带行李又不多，你便步行亦可以。朋友，我们平日游西湖，游虎丘，游牯岭，

[①] 此文原连载于《中华教育界》，第二十卷第五、六期（1932年11、12月）。

游峨嵋（眉），游泰山，游……游山玩水的时候，来来往往，上上下下，还不是都能够徒步当车，游目骋怀，毫不觉费力吗？你没有到过邹平，到邹平便是西湖，便是峨嵋（眉），便是你可以前来旅行的目的地。在周村下车，向西北望去，远远地看见山峦绵亘起伏如云，那就是长白山脉；入邹平境，有南高峰名摩诃顶；有北高峰名会仙山；往西北行二三里，即见有山，蠢然高耸如塔者为玉趾山，山岭有整方巨石块然如玺者为印台山，再前行五六里，又见偃然伏卧如牛者便是黄山（黄山有庙会，每逢阴历四月初八前后，士女齐来，万商云集，有进香的，有游春的，有做买卖的，亦有光看热闹的，药料，布匹，花卉，农产，农具之属，皆列会中求售；其性质有似成都青羊宫之华会，旷野十里，顿成市场，其热闹亦与相伯仲。黄山之名，邹平二三百里内的农夫老妪知者甚多。）黄山西麓便是研究院的农场。农场西北约半里就是研究院所在地了。邹平的水，河流之大者为黄河及小清河；湖泊之大者为浒山泺。邹平的名胜古迹，可供大家赏鉴的要算是万松山，游湖峰，醴泉寺，涌源寺，汉伏生故里及宋范仲淹的读书堂。邹平人民大都以农为业，朴厚可亲。他们对于外来生客，亦不甚歧视；如南京码头的车夫走卒，刁诈桀横，欺凌生人的事情，是不会有的。朋友！这是我假定你得闲暇，能够来此参观而说的话。我要告诉你来邹平的路由，和邹平本地的地理及民情的大概情形，都是为此。假如你是有事在身或孔方不得凑手，不能亲来参观。那么，我愿向你报告这研究院的缘起，组织，教育主张，学生生活与课程，和她草创期中一年来的各项活动等等情况。

一　缘起

山东省政府为谋本省的乡村建设，"弭人民之痛苦，企自治之完成"（山东省政府主席韩复榘先生语）经政务会议议决而设是院。二十年三月间院长梁耀祖（仲华）、副院长孙则让（廉泉）先生等奉令筹备。四月二十八日派员分往旧济南道属二十七县招生。六月十五日开学。本院就此正式成立。

二　组织

本院有院长，副院长各一人。院长主持全院事务，副院长襄助院长处理事务。他俩均是由省政府聘任的。

本院分两部，一为乡村建设研究部，一为乡村服务人员训练部，各设部主任一人。商承院长、副院长指导各该部学生作业事宜。各部学生每三十名至四十名为一班，每班设班主任一人。襄助部主任指导学生之学行。这部班主任制，在本院学生生活指导或教育实验上是具有深切意义的，这个容后细说。

本院以邹平为试验县区，设主任一人，既以邹平县长兼任之，秉承院长、副院长办理该县乡村建设试验事宜。

本院总务处，设主任一人，督率本处事务人员办理文书，出版，会计，庶务，各股事宜。共用事务员四人，书记三人。

本院有农场一处，设主任一人，技师若干人，负指导学生农作及农业推广之责。

本院有图书馆一处，设管理员一人。

新近，本院添设巡回导师四人，指导结业生在各县乡村服务工作。

院有院务会议，部有部务会议，总务处则有事务会议。关于试验县区试验工作的进行则有试验县区设计委员会及试验县区实施委员会。

本院现有组织上之分工合作情形概述如此。兹为大家易于明了计录，组织系统表如下：

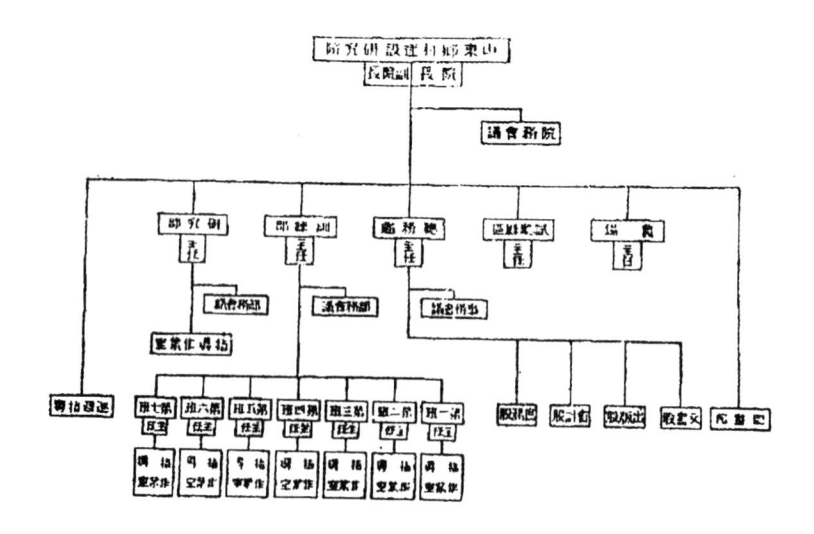

三　要旨

本院所做的工作是乡村建设。而本院所期求的则为建设新山东，再造新中国，开辟新世界，创育新文明。而且本院同人似乎都是确信要求建设新山东，再造新中国，开辟新世界，创育新文明，就必须全国知识分子，肯下决心，回到乡间，来做这平凡而切实的乡村建设工作。

年来国内从事民族自救运动的志士仁人是很多的。主张也很多。而我们则是确信："今日的问题正为数十年来都在'乡村破坏'一大方向之下；要解决这个问题，惟有扭转过这方向而从事乡村建设，挽回民族生命的危机，要在于此。只有乡村安定，乃可以安辑流亡；只有乡村产业兴起，可以广收过剩的劳力；只有农产增加，可以增进国富；只有乡村自治当真树立，中国政治才算有基础；只有乡村一般的文化能提高，才算中国社会有进步；总之，只有乡村有办法，中国才算有办法；无论在经济上，在政治上，在教育上都是如此的。"（见本院设立旨趣）

乡村建设是一件大事，因此，我们不能不盼全国知识分子，往常拥挤充塞于都市的大家一齐回乡，与乡民打拼在一起，骈力来作广义的乡村教育功夫——乡村建设功夫，开出乡村建设的风气，造成乡村运动的潮流。顺便就谈招生。

四　招生

我们认为乡村建设的事情，虽政府可以做，社会团体可以做，但皆必以本地人自做为归。本院为山东省立，即以谋山东省的乡村建设为事。按之"就地取材"之原则，自即以招取山东学生为合式。且因一切费用皆由省款供给，故上次招生，两部学生，概限于山东省籍。（为提倡这种风气起见，外省青年自备资斧，请求附学的，本院亦可酌量容纳。但其名额不得逾本省学生十分之一。）其在训练部，且限定为旧济南道属的二十七县：历城，长清，齐河，济阳，章邱（丘），淄川，博山，邹平，长山，齐东，青城，恒台，泰安，新海，叶芜，肥城，惠民，商河，乐陵，阳信，无隶，沾化，蒲台，滨县，利津，博兴，高苑。山东全省现有一百零八县。其余八十一县的学生已定。今年招取四十一县的，明年另招其他四十县的；三年之内全省各县的学生统是普遍招取了。所以如此分为三期招取学生：一因山东各县情形不同。鲁南，鲁北，鲁西，鲁东地理的环境不同，乡村的情况亦异，要同时研究它，了解它，替它想办法，势所来不及。而这是在训练学生时，多少要指点给他的。二因学生毕业后回乡做事，若每县人数过少，则事情不易进行。假定每县十人左右，同时入学，则全省各县合计便达一千余人，本院人力财力实均有未及。

招生时，我们所注意的条件：一是世代居乡到现在学生本人还是住在乡村的。这是因为他比较能够明了乡村情形，并能够过惯乡村生活。二是曾受过相当教育，具有普通科学知识。入学资格：在研究部是以曾在大学、专门学校毕业，或具有同等学力者为合格；在训练部是以曾在中等学校毕业或具有同等学力者为合格；其所以均有"同等学力"的规定，即在鼓励青年知识之士，虽未曾得有大学或中学文凭，苟有志于乡村事业，亦有应试入学的机会。三是入学年龄规定在二十岁以上，三十五岁以下。这正是年富力强，可以有为的时期。年龄太大的，精力不及；太轻的经历不足；都难为进行乡村事业，均所不取；但这不是绝对的。兹录第一届招生，研究训练两部所收学生的学历，年龄，服务年数及其家庭职业如次，以见实情：

甲、研究部学生学历表

学历	人数	附注
研究院毕业	1	
大学毕业	6	
大学肄业	5	
专门学校毕业	2	
专门学校肄业	1	
学院肄业	4	
高中毕业	1	
高中肄业	2	
后师毕业	1	
后师肄业	2	
各种养成所毕业	5	
合计	30	外有附学生三人未列入

乙、训练部学生学历表

学历	人数	附注
大学肄业	10	
政治学校毕业	1	
工业专门学校毕业	1	
商业学校毕业	3	
职业学校毕业	7	
中学毕业	80	
中学肄业	36	
前师毕业	17	
前师肄业	3	
师范实习科毕业	49	
高小毕业	52	
党员班毕业	27	
警训班毕业	3	
自治训练班毕业	4	
武术养成所毕业	2	
蚕桑养成所毕业	3	
尊轻学社毕业	2	
私塾	1	
合计	301	内有附学生二十一人

丙、研究训练两部学生年龄统计表

年龄	人数	百分比
十六——二〇	19	5.69%
二一——二五	183	54.79%
二六——三〇	95	28.44%
三一——三五	83	9.88%
三六——四〇	4	1.20%
合计	334	100%

丁、两部学生曾经服务年数统计表

年数	人数	年数	人数
未满一年	11	六年	22
一年	37	七年	9
二年	47	八年	9

续表

年数	人数	年数	人数
三年	69	九年	9
四年	19	十年	8
五年	28	十一年	1
十二年	1	十六年	1
十三年	1	未曾服务	61
十四年	0	合计	331
十五年	1		

戊、两部学生家庭职业统计表

职业	人数	百分比
农	805	91.38%
教	13	3.89%
商	12	3.59%
工	2	0.60%
政	2	0.60%
合计	334	100%

总之，本院所最欢迎的学生，是世代居乡的，家庭务农的，而其本人则是有普通学识的，年富力强的，最好还是又有点服务经验的。但各县所收名额亦略有限制：除试验县区一县可招四十名外，其余每县至少五人，多或十余人。

入学考试时之考试项目：一为口试，一为体格检查，一为笔试。笔试之科目在研究部为党义，乡村问题，外国文（英文或东文由应试者任选）及该生平素所习之主要科目；在训练部则为党义国文，数学，社会科学常识，自然科学常识。

五　研究及训练

如上所述，本院学生之来历，县属不同，家境不同，职业不同，学历不同，其原有之服务经历亦不同。而在入院以后，举欲担任山东乡村建设的工作。本院同人在其研究训练时期，果作何种教育设施以期毋负此重大，新奇而繁杂的任务？兹分研究部、训练部两方面述之。

（甲）研究部方面

乡村建设研究部的用意约有两层：一是普泛地研究乡村建设运动及其理论，以为学术界开风气；一是要具体地研究本省各地方的乡村建设方案。其学生在学之时研究之程序，先是全体做一种基本研究，那便是乡村建设根本理论的研究。次则各人依其原有学识之根柢，或新近志趣之所向自行认定一门或数门，为专科的研究。例如原来学政治的，就可以研究乡村组织或乡村自治；学经济的就可以研究农村经济或农业经济；而现在有志于教育的则可为乡村教育或乡村民众教育之研究。各随性好，无取一律。但其科目的认定，作业的进行，则须得研究部主任及导师的审可或指导。其学业进行之方式，或个别谈话，或集众讨论，或事参观，或行实习，间有必要，亦或由专家导师以讲授行之，或由特约导师以函授行之。因事不同，因人不同，故其学业之方式亦不能一致。至其日常生活，则因本部学生，年事较长，人数较少，而在学时期亦较久故于团体于个人，均趋重于各人自己的反省惕励，与夫师生友朋间的互相劝勉与规戒。而无取严肃之纪律。学生自律有自治团，团有公约，皆由本部全体学生共订共守。本部学生修业期限二年；但先期，得有研究结果，经部主任及导师证定合格者亦得提前结业。

（乙）训练部方面

乡村服务人员训练民部的用意就在养成到乡村去实行建设工作的人才。修业期限一年。在此短促内，本院所要训练于他们者约计凡三要事：一为实际服务之精神陶炼——要打动他的心肝，鼓舞他的志趣，锻炼他吃苦耐劳，坚韧不拔的精神；尤其要紧的是教以谦抑宽和处己待人之道。二为认识了解各种实际问题之知识上的开益。三为应付各种实际问题之技能上的指授——例如凿井，养蚕，办乡农学校，办乡村自卫等。因此，训练部的课程，生活与（以）及学业进行的方式，与研究部自较多不同之处兹分述如次：

（子）训练部之课程

本部课程有五大部之安排：

（1）党义之研究：概括三民主义，建国大纲，建国方略及其他等目。

（2）乡村服务人才之精神陶炼。

（3）乡民自卫之常识及技能之训练：概括自卫问题研究，军事训练，团体及其他等目。

（4）乡村经济方面之问题研究：概括经济学大意，农村经济，信用，生产消费各项合作，簿记，社会调查及统计，农业常识及技术，农产制造，水利，造林，及其他等目。

（5）乡村政治方面之问题研究：概括政治学大意，现行法令，公文程式，乡村自治组织，乡村教育，户籍土地各项登记，公安，卫生，筑路，风俗改良及其他等目。

（丑）训练部的日常生活

课程即在生活以内进行，决不能在生活以外进行。这便是说：课程与生活不能分离。今此之所以分别言之，只为求叙说得眉目清楚，给大家易于明了起见。

先讲朝会及纪念周。本院每日清早，都有集会。在星期一者为纪念周，在星期四者为总朝会。这均是全院师生一律参加的。地点在大会堂，由院长主席。在平日者为分朝会，由各班主任领导举行。地点则不一定，大致是在各班教室，也有在操场，在野外的。朝会在本院非常重视，乡村服务的精神陶炼，大部是在会里实施。每日有朝，每朝有会，不问是不是星期，是不是节日（节日星期，本院概不放假，皆有作业，亦皆行朝会）大家起身很早。每在东方未白，天上星光犹在闪烁之时，学生已在会场等候老师莅临了。有整肃的仪式，有壮伟的歌曲，有恳挚的讲演，有亲切的训戒（诫）或勖勉。在会里最易使我想念当时晓庄寅会的情形。那里比较生动，而这里比较庄严。但是鼓舞精神，涵养心力，相劝相戒（诫），相期相许，要为此三万万四千万的乡间居民有所贡献，进且为全中国民族，全世界人类有所贡献，其用意则是一样的。

会罢就是武术，有使大刀的，有玩长枪的，亦有人专学太极拳，太极剑。但大家不要误会：我们准备杀人，或是准备用徒手或粗笨器具抗敌。我们只是要强健身体，强健精神而已。所谓"儒侠合一"或"文武双全"颇为此间师友所津津乐道。

其次是早膳和洒扫庭除。本院有校工，但是扫教室，扫寝室，扫会堂，扫公共场所都是学生之责。拭黑板，搬垃圾，倒痰盂，也都是他们之责。此间学生，已是耻于做"少爷"了。

上午七时半至十一时半，则为指导作业或自修作业时间。十二时午膳。下午一至二，午睡。二至四，亦为指导作业或自修作业时间。四至五时半或六时，军事训练。此间军事训练，真刀真枪，实地实干，其编制与活动，一如军队。其在平时有内堂功课，有操场教练，有野外演习；一旦有警，即轮任守卫，巡逻。服装整齐，步伐划一，其在操场上操之时，初来参观者常不辨此上操之人为学生，为兵士。担任在教练者即为富有军事学识及经验之军事专家（或曾任军长，或曾任团长，或曾任连排长，或曾在国内外军校毕业）故其纪律严明，技术娴熟，甚能得受训练者之威信与敬仰。作者所知学校军事训练之切实，与谨严，当以此间为第一。［闻河南村治学院对军事训练亦极认真，且比此间尤为纪律严肃。为作者所未见，故不敢忆（臆）断］"明耻教战！"乡村自卫完成之日，亦即"长期抵抗"奏效之时乎？

下午六时晚餐，七至八时半又为作业及日记时间。八时半或九时，即就寝。早眠早起农家的风习如是，故吾人之日常生活习惯亦如是。

这是本院训练部学生一天生活的写真。生活是变动的，当然不是天天如此。例如在举行户口调查的时期，在试办乡农学校的时期，蚕桑班同学在养蚕的时期，大家每天的生活程序就不是这样。而这里所描写的，乃是通常的一天生活情形。

此外对本部学生生活具有深切关系，必须记述的尚有二事：一是部班主任制；一是学生自治团。前者在师生间对精神陶炼上影响极大；后者在学生间人格修养上关系甚巨。先讲部班主任制。前面说过本院分两部，每部设部主任一人。各部学生每三十名至四十名，为一班，每班设班主任一人。是即部班主任制。这部班主任制，在学生生活上果有如何影响呢？试看本院学则上之所规定：（一）各部班主任对于各该部班学生之身心各方面活动，皆负有指导照管之责。凡学生精神之陶炼，学识之培益，身体之保育锻炼等，固自有学科课程分别作业，分别训练，但必得部班主任之指导照管为中心，乃有所系属。（二）各部班主任应与各该部班学生同起居，共饮食，除学生课业别有教员指导不定须参加外，皆以时常聚处为原则。（三）各部班主任对于学生之教导，要在能事事以身作则，人格威化之。（四）各部班主任对于各该部班学生之性情，资质思想，习惯，家庭环境等须时。加体察而了解之，以为设计施教之所资。（五）各部班主任应逐日查阅学生日记而批改之。（六）各部主任对于各该部课程之订定，科目之增损，教材之选择，教学之方法，及教育上之设备等，得提出意见或计划于正副院长筹议进行。其问题较小或不涉变更成案者，得随时召开各该部部务会议商决之。（七）各部班主任指导学生在本院许可范围内成立各该部学生自治团进行自治。凡经本院划归该部自行办理之教务，庶务，卫生等事，及指定之该部指导作业室宿舍庭除等，均得在各该部主任指导监督之下自行料理之。（八）评定学生成绩，以各该部主任所评定者占其总数之半。各学科教员所评定之汇合平均，亦占总数之半。（九）学生入学以后，两个月内为试学时期，其甄别去留亦以各该部主任所具评定报告，经院长副院长参取各教员意见复核而定之。如此办法，也许有人以为：

一、各部班主任职责未免太重，而各科教员对于学生生活影响相形则太轻微。

二、各部班主任工作必是太忙。苟精力有所不及，勤于此必忽于彼。不能一一兼顾，毕竟要有所贻误。

三、各部班主任人选太难。人皆各有所长亦各有所短。各部班主任之所短者，该部班学生每易薰染而有其所长并有其所短。

四、各部班主任办学之意见不齐，态度不同。所谓全院学风及其特殊精神，恐不易形成。

五、各部班主任能力不齐，学有短长，彼此间纵无比较竞争，而各班学生倘有迎拒，则如之何？

六、各部班学生易于隔阂或发生意见。

但是我们为求教育之合于道理，为求人生之合于道理，我们即不能不设法破除教务与训育的分家，人生与教育的割裂；换言之，我们即不能不设法革除寻常学校支离破碎的知识教育而代以综合完整的人生教育。晓庄学校也会注意于此。而办法确有不同。在那儿是教师即导师，各科教师都是生活指导员。而且全体教师都是一律与学生共生活，共甘苦。他们在学校生活里不仅是教师与教师无别，而且是教师与学生也是无别的。我们可以说她所行的是彻底的共同生活制。那是学校人数比较不多的地方可以行。人数太多的学校怕是难得行通的。（其顶大难处是教师不肯或不能）作者在安徽从许恪士，林子硕，诸先生办理省立二中的时候的办法又是一个样：校长于高初中主任两人外另请教师四人兼任生少活指导员。全校宿舍共分六斋，每斋各有生活指导员一人，各人指导一斋学生的日常生活与学行。每周有生活指导会议。由高初中主任为主席，校长亦时常列席，贡献意见，讨论办法。学校生活指导方针之决定与夫学生之甄别去留，大都是由这种会里决议报告校长复核施行的。该校有行政会议，亦每周举行一次。指导员皆出席。所以求学生生活指导与学校一般行政的沟通。指导员的职责也与此间的部班主任相仿佛。我们可以说安徽二中所行的是生活指导员制。这三种办法，究竟孰长孰短，这里且不讨论。总之，大家要求"教育""生活"符合，其命意则是一样的。

再讲学生自治团：

本院训练部上届共分七班。每班有班自治团。各团设正副团长各一人。下设学术讨论，体育，游艺，卫生，炊事各干事。由各班自治团再组成本部全部学生的自治团，以团结全部学生的精神，与处理各班共同的自治事项。其组织由各班自治团团长互选主席一人，下设书记一人。以训练部主任为指导员。

且看该团团员共同努力的生活目标：

（1）要亲爱和平，协作互助。

（2）要自强不息，勇敢精进。

（3）要无欺无诈，诚信正直。

（4）要尽己恕人，改过迁善。

（5）要思想正确，情趣丰富。

（6）要身体强健，精神焕发。

（7）要节时节用，勤劳俭朴。

（8）要服从公意，谨守规约。

（9）要爱护公物，促进公益。

（10）要整齐清洁，有条不紊。

再看该团团员相约互相规诫的事项：

（1）批评谩骂，喧哗扰乱者。

（2）污秽不堪，有害卫生者。

（3）妨碍整齐，不守秩序者。

（4）作息无时，奢侈浪费者。

（5）妨碍公益，损害公物者。

（6）嗜好酒及其他有伤身体事物者。

（7）虚假敷衍，与人不忠者。

（8）固执己见，背弃公约者。

（9）思想狭隘，行为错误者。

（10）怠惰颓废，致荒学业者。

大家看了，也许有人以为这样的学生自治团，便无异于一个"进德会"。我看也是这样。但是这并不是违反教育，违反人生的道理。学生集会，名为自治，而不注意于进德修业，在教育世界中是不应当有那样现象的！本院的学生自治团与晓庄的乡村教育先锋团是不同的。那儿是教师加入为团员，而这儿的团员皆学生，教师则在指导的地位。本院的学生自治团，与一般学校的学生自治会也是不同的。一般的学生自治会，多不甚讲求纪律，而本院的学生自治团，则采取军队组织的精神，以求纪律严整，行动迅速。一般的学生自治会，教职员往往不加闻问，由学生自生自灭，而本院的学生自治团，则有部班主任负责指导。这三种方式究是谁好谁坏，我亦愿读者自行判断，恕我不加评述。我所应报告的是：这边的学生颇能遵照约章，互相劝勉；对于各班公共事项，亦能认真的干。在下乡办理乡农学校的时候，各校纪律之维持，事务之进行，得力于各班自治团组织之力尤不在小。总之，大家要考究本院训练部的学生生活，自不可不注意这学生间所以自律自励的学生自治团。

（寅）训练部学业进行的方式

本院训练部学业进行上之教学方式有种种：

有讲演法（亦名解释法）——这里面又可分为两种，一是用课本或讲义的，如农业常识，合作，党义等是；一是设课本亦设讲义，只由教师自备大纲，讲说要点，由学生自行笔记的，如果乡村建设理论，乡农教育，精神陶炼等是。

有讨论法——或由教师问学生答或由学生问教师答或由任何人提出问题，任大家自由考问，自由答辩，自由进求审虑。大概在每种科目的班上都会有时采取这种方式的。

有见习法——这是借助于观察实际的事物或活动来说明证实平常之所学取的，如耕牛之血清注射，王蜂之培育保护，以及上次旅行济南青岛去参观学校，医院，工厂，军舰，炮台，民众教育馆等是。

有试验法——如棉花之播种（深浅）试验；高粱之施肥（同价异质或同质异量）试验；先由教师与学生讨论几个要点，却不用武断法，对全体学生指定若干试验的和实习的问题；次又把学生分为几组，每组或每人担任一种试验，研究一个问题，使用工具，进行工作，随时追求考究其现象与结果者是。

有生产劳动法——如许之华君从农场主任学养蜜蜂，即购一箱意大利种蜂自行养护管理；刘士达和赵敬溶、孙玉书等在乡办乡农学校时，即与当地农人组织林业公会数处从事造林。此种活动不仅在将学生养成专家，亦不仅在将劳动引入学校，就从此路去，学生与农民，学校与乡村，既便打拼在一起，以逐渐共举乡村建设的伟业。其教育意义的深切，正不是浅见的教师所能明白了解的！

有实际研究法——如全体同学之于乡农学校，养蚕组同学之于养蚕，造林组同学之于造林，凿井组同学之于凿井。都是实际工作与学术研究并行。我们盼望今后在乡村服务的青年要有理论而且有办法；能言说而且能力行。自当注意推行实际研究法于各科至最大之限度。

至于大家平日在院：师生相处，同学相处，同事相处，或与来宾相处，农友相处，或与短期来院学习的乡村教师讲习班（本班开学之时有本院研究部学生八人加入，担任导友）及乡镇长训练班（本班开学时有本院训练部同学六人加入担任导友）的学友相处。究应如何方为合理，方为得体？对方不同，关系不一，要不能一一诉之规章，循以公约。且繁文琐节，乡俗人情，亦有不能尽以言宜笔达之处。立身待人，应事接物，谁明明德？谁止至善？此在本院，会如前面所述，则多致意于各部班主任之能事事以身作则，人格威化。其路径则为各部班主任与各该部班学生同起居，共饮食，及时常聚处。此种办法，作者拟（拟）名之为生活法。教育与生活固处处不能相离的。①

三种重要设施

乡村建设的研究与其服务人才的训练均不能不以事实做根据。有事实做根据而后研究才不致想入非非；训练亦才不致徒在口耳之间。换言之，有事实做根据的研究才是科学的研究，其训练亦才是科学的训练。因此，本院在这草创经营储备人才的时候，会作三种重要的设施：一是试验县区，二是乡农学校，三是农场。这里不可不向大家报告。先说农场：

---

① 以下部分续载于《中华教育界》，民国二十一年十二月号（1932年12月）。

农场

本院农场在黄山西麓。规模并不大。全场有耕地而面积不过四十余亩。原有建筑五幢：办事室，职员及农工住室，陈列室农具室及牛猪畜舍皆在于此。新建畜舍一幢，安顿种猪种羊及耕牛耕骡等。又辟鸡场一处，做力行鸡，寿光鸡交际游息之地。又辟蚕室六间，建烘茧灶一座。大概是这样的了。总之，他的规模还是很小。但是他在农业推广上，或竟说在乡村建设中之促兴农业的功夫上却见很大的作用。

一是推广植棉。去年本院农场种的脱字美棉，收成很好，远近农人是看见的。今年二月间，本院已在邹平第六区特约植棉表证农家二百余户，共播棉种五千余斤，并为指导种植及运销合作等方法。

一是推广蚕业，邹平本是蚕区。年来农家桑树，尺蠖为害，养蚕又不得法，中途死者极多。而茧价又非常廉贱。因此蚕业日趋衰疲。今年本院特与青岛大学农场联络，并请该场养蚕专家郑普一先生及助理员四人，领导本院蚕桑组学生分在本院农场及二三两区各乡农学校成立养蚕表证所八处。进行蚕种催青及幼蚕养育合作办法。复于农场建烘茧灶一座，与农人实行售茧合作，以杜奸商操纵茧价，侵渔农人之弊。

一是推广波支猪种，本院农场自去年起即有波支猪三头，二牡一牝，今已逐渐繁育，它们的儿女逐渐在四乡农家立足了。自去年十月至今日止，四乡农人向本院农场请求愿做猪种改良表证农家者已达三十余家。"大猪"（邹平农人，不问男女老幼都爱来农场看"大猪"）的宣传能力是不小啊！

一是推广力行鸡，鸡身虽小，而产卵颇多。如能取得四乡农妇的喜欢，其利弊农家当亦不少。新近又由寿光购来大鸡多只。与力行鸡欲作比较试验，结果如何，则未可知。

一是推广矮脚高粱。

一是推广伊大利蜜蜂。

一是从事高粱、棉花、谷子、大豆、麦子等主要作物育种。

一是提倡造林，今年春已在二区（本区多山）近山各庄与乡农联合组织林业公会九处，共有会员四千五百余人，从事造林植树凡一万九千四百五十株，播种无数。林场面积凡一千五百余亩。"十年树木"，请看十年以后邹平群山的景色又何如！

一是提倡凿井，北方土质易干，水源缺乏，天或久晴，庄稼即有因旱歉收之虞。农谚所谓"夜夜防贼，年年防旱"固是经验阅历之谈。但旱如何防，便是问题。本院今为四乡农人，极力提倡凿井，用轧水机取水。此事新在试验，成败参半。主其事者为有二十余年凿井经验的李子棠老先生。而从他学习及工作的有本院凿井组同学二十余人。

一是举行农业巡回讲演，本院农场于上年八月间曾作试验县区农业巡回讲演两星期。共计讲演十八次。听众五千余人。讲演时并有农业电影。讲题为：蚕子改良、棉种改良、猪种改良及造林等。

一是编印农业小丛书正在准备出版者有造林、农具、土壤、肥料、选种、农业、合作等。

一是举行试验县区农品展览会，在二十年十一月间，开会期限，原定是三天。后来因农民参观者过于踊跃，又展期一天，共四天，参观的人数共计四万六千余人，计男子二三一九三人，妇女九五一八人，儿童一二六七·一人，在这偏小的乡区（邹平全县人口为十六万余）开这么一个会，用这么几天，居然到了这么多的人来参加。在作者当时是万万想象不及的。在这会里，出品种数几多？给奖办法如何？事前筹备经过怎样？乃至开会目的何在？会场布置何式？读者要有兴趣，请看《乡村建设旬刊》中之农品展览专号，恕我不加备述。这里，我不过要再说一句：邹平农人注意采用新法，改良农业，及家庭工艺的竞进兴趣已经引起，今年第二届农展会时必更比这一届为热闹，与更多的优良出品！

本院农场不仅在推广农业上有其作用，在本院教育活动上亦是有其用处。因为它就是本院学生见习或实习农艺之地。其见习或实习情形如何，作者暂不细说。这里，请说乡农学校。

乡农学校

本院农场的主眼是在增进农业生产，推行乡村建设；而乡农学校的主眼则是在实施民众教育，推行乡村建设。表面看来，好像前者是作乡村经济建设的工夫，后者是作乡村教育建设的工夫，实在呢，两者是在同作一件乡村建设的大功夫而已。乡村社会生活不能分裂；此乡村社会中之经济建设，与教育建设亦自不能分裂；实际，事业之进行亦常是彼此依附，互相成就的。

乡农教育即是中国生产大众的全人教育。它的主要对象是乡间的成年农人（亦有八十岁的老农进特别班；七、八岁的幼女进儿童班的）它的任务是要：

一、培育乡农精神——精神教育

二、启发乡农知识——语文教育

三、强健乡农体格——健康教育

四、充实乡农生计——生计教育

五、扶植乡农组织——公民教育

六、改良乡农娱乐——休闲教育

他的目标是：（一）对于一般民众以提倡民族固有精神，契合民众心理，获得信仰，扫除猜疑，共图乡村生活之向上改进为目标；（二）对于当地自然领袖，以使其晓然有悟乡村建设之意义，变更其消极心理，肯与负责，俾乡村建设之生机渐启为目标；（三）对于教育设施，以考察乡村社会实况，民众生活需要，规订方案，认真实验，随时求乡村建设学理及办法之修正进步为目标。而其较远目的所在，即为"村无游民，野无旷土，人无不学，事无不举"促成乡村建设。

它的组织，一般的是由当地人民选举贤明士绅，组织校董会。由校董会产生常务校董，办理乡校总务事宜。再由校董会延聘校长，校长聘请导师，主持教导事宜。教导部依事业之需要得分成人教育，青年教育，儿童教育各科。

它的教育活动则有下列诸事：

（甲）精神教育活动如：精神陶炼、戒烟会、风俗改良会等是。总以引发乡人自立立人，自达达人，自助助人，自治治人之高尚志趣为主旨。

（乙）语文教育活动如：识字班、阅报处、演讲会等是。总以引导乡人能使用语文，交换经验，增进知识为主旨。

（丙）生计教育活动如：农业推广、农品展览会、造林、凿井、合作事业等是。总以增进农业生产，改善农人生计为主旨。

（丁）公民教育活动如：史地教学、时事报告、国庆或国耻纪念、家庭改良设计会、乡村改进会等是。总以引导乡人整理家庭、协和乡族、关心政治、爱护乡国为主旨。

（戊）健康教育活动如：国术、军事训练、清洁运动、放足运动等是。总以引导乡人注意公共及个人卫生，共登寿康之域为主旨。

（己）休闲教育活动如：明月会、谈心会、访友会、健足会、新年同乐会等是。总以引导乡人能善用闲暇，与众同乐，摒绝一切有害之娱乐习惯为主旨。

学级编制则有普通部及高级部（学生程度较普通部为高）以教成年，有少年补习班以教青年；有特别班以教老农，有儿童班，以教学龄儿童之未入学者，有妇女班，以教女子。此系就学校教育式的而言。乡农学校名为学校而其活动工作固不仅限于学校教育之方式而已。其大部分工作，系采用社会教育式。如造林、如凿井、如蚕桑、如武术会、如乡村改进会等皆是。

他的课程可分恒常的及特殊的两类：恒常的课程所以鼓舞精神，补充智能，如精神陶炼、国语文、史地、党义、歌乐、国术等。特殊的课程所以按照当地的需要及问题而谋其适当解决，如六、七区之于凿井，二区之于造林，二、三区之于蚕桑，五区之于自术，六区之于植棉，七区之于机织合作等。总之，我们深信教育所以教人不是教书。故乡农学校课程的编制与运用，一面是以乡农生活之经验与需要为基础；一面则以乡农生活所在之环境实况为背景。

它的教育方法则是依据"教学做合一"之原则，注意于导师与乡农，乡农与乡农，彼此经验之接触与影响，而非注重在书本文字之授受，故其教学活动，无论为讲演、为问答、为讨论、为观察、实验、为研究、为实地练习、为工作劳动；要皆本此方向进行。以期所教便是乡农之所欲学，所学便是他们自己日常生活之所需用。

二十年十一月本院试验县区第一届农展会结束以后，训练部全体同学三百余人，即由导师领导分往本院试验县区即邹平县之第二、三、四、五、六、七各区（第一区属城区除外）乡庄，从事此种教育工作。（研究部学生亦有参加者。大部分他们是在院内供给各科教学资料）共计办高级部十六所，普通部七十五所，收教乡农三千九百九十六名，各处儿童班妇女班及特殊班等尚不在内。从此以后：农人可以入学，穷人可以入学，老人可以入学，（年逾五十岁者计九十六人）女人可以入学，即家务缠身，农暇不多之忙人亦概可以入学。总之，凡是乡间居民既有生活，必有需

445

要；既有需要，必有问题；为求需要之适应，问题之解答，而要有所学习；吾人必尽力设法供给机会，使之莫不可以入学。我曾见七十余岁的老翁，在座听讲。我曾见拾旧团的老农加入早操。我曾见妙龄少女因乡校的劝导实行放足；我曾见全庄农妇，为乡校的宣讲，同来听课；我知道两家争讼，因乡校的劝说，言归于好；我知道各庄赌局，因乡校的设立，无形冰消；我知道各区造林、蚕桑、植棉、合作、自卫等事亦都因乡校的倡导而风起云涌。且各处农人当初视我们为"老总"、为"党员"、为"官吏"者一二月后立即改变态度而以我们为老师、为朋友、为可亲信的人士。农人真可爱啊！阴历新年，全庄父老相会而与我拜年！曾使我无以自容！下娄庄农友不远二十里而来演剧，要我赏鉴，亦给我不知所处！二月初二家家女生送我们以"蠍豆"。新近，我们回院已经很久了，乡农犹或远道赠我们以桃杏。当我们与诸父老言别归院之日，诸父老相约欢送，止止行行，不忍别离之意，尽在言外。农人真是太可爱啊！还有，十九路军血战抗日的时候，此间乡农多知道日本之攻淞沪，即无异于攻山东的邹平，打十九路军既无异于打邹平的人民。二区乡校在发起募款援助十九路军的时候，各庄农人莫不踊跃输将。有一角的、有一吊的、有二角三角的、亦有三元五元的。三天之内即集款二百余元。那时候，牧羊的人、推石的人、拾粪团的人、贩卖馍馍的人、靠针线谋生的婿妇，乃至沿门乞食的叫花，凡是知有这回事的都是捐了，朋友！此间农人所捐者少许的是金钱，而其所表现者乃是中华民族伟大的力量啊！如果我们真是有一天能够唤起这三万万四千万的农民，你想，那时候暴日和国际联盟对于我们，又将怎样呢？

关于乡农学校的事，在这里我只能这样的说个大概，你要知道底细，请看《乡村建设旬刊》的乡农学校专号。那专号凡十九万言，那才是我们乡农学校理论和实施情形的详细报告。现在请进谈本院的试验县区。

试验县区

记起，陶师知行在民国十七年全国教育会议里，曾经提过一议案，就是"请大学院呈请国民政府，划出地方数处，献与人类，俾抱有改造社会理想之学者，得以运用科学方法，实现极乐世界，俟试有结果，再行从事推广，以收大同之效案"当时，这个提案在会场里，大家认为不在教育会议范围之内，决予保留，未予通过实行。陶师所拟（拟）实验社会的办法，在现今是否可行，确是问题；可是他那提案的理由到如今还是值得大家注意的。借这里，且把他复述一遍：

理由：

（一）现今科学昌明，一草一木一虫一菌之微，我们都知道要运用实验，以求真知；独把笼罩渗透人生一切之政治经济活动，竟挥于实验范围之外，诚属最大的憾事。

（二）柏拉图、马克斯、克鲁泡特金一类的人所提倡的学说，虽各有超越之见解，但其中难免有书呆子的幻想。假使这些人各能得到一个小的地盘。供他实验则他们的思想，必定可以格外正确；他们的贡献，也必定可以格外丰富。马克思虽以科学的社会主义名家，但他所谓之科学，多半是书本的科学，而不是实验的科学。

（三）无论在什么社会里面，总有几种主张同时要求实现。与其任他秘密进行，防不胜防，不如让他在一定范围之内，公开实验。

（四）现在政治家，大则以世界为试验品，小则以一国为试验品；不但人民牺牲太大，而且主持的人能发不能收；倒不如先行小试，较有把握。

（五）我们既可划出交民巷为各国公使行使他国主权之所，何不可以划出几个小小的试验社会，给社会科学家去实地试验人类进行的现象，增进人类的幸福？

（六）政治社会活动，不是标举几个主张便算了事。理想能否实现，全靠方法。方法是一面实验，一面发现的东西，决不是凭空可以造得出来的。

本院从事乡村建设，即请省政府指定一县为本院之试验县区，其用意亦只在：事属创举，须一面试做，一面规划，求于实地经验之中，开出这些道路来；并得借此指示青年明白：兹事体大，动关乡村秩序，乡人生业，凡所兴革，绝不宜粗心大意。（注意！）恣睢暴戾（大注意！）诉之于书生之幻想或狂夫之盲干而已。《本院设立旨趣及办法概要》对此曾有说明，说："在储备人才的时候，即应就一地方试行乡村建设；这有两层用意：一是训练学生不徒在口耳之间，更有实地练习试做之资；一是以此为各县乡村建设的示范，以此为本省乡村建设的起点。"

但是本院的试验县区与陶师知行所意想的实验社会，办法是不同的；与中华平民教育促进会在定县的办法也不同；乃至和中华职业教育社的徐公桥乡村改进区，江苏省立教育学院的黄巷实验区，四川江、巴、壁、合峡防局的北碚场建设等，各有许多不同之点。这里，我很想把上列这些地方的设施和办法，做个比较。但是这个很不易言，而且本志的篇幅也有所不许。读者，我的报告不是已经太长？你破费你的宝贵时光来看它不是已经太久了吗？

现在只谈本院的试验县区的事情，那些比较的看法，让我改天再说，或由你自己去干吧！

本院试验县区即邹平。在济南东一百七十里。县境东西四十三里，南北八十里。由县城东至胶济路周村车站三十里。北有黄河，小清河可行帆船。可以说，全县人民都是以农为业富者不过百亩，贫者亦颇能自给。这正是："地点比较适中，县份不过大，不甚苦而亦非富庶，不大卫繁，而交通又非甚不便。"甚适合于本院理想试验县区的条件的一县份。

本院试验县区之试验工作如何进行的？这请先看：

山东乡村建设研究院邹平试验县区试验工作则例

第一条　本则例依本院组织大纲第七条又学则及课程第三十九条之规定订定之。凡本院在试验县区之试验工作其组织及办事，除别有规定外应依本则例之规定办理。

第二条　本院依组织大纲第三条之规定经奉山东省政府暂指定邹平县为本院试验县区。

第三条　本院依组织大纲第七条之规定，以邹平县县长兼任本院试验县区主任，秉承院长副院长办理本县区乡村建设试验事宜。

第四条　本院为进行试验县区之试验工作设置两委员会如次：

甲、试验县区设计委员会

乙、试验县区实施委员会

第五条　试验县区设计委员会以本院院长、副院长、试验县区主任、研究部主任、训练部主任、总务处主任、农场主任及院长所特约之专科教员三人至五人组织之。每周开会一次，以院长为主席而召集之。

第六条　设计委员会拟定试验县区乡村建设试验计划大纲及进行程

序，并随时就两区内应行改进各事项计划（划）而设计之。

第七条　试验县区实施委员会除以设计委员会委员为当然委员外，并以本县财务、公安、建设、教育四局局长为委员组织之。每两周开会一次，由试验县区主任聘于院长而召集这。

第八条　本地方各机关本地人士及本院同人均得向设计委员会建议，于必要时由委员会邀请原建议人列席，说明其议案。

第九条　实施委员会于会议时得就设计委员会之设计，提出修正案而决议实施之。

第十条　本则例经院长提交院务会议咨询后公布施行。

这里，请大家注意：县长即兼试验县区主任；试验县区主任秉承院长办理。本县区乡村建设试验事宜；有试验县区设计委员会；有试验县区实施委员会；设计会中除院长及各主任外有专科教师；会中有县四局局长；本地方各机关本地人士及本院同人皆得向设计会有所建议；实施会对于设计会之设计得提修正案；总之，我们知道：乡村建设之进行是要力量。"力量一在人的知能，二在物质，而作用显现要在组织。"我们现在对于试验县区试验工作的组织如此，读者以为怎样呢？

再谈，这一年来试验县区的实际活动。

一是举行试验县区教育调查。——由杨开道先生及其助理周振光，杨庆堃负责进行。报告见《乡村建设旬刊》第一、二、三各期。

一是举行试验县区社会调查——亦由杨开道先生等负责办理。工作报告见《乡村建设旬刊》第四、五各期。

一是调查试验县区户口——由北平社会调查所许仕廉，张鸿钧，袁贻瑾先生等来院指导本院训练部学生办理。

一是举行农户调查——这是专就已设有乡农学校之村庄，逐户调查的。

一是举办试验县区乡村教师假期讲习班。于二十年九、十两月间分两期办理。共计报到全县乡村教师二百七十人，外县要求加入学习者二十八人。本班简章及生活指导办法详见《乡村建设旬刊》第二期。

一是举办试验县区乡镇长训练班。这是由县政府主持办理的。担任教导的人大都是本院的各专科导师。

一是举办试验县区农品展览会，见前所说。

其他若乡农学校及本院农场之初期的种种设施与活动，大部分亦皆以本院试验县区为范围。前已说及，兹不复赘。

这三种设施：农场、乡农、学校、试验县区、从底细看来，本是不能分离。它们之间相助相成之处也极多。往往同是一件事与这三种设施都有不能分划的关系。比方，农场有了大猪，由乡农学校宣传给各乡农人，用波支大猪与本地母猪交配，做改良猪种的运动。这可以说是农场的事，也可以说是乡农学校的事。而且这件事就是在试验县区的乡间进行的，也就可以算是试验县区试验工作的一件事。所以照现今的情形看来，读者要把这三种设施，当作一件事情看待，也是可以的。

学生的待遇

本院研究训练两部学生，在学期间，院章规定："一律由院供给膳宿，并每年发给单棉制服各一套，研究部学生并给予每月津贴十元。"所以如是，即在对于有意从事乡村建设之青年学子助成其向学之热忱培养其乐乐之精神而已。同时，本院对于结业学生之服务亦复有所规定。请看次节：

结业生的服务与指导

本院对于结业学生服务之规定。其一："乡村服务人员训练部学生修业期满，经本院准予结业后，由本院呈请省政府分派各地方或发交各本县服务。其乡村建设研究部学生除酌量本院服务外，余由本院呈请省政府录用。各结业学生服务情形。每月须向本院作详细报告，以便考验其成绩并随时为之指导。"其二："本院结业学生分派服务后，如有自行他就者，应追偿其修业期间膳宿服装各费。"现在本院训导部第一期学生二百八十余人已经结业。他们都是归济南道属二十七县的学生，结业以后就由省政府派往这二十七县担任乡区地方自治的工作，而大部分仍是在各该县里举办乡农学校，以推进乡村建设。其服务指导方面，他们离院以前曾由院里印发两种大纲：一是乡区自治服务指导大纲，一是乡农教育服务指导大纲。并由省政府批准，自下年度起，本院添设巡回导师四人，就是准备在这二十七县巡视，这些结业生的服务状况并指导其事业进行的。我们想，本院培养学生，有一人即得一人之用，而且用得适当。一面是事尽其益，一面是人尽其才。所以有这种种办法的规定：即公费待遇、服务限制、服务介绍及指导。成效如何，我们是未敢必。不过作者要请大家注意目前的师范教育：学生在学时期的公费制度废除了；结业生服务的规定亦没有；学生结业以后，公家绝不负介绍责任；自己找不到机会的，在家赋闲，公家是不管；自己找得到机会的，去从军、去办党、去经商、去当衙门里的书记，或事务员去了，公家也是不管，其在教育界服务的，也听他自生自灭，自摸黑路，自碰钉子，所谓"母校"也绝对不加闻问；大家都知道"师范教育是国民教育师资之所自给。"长此下去，不加改弦易辙，国民教育的前途是非常黯淡和危险的啊！

本院的两种关系

政府方面对于学校态度如何？社会方面对于学校态度又如何？这两件事，对于一个学校前途的发展，关系是很大的。关心本院前途的人，也许会注意到这两件事。兹就这两方面即政府方面与社会方面，约略加以报告：

政府方面：山东省政府为谋本省的乡村建设创立本院，即以全省乡村建设的重任交付本院。本院成立以来，省政府对于本院一切设施，无不恳切关心，尽力赞助，在我看来，确是值得称道的。省府主席韩向方先生，实业厅长王芳亭先生且曾亲来邹平视察本院。上次农展会开幕之时省委诸公或赠匾额，或送银盾，以转奖与会比赛之农人。此次训练部学生在省党部举行结业典礼之时，各厅各机关重要人员，大都躬自出席，恳致训词。学生旅行参观青岛之日，青岛市长沈鸿烈先生并为派军舰、演海战、登劳（崂）山、视炮台、且勉吾同学：努力乡农教育的下属工作。如今第一期训练部学生结业，各回本县服务去了，省委诸公又为之尽力筹划经费，规订服务办法。因此我说：山东省政府对于本院进行事业的关心与赞助，是值得称道的。

社会方面：我们知道乡村建设的事不能包办。包办决办不好，也办不了。我们的力量是渺小，我们的见解也浅狭，因此，我们实无时无刻不在盼望一般社会，团体的或个人的肯给我们以赞助或教正本院成立以来，在进行事业上曾与本院以大量的赞助者：团体的有青岛大学、齐鲁大学、燕京大学、金陵大学、山东省立民众教育馆、青岛商品检验局、北平社会调查所、山东省立第二棉业试验场及试验县区各局等。（也许还有别的，我记不清楚只好不说。）个人的有许仁廉、杨开道、张鸿钧、袁贻瑾、董淮川、任济民、梁式堂、李天游、王承钧诸先生及试验县区乡农学校诸校董。此外还有远道来院参观，或对本院同人办学意见有所指示，或对本院学生学业方面有所训勉者；如美国教育家霍金夫妇、河北李燕先生、山西严敬斋先生、广东黄艮庸先生、江苏江间渔先生、四川杨矿坚先生、贵州黄齐生先生、江西李景辉先生、远宁卢广锦先生、湖南王慕松先生、定县朱迪刚先生、江苏省立教育学院院长高践四先生、浙江省地方自治专修学校校长马巽伯先生、青岛大学教育学院院长黄敬思先生、临沂乡村师范校长曹香谷称生、历城师范讲习所所长边理庭先生等皆是。凡此在我们看来皆认为极可感谢而不能忘记的。今后，我们自当竭尽绵薄，期于全国乡村建设的大事业中有所贡献，深盼政府方面社会方面肯继续与我们以指导与扶助。这个也许是读者所欢喜的吧？

结语

抱歉得很，我这报告，不能十分详尽。但是写到这里，我不得不设法结束。

读者看了这个报告以后，如果对于本院竟是发生兴趣，要求更进一步的了解和认识。我愿你：

有关于本院重大的事请去问梁仲华、孙廉泉两先生。

有关于乡村建设研究部的事请去问梁漱溟先生。

有关于乡村服务人员训练部的事请去问陈亚三先生。

有关于本院总务方面的事请去问叶剑星先生。

有关于本院试验县区的事请去问徐树人先生。

有关于社会调查的事请去问杨开道先生。

有关于农场的事请去问于鲁溪先生。

有关于造林的事请去问梁劼恒先生。

有关于军事训练的事请去问王绍常先生。

有关于蚕桑的事请去问郑普一先生。

有关于凿井的事请去问李子棠先生。

有关于合作的事请去问高赞非先生。

有关于出版的事请去问张筱珊先生。

有关于乡农学校的事则本院同人大部分都是曾经参与其事的，都有点经验，而所有经验都不很多。任你去问谁，都可以。

或者你选可以参看本院的刊物：

（甲）《山东乡村建设研究院一览》（非卖品）

（乙）《乡村建设旬刊》（全年一元四角）

这两种刊物大部分是记载本院对于乡村建设的实际设施的。你要研究乡村建设的理论则请注意。

（丙）梁漱溟先生主编的《村治》（北平西单牌楼旧刑部街四十号村治月刊社出版，全年连邮一元八角）

朋友！乡村破坏，民生日困，国计日蹙。今日当政诸公似已下最大决心，谋安定乡村，这是可注意的。但是大家必须明白：乡村不建设起来，农民没有饭吃，青年没有出路。暴日入寇，边将逃遁，国难益岌，国势益危，青年有志之士亦复奔走骇汗，莫知所措，或请愿于国府，或诉恳于国联，或乞直于美国，或献媚于苏俄，大家不尽在我，惟求诸人，其情可悯，其愚可怜，其可耻为何如！我们深盼：全国有志之士，而今而后，必须下个决心，一致回到乡间，与农民打拼在一起，合成一种力量。我们深知：这种力量，可以救乡，可以救国，并可以救世界！

总之，我们看来中国的社会，大部就是乡村的社会；中国的问题，归结统是乡村的问题；因此，我们认为中国前途的解救，必须是乡村建设。朋友！来吧！来从事乡村建设！

朋友！你是从事乡村教育的吗？请从今日起即行注意乡村建设！乡村教育没有乡村建设是没有前途的！

朋友！你是准备做乡村建设的吗？请注意乡村教育！乡村建设没有乡村教育是没有活力的。

乡村建设是一件大事，同时也是一件新事。以学术的方法，试验的态度，从事乡村建设，这在今日不能不算是新的。因此，大家从事乡村建设必须注意教育乡人，岂仅必须教育乡人而已，我们在这里，还得时时刻刻注意教育我们自己。

朋友！你是谁，我不知道。今天蒙你读这长篇的报告，想必你是已经疲乏了。这里，请你听这歌唱，这是大地的呼声。

春日无雨，

竟把麦苗晒枯！

我有犁锄，

且将高粱种布。

"只问耕耘，不问收获！"

夏来淫雨，又把高粱飘没！

我有犁锄，

复将晚谷种布，

"只问耕耘，不问收获！"

青年！青年！

你今何务！

田间不可荒芜，

时光不可虚度！

有种且种！

有锄且锄！

"只问耕耘，不问收获！"

青年！青年！

你今何务！

旱涝不足忌顾，

困难不足计数！

有种，且种！

有锄，且锄！

"只问耕耘，不问收获！"

青年！青年！

你今何务？

富贵如尘，

功名如土，

来把农人启悟！

来把乡村建树！

"只问耕耘，不问收获！"

二十一年七月十日完稿

第二区乡农教育实施报告[*]

本区自然环境鸟瞰

本区在邹平县治西南。面积凡三百七十方里。境内多山，黉堂岭、会仙山、老人峰、摩诃岭、青龙山、水尖顶、印台山等皆是。会仙山适在本区中央。与青龙山黉堂岭诸峰相连，南北适成一纵线，因分本区为山东山西两部。山之东有河，曰，黛溪河，山之西有湖曰浒山泺。境内树木亦不少，果木以桃、李、杏、柿、枣、苹果、酸果为多。杂木以杨、柳、榆、槐、柏、槿、松为多。邹平全邑，风景之佳当以二区为最。春回日暖之时，会仙东麓，杏花十里，视以柏青柳绿，尤为美丽。

本区社会环境鸟瞰

本区共分六里。在山之东者凡三里，即伏三、伏四、伏五是。在山之西者亦三里，即醴一、醴二、醴十一是。共计凡六五庄，六二三六户，二九二九〇口。其各里庄之户口分布如下表：

邹平县第二区各里庄户口统计（二十一年清乡调查）

伏三里		
贺庄庄	一九九户	七一五口
石家庄	二〇八	八七七
鲁家泉	八三	四一六

---

[*] 此文原载于山东乡村建设研究院《乡村建设旬刊》，第一卷第一期"乡农学校专号"（1932年）。

续表

崔家庄	七五	三二〇
樊家庄	七〇	三二四
义和庄	一五〇	七七三
碑楼庄	一九四	七七七
太平庄	一〇	五三
郎君庄	一二六	七〇二
抱印庄	五一	二四一
崔家营	九八	五八一
黄家营	四一	二一三
赵家庄	一〇	九五
共计十三庄，一三一五户，六〇八七口。		
伏四里		
张家山	一四九户	五五四口
大李家庄	二五五	一一六一
张家庄	八〇	三九〇
高家庄	二五	一五三
韩家坊子	一八四	八六六
十里铺	一一四	五九四
接官亭	六	七二
聚和庄	五四	二八八
韦家庄	一七〇	八六五
刘家庄	五二	二八五
成庄	一八	一〇二
马家庄	二四	一六三
富盛庄	一一	四二
共计一四庄，一一五一户，五五三五口①。		
伏五里		
东赵家庄	八一户	二〇四口
丁家庄	八二	三九四
太和庄	五三	二三八
樊家洞	一三	五四
孙家裕	三四	二一〇
西赵家庄	七一	二一〇
贺家庄	三八	二一九

① 实有"十三庄"。

续表

上娄庄	四五	二六一
聚仙庄	四一	二一三
亲家沟	一〇八	四四七
聚河庄	五〇	一九三
郭庄	四五	二〇〇
王家庄	一〇	三八
杏林庄	七二	二九六
下娄庄	七六	三四八
吉祥庄	三九	一九四
象伏庄	八五	四四四
相山前	九三	四七七
芦泉庄	六四	二五〇
永富庄	四五	一九五
石家庄	九五	四五七
共计二十一庄，一二四〇户，五五四二口。		
醴一里		
陈家庄	一八九户	八三八〇口
化庄	一二一	五三一
东窝陀	一八五	八七〇
徐家庄	八八	四二五
郭庄	八〇	四〇一
耿家庄	二〇一	八三二
刘家庄	三七二	一五二三
钟家庄	一四二	六二七
马埠店	七八	四二八
浒山铺	一三六	七七一
共计十庄，一五九二户，七二四六口。		
醴二里		
西窝陀	三一二［户］	一三三五［口］
覃家庄	二〇六	九二二
贾庄	三七	二一〇
代庄	四四	二二八
共计四庄，四九九户，二六九五口。		
醴十一里		
青阳店	三一四［户］	一六〇一［口］
新立庄	四四	一八二

续表

上娄庄	四五	二六一
韩家庄	八一	四〇二
共计三庄，四三九户，二一八五口。		
全区总计六里，六五庄，六二三六户，二九二九二〇口。		

本区教育状况，据二十年六月本县教育局调查，知本区下列各庄，贺庄庄，韩家坊，樊家洞，抱印庄，郎君庄，石家庄，鲁泉庄，张高庄，聚和庄，刘家庄，耿家庄，西窝陀，徐家庄，贾代庄，董家庄，陈家庄，浒山铺，化庄，韩家庄，刘家庄，钟家庄，马埠店，丁家庄，崔家营，冯石二庄，南洞子，下娄，郭庄，东赵庄，十里铺，大李家庄，张家山，南营，秦家沟，伏三郭庄（义和庄）碑楼庄，青阳店，各有小学一所，韦家庄有小学二所，合计凡小学三十九所。（除贺家庄，东窝陀两小学各有教师二人外，余皆为单级小学）学生一千二百二十五名。居民百分之九十五以上皆业农，家家男耕女织，有古风，因境内多山故亦有以牧羊，或推石为生者，浒山泺附近居民或以渔为副业。本区名胜古迹，山之东有伏生故里，景相大碑，唐李庵，刘孝子墓等山之西有醴泉寺，湧泉寺，范文正公读书堂等。

本区乡教服务人员

（甲）校董。统是由本区里庄长及小学教师共同选举的。计十三人，即孙文愿，李会彦，张宗和，田炳文，娄铭五，李向午，李允武，崔丰五，张毓芹，王云志，王秉瑶，王守恒，赵守谌。

（乙）常务校董。山之东都为李会彦，张宗和。山之西部为张毓芹，王秉瑶。

（丙）校长义和庄高级部张宗和。山之西部为张毓芹，王秉瑶。

（丁）区主任。梁劼恒。

（戊）导师。武绍文为青阳店高级部主任导师兼西部各校巡回导师，杨效春为义和庄高级部主任导师兼东部各校巡回导师。

（己）试导员。（1）训练部五班同学全体：李树圃，赵敬溶，许之华，苏学德，张保兴，亓孝展，孟昭庆，孟广义，黄镇源，常奉铢，宗希羹，刘希章，段克信，和进一，张永棠，郝承剑，刁伟民，王光全，徐建勳，刘士达，亓润槐，张云峰，李敬业，李衍隆，王兰芬，毕同芳，尹祚礼，孙鸿亮，张庆笏，于松龄，高兰峰，吕兴业，吕有年，常风采，亓汝为，亓立贞，张延昌，王裕彩，边振衡，计三十九人。（2）一班同学派入本区服务者：赵永芳，赵怀荣，曹殿中，胡义孝，王在森，孙玉书，董继善，李治邦，马德亭，夏应义。计十人。共计试导员四十九人。在东部者二十九人，西部者二十人。

本区乡农学校概览

本区乡农学校，计有高级部二，普通部十二。共十四校。有学生七百八十六人。兹录本区乡农学校一览如下：

校名	部别	地点	成立日期	学生数	备注
第二区乡农学校	高级	伏三郭庄	十二月九日	二八	内设普通部另列
青阳店乡农学校	高级	青阳店	十二月十一日	三八	
贺家庄张乡农学校	普通	伏三贺家庄	十二月十二日	九二	内有女生部
下娄庄乡农学校	普通	下娄庄	十二月十日	六七	
成庄乡农学校	普通	成庄	十二月十三日	七六	内有女生部
西窝陀乡农学校	普通	西窝陀	十二月十一日	三六	
东窝陀乡农学校	仝	东窝陀	十二月二十九日	五三	
刘家庄乡农学校	仝	西刘家庄	十二月十五日	二二	
郭庄乡农学校	仝	伏三郭庄	一月七日	四三	内有女子部
韩家坊子乡农学校	仝	韩家坊	一月九日	八四	内有女子部
会仙乡农学校	仝	鲁家泉	一月十一日	八五	内有女生部
韦家庄乡农学校	仝	伏三韦家庄	一月十二日	四六	
南石庄乡农学校	仝	南石家庄	十二月二十日	三七	
南贺庄乡农学校	仝	伏五贺家庄	一月十四日	五五	

本区东部各校之教育设施

作者是在本区东部服务。主文报告仅能限于东部各校之情况，西部各校之情况，由武绍文兄报告。

学校

本区东部共设高级部一，普通部九。高级部在伏三郭庄即义和庄。普通部则在伏三贺家庄，成庄，郭庄，韦家庄，韩家坊，南石庄，下娄庄，鲁家泉，南贺庄，合计凡十校。

乡农导师十要

一、我们要认清：我们的教育是全民教育，不是阶级教育。不问男女，贫富，贵贱，智愚，善恶诸色人民，凡来就学的我们都要尽力教他，不能歧视。

二、我们要认清：我们的教育是人生教育，不是纸面教育，我们要乡农识字知书，尤要教乡农能自立，能互助，能爱国，能做乡村的佳子弟，国家的好国民。

三、我们要认清：乡农教育的对象是乡农。乡农需要什么，就教他什么。他不要的，不必教他。他所要的，不可不教他。他不能领会的，也不要硬教他。

四、我们要认清：乡农教育的材料，就是乡农生活，不是书本文字。自然现象，社会情形，凡与乡农生活有密切关系的事物，统是乡农教育的教材，我们要尽量活用它，不可拘泥于书本。

五、我们要认清：我们自身就是乡村民众。乡农是我们的朋友，是我们的同胞，不是比我们低一级的"愚民"或"下人"。他们所知所能的有时比我们高明，我们可教乡农，亦可向乡农受教。

六、我们要认清：教育乡农是我们青年对于国家，对于人类的一种高尚的义务，并不是对于受学乡人的一种额外的恩施，也不是对于官厅或学院的一种逼不得已的苦差。

七、我们要认清：坏习惯不是一天能改掉，好习惯不是一天能养成，我们从事乡农教育，推进乡村建设，皆不可马虎，也不可着急。

---

* 此文原载于山东乡村建设研究院《乡村建设旬刊》，第一卷第一期"乡农学校号"（1932年）。

八、我们要认清：教育须适应生活，不可妨害生活。学校的办法要是妨害乡农生活，便是妨害教育。

九、我们要认清：我们的教育是要教乡农做"人中人"，不是要教他们做"人上人"，亦不要教他们甘做"人下人"。

十、我们要认清：健全的公民必须能求智，能生产，并能管理政治；健全的乡农教育即必须兼教乡农能求智，能生产，并能管理政治。

（注）这是乡村教育班上的一节讲稿。去年冬训练部同学将要出发往各区创办乡农学校的前几天，作者为他们讲的。今录上，以飨关心乡农教育的读者。尚希大家指正。

——作者谨志

和乡农谈谈农村经济[*]

"本校门前大路,大车来来往往。请问大家,这些大车东往何处?西往何处?"学者(这个学者不是专门学者的学者)问,"东往周村,西往章丘",乡农答。画下图在板上:

"周村是个什么地处?"

"周村是个大商埠。它是通青岛、通济南的。有胶济铁路。"

"我们由青岛还可以通上海,通天津,通大连,通日本、大英等外洋地处,大家可知道吗?"

"是,我知道,由青岛坐海船,可以通外洋,到外国。"

"章丘是什么地处?"

"章丘是个县城,它的市面是比邹平大,可比周村小、小多了。它是通章丘县四乡的市集,和大小村庄。"

"说到章丘去的大路是通内地,不是通外国。可以么?"

---

[*] 此文原载于山东乡村建设研究院《乡村建设旬刊》,第一卷第一期"乡农学校专号"(1932年)。

"正是。校门前到章丘去的路，正是通内地，不是通外洋的。"

"大家可曾注意：门前的大车，到周村去的，载的什么货？"

"到周村去的大车载的是土货：棉花、麦子、高粱、谷子、棒子（即玉蜀黍）。"

"还有什么呢？"

"大葱、花生、枣、柿等总是庄户人家种的农产物。"

"到周村去的大车所载的总是土货，总是农产物。那么，向西到章丘等内地去的大车，载的又是些什么货呢？"

"洋货！洋货！""统是洋货！""大部分是洋货！"

"是些什么呢？"

"洋线、洋布、洋油、洋纸、洋灯、洋火、洋绸、洋塘、洋磁、海带、咸鱼、小孩们玩耍的种种洋玩具。"

"这些货为什么都叫它洋货？"

"因为它们都是外洋来的，不是本地出的。"

"这些货也都是工艺品，不是农产物，因为它们都是工人用手，或用机器造制而成的，不是我们庄农耕种地里长起来的。懂么？"

"懂得。"

"我们可不可以这样说：门前大车，东来周村、和外洋，载的多是土产，是农产物；西往章丘和内地载的多是洋货，是工艺品。"

"这样说，没有错。"

黑板图上，两辆车的上面添写下列诸字：

到周村去的车载着：高粱、麦子、棉花、谷子等土产。

到章丘去的车载着：洋线、洋布、洋油、洋糖等洋货。

这个图的意义，你们明白吗？

"明白了。"

学者又问："土产与洋货，以分量论：哪样笨重，哪样轻巧？"

答："土产笨重，洋货轻巧，普通可以这样讲。"

"以价钱论，哪样贵，哪样贱呢？"

"多半土货贱，洋货贵。"

"一车棉花到周村去，可卖多少钱？"

"百元上下。"

"一车洋线从周村来，要耗多少钱？"

"须六百元。"

"棉花在周村卖掉，钱归内地农家，洋线在周村买来，在内地销售，钱是要由内地农家拿去的，这一来一去，内地农家赔钱没有呢？"

"赔了五百元！"

"一车棉花去，一车洋线来，农家赔了五百元。十车去，十车来，该赔多少？百车去，百车来，又赔多少？"

"十车来往，是五千元。百车来往，便是五万元！"

"一车布匹值多少银元呢？"

"大约一千五百元。"

"一车棉花去；载布匹回来，这一来一去，要赔多少钱？"

"一千四百元。"

"十车来往，赔好多？"

"一万四千元。"

"百车来往赔好多？"

"十四万元。"

"门前大路上的大车呀！你们把笨重而价廉的土产运往周村运往外洋去；又把轻巧而高贵的洋货，运到内地来。你就使我们农家贫穷了。我这样说，你们想有没有错呢？"

"不错。用土产去换外洋来的工艺品，土产贱，洋货贵，便是我们农家和人做买卖，卖的贱，买的贵，难怪我们农家是要贫穷的。"

"门前的大路是章丘通到周村的。章丘通周村有大路，大家必知道邹平，青城青东，淄川，各县也都是有大路通到周村的。那些路上的大车也和我们门前路上的大车一般，载土产到周村。又载洋货回到各县来，各县都把当地的土产运到周村，转到青岛，又由青岛分往日本，英国美国，法国德国去。各国又把洋货：德国的阴丹士林布，瑞典的洋火，法国的香皂香水，英国的纸烟布匹，美国的洋油，日本的吗啡、海落英；由青岛来周村，再分散到各县的各乡各庄。各县各乡各庄各家的农人都把土产买去，洋货买进；卖的贱，买的贵，卖的得钱少，买的耗钱多。各县各乡各庄的农人都从此渐渐贫穷了。他们的家里，大小男女过日子都是一年不如一年了。原因在哪里，就从门前大路上的大车所载货物可以看得一点出来但这只是一点，给我们农人所以贫穷的原因多着咧。比方：（一）人口加多了，而耕地没有加增。（二）土地没有改良，农产没有加丰，而租税已经比从前格外繁重。（三）水旱虫灾使农产减收。（四）资本缺乏，利率甚高。（五）连年战争，遍地兵匪，使大家不能安居乐业。（六）列强侵略，要我国赔款，割地，关税不能自主，甚至在华开设银行，滥发纸币，操纵金融。或则凭借领事裁判权，经营鸦片、军火等买卖，这种种都和我们农家的贫穷有关系。我们农人，谁不想过好日子呢？但是，现在有许多坏东西，使我们大家不能过好日子。这些东西怎样使我们不能过好日子呢？我们要怎样才能有好日子可过呢？我想明天再同大家谈。明天。我们再愿意来吗？"

"来！"

"来的时候，请大家也把我们乡间的农家，所以贫穷，及如何克服贫穷，过好日子的办法想一想。"

对农家妇女的对话*

前天，元宵节，听说大家到学校里来，要我们的同学讲道理。有三位同学对你们讲了，你们听得很热心，我知道这消息后，非常欢喜。虽是那一天，我回院里去，没曾和你们见面。

同学还告诉我说：你们大家还要听我讲。这使我更欢喜。只怕我的话，你们不能听懂。因为我是浙江人，南方人，讲不来山东话。现在请李树圃同学给我翻译，他是莱芜县人，他的口音，你们都会懂得的。

这几天，过新年，过元宵，你们大家才有点闲暇，平常你们在家都是很忙的。我知道邹平的妇女，人人在家做活，都是很忙的。你们平日在家，要做饭，做菜，织布，缝衣，纺线，带小孩，有时候还要上坡拾柴火，拾粪团，帮着男人做种种的粗事。你们真能干！

我是浙江义乌人，你们是山东邹平人。我们县里的妇女，依我看，一天做活，已是很忙了。但她们已经不会织布，不多缝衣了。你们还能够缝衣，能够织布。她们的本领没有你们高。

我曾见苏州的女人会抬轿，丹阳的女人会推车，南京的女人会下水田，插秧，无锡、上海的女人有上工厂做工的。但我想：那并不是好风俗。抬轿，推车，插秧等粗事是应当由男子去做的，不应当偏劳妇女的，那等地方的妇女太忙，男人反得闲耍，那是不应该的。

你们想：我的话对不对呢？

我说，你们会织布，会缝衣，会做男女孩子的鞋帽，说你们本领好，真能干！都是实在的。听说：这庄里十三四岁的小闺女也都学会织布缝衣

---

* 此文原载于山东乡村建设研究院《乡村建设旬刊》，第一卷第一期"乡农学校专号"（1932年）。

了，这真是好风气，"男耕女织"本是我们的祖先教导后人的好规矩呀。

但是，这里的妇女，也有两件事情要改良。第一，就是要识字。你们看：你们的男人会识字，你们的小孩会念书，是不是好事情？

当然是好的。你们想：你们自己能识字，你的女儿也识字，是不是好呢？

"好是好，但我们的地处不开通，只要男人念书，不要妇女识字？"

一家人家，只有男人好，女人不好，他们的家道是不得兴旺的。一个乡村，只有男人贤能，女人不贤能，这个乡村的事也不能办得十分好。比方，你的儿子很好，而媳妇不好，你满意没有呢？

女人不识字，每每误事。或把"只能搽用，不可入口"的药水给小孩子喝。或把田地契据糊风窗。或把男人的账簿扯碎，擦灯罩。你看，怎么样呢？

妇女识字，能自己记账，自己看书信，不是很好吗？

母亲识字，也就能教儿女识字，不是更好吗？

你们想女人识字的好，还是不能识字的好？

"能识字，当然好些！"

你们愿意识字吗？

"我是老了。""我们是很忙，没工夫学字。"

有人说老了，不能识字。汕头的民众学校曾有六十八岁的老太婆入学做学生。我在南京办学，也曾见四十六岁的中年妇人入学咧。韩家店乡农学校有七十八岁的老学生。这庄校里也常有七十三岁、六十四岁的许多老先生来听讲，要识字，莫说老不老。

还有人说：他事情忙，没工夫学识字，学识字，不是很费工夫的。这庄的男人，平日要拾柴火，捡粪团，搬粪土，赶市集，做买卖，他们干活，也都是忙的。但他们也还是学识字。

我们还办有郭庄女学，你们知道的。那里的小闺女，识字念书，都很聪明的。听说：她们已得识百七十余字，开学还不到二十天咧，谁有媳妇，谁有女儿的，请快把她们送来上学！

第二件要改良的事就是莫缠足，我想三十岁以上的女人，缠惯了，不放也可以，二三十岁的女人能放了最好，十来岁的小闺女，千万莫把脚再缠了，缠的快放去。

我们穿新鞋、鞋子如太小，脚是很痛的。你们缠脚不痛吗？

你们妇女走路做活，都不如男子敏捷，最大原因是由于妇女缠足，男人不缠足。

女人为什么要缠足呢？

这是古代传下来的风俗，但我们古代，最古的女子，史上记载的是炼石补天的女娲氏，女娲氏是不缠足的，其次是教民蚕桑的嫘祖，她也没有缠足的。

"文迎渭水，禹取塗山"是古今相传的佳话，我们知道塗山氏未缠足，文王的后妃也未缠足的。

也有人以为女子天足，则男女无别，我们亦主张男人应像个男人，女子要像个女子的。但男女之别，不在女人要缠足，衣冠服饰统可以分别男女的。

也有人以为女子天足，就不美观了。你们看：观世音菩萨是不是小脚呢？

也有人以为女子天足，不容易找婆家也许有不开通的男家一定要找小脚的媳妇。但是我要告大家：如今聪明的男人，开通的人家，都不要娶小脚的女子了。

听这里的小女生说："她们想放脚。她们的父亲是赞成，只母亲反对。"你们就是她们的母亲，今天凑这个机会和大家谈谈这件事，请大家想想看。如以为我的话是对的，就请把这庄里小闺女的脚都不要再缠了。

（在我们离开郭庄的前几天，已经有两个女生把她们自己的小脚放了，我欢喜。）

我们的教育（二）[*]

无论在晓庄，在徽州，在成都，在义乌，乃至在今日的邹平，关心教育的朋友，常会问及："你办的是什么教育？"或者说："你的教育主张是怎样？"今天，我想在这里向大家谈谈：年来个人对于中国教育的一些主要的意见。这些意见也许有不对的。可是，年来乃至现在，个人在教育事业上之所致力，确皆以这些意见为张本。朋友们如果不给我以指正，今后，我还是要抱着这些意见往前干起去的。我怕，我因自己见解的错误，影响及于教育的事业。因此，恳切地盼望大家读了我的陈述以后，肯给我严正的批评。

现在，朋友们都在喊着"教育革命！""教育改造！"但革命的政策是什么？改造的方针怎样？大家对这也仅多消极的批评，缺乏积极的提示。而有的提示，在作者看来，仍然是错的；或竟是更错的。因此，我亦有在此时机，略抒管见，与海内热心教育的人士，请予商榷的必要。

后面所说的是我的意见。如果谁肯同意，那就成为我与谁共有的教育主张了。

一、我们的教育是全民教育不是阶级教育。不问贫富，不问贵贱，不问男女老幼，亦不问他信什么教，进什么党，在什么会，干什么职业，凡来就学的，我们都一样地尽心教他，而且都要有教育机会给他。如果我们教育乡农，妄分彼此，有所不曾尽心，那就是我们的罪过。如果乡农要受教育，而我们不能把教育机会给他，那就是我们的耻辱。英美的学校偏教士绅，苏俄的学校偏教劳工，我们的学校是要教大众。现在，我们在乡办学，办乡农学校，所教的是乡间的成年农人。我们实际是在教乡人，未教

---

[*] 此文原载于《中华教育界》，第二十卷第七期（1933年1月）。

市民；教农人，未教育商民；教成人，未教儿童；并不是因为市民商民乃至儿童不可教，不屑教；乃是因为乡间的成年农人最缺乏教育，最需要教育，而且是最没有人注意去教育他们啊！孟子说："得天下之英才而教育之，一乐也。"都市的大学教授可以这样想。我们呢，则是深信得天下之大众而尽教育之，才是人生之至乐。我们要使我们所在的地处，大家都有教育的机会。春风风人，夏雨雨人，其风与雨之所及者不是某某少数人，而是全地方的人人。电扇风人，喷壶雨人，乃与之不同。其风与雨之所及者乃是少数人，而不是人人。教育者之于大众应当做春风，不做电扇；做夏雨，不做喷壶。总之，教育是人权。即使是盗贼、土匪、娼妓要来求学，教育者是不能拒绝的。我们的口号是"让大家来学！"这就是教育的普遍性。

二、我们的教育是全人教育，不是片段教育。一个人，自生至死，自幼至老，生活一天，就得教育一天。教育是没有阶段，不能中止的。学校有结业的时期，教育是无所谓结业的。我们不能说儿童与青年可以求学，成年与老人就应当作工，不可求学了。人人都是应当活到老，做到老，学到老。教育不是专为儿童享受的。七八十岁的老农老妇，在生活的路途上都会觉着有困难，有问题，有需要。换句话说，他们都会有就学的逼切欲求的。自然的乃至社会的环境统都变了，老农老妇待学的知能多着哩。如果他们因应生活的需求，要来就学，我们怎能拒绝呢？古人说："少壮不努力，老大徒伤悲。"我们则以为老大不足悲，惟老大而不努力求学，才是可以伤悲的。我们认为一个人，儿时须学，少壮须学，老大的时期也须学。整个人生的时期，统是教育的时期。在我们看来，一个人的学龄是和他自己的生龄相终始的。不仅如是，所谓"全人教育"是要教人有强健的体格，富厚的情感，高尚的志趣，良好的习惯，正当的信仰，精密的思想，充实的能力，不是仅仅要教他有渊博的知识与学问而已。换些话说：全人教育是要教人对个己，对家庭，对邻居，对乡里，对朋友，对国家，乃至对世界都有合理的反应；不是要教他成一"博大的辞林"或"有效的计算机"。总起来说，全人教育的涵义，对于比个人的教育，纵的看，是要他时时刻刻都有教育；横的看，是要他方方面面都有教育。前者就是教育的继续性，后者就是教育的圆整性。

三、我们的教育是人本教育，不是书本教育，也不是物本教育。人本教育以人为教育的主体。书本教育以书为教育的主体，物本教育以物质及金钱等为教育的主体。现在有的人办学，是太过重视书籍。教师教书，学生学书，上课课书，自修修书，考试考书，一若书籍以外无学问，书籍以外无知识，书籍以外无教育，那就是书本的教育。有的人则太过重视物质。他们以为学校的重心是建筑，是经济，是图书，仪器，标本等物质的设备，而不是教师和学生。他们看来，教师和学生统是可来可去。而且师生的来去与学校的存在与否竟是不相干。我们认为有教师和学生就发生教育的关系，就成为学校，也才成为学校；而他们则以为没校舍，没校具，设理化仪器等设备是不成学校的。我们认定办学，人最要紧。而他们则以为物最要紧。我们认为有人便能办学；而他们则以为有钱才能办学，没有钱则什么事也不能做。穷乡苦壤，没有充足的经费，在他们看来，断不能办什么教育的。那就是物本教育者的定见。我们要用书不是要读书。我们为要解决人生的困难，适应人生的需要，有时是要参考书籍，但不是为要猎取功名禄位而来记诵书籍的。用书是人为主，读书则人为书所奴役了。我们办学要有物质的设备。但是这些物质的设备只是资助我们实施教育的工具，而非就是我们实施教育的主体。简明的说，我们办学要用物资，但不是教育即为物资。总之，大家不要忘记，教育是人教，教人也是为人，从开端到归结，统是以人为本。而且，大家必须明白：书本教育的结果是复古，是前代文化的再演；物本教育的结果是死板，是人类文明的覆灭。他们决不能使人类的文化生动而进步。能使人类文化生动而进步的教育，是人本教育，不是书本教育，也不是物本教育。

四、我们的教育是"人中人"或"社会人"的教育。这个一面来表示我们的教育不是养成人上人的贵胄教育，也不是养成人下人的奴婢教育。另一面是表示我们的教育不是独利其身的个人主义的教育，也不是埋没个性的社会主义的教育。一般的学校，到现在似乎还没有了解民本主义的精神。他们的教育，一边在教少数人做贵族，做官吏，做人上人，做统治他人的士大夫；另一边则教大从做奴仆，做顺民，做人下人，做被人统治的劳苦群众。我们的学校呢，要大家莫做人上人，亦莫甘做人下人。我们要大家都做人中人。我们深知：合理的人只是人中人。即便是领袖，如教育家、政治家，以及其他社会改造家，都是在人群里面做，不是在人群外面做，也不是在人群上面做的。我们教育乡农是盼望他们能做自立立人，自治治人的健全国民；不是要他们做专横的皇帝，也不是要他们做牛马般的臣仆。一般的学校，有的信奉个人主义，知有个人而不知有社会，知注意个性的发展而不知注意团体生活的纪律与制裁。有的信奉社会主义，知有社会而不知有个人，知注意社会效能的增进而不知注意个性的发展与尊重。结果是前者多纷乱而无规律；后者多呆板而无生气。实在都是各有所偏，不是合理的。在我们看来，社会是个人的总体；而个人即是在社会里生长的。个人与社会不能分离。因此，我们的教育，从社会言，所要建设的是"人的社会"；从个人言，所要培养的是"社会的人"。

五、我们的教育是科学的教育，不是玄学的教育，亦不是宗教的教育。玄学的教育多虚幻而不能实在；宗教的教育多执迷而不易革新。切近事理而最适宜于革新进步的教育，就是科学的教育。常人办学，或依惯例，互相抄袭；或凭主观，妄为武断。统是反科学的。科学的教育，无论是厘定学制，决（抉）择目标，编制课程，选取教材，运用教法，考查成绩，建筑校舍，添置校具，以及处理日常学校行政事务统皆采取科学的态度，运用科学的方法。今日，是科学的时代。今后的教育也应是科学的了。（参看郑宗海译：《教育之科学的研究》）

六、我们的教育是现代的最新教育，不是古代的复演教育，亦不是未来的梦幻教育。这便是说，我们办学该当问问，现在是什么时候？二十世纪的生活，不同于十八世纪的，亦将不同于二十二三世纪的。引导人类向上生活的教育，自不宜把二百年前的老办法照样复演一回；亦不宜把二百年后的计划，先自杜撰起来，早为一一准备停当的。我们知道"现代"不是凭空而来，亦不是无端而去。它的来路是与"古代"有关，它的去向也会与"未来"有关。我们知道时间如流水，所谓"过去"，"现在"与"未来"统是没有截然的界线。所谓"现代"亦不是孤立，不是停留的。它是在流动，是在嬗变，是在与无穷的前后发生关系。但这只是说明我们的教育也得随着嬗变，生长，与无穷的前后发生关系。教育在社会文化上的作用一面是要保存过去的成功，而一面是又要开启未来的发展。这里请大家注意：教育所要保存的是过去的成功，不是过去的一切。其所要开启的是未来的发展，不是未来的梦幻；发展是由眼前的事实发展起来的，梦幻是与眼前的事实不生关系的。这就是说我们在教育上不是要作古代的复演工夫，也不是要作未来的梦幻工夫，乃是要作现代的再新工夫。这里还请大家注意：所谓"现代的再新"也不是要把这"现代"原样保存起来转递给后人的，如果这样，那便不算"再新"，人类也就不能进步了。所谓"再新"就是要把它重新整理一番，改造一番的意思。我们办学，要看清"现代"，但不是要株守"现代"。如今办学的人，有的在这民主国家，民权未伸的时代，还要教人独善其身，莫问国事，做个安分守己的顺民。这显然是不识时务。也有在这列国对立，强权即理的时代，就做国际和平，世界大同的迷梦，这亦是看错了时间啊。春天到了，我们可以准备种稻，种棉，种高粱。但这不是开始种麦的时候。农耕犹必以时，何况办学。我们生在现代，长在现代，而此现代又是在生长，在变动，在革新，我们的教育就是要担负：使得现代有个更合理更顺利的生长和进展的使命。

七、我们的教育是中国土里长长出来的教育，不是由英美乃至由丹麦、苏俄移植过来的教育，亦不是"中学为体，西学为用"的混合而成的教育。这便是说，我们办学该当问问：我们自己是在什么样的国家，什么样的地处办学。我国自有新教育以来，最初是主张中西合璧设法调和，其后知道调和不能成功，乃转变而为摹拟他人。先是摹拟日本，其次摹拟美国，摹拟英法，现在又有些人士在摹拟苏俄，摹拟丹麦的了。我们知道摹拟的结果也必失败，为什么调和与摹拟都不能成功呢？大家该当明白：教育是必须适应人生需要的。各处地方的人生需要不同，那么，用以适应他们各别的需要的教育也自不能尽同。我们知道：各国的文化成绩是不同的；各国的国民性是不同的；各国的现势或强或弱，或贫，或富，或以农立国，或以工商立国，也是不同的。各国国民有各别的问题，各别的信念，各别的抱负，形形色色，也都是不相同。美国的平民主义，英国的白人责任，法国的自由平等博爱，德国的日耳曼文化，日本的大和魂，苏俄的赤色国际，各国国民所用以勉自期许，欣然向往的民族精神，也各自不一致。教育须以社会的现象为背景，并须以儿童的经验为基础。这里，请问大家：我们中国的社会现象，同于哪一国呢？我们中国的儿童经验又同于哪一国的呢？英人学英语，法人学法语，日人学日语，俄人学俄语，我们硬要中国人民不学中国语，不识中国文，不明中国史，不知中国的种切，偏要他们去摹拟英美，摹拟苏俄，摹拟日本，这统是极其荒谬的事情啊！比方，甲、乙、丙三人统害病，但他们所害的病都不同。后来，他们都吃了对症的药，各人的病都好了，都回（恢）复了健康。如今某丁也病了。丁害的又是一种病。丁的病与甲不同，与乙不同，与丙也不同。现在丁要抄袭甲的药方，乙的药方，或丙的药方，来医疗自己的病，固然他的病不得好。假使丁把甲乙丙三人的药方混合或调和起来，以疗他自己的病，他的病也仍旧是不得好的。丁害的是另一种病，疗治他就得用另一种药方。同样的道理，我国国民所遭际的困难与问题，和其他各国国民所遭际者是不一样的；所以适切我们解除困难的教育也自与旁的国家不能一样的。你想：生产落后，交通不便，民穷财尽，匪炽兵横，国势衰弱的国家，她的教育制度，教育内容，以及教育设施方法等等可以一一学取产业发达，交通利便，国富民裕，秩序安定，国势强盛的国家吗？是以在我们看来，我们中国的教育制度，教育方针，教育内容，乃至教育的实施方法，都待我们大家来创造。今日我们对于中国教育界的主要工作是创造，不是摹拟，亦不是调和。我们应当做中国新教育苗圃里的园丁。

八、我们的教育是行知合一的教育，不是空谈的教育，也不是盲干的教育。寻常的人总以为劳心与劳力可以分家，知识与行动不能合一。他们要一部分人去劳心，求知识；另教其他大部分的人去劳力，做工作。前者是学生，后者是农夫工人。其事情之进行是学生谈农业常识，农人干农事操作；学生谈土木工程，工人干土木工程。其结果是学生知而不行，农人工人行而不知。知而不行则所知成为空谈；行而不知则所行成为盲干。现在社会上有许多盲干的农工，也有许多空谈的学生，而缺乏真知实行的健全国民。那就是由于行知对立，手脑分家，半身不遂的学校教育助长而成的。我们知道真知必是可行，真行必是可知，行与知到得真处，必归一致。即行即知，即知即行。行以启知，知以导行，相生相长，相因相成。互相终始揉（糅）合，而无法分离。因此，我们在教育上乃主张做学教合一。寻常的学校，教师教清洁卫生，学生学清洁卫生，校工才来做清洁卫生洒扫庭除等工作。这样都教者不是真的，学者做者也统不是真的。做学教一旦分了家，同时也就统都成了假。打破假的教育，当从行知合一做起。寻常的教育学者都容易把实用教育与文化教育看做对立，不能和谐的；因为他们先把行知看做对立，不能合一的缘故。在我们看来，则实用教育与文化教育便根本不能分离。强为分离则实用教育只是狭隘的职业训练，不能使人运用智慧；解除人生的困难；而文化教育也就隔绝人世，失却道德的意义，不能使人洞解事物的人的意味。教育的领域是整个的人生，这种说法只有在行知合一的教育上面可以说得过去的。

总起来说，我们的教育就是人的生活的教育。它合于教育的道理，也即合于人生的道理。它在人生里进行，取人生的资料用，即以指导人生，改进人生。它要解决人生的困难，适应人生的需要，追求人生的意义，实现人生的价值。让我大胆地说一句，它还要开造正常形态的人类文明咧！

山东乡村建设研究院[*]

  从胶济铁路，到周村车站来，换用周青长途汽车或人力车到邹平研究来，汽车一小时，人力车三小时，就可到。如果你是壮健而所带行李又不多，你便步行来亦可以。

  在周村下车，向西北望去，远远地看见山峦绵亘，起伏如云，那就是长白山脉；入邹平境，有南高峰名摩诃顶；有北方高峰名会仙山；往西北行二三里，即见有山。矗然高耸如塔者为玉趾山，山岭有整方巨石块，状如玺者为印石山，再前行五六里，又见偃然伏卧如牛者便是黄山，黄山西麓便是研究院的农场，农场西北约半里就是研究院所在地了。邹平的水，河流之大者为，黄河小清河；湖泊之大者为浒山泺。邹平的名胜古迹，可供大家赏鉴的要算是万松山，游湖峰，醴泉寺，涌源寺，汉伏生故里及宋范仲淹的读书堂。邹平人民大都以农为业，朴厚可亲。他们对于外来生客，亦不甚歧视：如南京码头的车夫走卒，刁诈桀横，欺凌生人的事情，是不会有的。朋友！这是我假定你得闲暇，能够来此参而说的话。我要告诉你来邹平的路由，和邹平本地的地理及民情的大概情形，都是为此。假如你是有事在身或孔方不得凑手，不能亲来参观。那么，我愿向你报告这研究院的教育主张，学生生活与课程，和她草创期中一年来的各项活动等等情况。

  本院所做的工作是乡村建设。而本院所期求的则为建设新山东，再造新中国，开辟新世界，创育新文明。而且本院同人的似乎都是确信要来建设新山东，再造新中国，开阔新世界，创育新文明，就必须全国知识分子，肯下决心，回到乡间，来做这平凡而切实的乡村建设工作。

---

[*] 此文原载于《石生杂志》，第四卷第五期（1933年）。

年来国内从事民族自救运动的志士仁人是很多的，主张也很多，而我们则是确信："今日的问题正为数十年来都在'乡村破坏'一大方向之下；要解决这个问题，惟有扭转过这方向而从事乡村建设；——挽回民族生命的危机，要在于此。只有乡村安定，乃可以安辑流亡；只有乡村产业兴起，可以广收过剩的劳力；只有乡村一般的文化能提高，才算中国社会有进步；总之，只有乡村有办法，中国才算有办法；无论在经济上，在政治上，在教育上都是如此的。"（见本院设立旨趣）

大家请向世界展望。"近代西洋人走的路子，内则形成阶级斗争，社会惨剧；外则酿发国际大战，世界祸灾，实为一种病态的文明，造成人类文化的歧途。我们岂可再蹈覆辙？"（亦见本院设立旨趣）而且大家应当明白近代西洋人对于经济，或持资本主义，或持共产主义，表面若不相容，骨子里统是以"钱"为本，而不是以"人"为本。其为物质主义则是一样；其于政治，或要"一党专政"，或要"阶级专政"，表面如同水火，骨子里统是以"争夺"为本，而不是以"礼让"为本，其为强霸主义亦是一样的。长此不变，世界的祸患，正是方兴未艾；而人类的前途也是至为悲惨黑暗的呵！我们于此就得竭其绵薄，"开造正常形态的文明，要使经济上的'富'，政治上的'权'综操于社会，分操于人人"，此种文明正是须由乡村建设开发出来的文明。因此，我们认为乡村建设不仅是中国自身是没有疑问的，既其对于世界人类，也是具有如此重大的关系和深远的意义。

乡村建设是一件大事，因此，我们不能不盼望全国知识分子，往常拥挤充塞于都市的，大家一齐回乡，与乡民打并（拼）在一起，骈力来作广义的乡村教育功夫——乡村建设功夫，开出乡村建设的风气，造成乡村运动的潮流。（中略）

（甲）研究部方面——乡村建设研究部的用意，约有两层：一是普泛地研究乡村建设运动及其理论，以为学术界开风气；一是要具体地研究本省各地方的乡村建设方案。其学生在学时研究之程序，先是全体做一种基本研究，那便是乡村建设根本理论的研究；次则各人依其原有学识之根底，或新近志趣之所向，自行认定一门或数门为专科的研究。例如：原来学政治的，就可以研究乡村组织或乡村自治；学经济的就可以研究农村经济或农业经济；而现在有志于教育的则可为乡村教育或乡村民众教育之研究。各随性好，无取一律。但其科目的认定，作业的进行，则须得研究部主任及导师的审可或指导。其学业进行之方式，或各别谈话，或集众讨论，或事参观，或行实习；间有必要，亦（抑）或由专家导师以讲授行之，或由特约导师函授行之；因事不同，因人不同，故其学业之方式；亦不能一致。至其日常生活，则因本部学生，年事较长，人数较少，而在学时期亦较久，故于团体，于个人，均权重于各人自己的反省惕励，与夫师生友朋间的互相助勉与规戒（诫），而无取严肃之纪律。学生自律有自治团，团有公约，皆由本部全体学生共订共守。本部学生修业期限二年，但先期得有研究结果，经本部主任及导师评定合格者亦得提前结业。

（乙）训练部方面——乡村服务人员，训练部的用意，就在养成到乡村去实行建设工作的人才。修业期限一年。在此短促期内，本院所要训练于他们者，约计凡三要事：一为实际服务之精神陶炼。——要打动他的心肝，鼓舞他的志趣，锻炼他吃苦耐劳，坚忍不拔的精神；尤其要紧的是教以谦抑宽和处己待人之道；二为认识了解各种实际问题之知识；三为应付各种实际问题之技能上的指授——例如：凿井，养蚕，办乡农学校，办乡村自卫等。因此，训练的课程，生活与学业进行的方式，和研究部自较多不同之处。兹分述如次：

课程即在生活以内进行，决不能在生活以外进行，这便是说：课程与生活不能分离。今次之所以分别言之，只为求叙说得眉目清楚给大家易于明了。

先讲朝会及纪念周。本院每日清早，都有集会，在星期一为纪念周，在星期四者为总朝会，这均是全院师生一律参加的。地点在大会堂，由院长主席。在平日者为分朝会，由各班主任领导举行。地点则不定，大致是在各班教室，也有在操场，在野外的。朝会在本院非常重视，乡村服务的精神陶炼，大部是在会里实施。每日有朝，每朝有会，不问是不是星期，是不是节日。（节日，星期，本院概不放假，皆有作业，亦皆行朝会）大家起身很早，每在东方未白，天上星光犹在闪烁之时，学生已在会场等候老师莅临了。有整肃的仪式，有壮伟的歌曲，有恳挚的讲演，有亲切的训戒或勖勉。在会里最易使我想念当时晓庄寅会的情形，那里比较生动，而这里比较庄严。但是鼓舞精神，涵养心力，相劝相戒，相期相许，要为此三万万四千万的乡间居民有所贡献，进且为全中国民族，全世界人类有所贡献，其用意则是一样的。（编者按——朝会也是灵修一样，乃是精神力量的添加，所以这实在是每天不可少的。）

会龙就是武术，有使大刀的，有玩长枪的，亦有人专学太极拳，太极剑。但大家不要误会我们准备杀人，或是准备用徒手或粗笨器具抗敌。我们只是要强健身体，强健精神而已。所谓"儒侠合一"或"文武双全"颇为此间师友所津津乐道。

其次是早膳和洒扫庭除。本院有校工，但是扫教室，扫寝室，扫会堂，扫公共场所，都是学生之责。拭黑板，搬垃圾，倒痰盂，也都是他们之责。此间学生，已是耻于做"少爷"了。

上午七时半至十一时半，则为指导作业或自修作业时间；十二时午膳，下午一至二时午睡，二至四时，亦为指导作业或自修作业时间；四至五时半或六时，军事训练。此间有军事训练，真刀真枪，实地实干，其编制与活动，一如军队。其在平时有室内功课，有操场教练，有野外演习；一旦有警，即轮任守卫，巡逻。服装整齐，步伐划一。其在操场上操时候，初来参观者，常不辨此上操之人为学生，为兵士。担任教练者即为富有军事学识及经验之军事专家（或曾任军长，或曾任团长，或曾任连排长，或曾在国内外军校毕业）故其纪律严明，技术娴熟，甚能得受训练者之威信与敬仰。作者所知学校军事训练之切实与谨严，当以此间为第一。"明耻教战！"乡村自卫完成之日，亦即"抵抗"奏效之时乎！

下午六时晚餐，七至八时半为作业及日记时间。八时半或九时，既就寝。早眠早起，农家的风俗如是，故吾人之日常生活习惯亦如是。

这是本院训练部学生一天的写真。生活是变动的，当然不是天天如此。例如在举行户口调查的时期，在试办乡农学校的时期，蚕桑班同学在养蚕的时期，大家每天的生活程序就不是这样。而这里所描写的，乃是通常的一天生活情形。（中略）

本院训练部上届共分七班，每班有班自治团，各团设正副团长各一人，下设学术讨论、体育、游艺、卫生、炊事各干事。由各班自治团再组成本部全部学生的自治团，以团结全部学生的精神，与处理各班共同的自治事项。其组织由各班自治团团长互选主席一人，下设书记一人，以训练部主任为指导员。且看该团团员共同努力的生活目标：

（1）要亲爱和平，协作互助。

（2）要自强不息，勇敢精进。

（3）要无欺无诈，诚信正直。

（4）要尽己恕人，改过迁善。

（5）要思想正确，情趣丰丰。

（6）要身体强健，精神焕发。

（7）要节时节用，勤劳俭朴。

（8）要服从公意，谨守规约。

（9）要爱护公物，促进公益。

（10）要整齐清洁，有条不紊。

再看该团团员相约互相规诫的事项：

（1）讥评谩骂，喧哗扰乱者。

（2）污秽不堪，有害卫生者。

（3）妨碍整齐，不守秩序者。

（4）作息无时，奢侈浪费者。

（5）妨碍公益，损害公物者。

（6）嗜好烟酒及其他有伤身体事物者。

（7）虚假敷衍，与人不忠者。

（8）固执己见，背弃公约者。

（9）思想狭隘，行为错误者。

（10）怠惰颓废，致荒学业者。

大家看了，也许有人以为这样的学生自治团，便无异于一个"进德会"。我看也是这样。但是这并不是违反教育，违反人生的道理。学生集会，名为自治，而不注意于进德修业，在教育世界中是不应当有那样现象的！

讨论邹平生活教育*

捧读手示，不胜欣悦，每次生活教育半月刊到时，春必细细看了，看时往往自头至尾，一字不漏，非以求博，正以求用之也。

《宝山义务教育急成方案》，原则上春全部接受。办法则彼此当有出入，春今日所计议者为邹平生活教育普及方案。春以为今因吾人所要致力者为人生必需之生活教育，不是法令所订之义务教育。教育须得普及，而无须急成，亦不能急成。文字教育可以急成，生活教育不能急成。师意如何？

邹平实验计划（系本梁漱溟先生之理想主张）原订村有村学，乡有乡学，县有县学，凡此组织构造，是为"推动社会组织乡村"，实为引导全社会的人民皆得好好生活而已。春今请又山弟在实验学校中试办幼稚园，其主旨即为要教全城乃至全县的幼儿皆能好好生活，不是要教数名或数十名公子王孙会唱歌，会跳舞，会识数讲话而已。而今而后，我们的教育辞典之中只见有"学众"，不见有"学生"，亦不见有"民众"，生活教育合一，学生民众亦合一。

前天早晨，邹平城关各校学生在南郊柳林之下举行总朝会，他们没有到的时候，春已自先去了，独上高冈，东望日出，青山绿野，鸡犬相闻，乡村景色，固不知高出尘世几许也。不久学童们自东西南北各路，一群一群地来了，这里面，不仅为普通的所谓学生，还有他们带来的小朋友（即普通的所谓失学儿童）。我欢喜极了，不觉默默念着："你是一个人，我是一个人，共生需共学，即知即传人。"

现在，邹平境内的学校除照章上课外，还注意两件事：一是给全校儿

---

* 此信原载于《生活教育》，第八期（1934年6月）。

童种痘，一是要全县妇女放足。大家都是很忙，也都还觉有趣。春在此，亦难得偷懒。

友人曾征瑞、友旭东、杜勇悔均拟来沪参观，并请教。希予指导为荷。

五月二日

邹平县乡村教育普及方案

原则

一、我们认定人生必须教育。本县各乡各村人民无论男女老幼必与教育发生关系,而后大家才能共同向上,好好过日子。

二、我们认定教育必须普及。教育应如春风风人,夏雨雨人,普及众生。无分彼此。

三、我们认定生活即是教育,教育即从生活出发,在生活里进行,亦即以生活之向上学好为旨归。教育与生活合一。离开生活便无教育。

四、我们认定社会就是学校。学校是社会办,由社会办,为社会办,也就在社会里办。关门办学不仅不能指导社会,并亦不能教导学生。

五、我们认定一乡便是一个乡学,一村便是一个村学。一乡的乡民便是这个乡学的学众,一村的村民便是这个村学的学众。乡学不能照顾全乡的乡民,村学不能照顾全村的村民,便是义犹未尽,情有未妥。

六、我们认定人与人相处,言语行动互相影响便是互相教育。甲乙相处,不是甲教乙好,便是乙教甲坏,有如风之相遇,不是东风压倒西风,就是西风压倒东风。

七、我们认定大人能教小孩,小孩能教大人。孟子说:"所谓大人者不失其赤子之心者也。"如何保持赤子之心,最好的办法,就是与赤子为伍。这便说大人有不如小孩的处,所以也得跟小孩学。

八、我们认定老师能教学生,学生亦能教学生。有时候学生教学生的力量且比老师教学生的力量更为深厚伟大。因此今后的教师应当自己教学

---

* 此文原载于山东乡村建设研究院《乡村建设旬刊》,第三卷第二十九期(1934年)。

生，还应当教学生去转教旁人。

九、我们认定人活到老做到老，学到老。个人学好，行健不息，人之所以为人者，就在于此。跟人学好是人的大道，不是可耻的事。

十、我们认定知者有教人的义务，能者有传人的义务，善者有诲人的义务。一人有知，教之众人；一人有能，传之众人；一人有善，诲之众人。人人皆能皆善，则社会进步，民族繁荣，人生之乐，莫大于此。自立立人，自达达人，自觉觉人，是人生最高尚的道德，也就是吾民族最伟大的精神。

十一、我们认定邹平人民，对县、对乡、对村，在教育上负担已不为轻。在这民穷财尽，农村凋敝的时际，我们不宜再以任何名义增加人民的负担。同时我又认定邹平的学校数目已经不少。但全县人民十五万四千中受教育者，上年统计，不过八千九百零五人，今年统计，亦不过一万四千八百七十三人。这便是说现在邹平教育距普及的程度算远。此时此地，大家要想普及教育，必需全县全学校的校董、教师和学生共同发愿，采用"即知即传人"的办法，为全县大众结成生活教育之网。

十二、我们认定教学做合一是最有意义的生活法产，亦即是最有意义的教育法。做即学即教，学者从此真得进步，教者亦从此真得进步，学者亦从此真觉人生愉快，教者亦：从此真觉人生愉快。

十三、我们认定乡村教育建设与大众教育必须联合进行。乡村建设必需大众教育才得推进；大众教育必需乡村建设才有意义。

十四、我们认定人须共生，即须共学。你跟我学，我跟你学；彼此相学，彼此相长，进步无穷，乐亦无穷。

十五、我们认定人皆好学。人人皆知学是好事。人之所以不学，必有其困难或障碍，如把他的困难障碍除去或减少，他亦能与常人一样好学的。

办法

一、有各乡村学董、教师及其他人士，自动发起组织一乡或一村普及教育委员会，从事各该乡村普及教育之规划研究督察及指导。

二、由各村学董、村长和管理督励本村人士，除疯狂、白痴及六岁以下之婴儿外，皆须发奋求学，能签自己姓名，能识一二千字，能注意时事，并能组织或加入一种合作社。

三、由各乡村学校教师，鼓励并指导现在入学学生，每人每日课后须教导家中或邻居学众二人读书唱歌半小时以上。

四、由各校学生担任"教生"，学董、教师负辅助指导考核之责。各校日常功课中加入"怎样做教生"一项，训练学生教导大众，并鼓舞兴趣，解决其困难。

五、由各村学长、村长、学董、管理、教师随时向人解说：（1）普及教育之意义和必要，（2）以学生转教大众，在大众为初学，在学生为温习，教学相长，彼此受益——以祛群疑，并化各方之阻力为助力。

六、举办一村一乡或全县户口调查（注意各村之各级学校毕业生、文盲及有专长学识技能之人）。

七、教学。其方法、时间、地点及材料等大略规定如次：

（甲）方法分下列两种：

1. 个别教学，每日课余由各教任之。

2. 集合教学，每周或每旬举行一次，由各校教师任之。

（乙）时间：

1. 个别教学，于每日早晨、午后或夜晚，不必拘定一律，由各教生与其学从商订。

2. 集合教学，由各校教师斟酌时地人事之宜定之，公告于众周知。能于校中设一警钟，到时击钟为号更好。

（丙）地点：

1. 个别教学，家中、店里、街头、监狱、野外林间，无不相宜；由各教生与其学众随时约定可也。

2. 集合教学，由各校教师酌定，先期公告于众周知。可以在室内，亦可以在户外或林间。

（丁）材料：

1. 语文：儿童用《小学国语读本》，成年用《识字明理》。

2. 歌曲：由文化团体选辑编印。其歌词内容应激发民族精神，欣赏农村生活，鼓舞乡人志气，指示大众生活途径。而其编制则必须适合时令地宜，及学者程度。

3. 体育：对于儿童注意团体游戏，对于成年注意国术。

4. 常识：自然、历史、地理，及时事报告、故事讲演，由各校教师随时选择供给。

八、学众编制：

（甲）学员三人为一学组，设学组长，担负本组学员共同向上，继续学好之责。由本组学员共推教导学众，勤劳卓著之学员一人任之。

（乙）三学组为一学群，设学群长，担负本群学员共同向上，继续学好之责。由本群学员共推教导学众，勤劳卓著之学组长一人任之。

（丙）三学群为一学联，设学联长，担负本学联学员共同向上，继续学好之责。由本联学员共推教导学众，勤劳卓著之学群长一人任之。

（丁）三学联为一学团，设学团长，担负本团学员共同向上，继续学好之责。由本团学员共推教导学众，勤劳卓著之学联长一人任之。

（戊）团以上直属于各村学或村立学校，村之大者成立若干学团，即以第一、第二等次第名之。

九、督教及指导：

（甲）督教。在乡以各该乡学长，为一乡督教；在村以各该村学长或村长为一村督教。

（乙）指导。在乡以各该乡学教师为一乡巡回指导员；在村以各该村学或村立学校教师为一村巡回指导员。指导分个别指导、巡回指导、集合指导三种。因时、地、人事之相宜，得敦请农夫、工匠，或其他各项专家，参加指导工作。

十、补助及奖励：

（甲）我们认为此种工作，县政府宜居监督及补助地位。亦加奖励补，不宜过于干涉，或强制执行。

（乙）我们认为各学校学董、教师参加此项工作，纯系自告奋勇尽其对国对乡对于家人父子邻里朋友之义务，是以不论大家成绩好坏，不用赏亦不用罚。惟于青年、儿童担任教生，能教学众二人认字一千以上者，宜由县（或文化团体）发蓝色证章一枚；能教学众五人认字一千以上者，由县（或文化团体）发红色证章一枚；能教学众十人认字一千以上者，由县（或文化团体）发黄色证章一枚；能教学众二十人认字一千以上者，由县（或文化团体）发绿色证章一枚，以资纪念。

（丙）各学校办此项工作，灯、油、茶水、纸张所费必多，事先应呈报县府，县府得斟酌情形，与以补助；其补助多寡应视县中及各村财力如何而定。

（丁）举办此项工作之时，其初步教材亦多用歌曲，此项歌曲应由文化团体编印，酌收印刷费。其学众多，经济困难之村及村立学校，得酌予减价或免费。

中国农村复兴与教育改造[*]

"农村复兴！""农村复兴！"农村如何才能复兴呢？依我们看，农村的复兴必须农村人民自身有力量。政府和银行家、慈善家等对于农村复兴的工作可以尽辅助、指导及扶植的责任，但不能尽主动的地位。主动的应当是农人。农人能够团结，向上，求进步，则"农村复兴"的大业才算有了生机。

农人怎样才能发生力量，复兴农村呢？我们说，必需农人有教育，必需农人有适合现代农村生活的教育。怎么说，农村复兴必需农人有教育？天下事情的推动变化，不外乎两种力量："一是他力，一是自力。如以农村复兴为例，以政府或银行家、慈善家（如基督教教会之农村事业）之力，扶植农村，救济农村，使农村复兴起来。如此之农村复兴谓之由于他力。他力可以有，但不宜用之太过，则其结果对于农村，势必至于一推一动，再推再动，不推不动。他力所到的地方，农村许会一时有些新事业，如农民馆、电影场、合作社之设置等。但它们都是无本之花，无源之泉，外力一去，统是可以归于乌有的。何况目前中国，政府和银行家、慈善家统没这大力量，足够救济全国败坏程度已经很深的农村。单靠农人自身的力量复兴农村，依我们看，也是不行。如果能行，则中国农村早已有了办法，无待今日再讲"农村复兴"了。农村人民自身是有力量的。一则在本质上，他的力量太散；二者在作用上，他的力量太乱。散则力量不归一致；乱则力量用不得正常的方向。因此农人自身虽有力量，仍未足以救济农村，使农村复兴。农村复兴必需农人自身有力量，但这力量必须一是不散，归于一致，二是不乱，有正常的方向。把农人自身原有的力量加以组织使它不散，并加指导使它不乱，以事农村建设，农村改造。这种功夫须

---

[*] 此文原载于《教育杂志》，第二十四卷第一号（1934年9月）。

待教育来做；大家也可以说，做这功夫的便算是教育。我们相信，单靠他力不能复兴农村，单靠自力亦不能复兴农村。惟有以他力引发自力，以教育引发农人自身原有之力量，使它一致地用诸正常方向，才能复兴农村。

不是任何教育，都能引发农人力量，复兴农村的。不良的教育能使中国农村，穷的更穷，弱的更弱，愚的更愚，散的更散，乱的更乱。今日的学校教育，大都是农村复兴的障碍啊！请大家注意。

（一）今日学校在为中国社会制造：因为她只是给有钱有闲的人家的子女上学的。今日各级学校入校都需一定的费用，上课都有一定的时间。没钱的人不能入学，没闲的人亦是不便上学。从前，科举时代，放羊的人，牧牛的人，拾柴火的人，种庄稼的人以及一切贫寒的人，忙活的人，一样可以上学；如有能力，机会凑巧，一样可以中秀才，中举，点状元，做宰相。今日的博士、硕士，不是有钱有闲的人几乎不能问津。长此下去，社会内有了钱财的人亦即成为有学识有权势的人；没有钱财的人亦即没有学识，没有权势。"钱财""学识""权势"合归一家；"贫穷""愚蠢""卑贱"亦即合归一家。中国社会倘能有了秩序，五十年后，单凭这样的学校教育制度也就会把原有伦理本位的社会改变，成为阶级对立的社会。今日国内阶级的形势尚未形成，因为中国尚在大乱，为匪当兵的人尚能利用时机，取得权势与钱财而已。未来中国农村社会，健全的社会组织构造必需不是阶级对立的。阶级对立，则农村的事更无商量余地，更无办法，如何复兴起来！而今学校正在加工制造阶级，这与农村复兴的前途是大有害的。

（二）今日学校在为中国社会埋没人才：现在的学校教育，依我看，只可说是中才教育，或庸才教育，不能说是英才教育，亦不能说是蠢才教育。她的教育设施所注目的只是学生队里的中庸之辈。禀赋优异的人她是不顾的；资质愚钝的人她亦不顾的。一面她有学年制度，全班学生修业的时间总是一齐来，一齐去。一面她又有班级教学，全班学生，所学的功课统是一齐进，一齐停。此种办法一面没有顾及学生个别的需要，一面亦不顾及农村社会的需求。农村的子弟，个性不同，家境不同，原有的程度不同，将来的志愿不同，现有的求学时间及机会也是不同的。而今学校不分青红皂白，总是一律办理。因此，农村子弟，大半不能上学，即便勉强上学的人，也与学校设施，种种不便于他们的日常生活而不得顺遂进步，充分发展。农村人才不能长进，农村事业如何会有转机！

（三）今日学校在为中国社会养成书呆：这是当今学校教师只知教书，不知教人，只知教字，不知教事的结果。如今规模较大的中学或小学就有所谓"管理员""训育员"或"指导员"，这便是反证他们校里对于学生生活指导，训育及管理的事已经交给少数教师负责，其余一般教师对这等重要事情是不负责的。他们只负某种学科的教学的责任。即便各种学科的教学，一般教师也只是教书，不会教人；只是教字，不会教事。如今许多中学生、大学生，不仅四体不勤，简直五谷不分，如此教育而求普及，必致人无不学，事无不废。玩弄文字，记诵书本的教育，为着复兴农村，再造中国，理应从根本处加以改革的。而今教育当局，为欲整顿学风，厉行毕业会考，考国文，考算术，考自然科学、社会科学等等，但不考劳作，不考农艺，不考手工，不考体育，亦不考人生行谊，与夫处世治事之力。这便是要全国教师，专心教书；全国学生专心读书而已。是在提倡书呆教育，并不曾想为复兴农村，培植切实有用的人才。

（四）今日学校在为中国社会造就市侩：今日的学校，大都是为城里人和官僚子弟设的。农人上学很不方便。即上学的，亦不过徒拥虚名。学校之中很少有人注意到农田耕作的方法应当如何改良，农村社会的生活应当如何改进。农家子弟要求稍微高一点的学问，就得往都市里去。他们到了都市以后，上都市的学校，学都市的功课，过都市的生活。久而久之，他们的言行、举止、衣冠、礼貌以及一般生活习惯全皆都市化了。他们受学的期间越长，离开农村离开家庭的生活就越远。他们往往厌恶农村，厌恶农民。亦有厌恶家庭，厌恶他们自己的父母兄弟的。他们从学校毕业以后，爱在都市游玩，不愿回到农村。即便回来的，只有躯壳回到农村，魂魄却不知哪里去了！他们从此再不解所谓孝弟、力田、勤俭、朴实的农村生活了。总之，今日的学校是些市侩和官僚的制造厂，并不是农村子弟优良的教育的场所。

此种教育，总是农村复兴的障碍。此种教育势力的蔓延只能使农村益趋衰败，益往下沉，决不能使它的颓势转变过来，长出生机。能够为农村培养生机的教育，依我们看，必需是：

（甲）量的方面须使教育大众化：即要教育机会均等。无论男女老幼，贫富贵贱，都得与我们的教育活动发生关系。我们的教育活动必时时为大众设想，处处为大众设想，事事为大众设想。我们要学春风，不要学电扇；要学夏雨，不要学喷壶；明白地说，我们要做大众生活的导师，不要做少数富贵子弟的教仆！我们不办学校则已，要办，则我们的学校该当对学校所在地的全社会负责。我们不能教育则已，如能，则我们的活动该当为前后左右的一切人民有所尽力啊！

（乙）质的方面须使教育生活化：即要教育与生活打成一片。这就是说教育从生活里出发，在生活里进行，并即以生活的向上进步为目的。也就是说：教育的起点、过程及其目标统是以生活做中心。生活的内容就是教育的内容。生活的做法就是教育的作（做）法。生活的问题也就是教育的问题。总之，生活就是教育，整洁的生活就是整洁的教育；勤俭的生活就是勤俭的教育；革命的生活就是革命的教育；科学的生活就是科学的教育；糊涂的生活就是糊涂的教育；懒散的生活就是懒散的教育；卑鄙的生活就是卑鄙的教育；怎样的生活就是怎样的教育。教育与生活不能离开。离开生活便无所谓教育。教育是从生活出发，即以指导生活，改进生活的。因此，我们认为在这时候（二十世纪）这地方（文化正在大转变的新中国）实施教育，必须特别注意下列之事：

（一）是注意生产劳作的训练，这是所以养生的。传统的学校，教人吃饭不种稻，穿衣不种棉，住屋不种树，教人享用消费而不事生产与工作。这种教育是不能普及的，亦不应使它普及。我们的口号是"普及劳作，普及教育"。我们知道：人人需要教育，亦人人需要劳作，教育不是某一部分人特有的权利，劳作亦不是另一部分人特有的苦差。"君子劳心，小人劳力"，如此界限分明的社会生活的时代已经过去了。我们不愿使我们的学生，成为好尚空想不事劳作的无用的人。我们必须使我们的学生一一接受生产劳作的训练。因为它就是真实的人生的训练啊！

（二）是注意精神陶炼及科学训练，这是所以明生的。精神陶炼重在伦理的领会，所以使人适应社会环境的。科学训练重在物理的研究，所以使人适应自然环境的。前者是要指示大众寻获一个适当的社会观。后者是要指示大众寻获一个正确的宇宙观。合起来就是要大众各自建立一个健全的人生观。人生的意义何在？价值又何在？人生在社会里，在自然界所处的地位是什么？做人的道理该怎样？指导人生，改进人生的教育是不能不注意这个问题，使之明晓的。"大学之道在明明德"我想就是这个意思。

（三）是注意团体生活的训练，这是所以保生的。如今我国，农人虽多，不能肃清少数土匪的扰乱；公民虽多，不能制止少数军阀的跋扈；国民虽多不能防御少数外族的侵略。祸患频仍，国族颠危，民权不张，民生益迫。这统是由于我们国民自身一盘散沙，不能团结的缘故呀。一盘散沙的国民，人数虽多，工作虽勤，智慧虽高，理性虽强，亦不足以安内而攘外。晚近我国内多乱而外多患，内乱不能平，外患不能御，这里面最重大最主要的原因还是由于我们国民自身缺乏团体生活的训练而已。团体生活有两大要素：一是团体分子须有纪律的习惯，即许多人在一起，大家须能遵守次序；一是团结分子须有组织的能力，即许多人在一起，大家须能商量办事。这两种性格均是我国民族生活上所素形缺乏的。我国历史上常见有扶危定倾，煊赫一时的仁人志士，不见有移风易俗，百年不散的公众团体（如西洋之政党、教会或学术会社），这真是值得令人长思而求其解的。"各人自扫门前雪，莫管他人瓦上霜"，本是一般民众处事的态度，"你走你的路，我行我的是"，也是我国知识分子常抱的主张。我国人民尤其是知识分子不会过团体生活，这实在是无可讳言的民族之病。我国民族，从此覆亡，不图奋起就算了；如图奋起，以求生存，则大家必需学会组织，学会联合，学会过团体生活。联合起来便是力量。有了力量我国农人才能自保保国。我国从事农村教育的人在这上面不能不十分致意。

总而言之，要图农村复兴必先注意农村教育改造。要图农村教育改造，则大家消极的必须铲除教育上的四大通病：（一）制造阶级；（二）埋没人才；（三）养成书呆；（四）造就市侩和官僚。积极的必须注意两面：（甲）量的方面是要教育大众化；（乙）质的方面是要教育生活化。因生活的必需，此时此地，我们在教育工作上必得注意：（一）生产劳作的训练以养其身；（二）精神陶炼及科学训练以明其生；（三）团体生活的训练以保其生。

上面所讲的，都是些原理原则。揆之实际，则我们大家在教育上应有如下的改革：

（一）在教育制度上我们应废除所谓大学、中学及小学；并废除所谓学校教育、社会教育的分别。我们主张村有村学，乡有乡学，县有县学，省有省学，国有国学。村学非若小学仅以一村儿童为教育的对象；非若民众学校仅以一村作为教育的对象；亦非若一般学校仅以报告入学的所谓

"学生"做教育的对象。它是要教导全村的人，全村的人不论男女老幼都是它教育的对象。同时它就在村里，研究这村一切问题并设法解决之。这便是说它的教育不仅是教育，兼含有政治的经济的活动。乡学以上亦仿此。（详细另文说明。）

（二）在教育政策上，一方面我们应注重在初级的大众教育。而与高级的人才教育则在次要的地位。一面我们又当注意于日常必需，无微不至的社会教育，而与自划范围，多所限制的学校教育则在次要的地位。这是因为目前的教育的重心，似乎在上层大学教育而不在下层国民教育，在学校教育而不在社会教育。我们为要矫正此种趋势所以如是主张。其他则男子教育应与妇女教育并重；儿童教育应与成年教育并重。有人以为农村之中，妇女教育重于男子教育（如齐大校长加尔孙，燕大教授张鸿钧）；成人教育重于儿童教育（如山东乡村建设研究院院长梁漱溟）；也有人主张适与上者反。在我看，此种偏欹主张，都有不可通处。人的教育，机会均等，人的教师，何必薄彼厚此呢？

（三）在教育形式上我不愿有时下流行小学和民众学校并行的主张，亦不愿有如舒新城先生所提倡的三馆——图书馆、科学馆、体育馆——鼎立的主张。我想中国农村之中，可以通行的办法，只有吾师陶知行先生所提倡的工学团，或梁漱溟先生所提倡的村学、乡学。因为一则才财两缺的农村不能支持许多教育的机关；再则改造社会，指导农村，亦不宜有两个以上的中心势力呀。

（四）在教育内容上自即以生活的内容为内容。求知，生产，团结为生活所必需，亦即为教育所必需。为求生活的顺遂便利，我们自得识字，学算，用种种书报。可是自然之中物有亿万种，社会之中事亦亿万种，此事与物皆为生活的内容，亦自皆为教育的内容。总之，我们所取教育的内容绝不宜限于书本，更不宜限于几本教科书。万物滋生，万事变化，聪明灵慧的人都能从此有所取益，以发挥生活的意义与价值。终日在室内咬文嚼字的教育是书呆的教育，绝不是人生的教育。

（五）在教育活动上，我们既不以造就许多"好吃懒做"的无业游民为事，而想为农村培养切实有用的人才。我们的教育活动自不宜囿于讲解书本，而须在大自然，大社会中引导学众做种种有益的活动。如：

（1）鼓励学生去观测气象，采制标本，经营园艺，制作用具，并仿制理化仪器等。

（2）添设学校田或农场，以备学众合作经营。

（3）讲究栽植果木，养蜂，养蚕，养鸡，养猪、羊等。

（4）添设工场，或与就近工厂接洽，以便学生学习纺织，裁缝，刺绣，编筐、结网，打绳，做鞋，及木匠、瓦匠等工作。每个学生至少应学会一种手艺。

（5）鼓励学生，利用时机，以从事于清洁乡村，排泄污池，扑灭蚊蝇，栽植花木，改良道路等社会工作。少壮学生则宜为御匪练习，救火练习，防汛练习等以备不测。

（6）学习国术，射击，骑马及游泳等。

（7）组织"童子军""学生军""参观团""旅行团"，练习"露营""远足""参观"以便多与社会实际生活接触。

（8）指导学生作本村本乡社会调查及人事登记（如邹平贺家村现有翔实之人事登记及户口调查，即由教师指导该村小学生任之。）

（9）指导小学生做小先生，即以自己在校的所学所能，转教旁人，如教邻儿或家中姊妹识字，学算，唱歌，游戏及手艺。

（10）鼓励学生参与家庭工作或农田工作，试行"家庭设计教育法"。

（11）鼓励学众组织各种合作社。

此种活动不仅于农村有益，大众有益，实在对于学者自身也富于真正教育的意义。

总之，农村复兴必需从农村自身想办法。如果农村学校不能为农村教导大众，培植人才，增进物资，改良生活，则"农村复兴"仅赖政府、银行家或少数慈善家之努力，而其力又是外来的偏及的；其结果必将徒有计划，徒托空言，是可断言的。中国今日的"教育列车"已经是错走了路向，势必把"农村社会"载入淤污，往下沉沦。这时候，大家如欲救济农村，使有"复兴""再生"之望，必须把这"教育列车"转过头来，另觅轨道才行。是以今日举国上下，大家都在呼喊"救济农村""建设农村""复兴农村"之时，我们在农村从事教育的人，正宜致力农村教育的改造。农村教育界的朋友！我们大家就是那载着农村社会命运的"教育列车"的司机者。来！把我们的列车，开上了正轨！

民国二十三年七月，邹平

从晓庄到邹平[*]

——八年来乡村工作概述

一 以前

我本是农家之子，生长在乡村。我的父亲是个自耕农。他一生勤俭、朴实、忍耐、和平，真可说是中国式的代表的农人。他耕田四石，养活八口，读书不多，生性忠厚，从遗传及境遇上都自然地训练他成为一个勤俭、朴实、忍耐、和平的农人。我的母亲，能力较强，性情较烈，可是她是农妇。她在乡村社会里，除养儿育女，料理家务以外，仍没有什么地位。但在家里，许多事情如儿女的教育问题、婚姻问题等，似乎都由我母亲做主。我在儿时，资质平凡，身体羸弱，日后我之所以能够继续上学，进师范，进大学，成了一般社会所谓"读书人"，其原因一半是因为我的父母想要维持历代半耕半读的家风，一半还是因为我的体格比弟弟坏些，不甚适于农田的操作。我的弟弟似略比我聪明，但他上学两年以后就离开学校，跟着父亲学农了。如今他就继承父业，做华东一个乡村里面勤劳简朴的自耕农。在这里顺便再说一句，我在家乡的亲戚完全是农家；我在儿时的朋友，如今也十九是农人。我不能忘情乡村，轻视农人，大概是情有必至，理有固然的。

从浙江七师毕业以后，我在家乡曾做了两年的小学教师。那时候，第一，因为我是青年，我是初出茅庐的青年教师，在朋侪中，我自不敢示人

---

[*] 此文原载于《中华教育界》，第二十二卷第四期"乡村运动与乡村教育专号"（1934年10月）。

以弱；第二，因为我是师范毕业的，如今回到家乡服务，对于家乡教育，想当然，该负点整顿革新的责任；第三，我虽未敢以孔仲尼、王阳明、黑格尔、福禄培（当时尚不知有杜威）等大教育家自期，可是日之胜俄，德之胜法，大家都归功于小学教师，这种传说是我所习闻；我在这外侮频仍，国事危岌的国度里做小学教师，如果是马马虎虎，不想称职，那自然于心有愧。所以，我在那小学里，可以说是尚肯尽力的教师。但是一个缺少人生经验、教学经验的师范生，初做教师，要想称职，实在是很难的。不用说指导大众，改造乡村，为我所未能。（我在当时亦未曾想及于此。）即便是兢兢业业以教校内有数的小学生，要他们工（功）课完好，品性优良，体格健强，一个有用的国民，也真觉力有不逮呀！想起来，到如今还觉得很是惭愧，当时我曾教"农业"，可是我对农事操作并没有可以教人的经验和学识。

教学两年之后，我就到南京高师继续学习教育科目了。在那里三年——民国七至民十——我认识了许多先生和朋友。他们给我影响都是不小。那些先生大半都是留美研究哲学、教育、心理的；因此，我的教育思想就由日本式的转变而为美国式的；或者可以说是由黑格尔主义转变而为杜威主义。那些朋友，大半都是爱谈中国问题、社会问题的自命不凡的少年；因此，我的人生态度就由专心教育的乡村教师转变而为留意种种问题的社会运动者。那正是五四运动的前后，全国学生都是发扬蹈厉，活动异常。我亦是这里面的一分子。我曾参加义乌俭德会、南高学生自治会、南京少年学会、南京平民教育运动及少年中国学会。那时候，我和我的朋友都是这样相信："社会运动就是教育。离开社会运动便无所谓教育。"后来因为大家对于"社会运动"的涵义认识不同，有的注意政治，就往争夺政权的路上跑；有的注意文化，就往教育的路上走；虽然彼此的友情都算很好，毕竟是"士各有志，分道扬镳了"！

离开南高，我曾任中等学校教职两年，随后又回到南高后身的东南大学，这期间，我的为人，仍然是书生意气很重的，我和许多朋友都相约：不嫖，不赌，不吸烟饮酒，不乘轿子，不坐人力车；来往旅行，火车须是三等，轮船须是统舱；不购用仇货，不娶妾，不信教，不做官，不参加任何政党。有一回，我和朋友金海观、倪文宙、曹漱逸四人应四川叶秉诚、陈愚生、王德熙诸先生之约，到川东道属三十六县暑期教育讲习会讲课去。一天，他们用轿四乘，来邀我们到城外去玩。我们都叫空轿回去，而人自步行。书生气味，显露如是，从不管他人也要见怪与否！说来，是很好笑的。这期间我对教育事业，兴趣很浓，自信亦甚坚。我以为世界没有办不好的学校，亦没有教不好的学生，只要教师得人！学校的腐败，学生的骄惰，都是校长和教师不能尽职的缘故。社会的坏，国事之衰，也是官吏与教师应当共同负责的。在朝为官吏，在野为教师，彼此都有教导国人，移风易俗的责任。人是理性的动物，都是可以教他做好的。教化能够到家，刑罚可以不用。这时候，我真欢喜青年，欢喜儿童，尤其欢喜勤劳贫苦而未曾上学的农民和工人。我认为青年没有坏的，儿童没有坏的，农民和工人统统没有坏的，乃至相信土匪娼妓亦均没有坏的；即使说他们有时是坏，但那"坏"只是他们一时的过错，不是恒永的罪恶。给他们以教育，他们便都是有益于世的好人了。教育是阳光，坏的人与坏的事好似黑暗。阳光一到，黑暗就不见啦。于是，我就到处教育大众，好似基督教徒逢人便想宣传宗教一般。民十冬季，我和我友王仲和到四川去。那时节，长江水落，由宜昌到重庆还得坐柏木船。船上的桡夫（水手）很多，就成为我俩教育的对象。每天早晚都教他们识些他们自己生活上有用的字、词；如宜昌、巴东、巫山、夔门、万县等地名；碗、筷、锅、勺、茶壶、菜刀、牵绳、布帆等物名；上水、顺水、上风、临江等船上通用的术语。有时候，还同他们说笑话，讲故事，学算法。船拢了乡场，我们也曾接洽当地人士或警察，招集民众，做义务的通俗讲演。我们想，如果路上遇着土匪绑了我们，我们，就跟他去办"土匪教育"。因此，我们也就不怕土匪。总之，那时候，我们一面很信人类，信人类都是可教；一面也很相信自己，信自己能教一切的人。可是，我老实说，那时候，我还未曾意识到要我自己研究且从事乡村教育或农民教育；虽然我已经感觉：乡村学校的师资是成问题，因为我眼见江浙一带，省立师范学校都是设在通都大邑，而这由通都大邑培养出来的师范生是不宜下乡，不愿下乡，也即不能下乡的。（见拙著：《乡村学校师资问题》，《南高教育汇刊》第一集。）我们到四川不久，办重庆联中，失败；办重庆公学，又失败；（详见拙著：《重庆公学始末记》《少年中国》。）办省二女师，虽以蒙公甫老校长之苦力挣扎，彭云生、唐铁风诸先生是同心协赞，仍因政治经济双重压迫，使学校不能顺遂进展，学生不能安心上学。那时候，我们的朋友还有因为办学，太受学生爱护的缘故下监的。于是我们深深认识政治压力的蛮大，经济压力的深刻。从事教育的人如果目光仅仅照顾学校，照顾学生，而不能照顾学校四周政治经济的情势，实在是不够的。"狭义的教育！单纯的教育！为这种教育而教育！"如此说法，纵不是学蠹自欺欺人的谬见，也就是书生自误误人的妄谈！教育是不能离开生活的。学校是不能离开社会的。离开社会生活而有学校教育，那真是不可想象的事情。经了许多挫折，我们终于出川，再回南京了，从此以后，我一面在东大听课，一面又在东大附中教课，并主编《中等教育》（中国中等教育协进社出版）及《青年之友》（上海《申报》，《教育与人生》附刊）。大家如果读过我那时候的论文，就可以知道：那时候，我的心尚不是在乡村教育与乡村建设。

二 在晓庄

我之从事并留意乡村教育实在是我追随吾师陶知行，吾友赵叔愚、邵仲香、吕竞楼诸先生到晓庄以后。到了晓庄，一切都变了！我们空无所有，每个人只有一颗心和两只手。可是我们大家都在狂想着或热望着，为全国教育开辟新道路！为全国乡村创办新世界！

晓庄试验乡村师范学校是在民国十六年三月十五日成立的。但她的孕育，实在甚久。想起民国十二年的冬季，一天下午，叔愚兄约我到南京城南山东馆里便饭。那天席上除我与叔愚兄外，还有陶师知行和周明懿先生，原来并约有丁超先生，可是他没有来。座中陶师首先说明中国乡村教育改造的必要和可能；并介绍一个优良的乡村小学，即燕子矶小学。他的"教学合一""夫妻学校"，"学校为社会改造中心"等主张，即在此时说及了。赵先生随后就谈他自己对于教育的主张："大众教育""实用教育""教育与农业携手""养成活的有用的国民"。那天席上，大家讲话都是不多，我呢，因为自己没有意见，就没有话说。可是日后我与陶师在上海一见，略谈办晓庄学校计划，我就答应他到南京参加晓庄创造工作，那山东馆里的一夕谈，给我影响实是不小的。十三年秋，我尚在东大附中教课，叔愚兄已经把毕德曼的《乡村教育经验谈》译了，嘱我校阅。不久，他又把布加利亚《农民党教育方针》（见赵著：《乡村教育丛辑》，儿童书局）一文给我细读。一天早晨，他的《改良乡村教育及乡村生活计划》脱稿了，他很高兴地送来要我批评。这个计划里面，共分三部：一是乡村研究所，一是乡村师范专修科，一是试验乡村师范学校，日后晓庄学校的理想和办法，都与这计划有所不同。可是这计划实可说是晓庄学校初步的雏形。十四年秋至十五年冬我在江苏六中任事。寒假时候，我到上海。陶师即来上海找我。他好像是专为宣传我入晓庄来的。他本是健谈，那天，他尤其爱说。他把晓庄理想、办法，现在筹备状况及将来进行计划一气向我说了。他的神气像是热忱传教的。他要我立刻应承加入创造新学校，招收新学生的工作。我应承了，他是欢喜，我也欢喜。三五天后，我就随他回到南京。这时候，叔愚兄已在南京和平门外晓庄左近崂山山麓购定校址。从此以后我遂从青年的教师学为农人的朋友。我们的生活自然也就胼手胝足，栉风沐雨起来。旁人看的，也许以为我们很苦，而在我们自己则很甘心，我们是要："从野蛮生活出发，向理想世界探寻。"还有人以为我们是墨翟之流，许行之徒。实在我们自己，无论在生活上，在教育上，是不愿追逐西洋，亦不想摹仿古人。十六年春，党军既出长江，而江苏奉军未退，南京戎马倥偬之日，正是我校新生考试之时。石头城里有许多士绅纷纷逃难，避往上海。但在外面竟有许多不辞劳苦，不怕艰险的青年来到燕子矶头，从容应试。考的十三人，取的亦是十三人。但我们自信并没有滥收或任便的情形。考试的科目是国文、算数、常识测验、体格检查，向农民演说五分钟，在农田工作四小时。每科都很认真。不过我们当时对于新生，即对于未来的乡村教育同志之吸收与否，其标准，是只问程度，不问资格；只看志趣，不看文凭。同时，我们也先向大家说："书呆子，文凭迷，小名士；最好莫来！"三月十五，我们开学了。这天清早，春雨初晴，春色最丽，云雾拨开，太阳出来，天给我们以神秘的莫大的启示！开学是在草原之上，松林之下举行的。我们没有礼堂，没有教室，乃至没有宿舍，没有厨房，长桌子一方，板凳数条，是由农家借来的。此外则天给我们以阳光、空气、大地和水。我们校里自己什么东西都没有，只有一面校旗。那是表示晓庄精神的。旗的中心有一等边三角形，代表教、学、做，三者合一；三角上面有一个心放在当中，表示关心儿童生活农民甘苦之意。左边有一支笔，右边有一把锄头，表示手脑双健的教育之意。三角之外，有大圆圈，放射光芒，好比是太阳，表示寻觅光明之意。四面有一百个金色的星，布照全旗，代表一百万个学校，改造一百万个乡村，使个个都得到光，合起来造成中华民国伟大的光。然而我们有人！有同事，有学生，并有农民。同事七人，学生十三人，农民有二十余人，我们就此开学了。晓庄的生活教育，不，也可以说是中国的生活教育就从此开始！

开学以后，党军进扑南京，奉军欲退未退，战云弥漫，杀气腾腾。晓庄附近已经失去了旧日素有"乡村的和平"。实行"生活教育"，"教学合一"的晓庄学校是怎样办呢？或者说矢志"与农民共生活同甘苦"的晓庄师生是怎样办呢？那时候，我们的第一课，较好说，我们的第一种中心活动，就是组织战区避难妇孺救济会。这是和南京红十字总会接洽办理的。第一收容所在燕子矶，第二收容所在尧化门，第三收容所在南京门外某某村。陶师知行和钱向志在南门外战区地方做救济工作。宋调公和戴邦则冒险在枪林弹雨中把尧化门左近妇孺送上火车，到下关十字会暂避。我与吕镜楼、丁兆麟，则在燕子矶收容所分理难民膳食、住宿及教导的工作。赵叔愚、朱葆初、邵仲香则来往城乡，通消息，传命令。朱葆初先生几乎被奉军砍了脑袋，因为他被他们疑为南军奸细咧！我们的第二课是什么，我已经记不清楚。我的晓庄工作日记惜是遗失了。总之，从此以后，我们的工作没有停，我们的教育没有停，因为我们的生活没有停。我们创办小学，创办幼稚园，创办民众学校，创办医院，创办茶园，创办木工厂，创办救火会，创办联村保卫团，创办信用合作社，创办妇女工学处，创办农艺陈列所，创办图书馆、博物馆及石印工厂等。那时候，我是甚忙。大家都忙。但我们大家虽是工作很忙，生活却都有趣。

晓庄学校，据一般人说，她在教育上是革命的。她是传统教育的叛徒。她的办法与传统的教育歧异冲突之处实是很多，你看：

她没有教室，她即以天地为教室，即无处不是教室。比方，耕田在田里耕，就在田里学，也就在田里教，田就是教室；饭在厨房里做，就在厨房里学，也就在厨房里教，厨房就是教室。一般的学校建筑，教室占大部分。他们的教育活动也总是在教室进行。离开教室便不知有教育活动。

她废除科举制，代以四种教学做。即（一）中心学校教学做；（二）院务分任教学做；（三）征服自然环境教学做；（四）改造社会环境教学做。她的教育是以生活为中心，不是以书本为中心的。她要学生为着生活的便利而用书，不要学生牺牲一生的心力以读书。以人用书，莫以书役人。

她废除学年制、学分制，代以时值制。晓庄学生究竟需几年毕业，是不呆板限定的。有一年的，有两年的。也有三年五年的，总看他各人自己的学力、兴趣及社会的需要而定。她评断学生的学习成绩不是以各种学科考试之后知识多少为标准，乃是以各项活动所需要的时间多少为标准。

她废除上课时间表，代以生活时序表及各种计划。团体与分子，教师与学生，大家彼此在生活上，一天是有一天的计划，一周是有一周的计划，一月是有一月的计划，一年也有一年的计划。她认为生活是活动，是有计划，有目的，有步骤的活动。生活是动的，不是死板的。是以学校的设施亦宜于因时因地因人因事而有所不同与变通。

她废除校门，亦不用传达。因为她一面欢迎一切人士随时来校参观与指导。一面她又愿将学校所有一切设备如图书、仪器、标本、留声机及梨宫等贡献于大众，给大家都得使用、享受或赏鉴。

她废除校役，亦不用职员。校内洒扫、烹饪、购买什物等等事都须师生轮流来做；文书、会计、庶务、印刷等事也须教师指导学生来做。她认为这是合理的生活，也就是合理的教育。

她废除例假、节假，亦不放暑假。人生每日皆有事情，即每日皆需教育。我们不做礼拜，农民大众亦不做礼拜，乡村学校本无例假之必要。每逢节假都有意义的活动要做；暑假则校内农场之农事操作正忙，万难间断，大家更不宜散学回家了。

她是学校，可是她的性质从一面看，是个家庭。教师如父兄，学生是子弟。共生活，同甘苦，是她认为最好的教育法。从另一面看，她是一个社会。乡村教育先锋团里，师生共同立法，共同守法，是不分彼此上下的。

她是个师范学校，她有一个小学，三个幼稚园。但她的小学，不是附属小学，而是中心小学；她的幼稚园，不是附属幼稚园，而是中心幼儿园。因为她是以小学和幼稚园为中心，不是以师范为中心。她知道是为培养小学和幼稚园的师资而办师范学校，不是为办师范学校才办附属小学、附属幼稚园。依事实之先后是中心小学在前，小学师范在后；中心幼稚园在前，幼稚师范院在后。

她反对教师教书，学生读书。她主张大家在做上学，在做上教。教师与学生不宜在书本上发生关系；乃宜在人生的活动即工作上发生关系。

她反对教师教而不学。学生学而不教；"会的教人，不会的跟人学"

是他们的口号，也是他们学校生活里进行的路线。

她反对贵族教育，提倡大众教育；反对虚文教育，提倡实用教育；反对奴隶教育，提倡主人教育；反对书本教育，提倡生活教育；反对应试教育，提倡创造教育；反对古典教育，提倡科学教育。

她破除教师与学生的界限，破除学校与社会的界限，破除生活与课程的界限，破除学生与民众的界限，破除劳心者与劳力者的界限。同时，她亦破除阶级的、政党的、学派的，乃至民族的界限，因为她最爱讲理。

如此这般的学校在当时是罕见的。于是晓庄学校就为大家所注意、批评、赞赏或反对。（详见孙铭勋、戴自俺合编《晓庄批判》，儿童书局。）在当初，农民亦不是一见就肯信托我们，赞助我们，肯与我们合作来做乡村生活改造运动的。最初，大部分的农人对我们不理，认为我们是来办洋学堂的；有的则谓我们来传教，有的则谓我们来招兵，来宣传革命，亦有人谓我们是归国的华侨，到南京乡间收买土地的。乃至有人说我们是土豪，是劣绅，我们对这种种批评，都认为是我们自己的错，我们自己没乡村经验，不知农民心理，没有能谨慎地适当地把办学宗旨对农人说明。那时候，我自己感觉我是很不行，我不能同农人讲话。许多朋友都不行。只有江问渔先生的讲话是语语动听，最能打动农人心肝的，陶先生、赵先生的农民演说也是不如他——这是晓庄农友的评语。于是赵先生急了，向大家大声疾呼："教育政治都要民众化！"（见赵著《民众化》《乡村教育丛辑》）后来，农人毕竟亲信我们了。也许有人以为这是由于我们给当地农人行了许多好事，照我说，实在原因犹不在此，乃是由于晓庄师友对于农人的友好的态度。知识分子、党政要人的批评言论，来往行动，晓庄是不会十分注意的。这也许就是她日后所以被人误解的一种原因。如何照顾现政权？这本是乡村运动者的一个大难题。晓庄在这一点是很幼稚很没办法的。可是大家应当体谅：晓庄人少事多，交通又便，每天参观的人常常是络绎不绝，我们的校长和导师如果必需尽力招待来宾，侍候要人，哪来许多精力再去照顾农民，照顾学生，照顾各种急待办理的事情！何况晓庄的理论是"农民为贵，社稷次之，君为轻！"

我是十七年八九月间离开晓庄的。自初办至此，计有年半。在这年半期间，我与晓庄师友自曾经了一些挫折，受了一些困阻，冒了一些艰险，然而，我们大家在那里从不曾因为受了点点挫折、困阻、艰险而失望，而悲观，而消极、无聊以至于苦闷。正是相反，大家在那里似乎都很快乐、欢喜、活跃，有力量！挫折是我们的教师，困阻是我们的朋友，艰险是我们的试金石，就在这里面，发展我们的思想，增长我们的经验，并培养我们的奋斗精神。从此以后，我才稍稍明白：乡村教育的意义、理论和办法。大家如果认为我是今日乡村运动或乡村教育里的一名小卒，那我得向大家说明：他是在晓庄训练出来的，不是由大学教育班上训练出来的。我在晓庄，名义上是导师，实际上也是学生。（详见拙著：《晓庄一岁》，儿童书局。）

到如今，大家如果还要想起晓庄，纪念晓庄，那我就请大家注意：第一，上海附近陶知行先生所领导的工学团。第二，就得注意晓庄的十人个信条。这十八个信条，就是晓庄师友共有的信念。晓庄是先有信念，后有学校；先有精神的感应，后有物质的设备的。

三　在安徽二中和实校

安徽省立第二中学在徽州，是陶先生的故乡。那时候，校长是许恪士（本震）先生。我是担任高中部（内中师范）主任兼实验学校主任。我与许先生本是不认识，是陶先生、姚文宋先生、洪范五先生等介绍去的。他们的所以要我去，多少有点想将安徽二中晓庄化；我自己亦颇想把晓庄精神送给陶师故乡的青年。徽州四面皆山，交通不便，大学里的朋友，有的是反对我到那里去的，他们以为那里只有林壑甚美，适于幽人雅士之居，并不是青年教师用武之地。我的答复是："我是野鸟，爱在山野间来往。"我是决定到徽州了。将去南京的前一晚，陶师、叔愚兄、恪士兄和我都相见。那晚，我们大家谈谈晓庄的事情，谈谈堂二中的事情，并谈谈无锡教育学院的事情。那时候叔愚兄正任教育学院的院长，座间，他就把该院的进行计划和行政组织给我们谈，并要求我们批评。他的身体是健康的，他的精神是丰满的。想不到一个月他就与世长逝，那晚的会竟是我们最后一次相见。"千古名言，做工求知管政治；一生德业，水清玉洁日月明。"（陶师拘赵词）赵叔愚先生在中国乡村教育界里是不朽的。

恪士和我过箬岭，到徽州。他是留德研究教育新才回国的博士，身体又肥胖。暑热时季，一日之间，走过箬岭，上下百里，他居然要与乡居已久，农夫一般的我争先恐后，就从这里，我知道他是可以"苦干"的。他对事业，有热忱；对公款是清白，在中学校长中是少见的。他对教育是很有见地。我们是朋友，但他在教育学术上可以做我的先生，我在校常向他请教。他的教育主张不是和晓庄完全相同的，因此我们也常有争辩。可是我很敬爱他。下面所述：《我校教育之七大目标》就是他的教育主张，曾经我们大家同意的。

我校教育之七大目标——

（一）文化是教育的结晶，人类进化社会发展是教育的目的；类化文化，领导进化，是今日教育的责任。

（二）学校不是大社会的缩影，是大社会的一个小社会；学校一切组织，不能模仿大社会的外表，应当发展学校特有的精神。

（三）学校教育是要养成社会中之全人，个性上之完人；故学校教育之目标是教育养成"人"，所谓"人的教育"。

（四）道德没有新旧。生活也没有新旧；新旧是时代上相对的名词，不是解决学校教育的标准。

（五）自由没有绝对的自由，只有在真理之下可以自由。

（六）学校的生活应当家庭化，学校的教科应该社会化，学校的经济应当生产化。

（七）教授不是学校教育的中心，生活是学校教育的中心，所以教师最大的责任不在"教"，而在生活的指导与全人的影响。

细看这里，大家可以知道："它看重文化"，"看重学校"。颇与陶先生的教育主张有所不同。而在我看，则"文化教育"与"生活教育"并无冲突。教育从一面看是要继续文化，创造文化；从另一面看是要指导生活，改造生活。人类生活必是文化的生活；人类文化必是生活的文化。文化与生活本是一回事，如是则"生活教育""文化教育"自即不见如柄凿之不相容了。陶先生说"社会即学校"，他是看重社会的。许先生说"学校不是大社会的缩影，是大社会的一个小社会；学校一切组织，不能模仿大社会的外表，应当发展学校特有精神"，他是看重学校的。这里面有没有冲突呢？在他们自己也许说是有，但在我看则是没有冲突的。这里，我就引梁漱溟先生的话来说明我自己的意思。他说：

"教育有一个根本原则，亦可云两个必要条件：教育之一事应当一面在事实上不离开现社会，而一面在精神上要领导现社会。此外教育在许多事实上愈接近,愈符顺现社会愈好;而在精神上则宜有超离现社会者。缺前一条件,其教育必且为社会病;缺后一条件,其教育必无所进益于社会;皆不足以言教育。"

这就是说:教育一面在事实上应当看重社会,一面在精神上"应当发展学校特有精神"以领导社会。但如许先生说"学校……是大社会的一个小社会"这样的话,在我今日则认为应当修正的。我们不能把"学校"与"大社会"之间画一个圈或划一条线。

那时候,安徽二中和实校的教育设施因校长及各师友的努力,一时颇有起色。在中学方面则:

一、制定校旗校歌。

二、进行活动系中各种组织。

三、编制共同生活之修养标准。

四、试行辅友制,以优良的高级生辅导并照顾年青的新生。

五、提倡军事训练及党童军。

六、开辟中山公园。

七、改进阜民公司。

八、利用例假举行学术讲演,社会调查。

九、研究并制造各种教具。

十、筹建亥山图书馆。

一一、购办电灯。

一二、续办陶务。

一三、组织消防团。

一四、修浚榔源河水福桥一带沙堤。

一五、分设乡村图书馆及乡村巡回文库。

一六、研究"我们的事实与我们的问题"。

一七、开辟民众运动场。

一八、筹设新棠村民众大学,仿德国平民大学办法。

一九、筹设新棠村共乐厅。

二十、组织徽州文化社。

二一、代办徽属各县各种教育机关之种种设计。

二二、注重科学研究,生物实验。

在实验学校则：

一、创办民众学校。

二、创办幼稚园。

三、扩充学级及学生名额——以省款四级之经费我们办了十级。

四、建设新棠西园。

五、调查附近私塾，并与联络设法改良。

六、联络学生家属。

七、指导学生采制标本，学习园艺。

八、指导学童养羊，养蚕，养鸡，养鸭，种稻，种菜。

九、与附近小学联合组织小学教育研究会。

十、组织教师用书及教育法研究会。

一一、举行"工学教育""露天教育""蒙铁梭利教育""社会中心学校"等实验。

一二、创办新棠村妇女半日学校。

一三、招收艺友。

一四、以师范生为小学试导员，其日常生活除往中学听课外，即在小学居住，参与小学种种活动。

一五、编辑《民众学校课本》《乡村幼儿唱歌集》。[详见《皖二中之教育设施》（一）到（十一）]

从这里，我们大家也许可以看出：（一）我们做事颇努力，但我们，至少是我，用力的方向还是很乱的。这时候我们太注意求成绩，不注意求理想。（即有理想，也是很模糊，很空洞。）或则可以说我们太注意学生的教育，不注意乡村的组织。（二）我是身在徽州，心犹如在晓庄的。这时候，晓庄的学生与我同在徽州工作的，有周文山、金吉秀、陈绍成三君。我在徽州一年，十八年暑又离开了。十七年十一月我与我妻结了婚，她是师范生，不会唱歌，不会跳舞，不能摩登，但她颇能忍耐，会过乡间粗野平凡的生活。从此，我在乡村，要办夫妻学校是不难的了。

四　在成都大学和实校

我到成都，名义上是教书，当教授；实际在我自己则颇想借一个大学的教育系办个较为合理的实验学校。当时，他们来邀我的时候，我就向他

们提出创办实验学校并由我介绍一个晓庄的学生在那里做教师的条件。他们答应了,我才去。这个实验学校,依我想:

在形式上应当有多个小学,多个幼稚园,多个民众学校,一个中学,一个乡村师范,一个实验教育局。

在目的上应以辅导一省或数省的地方教育的改进为职志。在精神上应由大学教育系的教授(或学生)每人办理一个学校,主持一种教育实验,或领导一种教育运动。

偕我到成都去的晓庄学生是周君文山。我们到成都先做成都市的教育调查(有简要报告,登《中华教育界》,民十九)。不久就由我拟具《创办实验学校计划及说明书》,经本系教授修订,转诸校长同意。

国立成都大学创办实验学校计划及说明书:

(一)本大学必须创办实验学校之理由:

一、教育是科学,故研究教育须重实验,不尚玄想。

二、教育重创造,不尚摹拟,讲授古今中外教育学说及主张,只是摹拟及介绍性质,不能创造。创造须赖实验。

三、知识须在经验里安根,学问应从事实上出发。有实验学校而后本大学教育系之教导与学习始有中心及基础。

四、教育重实行,不尚空谈。有实验学校,而后本大学教育系始有所依据以培养学者实际从事教育之能力与习惯。

五、本大学教育系必与附近教育机关切实联络,而后在学术之研究上始能踏实,在社会之效率上始更伟大。有实验学校,而后教育系始易与附近学校互相观摩协助,共图教育事业之进步。

(二)本大学实验学校应注意乡村教育之理由:

一、中华为一大农国,四川为一大农区,吾人要普及教育,改造教育,不可不谋乡村教育之普及与改造。

二、中国至今尚属以农立国。人民有百分之八十以上散居乡村,出口货品有百分之八十至九十为农产,故为增进农人生产,改造乡村生活,不可不提倡乡村教育。

三、民主政治,必须多数民众觉醒,团结,能够自治,而后始可实现。唤起全国最大多数的农民,端赖乡村教育。

四、国立大学如中央大学、武汉大学、北平大学、中山大学等所立之实验学校皆在都市之中,实不免使关怀乡村教育及农民生活之前途者诧异。

五、支持四川教育之肉税、盐税,大部取诸乡村之民众。

(三)本大学实验学校试办之事业:

一、实验幼稚园,城乡各二所。

二、实验小学城乡各五所,内完全小学一所(连幼稚园共十四级),复式小学二所或四所。

三、实验中学在城或乡一所。

四、实验乡村师范在乡一所。

五、实验民众学校五所。

六、创办巡环团及民众教育馆。

七、试办都市学校之行政及辅导制度。

八、试办乡村学校之行政及辅导制度。

九、试办乡村生活各种改造事业。

十、试办都市生活各种改造事业。

(四)本大学实验学校织组织系统,(五)本大学创办实验学校之进行步骤。这两部分的原文,怕占篇幅太多,恕不在此记录了。大家要知底细请参看《现代教育周刊》第四期(成都大学教育研究会出版)。

成大实校立在成都文庙前街。内分四部:一是幼稚教育部,周文山主持;一是小学教育部,李鲁华主持;一是成年教育部,邓汝能主持;一是总务部,张用晦主持。李、邓、张三君都是大学本科四年级的学生。但他们都用全副精力,从事实际的教育。于是成大实校就为全城留心生活教育者所重视,全体学生家属所爱护。她亦是一座以天地为教室,万物为导师,生活为课程的学校。(详见《创造中的成大实验学校》,邓汝能、张用晦、李鲁华合编。)

那时候,成都有三种关于教育的刊物。一是《教师之路》,是成大教育系的教授和市内各中等学校的教师联合出版的,主编是罗季林教授;二是《儿童教育》,是成大实校定期刊物之一,主编是周文山;三是《现代教育周刊》,是成大教育研究会出版的,由我主编,一般说,这三种刊物都是宣传"教育革命""教育改造"的,而且这面大家的言论都带"社会教育""生活教育""大众教育"的色彩!

五　在故乡义乌中学

十九年秋，我的父亲、母亲相继去世。我在家守制，未曾出外远游；又以自己不知为人，侍奉无状，未能尽其人子之道。哀痛之余，追悔曷极！这时候，因朋友邀约，就在义乌中学与吾师吴镜元，友朋朱锡侯、楼梦弼、吴寒程等共图故乡教育的革新。（详见《义中教育设施》）

一、提倡早操，无分冬夏寒暑，全体师生一律参加。

二、举行早会，作精神讲话，鼓舞青年向上学好的志气。

三、实行"共生活同甘苦"的教育，使全校师友如家人父子兄弟。

四、提倡正当娱乐，禁止烟赌。

五、一切集会准时必到。

六、提倡劳动，减少校役。

七、履行教师专任制度，一律住校。

八、开辟秀湖官荒，经营学校农场。

九、鼓励学生养鸡，养鹅，养羊，种稻，种豆，种麦。

十、厉行军事训练及党童军训练。

一一、开办民众学校。

一二、开放学校图书馆。

一三、整理云雾山林场。使为学校资源，并为全县提倡林业中心。

一四、研究本县土产产销情形，如火腿、南枣、甘蔗、矿石及煤、米等每年产量及价值。

一五、搜集本县民间歌谣，农谚及名贤故事。

最要紧的就是筹办师范班，培养师资，以为推展并改革本县乡村教育的大本营。（详见拙著：《一个县立中学兼办师范班的设计》，《中华教育界》，民国二十年。）

一般乡村运动的人，都是眷恋他自己的家乡，如我岂能例外。但在二十年夏，我又离开故乡了。所以如是，是因为时机没有成熟，也因为自己没有成熟。

六　到邹平

邹平是山东乡村建设研究院所在。院之创设是为研究乡村建设；我之来此也为研究乡村建设。乡村建设是什么？乡村建设做什么？乡村建设为什么？乡村建设与乡村教育、社会教育、民众教育的异同是什么？乡村建设与民族自救运动的关系又是什么呢？这些我为篇幅有限，都不能和大家在此细谈。大家如要知道底细，最好是去看看梁漱溟先生一生的著作。特别是《东西文化及其哲学》《民族自救运动之最后觉悟？》《乡村建设理论讲稿》《村学乡学须知》。他由释家到孔家，由北京大学到邹平乡间，由哲学教授到乡村运动者，骤看是出人意料，实际都是有线索可寻。我到邹平是梁先生邀约来的。但在以前，我们并未见面，只在图书馆里看过他的许多著作，和最近他在《村治》上发表的许多论文。关于他，我不想多说；但在这里我得向大家介绍：他是个有心人，是个认真做人，郑重人生的人。

初到邹平，好像到了个新的世界。什么人我都不认识。梁仲华、孙廉泉、王超常、叶剑星、时济云、王柄程、梁劼恒、徐晶岩、王平叔、茹春普、于鲁溪、蓝梦九、徐树人、张俶知、高赞非、武绍文各位先生都是来到邹平以后彼此才认识的。邹平的馍，当初三天，我是吃不来，水因多碱，我亦喝了不舒服。当时我几乎怀疑自己是否能在北方从事乡村运动了。一个自命能够吃苦耐劳，惯过贫寒生活的人，到了北国，遽然不思饮食，不服水土，觉受生理上的压迫。这时候我才明白我要从事乡村运动，我的身体犹当加意锻炼，使它能够适应多方生活才是。

我在邹平担任教育一方面的工作。

到院不久，我就与邹平县教育当局办理全县乡村教师假期讲习会，因为我们大家相信"乡村学校应当做改造乡村社会的中心"，"乡村教师应该做改造乡村生活的灵魂"（晓庄信条）。会员三百余人，本县乡村教师都到了。邻县教师要求入会附学的亦不少。于是全县教师知有"生活教育"、并知有"乡村建设"。而我在邹平全县每个村庄，都认得一两个知识分子，做我的朋友，这在院方是算与全县教师接头了。

其次，院中举行第一届农品展览会，前后四天，邹平人士到会参观者五万余人，几占全县人口三分之一。于是全县农民知有波支猪、寿光鸡、梁邹棉和研究院。这在院方算是初次和本县农民接头了。（详《乡村建设旬刊》《第一届农展会报告》）

其次，时间已经是民国二十年十一月了。全院师生就分往各乡区去办乡农学校。那时候，剑星、柄程、春普在第三区，亚三、梦九在第四区，济云、王湘岑在第五区，鲁溪、赞非在第六区，廉泉、晶岩在第七区，劼恒、绍文与我在第二区，大家都引导许多学生和乡间农民讲语文、国术、史地，精神陶炼和种种农村问题。仲华、漱溟、劼诚则巡回各处视察及指导。梁邹美棉迅速地推广起来，林业合作迅速地发展起来，农村自卫迅速地实行起来，这一次的乡村学校运动是大有力量的。（详见《乡村建设句刊》"乡农学校专号"）

其次，有乡镇长训练班，由是我得与全县的乡村行政领袖认识了。平常大家总以为现在的乡镇长是土豪，是劣绅，是帮助官僚鱼肉乡民的，都应该打倒。好像必须打倒他们，农民才能出头，乡村才有办法。实际是不然的。乡镇长不尽是坏人，他们不过是乡间比较有能力，有识见的农民。他们不坏。他们生在乡村，长在乡村，也将老死在乡村；他们的亲戚朋友也尽在乡村；他们没有背叛农民和官僚站在一起的情势，他们也不能做坏的。目前大家所指"乡镇长之坏"都是官厅逼成或则养成的。如今有才能、有学问的"志士""伟人"都往都市去了。真的够得上勾结权贵，田连阡陌的劣绅土豪也都在都会里生活。如果大家还想把乡镇长一流人物都赶走，则乡村叫谁住？我是相信"中国乡村建设运动之成功必须乡间尊者、长者、富者、智者发仁心"（王平叔先生语）换句话说，必须他们肯提挈农民，指导农民，为农民打主意。如果农民与他们势不两立，互相火拼，则乡村的事更无商量余地，更无办法！这是要请大家特别注意的。

其次，二十一年夏，研究院训练部第一届学生结业了。我随大家到济南参观民众教育馆、纱厂、面粉厂及平民工厂等。顺便我才游了大明湖、趵突泉、珍珠泉和泰安的泰山、岱庙。不久，他们就分往旧济南道属二十七县，即他们自己的家乡，办民众学校，（实即乡农学校，旨在推动乡村建设）于是院中成立乡村服务同学指导处，即由漱溟先生主持的。我帮则他指导邹平境内的各区民众学校，并尽力想编北方民众可用的读物。

其次，第二届训练部学生又来了。他们约三百人，是由鲁西、鲁南四十二县份来的。训练的方法多少与第一届有些不同。但我们注意军事训练、精神陶炼、乡村建设理论等课，则前后仍是一样的。

二十一年冬，请假南游，由陇海、平汉到武昌，在湖北教育学院做了一星期的特约讲师。顺便到湖南长沙、游岳麓，看红叶，拜黄克强、蔡松坡两先生之墓。顺江而下到南京、镇江、无锡，参观各处民众教育的设施，并征询各方对于乡村运动的意见和方略。

这是东北沦陷，淞沪败北，国难严重，国亡无日的时候，我们是不能忘记的。但我们深信中国千年之病，须求百年之艾。乡村运动就是医疗我们民族之病之艾。全国之中须得有些有心人来做这培养艾苗的园丁。这时候——二十年冬至二十二年春，我们的朋友是散在乡间，办民众学校自卫班。这在一面看是"成年补习教育"，从另一面看亦可说是"农民军事教育"。

二十二年夏，邹平实验县改组。研究院又奉山东省政府令，添菏泽为实验县。这从大体上说是依照南京内政会议所通过的试验县区条例办理的。是时院中请廉泉、亚三、赞非、湘岑、裴雪峰率鲁西学生到菏泽工作。请柄程、鲁溪、春智、济云和我率鲁南学生在邹平工作。我在邹平担任县政府第五科长（即原有教育局改的），于是我们一面忙作县政建设实验区邹平县实验的种种计划，如：（一）关于县行政组织自治组织及社会改进机关之计划；（二）关于改组警团及充实民众武力之计划；（三）关于诉讼事件之计划；（四）关于省税收及县乡财政之计划；（五）关于教育之计划；（六）关于农林道路畜牧水利工艺之计划；（七）关于合作社之计划。一面则忙于废除区乡公所，并组织各村学董会及各乡学董会，筹设村学、乡学，期以大众教育，引发地方自治。

秋假期内，我们又续办邹平县乡村教师假期讲习会。是会之中，一面讲习教育，求一般教育之改革进步，一面则讲讨实验县各种计划，期于大家了解及赞助。

农闲期间，前后办了两期联庄会员训练班。训练有身家的壮年农民千一百余名。每期三个月，课目是军事训练、精神陶炼、国文或识字、法律常识、史地，及农村问题（包括乡村礼俗、乡村自治、乡村建设大意、农村合作、农业改良等）。训练之后加以组织，如今青纱帐起，他们就在各乡轮番守卫，维持治安。平日每月在乡学集合一次，举行乡射典礼。集合之时，有操演。有礼东，有学长训话、理事报告、辅导员及教师的讲演。故此种集合，谓为军事训练也可，谓为民众教育亦无不可。

自去年七月到今年六月，这一年内邹平全县，在社会改进事业上，粗略言之，计有六事：一、禁烟；二、棉花运销合作；三、仓库合作；四、联庄自卫；五、造林；六、妇女放足。在教育上则吾人注意四事：一、乡学村学内容之充实；二、小学教育之改进；三、成年教育之推进；四、全县师资之提高与补充。各事前后及其经过，都会篇幅所限，不宜在此细讲。

七　结语

最后，还有几句话，想向关心中国问题的朋友或从事乡村运动的朋友说的：

第一，大家要忍耐，不要性急，不要求急效。"罗马不是一天建造起来的。"中华民族的复兴运动需要大家长期的努力。奔走呼号，剑拔弩张的救国工作，为名则可，为利则可，为权则可，为民族自救运动则不可。

第二，大家应走准确而费事的路，不要贪图省事。戊戌变政的失败，辛亥革命的失败，义和团灭洋运动的失败，乃至最近打倒帝国主义的失败，在我看来，当时国内知识分子乃至当事人心理的贪图省事实为主要原因。

第三，大家应该彼此宽容。不许对方说话，就用拳头打去的办法在文明社会里是不许的。中国的问题很复杂，需要大家彼此虚心讨论、商酌，才有办法。人是理性的动物，只要你信得过你自己的主张是对的，大家必有信服你，跟着你走的一天。大家如果为的是争权夺利，则彼此都用拳头对付，我便无话可说。如其不然，大家如为"民族复兴与民众福利"，则兄弟朋友之间断不许用野蛮手段。

第四，大家应当追求理想，不要斤斤计较表面的事业的成绩。中国目前实在太不好了。情势异常紧急，大家要好的心也异常逼切，国内有点点新鲜的事业，大家对它都往往期望过切。参观的人、视察的人就接踵而来了。但大部分"参观"的人与"视察"的人都爱用眼睛，而不肯用心。他们来，爱看种种成绩，这是不足怪的。不过我们自己该当立定脚跟，别为他们乱了步骤，错了方向。"揠苗助长"，一时好看，毕竟是不成的。山西的模范已经完了，今日的实验县、实验区，以及种种新事业的倡导者、主持者都得留意啊！

我是甚信中华民族是有力量，中国农民也是有力量。今日的问题是在大家的力量的散与乱。散则力量不凝聚，不集中，故其作用不伟大。乱则各种力量方向不一致，亦不一定，故其作用不相顺益而相攻伐冲突。散者聚之，乱者治之，这是要我们从事教育的人努力的。我亦甚信人类社会的秩序是应该用理性来维持，因为人是理性的动物。昔日西洋用教会迷信统治社会，今日西洋用警察武力统治社会，都不算是合乎人生的道理。人生的道理就是它的生活是理性的。人与禽兽不同，就是人有理性而禽兽没有，发挥人类理性，建设社会秩序，这也是要我们从事教育的人努力的。

二十三年七月二十一日，邹平

乡村教育与乡村建设*

乡村教育与乡村建设就是一回事。它是一而二，二而一的。平常的人总以为修桥铺路、造林、凿井等是建设；办小学，办民众学校，办国民补习学校、农民教育馆等是教育。或以为物的造作是建设，人的教养是教育。这样狭义地看乡村教育与乡村建设，那是不懂乡村建设的意义，也就是不懂乡村教育的意义。试以修桥一事为例，修起桥来是建设，大家合作来修就是教育了。大家合作修桥原是一回事，从建设者看来是建设；从教育者看来，它就是教育。

什么是教育？从不会到会就是教育。

什么是建设？从没有到有就是建设。

但是我们从一面看，会了就有，不会就没有，这等于说是教育便是建设了。从另一面看，有了也就会，没有就不会，这就等于说是建设便是教育了。

教育与建设不能分开，一分开，则所谓"教育"不是真的教育，所谓"建设"也非真的建设。我们认为是教育必与建设合一，是建设必与教育俱来。

教育与建设不能偏缺，如偏缺则所谓"建设"不是真的建设，所谓"教育"也非真的教育。我们认为是建设必有教育，是教育必有建设。

试以南京晓庄与山东邹平为例，说明这个意思。

提起晓庄，大家都知道她是试验乡村教育的场所。她是"教育的"。可是她的教育设施如修路，造林，设木工厂，办消防队，立乡村医院等，无一而非建设。这些在旁人看来都是建设；但在晓庄的工作人员看来实都

---

* 此文原载于《中华教育界》，第二十二卷第四期，"乡村运动与乡村教育专号"，1934年10月。

是教育。改进乡村生活的教育原来应当如此办！

说到邹平，大家都知道她是研究乡村建设的场所。她是"建设的"。可是她的社会活动如举办乡村建设研究部、乡村服务人员训练部、乡村教师假期讲习会、民众自卫训练队、合作讲习会及乡学村学等等，无一而不是教育。这些在旁人看来都是教育；但在邹平的工作人员看来实都是建设。改造乡村社会的建设原来应当如此办！

其他如无锡的江苏省立教育学院、定县的中华平民教育促进会，大家都说是教育的机关，但看他们的设施处处是教育，亦处处是建设。再如河北的华洋义赈会、北碚（四川）的峡防局，大家都看他们是社会事业的建设机关。然而他们的活动，依我看，事事是建设，亦事事是教育。上年，中国社会教育社在济南开年会。这个会的性质，顾名思义，是"社会教育"的。可是那次会议里，大家讨论的中心题目是："有乡村建设与复兴民族案。"试问大家在这里将如何分辨乡村教育与乡村建设？还有国内各从事乡村运动的团体，上年在邹平开乡村工作讨论会，大家听了黄任之、江问渔、李石曾、梁漱溟、晏阳初、章元善、于树德、金宝善、许仕廉、张鸿钧、卢广绵、王柄程、孙廉泉各位先生对于各处工作的报告与说明，大家又何从分别谁是做乡村教育的功夫，谁在做乡村建设的功夫？

这都是事实。由事实演着，使乡村建设与乡村教育合致于一，不可分辨。

总之，照我们的见解，乡村教育与乡村建设二者的旨趣是合一的，他们的旨趣都是"推动社会，组织乡村"。二者的做法亦是合一的。他们的做法都在引导大家共同发愿，向上学好，过合理的生活。建设必需教育，没有教育则建设不能进行。教育必须建设，没建设则教育无法开展。更多的教育必有更多的建设；反过来讲，更多的建设亦必就有更多的教育。

至于有人说：乡村建设与乡村教育，来路不同，去向则一。它俩原似东江与西江，后来则合流而为珠江了。这在我看，犹是粗浅的见解。若从深远细微处看，则乡村教育与乡村建设彻头彻尾就是合一的。乡村教育的起点就是乡村建设的起点；乡村教育的历程就是乡村建设的历程；乡村教育的目标也就是乡村建设的目标。

二十三年七月二十九日，邹平

山东乡村建设研究院[①]

——在中国社会教育社第三届年会的报告

一 乡村建设

1. 乡村建设运动，起于中国乡村的破坏，即是救济乡村的运动。

2. 进一层讲是起于中国乡村受政治的影响，因为乡村不断地破坏，迫得不得不自救，乡村建设运动，实是乡村自救运动。

3. 乡村建设运动是应乎积极建设之要求，为我民族社会的新建设运动。

4. 今日中国之问题，在旧社会组织既已崩坏，而新者又未立，故欲言建设，应从建设一新社会组织谈起，乡村建设运动，即欲达此目的之运动。

乡村建设运动是全部的社会的建设。整个中国的建设，其所以名为乡村建设者，理由有三：

1. 此建设工作或解决中国问题之工作，必从乡村入手。

2. 此建设工作或解决中国问题之工作，必赖乡村人民自身的力量为主。

3. 此建设工作之完成，在实现政治经济的重心都树立在乡村的一个新组织的社会中。

故乡村建设应自乡村入手，必赖乡村人民自身的力量，由内而外，由下而上，由近及远，由个人而社会，其作用尤在于有纪律的训练。

---

① 此文是作者于民国二十三年（1934）8月在开封举办的中国社会教育社第三届年会上所作的报告，收入该社所编《中国社会教育社第三届年会报告》（1934年12月出版）。

二　邹平实验县

邹平实验县之工作，实际是上年度开始。这一年内我们曾试作：（一）合室办公；（二）统收统支；（三）社会调查；（四）清理田赋；（五）禁烟；（六）造林；（七）提倡庄仓；（八）放足；（九）举办联庄自卫训练；（十）提倡美棉及办理梁邹美棉运销合作等事。这些都是事情，也许人家以为就是我们一年工作的成绩。如戒烟者七百余人，栽树三十万余株，训练自卫壮丁千一百五十余名，增加成年学生七千余人，妇女放足者近三万人，梁邹美棉，今日在全国为最优品种等等。

三　乡学村学

敝院同人自始至今，最注意的是乡村建设，是推动乡村建设的组织或机构。明白说，就是乡学村学，这是研究院生命所在，也是我们的用力所在。村学乡学如果失败至于无望，那才是我们十分关心的。我们认定乡学村学才是推动社会组织乡村的根基。此外没有再好的。究竟是不是？请大家自己留心思量。

社教与学教合一　俞庆棠先生说啊：要普及教育必须小学与民校合一，社会教育与学校教育合一。我看这话是真的，邹平的村学就是这样的。一村的男妇老幼都是村学的教育对象。我想在乡村里小学与民校必须合一，是不必再加实验的问题了。有问题才要实验，不成问题的，何必再去实验呢？小学与民校分立，不仅在经济上为一般乡村所不能支持，即在精神上，人民信仰上，有两个学校，即有两个中心，这与推动乡村社会生活是最不利的。

政治教育合一　乡学村学不仅教育全乡全村的人民，（如何教育此处不谈。）同时，并注意研究设法解决该乡村一切的问题。它是大家的学校，也是大家生活的指导所，这便是说政教合一。邹平的乡间没有小学，没有民校，也没有乡镇公所，只有一个村学或乡学。关于"政教合一"，今天听了大家的言论，似乎大家都有些误解。以政治推动教育，我认为如此办很危险。政治的背后是武力，以武力推动教育，是不合理的。贤明的领袖领导大众向上过生活，不用法律制裁大众，也不用敌对的态度对待大众，政治者则以教师自卫，不以警察自卫，这是政教合一的真意。

组织要点今日各方面的人都很看重乡村，看重组织，这是很好的现象。但我们中国需要怎样的组织呢？是个容易争辩的问题。我们的乡村组织里有两个要点：一是要和合，大家和合才能办事，生活才有真的乐趣；二是要创造，大家向上，往前进，力量有所用，人生才有意义。和合、创造是人生的两大精神。亦是我们的乡村组织的两大要点。简单说就是合作。我们说：中国民族自救运动的乡村组织应如是组织，大家以为该怎样？请指教！

四　个人的意见

第一，愿大家追求理想，不要太急于求成绩。原来社会教育是新事业。我们很想政府、社会各界及一般民众都很重视社会教育，很想拿点成绩给大家看，这是可以原谅的。但是我愿大家最要注意追求理想，否则大家工作容易乱、容易着慌焦急。这还是指中流的人说的，下焉者就会作假或做揠苗助长的工夫。我知道在座者都是要好之至的，但是大家莫要急于要好。我有许多朋友都是因急于求中国好，而害了中国的。我自己在教育上有许多错处，也都是因为急于求好啊！大家均认为今日社会教育，应以"救亡图存"为目标，有的竟认为华北危急应加倍努力救国教育。我在此却生一疑问，华北应加倍努力，其他地方就可加倍不努力吗？吾人干事，时时刻刻，处处事事，都当尽己之力，分什么华北不华北？而且说"救亡图存"便觉性急：国家大事不是心急就能办得好的。我们是研究社会教育的，莫不知有格龙维，莫不知格龙维的教育工作是复兴了丹麦。但大家应该明白丹麦国小、人民少（不过三百八十万），以视中国不可比伦。况那时候国际情状又万不如今日之复杂险恶。格龙维与其后继者在教育上是工作了五六十年才见成效的。大家想在三五年内，把中国民族复兴，不是狂想？而且我们要"救亡图存"，日本人也要"救亡图存"，说东三省是他的生命线，则彼此争杀，题目原是一样。不过混战而已，有何意义？我想我们今日要努力，要为更大的题目，更合理的题目而努力。如开辟正当形态的人类文明。世界正在变动中，中华民族在这变动混乱的世界之中有她的责任的，我们为此努力，救了中国，也救了世界。

第二，大家要注意事实，承认事实。莫太主观很了，只顾自己的要求，要求是梦，梦都不是实际啊！比方，大家要求彻底扫除文盲，这便是梦。中国经济不进步,生产技术不改良,大众谋生不暇,怎能受教呢?朋友,你能注意事实,你便可以不怨天,不尤人地而努力安心工作。我们要注意可能,注意形势,虚心体察事实之形势,因其转变而转变之,这才是有眼光的人,亦才是能够推动乡村,复兴民族的教育者。

讨论乡村建设问题函[*]

哲生、子明两兄：

柏良兄给两兄讨论乡村建设问题的信，载在《教育界》二十二卷五期的弟也细细地看了。柏良兄对于"教育就是建设"的说法不同意，并质问及我，我很感激他。我在《乡村建设与乡村教育》那篇论文上，真是说得太简略，不清楚，不能把自己的意思完全说明白，柏良兄起而指责，使我有重新考虑并向大家再加解释的机会，在我真是很感激他的。

乡村建设与乡村教育本是一回事，拙著那文里曾说："试以修桥一事为例：修起桥来是建设；大家合作修。就是教育了。大家合作修桥原是一回事，从建设者看来是建设；从教育者看来，它就是教育。"这里我再补说一句，大家合作修桥本是一回事，从其桥的修筑建立上来说是建设；从其修桥众人的智能品性、互相影响的历程上来说就是教育了。

再举一个例来说明：一个青年农人，把村中废庙神像搬去，就在庙里成立村图书馆，或民众学校。这件事，从其成立村图或民众学校来说是建设，可是这农民因此番活动，在他自己获得许多新鲜的经验，对于旁人则是增加了改造社会的勇气，从这面来说也就是教育了。

我的意思是：教育不要空教，要在建设上教；建设亦不要仅仅在物的增造上来计算，并且应当在人的教化上有意义。如是，故教育与建设合一。

我不知道：柏良兄对于"做学教合一"的理论究竟同意否？他如果同意那个，就应当同意这个吧。我想：这两个理论里面，是可以相通的。这里，我谨请柏良兄指教，并请两兄指教。

---

[*] 此文原载于《中华教育界》，第二十二卷第八期（1935年2月）。

这是小问题，大家对它同意不同意，我想是没甚关系，我所关心的是我们大家在乡村工作上能够有个一致的方向。少年中国学会的朋友后来终于四分五裂，彼此不相容，在我的生命史上实是个极大的创痕，如果日后乡村工作的朋友再来一个彼此怒目又是不相容，那么我们自己此生不足惜，中国农民却从此受灾更深了！陶师知行对晓晚兄说："各处做的事体都差不多，可是意义很不相同。"听了这话，我真有点担心！但是我信：人类是有理性的。各人彼此一时的意议绝不能越过人类永恒的理性。如今大家在乡间工作的，彼此意议纵然不同，可是历史、自然、中国的问题、世界的情势。必然会启示着人类的理性使大家往前走呀，走呀。路途里碰了许多钉子，慢慢走上一致的方向。"天道"与"人性"绝不会让人类的意识老是很不相同的。因此我于中国乡村运动的前途始终抱乐观。

这时候我很盼望大家注意，并常以警惕我自己的是：第一大家要虚心，不要有成见。（我甚笨常为自己的成见所苦！）第二要宽容。第三要忍耐，不要急躁地想把中国农村在一天内改造过。第四要小心体认中国乡村建设是一个大问题，是一件大事情，须有大力量、大志愿，才好有办法。柏良兄好学深思的兴趣甚浓厚，这是使我异常欣佩的，我和他多年没有聚会谈话了，我不知道他最近对于中国问题的看法是怎样？态度急躁否？

祝好

　　　　　　　　　　　　　　弟效春上　二十三年十二月十五日

儿童教育健康第一

英罗素曾主张教育的生活素，第一便是"活力"。这却是至当之论。全部儿童教育，差不多最主要的便是健康，因为儿童好像是一粒刚出土的嫩芽，我们要他长大成林，枝繁叶茂，开花结果，能不在这嫩芽时代，给他以健全的培育合理的灌溉吗？生活教育者曾以"培养健康的体魄"为我们教育第一目标，与英罗素主张可谓不谋而合。最近在《乡村建设》四卷十五期上见到杨先生这一封信，觉得吾平日对儿童健康教育要说而未说出的话，统给杨先生痛快淋漓的说尽了。兹值本馆实验区各办事处儿童生活团工作开始，又适逢江苏省第四民众教育区开教育研究会于嘉定，并定中心问题为健康教育，故特乐而之转载于此，以供实施儿童健康教育之参考。

——新夫志

各位同学：

本县各乡村儿童部的小学生成天在教室里受罪！这件事着实使我心神不安咧。

学校本是儿童的乐园，是引导儿童健全生长的苗圃。可是今日我们所办的学校，对于小学生简直还是监牢！或竟是阿鼻地狱啊！大家在乡间，试留意考察，必可发现现今本县各乡各村学校的建筑和活动，对于儿童心身的发育，真有许多不利的。你看：

一、教室墙壁乌黑，窗户狭小，光线不足，或竟白昼犹须点灯。

二、教室四周只有一面有窗，上下左右无气窗的设置，室内空气恶

---

* 此文原载于山东乡村建设研究院《乡村建设旬刊》，第四卷第十五期（1934年12月）。

劣。冬则煤烟满屋，夏则汗臭熏人，均于儿童气管、肺部及眼睛有害。

三、桌凳高度不与儿童身长相应。一般学校桌凳对于幼小儿童都是失之太高。

四、黑板油漆剥落已甚，教师在这上面写的字，学生看不清楚。

五、黑板挂得太高，学生看板上的字必须抬头浪费力，容易疲倦。

六、教室建筑狭而长，教师写的字，后面的学生看不见，他说的话，后面的学生听不清。

七、前排的学生座位太靠近黑板，粉笔屑不时刺入他们的口鼻眼睛，都是有害的。

八、教室狭小，人数很多，大家挤在一处，好比是许多幼小的树木花卉拥挤在一个小小的花圃里面，都难得好好发展生长哦。

九、校址空地甚小，小学生课罢休息之时，在这过小的运动场上，横冲直撞，很是不便，好比是许多金鱼养在一个小缸里面，不得游泳自如及活跃。

十、教师为习惯所囿，舆论所制，或自己怕麻烦爱省事，强制小学生整天在教室里高凳上呆呆地坐着，不许学生走出室外，亦不许学生离开座位。可怜小学生坐得很久，腰也酸了，臀也痛了，眼也昏了，头也晕了，心气也纳闷了，没奈何，只得借口小便大便到厕所里去吸点新鲜的空气咧。

十一、教师因为小学生，到厕所里的次数太频，人数亦太多了，怕大家到厕所里顽皮，打架吵骂，就特制"红头恭签"，全校只此一根，规定大家必须携带此签，始得到厕所去，违者受罚。于是可怜的胆小尿多的小学生，抢不到签，只得小便在他自己的裤子里。

十二、每天规定要小学生背诵课文，于是嫩小的儿童脑子里堆上许多无用的、不能融化的符号，害得小学生睡梦里都在念书。

十三、小学生顽皮不听话，或蠢笨不会念书的，教师对他竟用体罚！有时候教师有心事，或受些旁人的气，也就不免迁怒于有拳无勇的小学生，挨打挨骂来受所谓"教训"。

十四、教室里蛛丝灰尘纸头果屑很多，不勤扫除。

十五、清早就叫学生扫地，扫地以前不洒水，扫完了立即叫他们坐在尘埃飞扬的教室里。

十六、要小学生上学太早，日间又不给他午睡的机会，导致儿童睡眠不足。

十七、正午十二时下课，下午一时或一时半就要上课，于是回家午膳的远道学生，在家吃饭不敢不急急忙忙，害得消化不良。

十八、学生口渴，没有开水喝，只得喝冷水。

十九、学生有害传染病的如沙眼、痢疾、疟子、疥疮、天花疹子、白喉等，教师不知预防，或使之隔离暂时休学，致病疫蔓延于全体学生及其家属。

二十、学生有卫生课，但教师只知道在书本上讲卫生，不知道在学生身体上讲卫生，如漱口、抹脸、洗手、洗脚、剪指甲等，皆是轻举易行的事，大家都不曾继续留意指导儿童做。

二十一、许多小学生在一个脸盆里洗脸，并只用一方毛巾。

二十二、小学生不带手帕或有手帕而不天天换洗。

二十三、学生不设痰盂，或痰盂而不天天倒换，大家随意吐痰、喷嚏，不加指正。

二十四、露天厕所其中大小狼藉，不堪插足。蚊蝇麇集，臭气粪□，于夏季为尤甚。

二十五、夏季阳光西晒直射教室，前面既无树木，又无草帘遮盖。许多小生命在这室内长期坐着多么受罪！

二十六、教室里面安设煤炉，生火取暖，但煤炉之上没有冰铁管的设置，拉开风箱，火光荧荧，煤气烟灰亦腾腾烈烈，伸张它们的魔手向小小学生要命啊。

这些现象就是我们在乡村时常可以见着的：乡村本是人类的儿童最好的自然发育的环境，而今乡村学校对于受学的儿童如此作贱，岂不可痛吗！卢骚说："自然全是好的！到了人的手里，一切都坏了。"这话是太过愤激的。可是我们大家从事教育的人都得平心静气反省一下哦！

我们知道：健康是生活的起点，也就是教育的起点。为何大家教育儿童不能留意儿童健康呢？

我们知道：健康的精神寓于健康的身体。为何大家注意精神陶炼，忽视体格的操练与保育？

我们知道：有效的学习原则，第一就是保持身体的健康。如运动、睡眠、饮食及室内空气流通等，皆与神经系统效能有莫大关系（详郑宗海译：《修学效率增进法》）。为何大家既要儿童学习迅速进步，又给他们睡眠不足，饮食无度，并禁止他们在空气清新的地方运动呢？

我们知道：儿童身体的缺陷如目疾、耳疾、齿患、鼻疣及鼻塞等，都是妨碍他的心理运动，阻滞他的学识长进的。为何大家既想儿童知识发达，不想他的体格健壮呢？

我们知道：人们工作的环境如光线、温度、湿度，及桌椅之高度等的适宜与否，对于工作效率之高低，是有绝大相关的。为何大家苦求学生工作有效，不为注意改善环境呢？

我们知道："天下父母莫不爱其子女。""父母惟其疾之忧。"为何大家为人教育小儿，禁令小儿行体羸弱乃至疾病呢？

我们知道：教育教育，有教还得有育。为何大家只是教书，不知育人呢？

我们知道：外人所谓"东亚病夫"实为我国之耻！但这病夫之国是由许多病的国民组织而成的。雪耻，雪耻！大家要求雪耻！为何大家还在教室里面继续制造病夫的国民呢？

我们知道：无病是仙，有病最苦！有病的人终日呻吟床褥郁闷无聊，吃的苦药，闻的苦味，什么事都不能干！无论在精神上在肉体上他的生活总是苦的。健康是人生快乐的路，亦是人生光明的路。为何大家教育儿童，指导儿童生活，竟把儿童送上痛苦的黑暗的路上去？

我们知道：耳朵有病的，便是不聪，目有病的便是不明！鼻舌身脑一切器官有病的，便被迫休学！因病而死，便一切皆完了！

是以"儿童教育健康第一"。人生的教师与病魔不两立！人生的教育与病魔荟萃的小学生不并存。有了教师便无病魔！有了病魔便无教师！教师啊！振作你的精神，变更你的办法，来与万恶的病魔作持久战吧！莫让你手下的儿童为病魔所追逐，逃奔前来请你保佑生命的，莫让他们可怜地竟成病魔的俘虏。

那么，我们大家该怎么办呢？我们大家在邹平乡村校里校外指导儿童生活的导师该怎样抗拒病魔，保证小小的可爱的儿童呢？这里我想请大家齐来先作高呼一个口号："儿童教育健康第一！"

这话，大家试想，是不是理呢？如其是的，那么我们大家同来想想办法：

一、放大窗户，窗户面积约占教室地面六分之一，使室内光线充足，桌上光线宜来自前面左边，如手执书读，光线宜来自上面后边。

二、粉刷墙壁及天花板，能由教师指导学生来做最好。

三、窗户莫放书物，阻止光线入室，壁上除公用图表外亦不要悬挂零星物件如学生书包、衣帽、算盘及写方等。

四、安设气窗于教室上壁四隅，使内外空气易于流通。

五、每日洒扫宜在午后课罢之时。

六、桌椅高低须与学生身长适合，其太高的应把桌椅之脚锯短。曾见某校把桌脚一部埋入地下，使桌面高矮与学生身长相应，亦好。

七、注意使学童睡眠充足。据专家意见：儿童睡眠时间与年龄关系如下表（睡眠以小时计算）：

眠睡年龄

九．八	一二．三	十二	六
九．六	一一．五	十三	七
九．二五	一一．二	十四	八
九．〇	一一．〇	十五	九
八．七五	一〇．五	十六	十
八．七	一〇．二	十七	十一

八、矫正学童随意涕唾恶习。

九、禁止学童喝生水。指导他们自己轮流拾柴火，煮开水喝。

十、指导学童洗脸，洗手，洗澡，剪指甲。有沙眼、疥疮等病的儿童所用的脸盆脸巾宜分开。

十一、整理厕所。各校有用砖制长方小坑，以供儿童大便者，旁置灰土粪镐，便后盖以灰土，此种安置甚好。

十二、劝导全村儿童种牛痘。

十三、与卫生院医生接洽举行体格检查。

十四、煤炉之上设置冰铁管及水壶。

十五、每日举行早操。

十六、每日下午须有游唱一二小时，校内空场狭小，可在野外举行。

每周能利用课余，天气清明之时作远足旅行，或采集标本，或鉴赏风景，或参观学校、工厂、合作社更好。

十七、学习童子军活动，或作雪中行军。

十八、指导年长学童学习国术。

十九、废除体罚。

二十、其他乡村学校不必耗钱可以做到的学校卫生事业。

上列这些事情：大致是不必耗钱，有的耗钱亦很少。只要教师肯用心，肯卖力气，统是不难做到的。我想请大家试试看，并请大家转告各乡村学校原有的教师试试看。

新近，县政府李科长（子文）向我说："邹平城乡各学校准备于来年元旦在各乡学开个观摩会。观摩的内容特别注重唱歌与体操。这会的主要用意，就在提醒大家注意儿童的健康。"我听了很欢喜。这真是邹平三万余儿童的福音咧。

各位同学！我们大家都不愿我们自己的小孩因病受苦，短命以死！都深深愿看见他们的健康、快乐，身体结实，精神焕发。但想天下父母心同此心。每个小学生，男的女的，从他的父母看来，都是一个小宝宝啊！人类的父母，绝没有反对提倡体育注意儿童健康的教师的道理。

我们为未来的中国，亦不能不好好看护这当前的儿童！实在说：邹平的学校过去乃至如今，对于儿童的健康是太忽过略的。愿大家在各乡各村，趁这机会，和各校教师、学童，及一般父老谈谈，唤起大家"慈幼""保婴""爱护儿童""注意儿童健康"的热忱。

谁能做乡农大众的良好领袖[*]

此次大家散往各处,从事普及农村教育的试验,在这时期,诸位同学对国家便是地方教育基层工作的人员,对乡村便是大众生活向上学好的领袖,这时候,大家的地位和责任,比之平日里在校做学生,都是不同的。今后,大家待人接物,言语行动,都应当分外小心谨慎才好!

怎样的人,才能为国家做事,为民众做领袖呢?今天我想和大家谈谈这个问题,我想这样的人,第一,要不贪污,有人说:"万分清廉,不过小善;一分贪污,便成大恶。"这话是很有意思的。现在许多的地方领袖当不为民众所信仰,推其原因,大半是因为他不曾用财,也不会用身啊!不仁的人,才是以身发财的。第二,要尽力干好,自己懒惰,就不能教人勤奋,自己有恶劣嗜好,就不能教人戒烟戒酒。俗话说:"己不正焉能正人",又说"以身作则",这些话都是很可宝贵的。这一次,大家在乡工作每天早起早操,就引得各村农友都知早起参加早操,便是明证。第三,做事要有办法有计划,不能乱干,亦不能蛮干,做到这层,较不容易,因为这是与一个人的学识经验有关系,但大家遇事小心,体会天理国法人情也可减少差误。第四,要能与人和衷共济,因为复兴农村,再造中国,不是小事,乃是大事。这件事必须大家群策群力,才能完成,个人的能力有限,生命亦有限,决不能单独包办这件大事的,大家须知:我们今日最好的领袖,就是那能和大众融合一起共同作好的人。第五,要能知人,善任用。这一件事做到更难了!人都有他自己的优点,也都有他自己的缺点,世人没有完全的好人,也没有绝对的坏人;人之好或坏,一面是要靠他自

---

[*] 此文为时任黄麓乡师校长杨效春对全校师生的讲话,原载于《安徽教育辅导旬刊》,第一卷第二十六期(1936年1月)。

己的修为，一面也要靠他的师友的培养。我们今日都是乡农的师友了，怎样认识乡农，使他们各展其长而弥其短，这是我们大家的责任啊！第六，是要艰苦卓绝。吾人作事，不免有意外之失，亦不免有求全之毁。任重道远，有志竟成，横逆之来，随处皆有，这是需求大家能够坚苦卓绝。第七，要实在，不做假。本校是简易师范，人力财力都有限，不是万能，诸同学是简师学生。学力财力也是有限，不是万能；即使我们做教师做校长的，学力财力也皆有限，不是万能。我们大家对于事情，自当切切实实，尽力来，但万不可做假，强不知以为知，强不能以为能，毕竟是有败露失信于众的一天。乡农严重信实，天下真实业、真学问都没有侥幸成功的道理，吾同学志之。

上面这些话，都是我自己生平阅历之谈，有的在平日已经向大家细讲的；有的则尚未讲及，如今和盘托出，期与诸同学共勉，诸同学且用心体会一番。

我今细想：不贪污就是"廉"，尽力干好是"知耻"，今日中国知耻的人，都应尽力干好啊！做事有办法有计划就是"义"，正正当当的行为也是"义"；能与人和衷共济就是要有"礼"，待人无礼，决不能与人和衷共济，古人说："礼义廉耻，国之四维。"我们也可以说："礼义廉耻是中国乡村工作人士的四维。"我今又想：实实在在，不说假话，不做假事，是要"敬"和"诚"。坚苦卓绝，不避艰危，始终如一，是要"勇"和"诚毅"。知人善任则是要"敬勇诚毅"四德并备，庶可做到的。待人不敬，行义不勇，存心不诚，立志不毅的人决不能知人善任。是以我们的校歌有句话说："敬勇诚毅，吾校之宝；敬勇诚毅，人生之宝。"同学应该细省。

总之：平日大家在校做学生，少与外人接触，言行举动，不容易见出好坏，就有好坏，其影响与社会事业学校名誉，都比较不甚大，现在大家散在各处，自由的行动的机会很多，最容易见出好坏，而且好坏均最足以影响社会事业的成败，学校名誉的荣枯。这里同学须知自由，便须自主，自主可以自立，亦可以自误。自误误人，自立立人，全凭大家今后的言行举动来表现。

廿四年十二月廿四日于黄麓乡师

普及农村教育的困难和我们的做法[*]

怎样普及农村教育？这是中国教育上的一个很大的实际问题。

照我们看，中国社会的重心，依然是在农村，不在工厂，是在衙署，不在都市。中国问题的重心也是在农村。如果大家承认教育是唤起民众共赴国难的一种重要工具，那么，怎样普及农村教育，确实是我们大家所应设法解决的严重问题，是无可置疑了。

普及农村教育的运动，在中国已经不是一年了。最近数年，在各省市农村教育的开展，也呈着突飞猛进的良好气象，但从我们常在乡间生活的人看来，不论何处农村，他们的教育设施，实在距普及的程度还是很远的。定县的平民学校已经十年了，邹平的乡农学校和乡学村学也将五年，无锡的民众学校、民众教育馆和民众教育实验区也已有三年、五年乃至八年的，上海的山海工学团和小先生活动亦约有五年的历史，这都是中国普及教育运动中声誉夙著的地处，但是实在，这等地方的农村教育离开普及还是很辽远啊！普及中国农村教育是很不易的。它的困难还真不少，大家试想：

（一）中国农村居民人数最多，但大家住处又是很散，三家五家的散小村落是常见的。

（二）村与村，村与镇之间道路崎岖，交通不便，火车汽车可通的地方，民众要上学校，虽相距十里二十里，往来都不繁难。但在三江阻隔，羊肠鸟道也不易通的散小村落，人民要上学就不容易了。

（三）政府很穷，对于地方教育纵有津贴，但决不能为全国蛮多的散小村落，每一小村，都派一个教员，办一所学校。

---

[*] 此文原载于《教育杂志》，第二十七卷第一号（1937年1月）。

（四）农村自身又穷，一二百户的农村，在这农业经济衰疲的时代，要纯以自力创办并支给一个单级小学或短期小学，已觉很难，要居民仅有一二十户，乃至三户五户的小村自办学校普及教育真是梦想。

（五）现在各县乡村的县长、区长乃至联保主任，对于普及教育热忱推行者真是太少，他们的对于义务教育，多半是口里认为非常重要，实际是很想敷衍了事的。他们十分重视税收，重视上峰严厉督逼的公事，如壮丁训练、修筑公路等，对于义务教育大都不很关心。上有好者，下必甚焉，于是保长、甲长每日应付公事就为派款与抽丁忙！什么叫做义务教育，他们已是不很明白，要望他们推行尽力，自然是近于妄想。

（六）地方士绅重视教育者也太少，老先生还是迷恋私塾，对于学校教育总是怀疑，对于短期小学尤为轻视，他们认为一年的教育够什么呢！一个儿童不受教育就算了，要受教育就得受到高小、初中或高中毕业才是有点用处，一年教育，不是儿戏吗？

（七）还有士绅与士绅，士绅与农民，民众与民众，大家彼此提提意见不一，意气用事。任何一件应兴应革事，大家往往意见分歧，各不相容，中国农村原有彼此谦让宽容之风，既已丧失，近代政治服从多数之俗，又是未成，如此情形，是以乡村之中每逢一事，往往弄到乱七八糟，无法进行。初出学校门的短期小学教员，即中国农村普及教育运动中心的基层战士，遭遇此种境遇，每致束手无策，终于灰心消极。

（八）今日公立学校的校长、教师多是公家派的，不是由农村人士甘心情愿自动聘的。教师来去都不由农村人士做主，是以农村人士对于他的来去，亦不负责，彼此无情，亦皆无所谓礼节与敬爱。如此教师生活，而欲望他热忱普教，对于农村竭尽教育之力，虽非无人，要是凤毛麟角不可多得啰。

（九）农村教师的待遇甚薄，地位亦低，而其权力且多不如本地之保甲长，又以交通不便，消息不灵，一切新闻报章、杂志、图书，凡能助长青年学识之工具甚为缺乏。少壮有为并具野心的青年教师大概不愿入乡，此与农村普及教育影响亦巨。

（十）今日乡村规定机构，政教既不合一，养卫诸事亦与教育机关漠不相干。尔为尔，我为我，教育之功不显。自亦不能为社会所重视，其实一言强逼教育，事先即宜有一乡一村失学及失学成年民众之实数调查，否则，谁已入学，谁未入学，谁在失学，根本不能清辨，又何从施行强逼，保甲编制如何与学区分划互相配合，在今日农村而言普及，此事实甚要紧，而今乃无甚人士注意。

（十一）灾旱连年，民生凋敝，乡人处此，谋生不遑，谁复念及教育。

（十二）农村破产，土匪蜂起，社会秩序混乱，人皆不能安居乐业，日在颠沛流离之中度其生活，学校不能开门，教育也就难以进行。

（十三）中国农村生产技术拙劣，一般农人及其儿童，常为日常工作十分辛勤劳苦忙碌，不能有剩余时间、精力入校，上学。

（十四）一个农村小学教育的能力是有限的，农村社会的事情很多，问题也很多，指导农村社会生活的责任，又自然地容易落在学校教师的肩上，这又怎么办？这是与普及教育有莫大关系的。大家不能不设法，不然，教育与生活不相干，任凭怎样努力，那样的教育是不能普及的。

总之，这样的困难是很多，问题也很多。如此这般的中国农村社会，而求教育普及真不是轻易的事情啊。

讲到这里，大家也许要问：究竟普及中国农村教育是不是可能的？许多朋友对这个问题都很悲观，或者是很怀疑。笔者对此也常发生烦闷。但在今日则觉普及中国农村教育，此一大问题之解决虽是甚难，但不是不可能的，笔者今日在安徽与若干朋友试办黄麓乡师，正欲为此一大问题用其心力。

我们的做法怎样？这里谨向大家约略说明，请大家指教：

第一，设立农村学校。它不称小学，亦不称民众学校，因为它是兼办小学的及民众学校。我们认为一个农村，自力设立一个学校已是繁难，若必强勉设立一个小学又立一个民众学校，势不易办，亦不经济。而且这种农村学校的教育设施，宜与现行政治如保或联保等切取联络，又宜与一般经济组织如农业仓库、农村合作社等谋得互相协助的便利机会。故其任务有两方面可说：一为举办本村大众教育，即不问男女老幼皆将为其教育对象；一为促兴本村社会建设，即将包举全村政治、经济、保卫等事皆得视为活动工作。我们的农村学校今日在教育活动上有办幼稚园、小学、民众学班、妇女学班、巢湖水上教育团、问字处、代笔处及辅导私塾等的。在一般社会改进事业上有办壮丁训练、农业分仓、农村合作社，及诊疗所、卫生运动、造林运动、挑塘运动等的。我们想，农村学校的教育设施，对学众讲可视为全民教育，对社会讲可视为全村教育，它对于人是给人人都有教育的机会。它对于事，是要事事都有教育的意味（即有向上革新进督导之意味）。

第二，辅导农村学塾。本校附近农村里面，学塾之数仍比学校之数为多，塾童之数量也比学生之数为多。中国创办新教育已数十年，而旧有教育的壁垒依然存在。代表旧有教育的学塾在农村中仍占重要地位。这本不是偶然的事。学校的发生与其所以依旧存在，实有其社会的经济的背景，笔者常谓新式的学校与旧式的私塾之于今日中国农村社会，各有其适与不适。学校适于大的世界、新的时代，而不适于老的中国、穷的农村；私塾反是，它是适于老的中国、穷的农村，而不适于大的世界、新的时代。我们今日致意于农村学校之创造，正是为此；致力于农村学塾之辅导也是为此。上年春，我们到了黄麓以后，就有黄麓农村教育研究会之组织，俾附近各村塾师与小学教员，共聚一堂，为推进黄麓农村教育的企图。暑假期中，办理农村塾师训练班。秋后，本校附小及各农村学校又纷纷注意于各校附近学塾的辅导工作。这些活动，方式虽是不同，意思是一致的。直到如今，我们对于农村学塾的辅导工作，仍愿继续其绵薄：（一）于本校艺友制师范班中招收塾师，指导他们工作及学习。（二）由本校教生前往各村学塾，代上音乐、体育及自然常识等科，以分塾师之劳，以补学塾教育之不足。（三）定期招集塾师在各农村学校集合，举行教育研究会议或讲习，每月或每半月必例会一次。（四）招集各塾学童与附近小学学生举行联欢会、游艺会或观摩会。（五）介绍优良塾师于地方政府，俾得选拔成为短期小学或单级小学教员。今且以裴村学校为例，它在左近沈村、上陈村、大树张、上邦村、下邦村、杨董村、何张村、董石村、下吴村、许祠、张邬村、大树郭、石矿张、上童冈、下童冈、小陈村各处所辅导的农村学塾已有十六个之多，东管、中庙、焖炀各校亦与附近学塾切谋合作。

我们愿与塾师联合，共为中国农村普及教育尽力。

第三，试办农闲学校。上年十二月至今年一月中旬我们曾在本校左近三百方里内之农村，设立农闲学校一百零三所，收教各村农友及其子女一万余人。这些人，平常大都是不进学校，亦不进私塾的，一因他们是穷，缴不了学费；二因他们也忙，没工夫上学。我们利用农闲，教以识字、算术及国民生活常识。各校受学人数之众，往往出于我们意料之外，我们常谓：人皆好学，人皆要学，民众失学只是由于大家失教。如果学校真的能让大家来学，失学的人是可以绝迹的。农闲学校就是我们要给一般乡间平日忙活的生产大众以受学的机会。今年冬季农闲，我们将再作一试。那时候，我们可动员本校师生之半数一百五十余人，将成立一百校，教育一万人。

第四，组织农村教育团。本团的组织是以运用大众力量，采取军队编制，发挥民族精神，展开文化阵线，以力谋农村教育之普及争取中华民族之生存进步为宗旨。它的团员不问年龄、性别、贫富等等，但既入团为团员，每人皆须自誓为中国文化之一战斗成员，须与住居同一村庄或同一街巷之人，切取联络，互相协助，共为普及教育努力。他应自己努力学习，并应努力助人学习。团员三人至五人为一学组，设学组长；三学组为一学班，设学班长；三学班为一学排，有学排长；三学排长为一学连，三学连为一学营，三学营为一学团，皆各有长，并有教练若干人，相互督勉学习。各学组或各学班，每日集合学习一次，时间及其久暂由各组长或班长斟酌定之。各学排或各学连，每周集合学习一次，各学营每月集合一次，各学团则每季集合一次。集合时得为种种学艺比赛或其他团体活动。团员的守则是：（一）学习（自觉觉人），（二）劳动（自立立人），（三）团结（自救救人），（四）尚武（自卫卫国）。他们的戒条是：（一）不赌博，（二）不吸烟，（三）不私斗。这里请大家注意农村学校的学生皆为农村教育团的基本团员。每一学生皆成教生，三人五人为一学组，散往附近各村，劝导大众学习，共受教育，共为教育团的团员。是谓以众教众，以有组织有指导之众教无甚组织无甚指导之众。如是普及教育，扫除文盲，收效必速。本校附小一团学生已在附近上洪村、老人院、东周家各处成立共学处七所，收教学众二百余人；特约养正小学学生亦在赵家巷、枣家冈、硚头涧、晓观份等处成立共学处十七所，收教学众四百余人，可为明证。笔者细想，我们要用农村学校实施较为精密的教育，并用农村教育团实施较为宽泛的教育，二者互相为用，以组成中国农村之教育网。并与当地农村之保卫网、合作网、交通网，谋取密切之联络。我们就想用这样的农村教育之网，对于文盲，一网打尽，不使一人漏网。朋友，你想，怎样？如以为可，请到农村来，一齐干！

推广农村教育十年经验谈[*]

一 前言 从晓庄、邹平到黄麓

敝人是农家的儿子,所以就常常留心农村里穷人的教育,民国九年即开始热烈地注意乡村教育之推进,曾著文讨论《农村教育师资训练问题》,记得一次乘民船到四川,途次船行很慢,我就趁机试办船夫教育,自己替船夫烧锅,得暇就教他识字,一路上每逢经过了一个地方,就把那个地名教船夫认识。船有时停在岸边,就跑到岸上的村子里招集农民,向他们演讲,宣传国事,鼓吹办学,一路兴高采烈,非常有趣,不过这时只具了对农村教育的狂热而已。因为环境及方方面面的关系,始终没有能够着手去做。民国十三年,大家一伙朋友,酝酿着创办晓庄师范,十六年三月正式成立,开学,自开办起一直到十七年中,敝人都曾经很有兴会地参加着,那时乡村教育都无成法可以依循,一切都是创新,一切都要自己发明,所以我们称为摸黑路,这条黑路在当日的晓庄当然没有摸上正道,不过经了晓庄学校勇敢的试探一次,确实是隐约中发现前途有一点儿曙光,晓庄固然不能算做完善,可是她实在想为教育界开辟一条新道路,这点大胆的尝试,她是做到了,如果说晓庄有一点成功,其成功有也就在此,举其大者,约有三端:

(一)晓庄把课程与生活的界限打破了——她没有教室,没有功课表,过什么生活,便是什么教育,亦即是什么课程。

(二)晓庄把教师与学生的界限打破了——她的教学方法,是共学的,互教的,会的教不会,不问先生不先生。我有时跟学生学着烧饭,有时跟

---

[*] 此文原载于《安徽教育辅导旬刊》,第二卷第二四、二五期(1937年1月)。

老农学着种田，我们大家实在是人生的路上共同向前走路，而要共生活共学习的，而且大家共同立法共同守法，学生固须遵守，指导员也须绝对遵守，那完全采取了民治的精神。

（三）晓庄把学校与社会的界限打破了——那里没有围墙，没有门房，学校设在农村里，周围尽是农家，学生们也有时候住在农人家里，社会的事也即是学校的事，学校是社会所办，在社会里办，为社会而办的。

民国二十年，敝人又因山东乡村建设研究院的约请，到邹平继续农村教育工作，自民国二十年至三十年底，为时十年，那里主持人是梁漱溟先生，所以他的主张办法与晓庄稍有不同，最显的是：

一、邹平偏重社会改造方面，晓庄偏重学校教育改造方面；

二、邹平偏重青年及成人教育方面，晓庄偏重儿童教育方面；

三、邹平在教法方面注意规律之训练，晓庄则注意自由活泼地发展；

四、邹平方面，教师是站在辅导教诲的地位，有尊师重道之风，晓庄则像是没有形式的教室可言，颇见自由活泼之风。

我在邹平时常遇到南方的朋友到那里参观，他们问我：邹平办法固然算是很好啦，但是只可以适用于北方，若在南方未见适合吧？例如北方村落是集中的，南方则是星散零碎，又南方北方农闲的时间也不同，还有经济的分配状况，农民的生活习俗各种方面都不很相同，最大的问题，是邹平的办法不容易推广，乡村建设研究院是不属于任何教育或政治系统之内的，恐怕只能办一个两个而已，因此我心里很想到南方来试试看，恰巧安徽教育厅长杨思默先生邀约敝人到安徽来，结果就来到黄麓，黄麓是一所规模最小，历史最浅，设备最简，程度又比较低的简易乡村师范，可是我们就要从这"简易"处下手，中国的事情，尤其是乡村的事情，不必好高，不必求全，简而且易正是适应农村社会状况的，乡村师范又是教育制度以内的办法，所以比较容易推广，这是接办黄麓的意思。至于主办该校的旨趣，则有两点：

一、实施人生教育；

二、推进农村建设。

其学校工作，作为培养乡村的生活导师，敝人从民国十六年起到今年民国二十五年，这十年来的心思精力完全都用在"推广农村教育"，这个问题这个事业之上，所以想借这个机会，把十年来所经验到的简略地同大

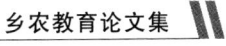

家报告一下。

二 本论
（一）普及农村教育的活动组织

一切事业靠人做，人是要组织起来才有效率的，教育是以人为主要对象，故尤在人们的组织，有活的组织，才会有活的事业，现在分四点来说：

（1）农村社会之政治组织与教育组织——大家从实地工作上得到的经验告诉我们农村社会的政治组织与你教育组织，有一条原则就是政教合一，政教合一才能使政治推动教育，教育襄助政治，二者必须相助而不相妨，相益而不相害，这二者必须获得一种灵活的谐调的安排，否则农村教育便无法普遍地推行，普及农村教育的活动组织，第一点即教育与政治组织合一，下面几处事实可以作我这话的佐证，也可以供乡村教育同志的参考。

一 邹平——邹平设乡学村学，村学为一村的组织，乡学为一乡的组织，他一面是学校，是办教育的，一面又是兼理一乡或一村的自治事宜，是办政治，这个组织，里面有学长一人，他的地位很高，很广泛，站在指导监督乡学村学的地位，其下设学董，由地方公推贤正农民担任，他的责任是政治教育不分的，学董中推常务学董几人，再由常务学董中推一人为理事，理事是专办行政的事，如集几款办公文等项，另外有教员一人或数人，则是专任教育工作的，这样安排，就把政府与教育打在一个组织的炉子里。

二 广西——广西举办国民基础学校，他将政教养卫完全放在教员一人手里的，教员兼村长及民团队长之责。

三 江西——江西设保学，保长统摄全保政务，保学里的教员兼保长的书记，也是政教合一的一种办法。

（2）义务教育组织与民众教育组织——中国是穷的国，乡村是穷的乡村。从经济的观点上看，我们的义务教育、民众教育非合一不可，一个小乡村决不能设了一个义务教育机关，同时另外设一个民众教育机关，常常见到一个区域同时有一个小学，和一个民众学校两方面抢学生，究竟多大的孩子，在什么情形上是应该到小学或是应该到民众学校，这都是很难划定的，乡村农民每每只晓得学校，什么小学校民众学校他是不大问的，所以近几年来有义务教育与民众教育合流的趋势，盖事实使然，非如此不可也。

（3）学校教育组织与社会教育组织——学校在社会中，为社会办，这两方面本不应分开的。从教育作用上看，学校离了社会，他就没有意义，生活教育就是以社会为学校的，以实际生活为中心的；从经济上看也不允许我们分开，还有一层是社会中心问题，一个社会不能有一个以上的中心，学校教育组织与社会教育组织分开便建立不起来一个社会中心，两方面纵然用力，因为力量分散，则彼此易相抵相消，效率不高。

（4）农村教育之缔造——我们想如果使教育力量普及于人人，他不仅教儿童，也不仅教成人，他是教全村的，全民的，不论男女老少一起网络进来，不是遗漏。他并且不仅是全村人受教育，并须指导全村人民解决全村社会问题，世上的事没有单独的好，要好则全社会一起好，要坏则一起坏，关门办教育，不但于社会无关，即教育本身亦不会好，这种以全民全村为教育对象的教育，是真正的生活教育，我们想把教育与生活真正合一起来，就社会方面说这种教育网的作用是全村教育，就个人方面说这种教育是全人教育，黄麓方面试行的办法是设立农村学校，每校分三部分：

一　儿童部

二　成年部

三　妇女部

各部兼做学校式的与社会式的两种教育工作，如儿童部方面，其学校式的教育工作为短期小学班，而其举办之婴儿健康比赛会，或儿童教育团、共学处等则为社会式的教育工作，成年部、妇女部亦然。

各村农村学校一成立起来，由各部的活动则各村的教育网成立，一校成立，即一网成立，而一村入网矣，若范围较大，区域较广，则选择中心地点设中心农村学校，负一区教育指导计划之责，中心学校区域可与行政区域一致，因为一个县面积很大，将来教育普及，学校普设，一个县教育局决不能照顾周到，中兴农村学校一经设立，则一区教育有负责的组织，而教育局方面直接指挥中心农村学校可也，这种学校的设立，依照当地人口状况、交通状况、经济状况等为适当之分配，则教育网的形势马上成立，此网一成，上下活动起来，普及教育，便易实现。

但是有许多人说，农村学校一个教师，使负全村教育责任，一人精力，如何办到，这里有个诀窍，就是教师必须"少用直接力量，多用间接力量"。直接用力即自己动手教，间接用力就是运用组织去教，我常常想一个教师的好坏可分为四等，最下的是自己偷懒毫不负责，这种人不足谈；较好的是自己很努力，很热心，拼命尽其自己的一份，这固然较胜一筹，照一般说法，这种教师已经是很好了，但是我们晓得社会是大的，广泛的，人是很多的，单靠一人自己尽力还不够，虽使圣人在世，也不会一双手挽救天下，所以比较好一点的，是自己固然尽力，同时又能引领旁人也尽力起来；最好的就是能使社会有组织，再运用这个组织以推动全体向前进步，故我以为不肯尽力者应淘汰，自己尽力者为下，其次引领他人共同尽力，而能运用组织推动社会者为上，最有本领的人，也统是最会运用组织的人。

此所谓运用组织推行教育工作者，其教法即"用众教众，用学生教学生"。一个教师仿佛不是一个单纯的教师，而是全社会大学校中的教务主任，他一面教学生，一面把学生组织起来，成立"共学处"，使凡不在校的儿童、青年都加入共学处，由学生教他们，教了他们并组织他们，一个学生上学之后，即成为学校的一个兵士、一个纲目、一个电子，要他们打进各家庭，去教一切人，网络他们的父母弟妹……不使一人失学，此种共学处一方面行个别的散兵式的教育，一方面在星期日或择相当时日集中一处，行集合训练，如是一村教育问题解决矣。

其问题较大较繁难为一村所不能解决的则交之中心农校，再大的交之县、省、以上及全国中央政府，愈上级则其用力越多间接，愈下级则其用力愈多直接，用力愈间接则其注意问题便愈较重大较广泛的，本此原则一国教育网可以完成，一个教育网成功之后，则全国国民老老少少、男男女女都网络在内，教育组织健全起来，教育才得普及，才得作不断地继续改进。

上述教育之活动方式，得析为如下三项：

一、用国家教众。

二、用民众教民众——人人教我，我教人人。

三、用有组织之学众教散漫之学众。

我过去在邹平曾训练全县壮丁，每次三五百人，这里边大多不识字的，我一人如何教得了，我就本上述原则，运用乡村师范学生，每人教几十个，在操场上分组学习，其中聪明的就让他再指导没有学会的，我有时自己教教，有时巡回指导指导，这种办法行起来很有成效，共学处在邹平及黄麓推行得均有效果，这都是自己亲身工作，亲身经验过的，这个原则就是间接用力，运用组织。

（二）普及教育的活动方法

（1）教育活动须符顺吾人求生即求学的意志——普通大家都认为求生急于求学，这话亦不尽然，人生要生，人生要长，人生要群，就须受教育，例如人生了疟疾，你教他治疟的法子，他当然需要，他不明白道理，你教他，他怎会不高兴呢？来了土匪，烧杀劫掠，你教他防御匪患，合力抵抗，他自然更需要，人生固无时无地无事无人不要学，要学即须要教育，真正的教育，不待强迫，要强迫的教育必非大众生活之所要求，吾人普及教育，应以大众生活为中心，符顺求生即须求学之意志。

（2）废除各种不必要的限制，让大家来学——现在的教育限制太多，如学期，如课程，如制服，如考试，如年龄、性别，以及上课时间等等，均受一定之限制，差不多现在的教育就是限制的教育，因为限制太多，势不能容纳大众于此限制性太大太多的教育圈内，我认为教育不应设许多限制，凡不必要的限制应尽量废除，限制的教育即是坏的教育，好的教育是迁就学生的。

（3）和合与创造——在乡村做普教工作的人，每每容易与人作对，看看这个也不对，看看那个也不对，尤其容易与土豪劣绅结仇怨，土豪劣绅未打倒，而教育工作也不能推进，我们要明白这一点，土豪劣绅实在是社会的产物，不是土豪劣绅造成坏社会，因为一方面下边是散漫而又愚昧的乡村民众，一方面上边的政治不上轨道，在这个夹缝中土豪劣绅就生了出来，我们做教育工作的当全力去领导民众，教练民众，民众开明了，也有了组织，土豪劣绅不打自倒，否则旧的倒了，新的又生出来，总是没办法，古人有所谓"仁者无敌"的话，颇可注意，实在从小处看处处是敌人，从远处大处看，他们都不是我们真正的敌人，只有民族的敌人，才是我们真正的大敌，我们民族本身大家须和合为一体，以共同创造新的民族，新的国家。

（三）普及教育的基本旨趣

教育者，培养一个有活力的民族生命而已，他的工作，不仅是零碎的，皮毛的，我们真正的教育可以称之为潜根的教育，教育者播下生命的种子，生命的自身，会长发苗芽出来，他不是瓶里插花，洒了露水，像是怪好看的，但是不久就叶枯茎瘦了，我们在乡间工作，常有流动，就是本地方人也总会死的，若单是我们在那个地方教育可以进行，我们去了一切活动就云消雾灭，这教育是无用的，要知个人不可靠，可靠的在组织，他力不可靠，可靠的在自身，所以教育者必须以全力培养农民大众自力更生的苗芽，并使之成为有组织的有团体的民众。有团体，有组织，并且是自力的，这种教育才能长久，才有真生机；才能自己不断地向前进向上长，我们在，教育可以办，我们去了，死了，教育仍可活跃地进展着，这就是普及农村教育的一个基本旨趣，至于贪成绩，求急效，敷衍门面，欺骗参观人，那都是假的教育，假教育便没有生机。

本此旨趣，所以个人认为从事普及农村教育工作，应注意下列各要点：

甲、不要包办——包办则不了。

乙、不要代办——代办则不切。

丙、不要假办——假办则不实。

丁、不要瞎干——瞎干是看不清。

戊、不要乱干——乱干是计不定。

己、不要蛮干——蛮干是心不敬。

今日国内如此严重，而农村大众的知识程度、社会组织又去吾人所想的相距甚远，任何人都皇急，不复能耐，因此每有包办代办乱干蛮干等等行为，但是急固急矣，不过急中仍须眉镇定，认清道路，拿准方向，以效率最高的方法，直接切实地去干，虚效不可羡慕，急躁尤应力戒，在此国难之下，更宜讲求沉着与踏实也。

三　结论

（一）我的信念

（1）中华民族之可爱。我爱人类，但我尤爱中华民族，许多人以为中国农民都是文盲，没知识。这种见解颇有错误，说他们文盲诚然是文盲，但他们只是文字盲并不是文化盲，他不识字，但他们有他们的宝贵的知识，这个知识是我们的历史，我们的祖先几千年来遗留下来的深厚的文化空气濡染得到的，我们的智力比任何民族并不低，我在山东，尝见一部分穷苦的农民，在乡间做补锅匠，单身一人挑着担子，也出过外洋，到日本，下东洋，在日本各地给人家锯碗补锅，赚了钱寄回来，住了几年，钱也积蓄一些，并且带了日本婆子回家祖国，像这样的农民，你能说他们没有知识吗？文字只是一求得知识的工具，求得知识不专限于文字，我们的文化，已足敌人文字的工具。我们的华侨，散而地球各处，不下千万人，英国人说他们的国旗飘扬在全世界各地上，我则谓中国人的足迹，也深印在世界各地上，他们有军舰大炮为后盾，我们的华侨确是凭自己干出来的，我们的民族文化实有其博大精细之处，决不容我们漠视，以我看来，我们的文化缺点只有两层而须我们弥补的，就是：

一、为科学的技术

二、为社会的组织

所以我爱人类，我尤爱中华民族，惟我深爱他，故肯献身效力于他，以终我生，以救吾国。

（2）民族生机在农村。中国是个农国，他的国民是农民，其社会为农村，无论经济，无论文化都以农村为其重心，人类生活，照我看来应以乡村为中心的，我们大家应认定我们的民族的生机在那里，以全力灌注在农村上，普及农村教育，组织农村社会，以图民族生命之向上进展，求我民族生命之永远延续于千万年。

（二）从事教育工作的人应视教育为一种事业，或谓为一种德业，不要仅视为一种职业而已，一视为职业则计较利害，计较成败，要知道教育是个远大的事业，决不能一朝一夕成功，也不能混混就弄得好的，教育者自身有真诚意在，则教育的工作便有真生机在，个人十几年来，从事农村工作，不畏艰苦，不计利害，不见利思迁，不因困难而退，效春本此信念，十年于兹，未敢稍移初衷，但愿与农村大众共谋向上学好求进步耳。

（三）民众失学由于我们失教——凡人无不好学，无不要学，敝人在乡间常见贫苦丐童，欣然求学，学过再去讨饭，这是多么令人感动兴奋的事。我们是知识分子，民众失学都应怪我们失教，怪我们未尽责任，是知识分子，都应当认清这一点。

（四）普及农村教育即为吾民族复兴之文化战，我常想民族与民族战争大概可分为三类：

一类是军事战争，这种战争表面上看很凶残的，但是从历史上看，军事的战争，成败无定，古人所以有"胜败乃兵家常事"的话，刘邦同项羽角斗，最初总是项羽胜，但是垓下之役，项羽自刎于乌江；拿破仑以盖世英雄，吞并全欧，俄国大战，一败涂地。最近欧洲大战，德军瓦解，但十几年来，又已兴起。这些事实都是证明军事的失败，比较容易恢复。反败为胜，并非甚难，历史所昭示吾人者甚多。

第二种是经济战争，这种战争如果失败就比较不好恢复，因为经济是生命关头，经济一败，血脉枯槁，民族就萎弱了，但是也还比较可以振作，也不是完全无望的。

第三种是文化战争，两个民族相战，若是文化失败了的话，就证明那个国家不配做他国的敌手，是根本失败了，文化一败就没有起死回生的希望。我相信中国文化是很高的，中国不行，并不是中国文化低下，不过是中国人打架的本领不如人，军事的武器不如人而已，此后我们一面要加紧练习打仗的本领，充实我们的国防，这个只好由军事当局负起责任，至于我们从事义务教育工作的同志，应该担负起文化战争的任务，加紧训练民众，组织民众，充实我们的文化，建造我们的坚固的文化堡垒，以准备中日两国持久的文化战争，我常觉得日本的教育家能够鼓吹他的国民，来侵略中国，压迫中国，那么我们中国的教育家教育者就应该唤起我们的国民来抵抗他，驱除他。效春学识疏陋，才力绵薄，但愿追随诸先生及全国教育家之后尘，不顾一切勇敢地做我们民族的文化战争之一员，以共同挽救我们空前的国难！

杨效春讲，李志纯记

附录　安徽省立黄麓乡村师范设立农村学校通则

（民国二十四年春）

一、安徽省立黄麓乡村师范学校（以下简称本校）为实验农村教育，推动农村建设起见，特与本校附近各村人士联络设立农村学校。

二、农村学校分为左列两种：

（一）基本学校；

（二）中心学校。

三、基本学校之任务：一为举办本村大众教育，一为促动本村社会建设，故其设施得视环境需要及其人力财力，酌量办理幼稚园、初级小学、民众学班及各种社会教育社会改进事业。

四、中心学校之任务：一为辅导各该校左近各村大众教育和社会建设，一为举办中心幼稚园、高级小学、高级民众学班及各种范围较广内容较繁之社会教育、社会改进事业。

五、基本学校以每村或每保设立一所为原则。

六、中心学校以每三十村至五十村设一所为原则。

七、农村学校在本校辅导之下，由学董会主持办理之，学董会之组织法另订之。

八、农村学校之经费，以由地方自筹为原则，于必要时得请县政府或本校酌量补助之。本校补助农村学校之办法另订之。

九、农村学校以各该校所在地之全社会民众为教育对象。其编制及敷教办法另订之。

十、农村学校之教育，以培育各该校所在地之全社会民众皆有参加现社会、并从而改进现社会之生活能力为主旨。

十一、农村学校之教育活动，以各该校所在地之全社会民众生活需要的中心为中心。其中心所在，得随时地人事之影响变通之。

十二、农村学校各组各班之课程，除参照部颁各项课程标准外，应依据农村社会实际需要，酌量伸缩、各别厘订之。

十三、农村学校之教材除采用部定各种教科书外，应视环境及事实之需要编辑乡土教材以补充之。

十四、农村学校之一切设备，以就地筹置为原则，即为本地全体人士所公有并公共享用之。其管理规则，由各该学董会订定之。

十五、农村学校成立后，应照章呈报县政府备案，并随时将各该校实施状况报告本校以便辅导。

十六、农村学校之设立，以遍及本校附近三十里内之各农村为原则，但以本校人力财力之限制，得视各农村之实际情势分别先后设立之。其先行设校之处，宜具下列标准：

（1）本村人士对于教育事业，能够热心提倡，并切实合作者；

（2）村中有现成庙宇民房，可以利用作为校舍，或建筑新舍者；

（3）校舍附近有空场可以集会，有田地可以种植，有荒山可以造林者；

（4）村中有桌、椅、板凳等可以利用者；

（5）村中能筹开办费十元，基本金二十元，常年费三十元者。

十七、本校得与附近原有县立或私立学校特约，试办农村学校，其特约办法另订之。

十八、本通则如有未尽事宜，得由校务会议修订之。

十九、本通则经要本校校务会议通过，呈请省政府教育厅备案施行之。

安徽省立黄麓乡村师范
夏令青年生活团办法大纲

（民国二十四年夏）

一、黄麓乡师学生暑假期内各归乡里须与本地青年联合举办各该地方夏令青年生活团，如在巢县者办巢县夏令青年生活团；在合肥者办合肥夏令青年生活团；在柘皋者办柘皋夏令青年生活团；在寿县者办寿县夏令青年生活团，其他类推。

二、青年生活团的性质，一面是有学校的意味，一面也有军队的精神。学校的意味取其互相切磋向上学好。军队的精神取其团结合作，整齐迅速。从学校这面看，它颇像一般的暑期青年进修学校；从军队这面看，它又像一般童子军的夏令会或夏野营。

三、青年生活团的宗旨是利用暑假期间与本地不壮青年互相结识，互相勉励过健康、进步、相合、创造的有意义的人类生活，自立立人，自达达人，自助助人，努力义务教育工作，服务乡里，效忠国家。

四、青年生活团的信条是敬、勇、诚、毅：（1）敬是敬以待人，如敬老尊贤，慈幼恤贫。（2）勇是勇以行义，如爱国家，守纪律，明是非，任劳怨。（3）诚是诚以存心，如爱真理，尽责任，不自欺，不欺人。（4）毅是毅以立志，如贫贱不移，富贵不淫，威武不屈，生死不渝。

五、青年生活团的生活纲领，大别举之可分下列四项：（一）是求智的生活，如自然研究（观察星辰出没，气候变化，鸟兽虫鱼草木之孳长繁殖，生老病死，分别各地岩石土质之异同）。社会调查（当地婚丧礼俗研究，农村社会组织研究，农民生产能力负担及特产等调查统计〔调查纲目或表格另发〕，农村生活素描，民间故事及农谚歌谣之搜集，私塾访问，学校及其他教育机关之参观），看古今名人传记，阅日报，记日记，演说，辩论，谈心，教人识字学算唱歌习拳及其他智能等。（二）是工作的生活，如助理家事，农场操作，修桥梁，铺道路，挖塘泥，灭蚊蝇，扫除公共场所，整理乡容。（三）是康乐的生活，如早起，早操，跑步，拳术，游泳，越山，游览名胜古迹，歌唱，雅乐，舞蹈，角力。（四）是社会的生活，如敬老会，慈幼会，母亲会，兄弟会，姊妹会，少壮青年会，全村儿童大会，村民同乐大会，黎明会（朝会），纳凉会（晚会），音乐会，运动会。

六、青年生活团的组织：

（一）团员，不问程度高下，家境贫富，身体强弱，凡年满十五岁以上之青年，愿与吾人互相勉励，共同向上学好求进步者，皆得入团为团员。

（二）团员满十人以上即成立一小团。三小团为一中团，三中团为一大团。

（三）每团设团长团副各一人，督率团员，综理团务，团长副皆由团员公推之。

（四）团长以下分设学艺、工作、康乐、社会四股，每股设股长一人，主持各该股事业之设计与考核，各股长皆由团长指派，并听其指挥。

（五）各团宜延访当地贤明领袖、才智之士，为各该团顾问或指导员。

七、青年生活团之组织系统如下图：

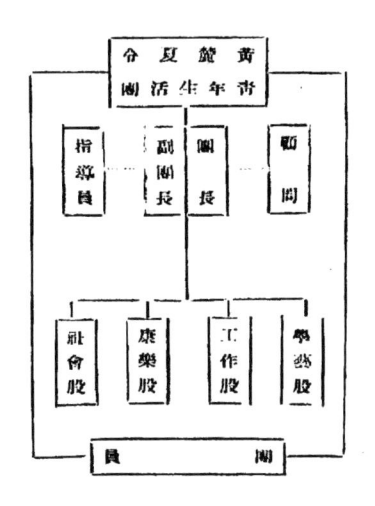

```
┌─────────────────────────────────────┐
│         黄夏筑分青年生活团           │
├──────┬──────┬──────┬──────────────┤
│指导员│副团长│团长  │顾问          │
├──────┴──────┴──────┴──────────────┤
│  社会股 │ 康乐股 │ 工作股 │ 学艺股 │
├─────────────────────────────────────┤
│              团  员                  │
└─────────────────────────────────────┘
```

八、青年生活团团员每日的生活：

（一）黎明即起，齐集举行早会。早会之程序大致如下：

1. 整队，2. 唱早会歌（星期一为纪念周，唱党歌），3. 跑步，4. 齐步，5. 健身操，6. 团长讲话，7. 唱校旗歌，8. 散会。——早会时间约三十分钟。

（二）阅古今名人传记，或其他有意义书籍一小时或两小时。

（三）助理家事或农场操作四小时。

（四）看日报（留意中日交涉及各地农村运动消息）半小时。

（五）社会服务两小时，如：（1）教人识字，学算，唱歌，明白事理，注意国家大事。（2）劝人戒赌戒烟，争讼。（3）宣传夏令卫生，扑灭蚊蝇。（4）引导当地人士注意合作事业。（5）提倡造林，挖塘，修路，保护名胜古迹。

（六）写大字、小字半小时。大字即抄歌曲，张贴校门以便大众阅读学唱，或写卫生宣传，挖塘宣传标语，张贴通衢，以引大众注意实行。小字则抄写课文或歌曲，散给学众，以便学众随身携带阅读。

（七）日记及写信半小时。

（八）晚会（纳凉会，赏月会）或彼此谈心，或讨论问题，或报告读书心得，或与大众谈话，注意引发听众留心国际交涉，风俗改良，农业改良，及各地农村运动消息等。并激发其人生必须和合创造之高尚志趣。

（九）每日下午九时半（至迟十时）就寝。

九、青年生活团团员每周的生活：

（一）星期一早晨举行纪念周，除团员必须出席外，能引动当地人士共同参加，愈多愈好。开会时应有音乐（锣鼓亦可），并请品学兼优，声望素孚的绅农讲演。

（二）每星期四（或星期三）必举行民众集会一次。或是敬老会，或是慈幼会，或是母亲会，或是少壮青年会，或是村民同乐大会，或是音乐会，游艺会，运动会，辩论会，团员成绩展览会，或是夏令生活团开幕式，或是夏令生活团闭幕式。各种集会，对象不同，性质不同，内容不同，而其根本旨趣是在引发大众明白人生必须和合创造之意则一。

（三）每星期六晚，举行本团生活讨论会：报告全团及各团员本周生活成绩，商讨全团及各团员下周生活计划（报告成绩时注意各团员之民众教育工作，如教过多少学众？会识多少字？会念几课文？会唱几首歌？或会打什么拳？会作什么事？戒除何种恶习？学成何种艺能？调解何项纷争及诉讼等）。

（四）星期日，远足、越山或游览名胜古迹一次。

十、本届夏令青年生活团的进行程序，以七周计，大致规划如次：

第一周

（一）回里省亲，访友，随时宣传夏令青年生活团之用意及办法，求其了解与赞助。

（二）结识本地有志青年，特别是师范生，中学生或大学生，请他们出力教导大众，共办本团，使本乡民众教育得以开展，社会事业得以进步。

（三）拜访本地绅耆，随时恳切说明本团之用意和办法，并请他们随时指导，俾免错误，致失民众信仰。

（四）邀集本地青年谈话，筹办夏令青年生活团，凡是青年，无论已上学的，未上学的，统可邀集。已上学者请他出力教课，入团为教师，或指导员；未上学者劝他入团为团员，并勖励他，少壮努力向上学好，犹为未晚。

第二周

（一）举行本团开幕式；青年补习学班开学。
（二）劝导本地青年继续入团共学。
（三）劝导本地父老督促子弟入团上学。
（四）注意团员每人生活之安排及全团之秩序纪律。
（五）议订本团生活公约及每日公共生活时序。
（六）开始向大众报告国际交涉，国家大事及各地农运消息。

第三周

（一）继续劝导本地青年入团，总以全体青年加入本团，共同生活，共同学好为期。

（二）夏令卫生宣传开始。

（三）团员教团员，团员教大众，普及教育运动开始。

（四）教大众会唱《早会歌》，《农夫歌》（如在乡村，应以全村男女老幼皆会唱歌为期，识字明理及精神陶炼诸事多可由歌唱中教导。）

（五）夏令民众学班开学。

（六）举办敬老会。

（七）举行第一次教生会议。

第四周

（一）举办全村或全城儿童大会。

（二）大扫除，灭蚊蝇开始。

（三）教大众会唱《黄麓校旗歌》《党歌》。

（四）举行远足会，游览名胜古迹，或参观学校工厂。

（五）举行第二次教生会议。

第五周

（一）举办全村或全城母亲会及慈幼会。

（二）挖塘修堤，修道路，整乡容等宣传开始。

（三）教大众会唱《挖塘歌》，《大路歌》。

（四）与附近各乡村夏令青年生活团联合，举行各种友谊比赛。

（五）举行第三次教生会议。

第六周

（一）举办全村或全城少壮青年大会。

（二）合作造林宣传开始。

（三）教大众会唱《造林歌》，《合作歌》。

（四）举行音乐会或大众唱歌比赛会。

（五）搜集民间故事，歌谣，及农谚开始。

（六）举行第四次教生会议。

第七周

（一）举行全村或全城民众同乐大会。

（二）举行大众成绩展览会。

（三）教大众会唱《新生活运动歌》，《尽力中华歌》。

（四）戒烟戒赌及婚丧礼俗改良宣传开始。

（五）举行第五次教生会议，鼓励教生继续工作。

（六）举行本团顾问会议，或本地领袖会议，商讨本乡社会改良事宜及其进行计划。

（七）举行本团闭幕式，辞别本乡父老兄弟回校。

（说明）此项进行程序，须大家善于活用，不必拘泥。

十一、夏令青年生活团的经费，由青年补习学班学生，即本团基本团员负担，每名缴学费杂费共五角，贫寒者免，或以工作代替。

（说明）本校师范生，此次回乡举办各处夏令青年生活，意义是：对自身为训练自己，认识社会；对社会为教育大众，服务国家，但大家在乡举办种种事业，从事种种活动，本校不能津贴分文，我们亦不宜轻向公家要求补助，又不宜轻向私人请予捐款，本团一切费用，惟有由各学生负担，每名缴学费杂费五角，贫寒学生，应予酌量减收，或全免。总期本团事业能够维持，并能够推广就是。如有贫寒学生，愿以自己劳力工作代替缴费，当表欢迎，这是鼓励贫寒少年自助助人不轻受人怜惠之意。

十二、青年生活团团员本届暑假期内最低限度的工作：

（一）每日早起，参与早操早会，不间断。

（二）每日作日记，不间断。

（三）教民众至少五人，每人会识生字五百个，会唱新歌十则。

（四）参与大扫除一次。

（五）写大字三十页，每页十六个字；写小字二十页，每页二百字。

（六）读名人传记一种。

（七）看日报一种。

（八）搜集民间故事五则，歌谣农谚各十则。

（九）除早会晚会外，参与各种社会教育活动之集会，至少五次。

（十）看对于青年生活有意义，有价值的书五册。

（十一）每天为社会服务——如教人识字等至少一小时。

十三、青年生活团彼此间的联系：

（一）对于附近各处的青年生活团，应互相联络呼应，以提高各团工作的效率。

（二）对于附近的儿童生活团（由本校附小学生试办）应尽辅导的责任。

（三）对于师范本校每周应有工作报告，邮寄本校学生夏令生活指导处以便查考并指导。

十四、青年生活团团员生活的基本态度：

（一）对人：崇尚和合，不取斗争。

（二）对物：努力创造，不图占有。

（三）对事：郑重办理，不作敷衍。

（四）对己：向上学好，不自暴弃。

十五、青年生活团团员的口号：

团结青年！服务社会！重整故乡！复兴中国！